# LE SECRET
# LE MIEUX GARDÉ
# DU MONDE

# Prologue
## par Bastian Obermayer

«Ding». Avec ma femme et nos enfants, nous sommes trois jours en visite chez mes parents. Tout le monde est malade depuis deux jours. Tout le monde, sauf moi. Il est dix heures du soir, et une fois le dernier malade câliné, le dernier thé servi, je m'assieds à la table à manger, ouvre mon ordinateur portable et pose mon smartphone à côté.

Et puis ça fait «Ding». Un nouveau message.

Hello. Ici John Doe. Intéressé par des données ? Je les partage volontiers*.

Le nom de «John Doe», équivalent anglais de Jean Dupont, est utilisé depuis des siècles au Royaume-Uni, au Canada et aux États-Unis. Dans les affaires judiciaires, certaines personnes dont l'identité ne doit pas être révélée, ou des corps non identifiés, sont appelés «John Doe». Mais un bon nombre de groupes, de séries télé et de produits se sont également appelés «John Doe».

John Doe est une identité de camouflage, un monsieur Personne. Un monsieur Personne qui, ici, propose des données secrètes.

Avec ce genre de proposition, on réveille immédiatement n'importe quel journaliste d'investigation. Les données secrètes, c'est toujours bon signe. À la *Süddeutsche Zeitung*, ces trois

---

* Afin de protéger le lanceur d'alerte, les conversations – composées dans cet ouvrage en caractères bâton – pouvant le mettre en danger sont raccourcies, sans en fausser le sens, ou très peu modifiées.

dernières années, nous avons traité de nombreuses histoires sur la base de données ayant fuité – ou comme on dit aussi *leaked* : une fois, c'était des paradis fiscaux dans les Caraïbes (Offshore Leaks), une autre fois, des comptes secrets en Suisse (Swiss Leaks), ou encore des combines avec le fisc luxembourgeois (Lux Leaks). Le système est toujours le même : quelque part, une grande quantité de données confidentielles fuit, et atterrit dans les mains de journalistes.

Plus les quantités de données confidentielles sont importantes, plus la probabilité qu'elles contiennent de bonnes histoires est statistiquement élevée.

Souvent, on recherche une source pour nous aiguiller pendant des semaines, voire des mois. Mais lorsqu'elle se manifeste d'elle-même, il faut réagir très vite. Il faut au moins répondre. Rien ne serait plus ennuyeux que de retrouver dans le *Spiegel* ou le *Zeit* une histoire qui nous avait été proposée en premier.

Obermayer : Hello. Je suis très intéressé, bien sûr.

On reconnaît rarement les bonnes sources au premier abord. Les mauvaises sources, en revanche, se repèrent avec des mails souvent déjantés ou confus. Bien que les histoires déjantées puissent aussi faire de bonnes histoires, mais cela reste l'exception.

Les données présentent un avantage : elles ne fanfaronnent pas, ne sont pas bavardes, elles n'ont pas de mission ni l'intention de manipuler. Elles sont juste là, elles sont vérifiables, factuelles. Chaque ensemble de données doit être recoupé avec d'autres faits – et avant d'écrire quoi que ce soit, c'est exactement ce que nous faisons.

C'est la différence avec WikiLeaks. La plupart du temps, les utilisateurs de la plateforme fournissent des documents sur le net avec une grande facilité, mais il n'y a pas de filtrage journalistique. C'est le principe. Pas mauvais, du reste.

Obermayer : Comment on accède aux données ?

John Doe : Je vais donner un coup de main pour ça, mais il y a quelques conditions. Tout d'abord, vous devez comprendre à quel point certaines des informations contenues dans ces données sont dangereuses et sensibles. Si mon identité est dévoilée, ma vie est en danger. Ces dernières semaines, j'ai donc réfléchi à la façon de procéder. Nous allons crypter nos communications. Il n'y aura pas de rencontre. Ce que vous publierez à la fin, ce sera votre décision.

Ces conditions me conviennent. Bien sûr, on préfère toujours rencontrer la source, afin de la cerner, de comprendre ses motivations. Mais pour les informateurs, il est souvent préférable de ne pas se montrer. Même en Allemagne, les lanceurs d'alerte ne sont pas particulièrement bien protégés, et chaque personne qui connaît l'identité d'un lanceur d'alerte est potentiellement en danger. Surtout si cette personne est journaliste.

Mais la source communique de façon claire et directe, je peux donc le faire également. Apparemment, elle possède quelque chose dont elle aimerait bien se débarrasser. Je suis volontiers preneur :

Obermayer : OK. Comment fait-on pour le transfert ?

J'envoie mes coordonnées pour les prochaines communications cryptées.

Dans les messages suivants, nous nous mettons d'accord sur un moyen d'effectuer le transfert et, peu après, le premier échantillon suit *via* des canaux cryptés.

La source ne demande pas d'argent : c'est bon signe. Quelques mois auparavant, quelqu'un avait fait savoir qu'il détenait des enregistrements sur des comptes secrets d'un parti allemand à l'étranger. Montant prétendu : 26 millions de dollars. L'affaire a duré une semaine, de mauvaises photos et des documents bancaires ont été livrés, d'absurdes conversations téléphoniques ont suivi – et puis, tout à coup, cette personne a demandé de l'argent. La *Süddeutsche Zeitung* ne paie jamais pour des informations. Jamais. Non seulement parce que nous n'avons pas l'argent pour, mais c'est un principe. Ainsi, toute envie pressante de nous livrer de faux documents passe immédiatement.

On doit juste encaisser le coup quand des histoires qu'on a dû laisser partir sont publiées ailleurs. L'histoire des comptes secrets du parti allemand n'a cependant pas été publiée, ni par le *Spiegel* ni par *Stern* – nos confrères l'ont probablement également considérée comme un faux.

« Ding ».

L'échantillon est là : une bonne poignée de fichiers, surtout des PDF. Je les ouvre, vais de l'un à l'autre. Il s'agit de documents constitutifs d'entreprises, de contrats et d'extraits de comptes. Il me faut un peu de temps pour comprendre le rapport, mais après une recherche sur Internet, je reconnais l'affaire dont il s'agit. Direction l'Argentine. Un procureur, José María Campagnoli, soupçonne des hommes d'affaires louches d'avoir aidé les Kirchner – la présidente Cristina Kirchner, lorsqu'elle était encore au pouvoir, et son défunt mari Néstor – à faire sortir près de 65 millions de dollars de fonds publics du pays. Cela aurait eu lieu *via* un réseau très ramifié de 123 sociétés écrans, toutes fondées au Nevada[1] par un cabinet d'avocats panaméen du nom de Mossack Fonseca. Les soupçons restent cependant tous à prouver, et Cristina Kirchner dément ces accusations.

Il y a un procès en cours aux États-Unis. Le fonds d'investissements NML a acheté les millions de la dette souveraine argentine sous la direction de son fondateur Paul Singer – puis le pays a fait faillite. La plupart des créanciers sont convenus d'une restructuration de la dette. Mais pas NML. Le fonds porte plainte de tous les côtés pour mettre la main sur les actifs de

---

1. Cet État des États-Unis est un paradis fiscal.

l'État argentin. Il a même saisi un navire de guerre argentin au large des côtes africaines. Les navires de guerre ont de la valeur, ils peuvent se revendre.

La plainte aux États-Unis, au Nevada, vise maintenant la divulgation de ce réseau de sociétés écrans. NML cherche à obtenir de Mossack Fonseca tous les documents concernant les 123 sociétés écrans. Une partie d'entre eux s'affichent sur mon écran – les mêmes documents que NML recherche sans succès depuis des années. Et il est clair qu'il s'agit de millions.

Selon les documents, 6 millions de dollars partent sur un compte de la Deutsche Bank à Hambourg. Le contrat paraît suspect à première vue, s'agissant d'une commission dans l'industrie des jeux d'argent.

Deux autres documents révèlent les véritables propriétaires de deux de ces sociétés, dont les dossiers sont réclamés par NML. Ils pourraient faire avancer l'action en justice d'un grand pas.

Ce qui est intéressant, c'est que tous les documents semblent provenir du même cabinet d'avocats. Je connais Mossack Fonseca, mais c'est un mur infranchissable. Un trou noir. Chaque fois que nos recherches nous ont menés à eux, elles ont été bloquées. Mossack Fonseca est l'un des plus grands fournisseurs de sociétés écrans, et n'est pas réputé pour être frileux dans le choix de ses clients. Plutôt le contraire.

En bon français : certains des plus grands salauds de ce monde ont utilisé des sociétés offshore créées par Mossack Fonseca pour dissimuler leurs activités. Lors de nos enquêtes sur les Offshore Leaks et les Swiss Leaks, nous sommes tombés, entre autres, sur de gros trafiquants de drogue condamnés et des trafiquants de diamants présumés qui ont utilisé les sociétés fournies par le cabinet d'avocats panaméen pour dissimuler leurs activités. Qui recherche les clients de Mossack Fonseca sur Internet tombe souvent sur des complices d'hommes de pouvoir dangereux, comme Kadhafi, Assad ou Mugabe, et d'assassins qui, à ce qu'on en sait, travaillent avec le cabinet d'avocats.

Oui, *à ce qu'on en sait*. Parce que Mossack Fonseca nie cette collaboration, et la liste de ses clients n'est pas publique. Jusqu'à présent, en tout cas.

Obermayer : Les documents ont l'air bien. Je peux en voir plus ?

Mais John Doe ne répond plus. A-t-il ou a-t-elle changé d'avis ? Ou est-ce qu'il réfléchit, tout simplement ?

J'envoie un autre message :

Obermayer : Il ne s'agit que du cas argentin ?

Comme vingt minutes plus tard je n'ai toujours pas de réponse, j'éteins l'ordinateur, range le smartphone et vais me coucher.

Le lendemain matin – mes malades sont toujours au lit – la réponse est là. Et plus encore :

John Doe : J'envoie plus d'échantillons. Certains concernent la Russie. Une partie des PDF est spécialement intéressante pour l'Allemagne. Faites des recherches sur Hans-Joachim… Il y en a encore beaucoup plus.

J'aurais voulu regarder tout de suite, mais – même si cela m'est très difficile – je dois d'abord aller à la pharmacie, puis acheter des biscottes, des fruits et du thé. Personne n'est en mesure de quitter la maison, sauf moi. L'avantage de l'épidémie : personne ne réclame d'aller se promener en forêt ou de jouer au foot avec moi. En fin de matinée, tous les lits de la maison sont de nouveau occupés par les malades et je peux me remettre devant l'ordinateur.

Les nouveaux documents semblent aussi provenir du cabinet panaméen Mossack Fonseca. La société a de toute évidence un problème de taille.

Un *leak*.

Tout d'abord, je consulte un document de plusieurs centaines de pages, que quelqu'un a intitulé *Records*[1]. Il s'agit de virements.

---

1. En anglais dans le texte. Cela veut dire « trace », ou « archive ».

L'un d'entre eux sort du lot : une somme de près 500 millions de dollars a atterri sur le compte d'un dénommé Hans-Joachim K. à la Société Générale aux Bahamas, le 19 novembre 2013. Un demi-milliard !

Je n'ai jamais entendu parler de Hans-Joachim K., mais une recherche sur Google me renseigne : c'est un ex-manager de Siemens, peu connu en Allemagne, qui était PDG du groupe en Colombie et au Mexique ; cela pourrait être une piste. Chez Siemens Amérique du Sud, pendant de nombreuses années, il y a eu des caisses noires qui récompensaient ceux qui faisaient bien marcher les affaires. Je trouve des dizaines d'articles à ce sujet, à l'international également.

La date du virement est déconcertante : cette somme incroyable atterrit sur le compte du manager de Siemens à l'automne 2013. Mais les caisses noires du groupe en Amérique du Sud avaient déjà été démasquées en 2007/2008, des actions en justice avaient suivi, certaines sont toujours en cours. C'est pour le moins mystérieux.

On ne met pas la main sur 500 millions de dollars comme ça. D'où vient cet argent ?

D'une mauvaise comptabilité ?

Avant que je ne me puisse me perdre dans les détails, j'entends les enfants qui m'appellent. Ils veulent plus de biscottes et de bretzels. Je me résigne à éteindre l'ordinateur. Les 500 millions ne vont pas disparaître.

L'après-midi est consacré à la lecture, à faire du thé et à rester au chaud.

Tard dans la soirée, je finis par me plonger dans les nouveaux documents. À première vue, j'ai affaire avant tout à des sociétés écrans, qui semblent toutes liées à un seul et même propriétaire secret : un certain Sergueï Roldouguine.

Beaucoup de ces documents sont des contrats dans lesquels il est question de sommes s'élevant à plusieurs millions ; 8 millions de dollars, 30 millions, 200 millions, 850 millions, ce sont des deals d'actions ou des emprunts. Mais le nom de Roldouguine ne me dit rien.

Je recherche… Et je tressaille.

Sergueï Roldouguine est «le meilleur ami de Vladimir Poutine» – en tout cas, c'est ainsi que le décrit le magazine *Newsweek*. Ils ont un bon argument pour l'affirmer : Roldouguine est le parrain de Maria, la fille aînée du président russe.

Cette donnée seule est déjà intéressante : le business offshore du parrain. Mais je lis ensuite quelque chose qui me trouble encore plus : Sergueï Roldouguine, qui d'après les documents manipule des millions de dollars américains, n'est ni investisseur ni oligarque. C'est un artiste. Un violoncelliste connu et l'ancien directeur du Conservatoire de Saint-Pétersbourg. Je trouve une interview donnée au *New York Times* le 27 septembre 2014, dans laquelle Roldouguine dit expressément qu'il n'est pas un homme d'affaires et ne possède pas de millions.

Si les documents sont authentiques, ce dont je ne doute guère pour le moment, soit il a menti, soit ce n'est pas son argent. Mais ce serait l'argent de qui alors ? Roldouguine serait-il un simple homme de paille ? Et quand bien même : pour qui ?

Pour Vladimir Poutine ?

Si l'argent de Poutine était dans ces sociétés, et s'il s'agissait seulement d'une fraction de cette fortune, ce serait déjà une histoire pour les unes du monde entier.

Quelle que soit l'identité de la personne qui m'a passé ces documents, il ou elle a également découvert Roldouguine et est perturbé. À juste titre, probablement.

Obermayer : Qui êtes-vous ?
John Doe : Je ne suis personne. Juste un citoyen concerné.

Une allusion évidente : citoyen se dit *citizen* en anglais. Le lanceur d'alerte Edward Snowden s'est donné le nom de « *citizen four*» – citoyen quatre –, lorsqu'il a contacté la journaliste et réalisatrice Laura Poitras. Depuis sa fuite de Hong Kong, Snowden est coincé à Moscou.

Obermayer : Pourquoi faites-vous cela ?

John Doe : Je veux que l'on parle de ces documents et que ces crimes soient rendus publics. L'importance de cette histoire pourrait égaler celle des révélations d'Edward Snowden. Une publication en Allemagne ne suffit pas. Il faut un grand partenaire anglophone comme le *New York Times*, ou d'envergure similaire.

La *Süddeutsche Zeitung* n'est pas la partenaire habituelle du *New York Times*. Mais nous avons déjà travaillé avec de grands médias anglophones, tels que le *Guardian*, le *Washington Post* ou la BBC, lors des Offshore Leaks et des Lux Leaks. C'est ce que j'explique à John Doe et, apparemment, il est heureux de l'apprendre :

John Doe : OK. On doit donc réfléchir à la meilleure façon pour moi d'envoyer une grande quantité de matériel. Des idées ?

Franchement, je n'en ai pas. Je n'ai encore jamais eu de source anonyme qui ait voulu me transmettre plusieurs gigabytes de données.

J'entends mon fils pleurer au premier étage.

Obermayer : Je dois y réfléchir. De combien de données parle-t-on, c'est gros comment ?

John Doe : Plus gros que tout ce que vous avez vu jusqu'à présent.

Non seulement ça va être plus gros que tout ce que j'ai vu jusqu'à présent, mais ça va être le plus grand *leak* jamais vu par un journaliste, et le début du plus grand projet de journalisme d'investigation international jamais traité. Près de 400 journalistes de plus de 80 pays vont finir par déterrer des histoires à partir de ces données. Des histoires sur les sociétés offshore dissimulées de dizaines de chefs d'État et de dictateurs, des histoires sur des milliards gagnés avec les armes, la drogue, les diamants et bien d'autres opérations criminelles, des histoires qui expliquent aux lecteurs l'évitement de l'impôt des privilégiés et des ultra-riches de ce monde.

Des histoires qui commencent toutes chez Mossack Fonseca, lors de cette première nuit.

# 1. Le commencement

Le meilleur ami du président russe. Des hommes d'affaires proches de la présidente argentine, de son défunt mari et de leurs prédécesseurs. Un mystérieux Allemand avec 500 millions de dollars. Ça pourrait être pire, comme début d'enquête.

Quelques jours après la première prise de contact et après un briefing avec le chef de rubrique Hans Leyendecker[1], il est évident que l'équipe qui a déjà mené un bon nombre de recherches similaires va travailler là-dessus. Cette équipe, c'est nous deux, les « frères Obermay/ier » – comme on nous appelle parfois dans la maison, depuis que notre rédacteur en chef, Kurt Kister, a lancé l'idée lors d'une conférence.

Au demeurant, nous essayons dans un premier temps de restreindre le plus possible le cercle de ceux qui sont au courant. Qui sait déjà si ces données sont vraies ? Si elles sont vérifiables ? Et si une histoire en sortira ?

Notre plan, c'est d'abord de traiter les documents et de réfléchir ensuite à la façon de publier les résultats. Alors on se renseigne sur les affaires de Poutine – on a trouvé le nom de son meilleur ami associé à trois sociétés offshore dans les données –, on se procure des pièces sur le procès du fonds d'investissement NML contre l'Argentine, et on effectue des recherches sur

---

1. Un journaliste d'investigation très connu en Allemagne, qui travaille pour la *Süddeutsche Zeitung*.

notre mystérieux ex-manager de Siemens et les 500 millions de dollars[1]. Mais nous sommes constamment distraits par l'apparition de nouvelles entreprises, et donc de nouvelles histoires potentielles. Depuis le premier contact, la quantité de documents continue régulièrement de croître, et nous trouvons sans cesse des noms qui méritent d'être étudiés. Des ministres d'Amérique du Sud, des aristocrates allemands, des banquiers américains. Après un court laps de temps, nous avons déjà plus de 50 gigabytes de données, répartis sur plusieurs clefs USB, soit quelques milliers de dossiers numériques. Chaque dossier possède un numéro, qui appartient à une société offshore en particulier. À l'intérieur se trouvent des documents créés par Mossack Fonseca pour chaque entreprise : des certificats, des copies de passeport, des listes d'actionnaires et de directeurs, des factures, des mails. Un système pratique et clair – pour nous aussi.

Des milliers de sociétés écrans. Des milliers de personnes qui ont apparemment une bonne raison de cacher leur entreprise. Des milliers d'histoires potentielles. La « promesse » des sociétés offshore, leur cœur de compétence : créer de l'anonymat. Un nom qui ne dit rien, c'est un bouclier de protection, personne ne peut savoir qui se cache derrière.

Bien entendu, il existe de nombreuses raisons d'utiliser des sociétés offshore – et le fait d'en posséder n'est pas répréhensible en soi. Tout dépend de ce que l'on fait avec. Mais dans la plupart des cas, on utilise une société offshore anonyme pour dissimuler quelque chose – aux impôts, à son ex-femme, son ancien partenaire d'affaires ou au public trop curieux. Ce « quelque chose » peut être de l'immobilier, des comptes bancaires, des tableaux, des investissements, des actions, des valeurs mobilières de toutes sortes.

L'expérience montre que l'anonymat des sociétés écrans est souvent utilisé par ceux dont l'activité est justement fondée sur

----

1. Voir à ce sujet le chapitre 13 et, avant tout, la réaction de Hans-Joachim K.

l'anonymat. C'est-à-dire les trafiquants d'armes, d'hommes, de drogue et autres criminels, des investisseurs qui ne veulent pas révéler leur identité ni leurs intentions, de hauts responsables politiques qui veulent placer leurs biens à l'étranger – parce que ça n'a pas été acquis de façon bien nette dans leur pays –, d'entreprises qui souhaitent transmettre des pots-de-vin par ce biais. Cette liste est quasi sans fin.

Nous sommes face à des informations secrètes pouvant potentiellement aider à démêler des centaines de cas similaires. Nous récupérons des dossiers numériques dans lesquels aucun journaliste n'avait encore pu fouiller. Nous pourrions passer des semaines entières à nous perdre dans ces fichiers. Non seulement parce que nous sommes constamment à la recherche de la prochaine grande histoire, mais aussi parce qu'aucun détail n'est inintéressant. Chaque entreprise que nous étudions, chaque mail que nous lisons nous en apprend davantage sur le fonctionnement du cabinet Mossack Fonseca. L'attraction qui nous pousse à étudier ces affaires secrètes, ces rouages de la dissimulation, depuis l'ébauche jusqu'à l'ouverture puis la fermeture de comptes, est incroyablement forte. Nous devenons accros, et si nous n'avions pas de familles, nous pourrions passer toutes nos soirées devant nos ordinateurs à cliquer, cliquer et recliquer.

Avec nos horaires de travail à peu près cadrés, nous comprenons le « modèle » de ces affaires en quelques semaines. Pour chaque affaire, à peu près le même schéma : le contact avec Mossfon – Mossack Fonseca en abrégé – se fait *via* un intermédiaire, tel qu'une banque, un avocat ou un gestionnaire d'actifs. Ce sont ces derniers les « clients » de Mossack Fonseca. Ils commandent la marchandise, communiquent et paient les factures. Les marchandises sont le plus souvent des sociétés offshore clef en main. Mossfon propose des entreprises dans quelque vingt juridictions, le plus souvent aux îles Vierges britanniques ou au Panama, mais aussi aux Bahamas, aux Bermudes, dans les îles Samoa, l'Uruguay et Hong Kong, également dans des paradis fiscaux comme le

Nevada, le Wyoming, le Delaware et, depuis quelque temps, la Floride et les Pays-Bas. Un petit nouveau est arrivé : l'émirat Ras el Khaïmah. Les sociétés sont vendues depuis la cinquantaine de bureaux répartis dans le monde entier, ou depuis le quartier général du centre-ville de Panama, situé dans les étages supérieurs d'un bâtiment en verre torsadé, symbole de la ville : la Revolution Tower.

Mossack Fonseca n'est pas le seul fournisseur de sociétés écrans à avoir son siège au Panama. D'autres grosses pointures y ont également leur siège, comme le cabinet Morgan y Morgan, le plus gros concurrent de Mossfon selon toute vraisemblance (il y a peu de chiffres officiels sur ce secteur discret). Ce n'est pas un hasard si les fournisseurs de sociétés offshore se trouvent précisément dans ce petit État d'Amérique latine, coincé entre le Costa Rica et la Colombie, là où sont reliés les continents d'Amérique du Nord et du Sud.

Le Panama a toujours été un pays aux fortes dépendances. Pendant longtemps, il fut une province pauvre de Colombie. Il est devenu indépendant en 1903, quand des banquiers et industriels américains ont pu convaincre le président de l'époque, Theodore Roosevelt, de soutenir les séparatistes panaméens. Les groupes d'intérêt américains espéraient pouvoir ainsi profiter du canal de Panama, alors en construction. Roosevelt a envoyé des troupes, a occupé des parties de l'État nouvellement proclamé et a fait clairement comprendre à la Colombie qu'elle pouvait rayer cette province de sa carte. Une nation de droit américain fut créée, et le drapeau US flottait déjà sur la zone du canal qui allait accueillir bientôt le gros business. Là-bas, des milliers de soldats américains veillaient sur les droits souverains accordés aux États-Unis par le gouvernement du Panama en 1903, rendus à ce dernier fin 1999, seulement.

L'activité lucrative avec les sociétés offshore a pour base la loi numéro 32 entrée en vigueur le 26 février 1927. Cette loi 32 [*Sobre Sociedades Anónimas*] assure la confidentialité sur les actifs, les transferts et, surtout, les propriétaires d'entreprises, et accorde l'exemption d'impôt aux sociétés anonymes. Concernant le secret, la situation n'a guère changé aujourd'hui, à part quelques réformes superficielles visant à faire retirer le Panama des listes noires ou grises sur lesquelles apparaissent des pays qui encouragent le blanchiment d'argent et l'évasion fiscale.

Les conditions en vigueur pour le secteur offshore n'ont quasiment pas changé au fil des ans – et l'État en profite grâce aux taxes professionnelles sur les cabinets, les impôts sur le revenu des employés et les frais liés à la création d'entreprise, par exemple.

Ce business est également très attirant parce que, en plus d'être rentable, il est facile. Une société écran standard ne coûte presque rien au vendeur et les formalités sont rapidement réglées. L'acheteur a sa société en un tour de main pour quelques centaines de dollars et peut facilement la liquider quand elle a fait son temps. Personne ne saura jamais à qui elle a vraiment appartenu. L'idéal pour les affaires louches.

Idéal pour Siemens, comme nous le constatons. Tandis que nous lisons les fichiers sur Poutine, nous suivons en parallèle les traces de Hans-Joachim K., l'Allemand pour le moins énigmatique avec ses 500 millions de dollars sur un compte aux Bahamas. Nous effectuons d'abord des recherches en parallèle des données, car il nous manque encore un programme avec lequel fouiller de façon systématique dans les 50 gigabytes. Nous trouvons ainsi le nom de K. dans un acte d'accusation contre un ancien conseil d'administration de Siemens. Il apparaît que K. aurait dirigé des caisses noires pendant des années avec de l'argent exfiltré des canaux officiels de Siemens pour en disposer rapidement et facilement, pour payer, par exemple, de soi-disant « consultants ». Hans-Joachim K. nommerait une de ces sociétés à argent occulte Casa Grande. Dans le rapport d'un interrogatoire, nous la dénichons sous son nom complet : Casa Grande Development. Elle se trouve aussi dans la base de données publique et consultable des entreprises du Panama – avec Mossack Fonseca comme « agent immatriculé », ou gérant. Mais dans la base de données, aucun rapport avec Siemens ni même avec K. n'apparaît. En tant que directrices de l'entreprise, trois femmes sont inscrites, qui n'ont probablement jamais travaillé de leur vie pour Siemens : Francis Perez, Diva de Donada et Leticia Montoya[1]. C'est ainsi que fonctionne le mécanisme des sociétés offshore : le fournisseur de ces entreprises s'occupe de la couche protectrice afin de camoufler le véritable propriétaire.

Dans ce cas, Mossack Fonseca nomme ces directrices qui n'en sont pas. Francis Perez, Diva de Donada et Leticia Montoya sont des « hommes de paille ». Elles sont des prête-noms pour Mossack Fonseca. Leur job consiste à signer ce qu'on met devant elles. Elles signent quand le véritable propriétaire d'un compte veut ouvrir une société écran à son nom – comme Casa Grande Development pour Siemens – ou lorsqu'il veut acheter quelque chose au nom de la société : un appartement, une maison, un yacht. Mais elles signent aussi des contrats, des prêts à hauteur de plusieurs millions, ou d'autres documents. Cela implique que ces prête-noms – dans le jargon, les *nominees* ou *nominee directors* – apparaissent comme gérants officiels de la société, et que le véritable propriétaire peut se cacher derrière cette façade[2].

Le vrai propriétaire (ou, s'il est prudent, son avocat) reçoit une procuration des prête-noms, grâce à laquelle il a accès au compte bancaire ou au coffre-fort. Le plus souvent, seuls les banques, les prête-noms et Mossack Fonseca sont au courant de cette

---

1. Voir le chapitre 16 et l'épilogue – en particulier ce qui concerne Leticia Montoya.

2. Lors du bouclage de ce livre, Mossfon n'avait toujours pas répondu à ce sujet.

procuration. Un accord secret mais parfaitement légitime en soi, qui donne tout son sens à la société – loin des yeux des procureurs, des inspecteurs des impôts et des inspecteurs chargés de la lutte antifraude.

Dans un document Excel découvert dans nos données, nous tombons sur le numéro de dossier de Casa Grande Development. C'est un coup de chance : le tableau Excel déroule plus de 200 000 entreprises Mossack Fonseca actives et supprimées, mais à ce stade-là nous n'avons les documents que pour un millier d'entre elles, à peine.

Dans le dossier, nous découvrons une procuration pour un ancien collègue de Hans-Joachim K. chez Siemens. Cet ex-collègue est mentionné comme le véritable propriétaire de l'entreprise. Mais si Casa Grande Development a dispatché les millions des caisses noires, si elle a conclu des contrats et fait des affaires, ni l'ex-collègue, ni K., ni même Siemens n'apparaissent. Les prête-noms ont signé, et ceux qui se cachent derrière ne sont pas identifiables. La société était le moyen idéal pour booster le business de la division Amérique du Sud de Siemens, de façon anonyme, en contournant les lois et les voies hiérarchiques.

Même si quelqu'un avait appris qui détenait les parts de Casa Grande Development, aucun lien avec Siemens n'en serait ressorti. Car au début, seules des *bearer shares*, des actions au porteur anonymes, avaient été distribuées. La plupart du temps, les propriétaires de ces actions n'apparaissent nulle part. C'est aussi simple que cela : celui qui détient toutes les actions au porteur d'une entreprise détient l'entreprise. Quand une opération doit avoir lieu, elle ne laisse pas de traces. Le pognon tombe sur la table, les actions au porteur sont empochées, la transaction est réglée, et la société a un nouveau propriétaire.

Celui qui ressent un besoin d'anonymat encore plus prononcé peut, s'il le souhaite, en plus des prête-noms, payer à tout moment pour avoir un actionnaire intermédiaire, un *nominee shareholder*, auprès de Mossack Fonseca. Ce sont des personnes ou des sociétés écrans qui détiennent les actions pour ainsi dire fiduciairement. Si Mossack Fonseca, dans le cadre d'une enquête par exemple, doit désigner le ou les actionnaires d'une société, cela ne signifie pas pour autant qu'il s'agit du véritable propriétaire. Ce dernier peut se cacher derrière cette seconde couche de protection.

Avec cela, la société est une entité totalement inaccessible. Ni les contrôleurs des impôts, ni les agents de police, ni les créanciers ou partenaires d'affaires trahis, ni même les compagnes et les enfants ne peuvent prouver que la société, au nom si étrange, appartient à quelqu'un en chair et en os. De l'extérieur, elle est une « boîte opaque ».

Mais pas à l'intérieur. Dans les dossiers numériques que nous consultons jour après jour, soir après soir, se trouvent en effet des milliers de mails internes échangés entre les employés de Mossack Fonseca. Ces messages sont tout l'or de ce *leak*, grâce à eux nous parvenons toujours à trouver l'indication décisive qui permet de comprendre qui est le véritable propriétaire.

Malheureusement, dans le cas de Hans-Joachim K., cela nous aide peu. Nous ne savons toujours pas comment il a obtenu ces 500 millions de dollars – mais nous avons notre petite idée. Nous savons juste qu'il a quitté Siemens fin 2009.

En tout cas, nous suivrons l'évolution de cette affaire et, une fois que de nouveaux fichiers seront arrivés, nous nous mettrons à la recherche des sociétés écrans de Siemens et de K. C'est comme une fièvre, il nous faut résoudre cette énigme.

## 2. L'ami secret de Vladimir Poutine

Une incroyable quantité d'argent est en jeu : c'est la seule chose que nous comprenons d'emblée, tandis que nous nous débattons dans les dossiers des trois sociétés offshore d'où émerge le nom de Sergueï Roldouguine. Dans ces dossiers se trouvent des centaines de documents, dont certains décrivent sur plusieurs pages des transactions boursières, ce qui va nous prendre des semaines à décrypter. On prend conscience que les sommes sont à couper le souffle et dépassent l'entendement. Ici, quelques centaines de millions de dollars sont distribuées. Là, quelques milliards de roubles. Des « frais de consultation » à hauteur de dizaines de millions de dollars passent d'une société écran à une autre, et, selon les documents, des paquets d'actions avec des valeurs de plusieurs millions changent deux fois de propriétaire en l'espace de 24 heures.

Dans les contrats des transactions boursières, nous lisons qu'il s'agit entre autres d'actions d'entreprises russes de grande envergure. Le fait que ces entreprises-là apparaissent ne prouve rien en soi, mais peut signifier beaucoup. Presque tous les experts de la Russie critiquant Poutine croient que ce dernier quittera ses fonctions en étant multimilliardaire. S'il les quitte un jour. Mais où se trouve sa fortune ? Une thèse circule : il s'allouerait des parts de sociétés – de sociétés que nous venons de mentionner, entre autres.

Mais si Poutine possédait réellement des parts dans les grandes entreprises russes, voudrait-il que cela se sache? Les garderait-il en son nom? Certainement pas. Il aurait donc besoin de gens de confiance.

Des gens comme Sergueï Roldouguine?

On en sait beaucoup sur leur relation, aussi parce que Roldouguine, le virtuose du violoncelle, n'est pas un timide. Il parle volontiers de Poutine avec les journalistes ou les écrivains et, bien sûr, toujours en bien. Ce qu'il a tout intérêt à faire, du reste.

Ils se connaissent depuis les années 1970. Roldouguine appartient à un cercle d'amis que Poutine a entretenu pendant ses années à la mairie de Saint-Pétersbourg, cercle d'amis qui a fait plus tard de lui un homme riche, très, très riche.

Il est par conséquent concevable que Roldouguine, ici, se représente lui-même. Depuis les années 1990, il possède une petite part d'une banque privée de Saint-Pétersbourg, la banque Rossiya. Cette dernière est devenue depuis l'une des plus grandes et des plus importantes banques du pays, sous le patronage de Poutine. Il a fait en sorte que de nombreuses entreprises d'État placent leur argent à la banque Rossiya – qui, comme par hasard, appartient à ses proches, et pas seulement à Roldouguine.

Proches qui, pour la plupart, sont sur la liste des sanctions lancée par les États-Unis après l'annexion de la Crimée par Poutine. La banque Rossiya elle-même y figure – en tant que banque «du cercle intime de Poutine»; c'est le motif indiqué dans les motivations des sanctions. Les managers de cette banque, précisément, gèrent quelques sociétés offshore commandées à Mossack Fonseca, y compris deux des trois sociétés pour lesquelles Sergueï Roldouguine est nommé actionnaire ou propriétaire. Ce qui implique, par ailleurs, que Mossack Fonseca conclut des affaires avec les managers d'une société sanctionnée par les États-Unis. Une entreprise bien hasardeuse qui peut avoir des conséquences considérables: si les autorités américaines le découvraient, elles pourraient geler les biens de la succursale aux États-Unis, et les propriétaires, de même que les gérants de

Mossfon, ne pourraient plus s'y rendre sans courir le risque d'être emprisonnés. Dans le pire des cas, Mossfon pourrait également intégrer la liste américaine des sanctions.

L'exacte construction du réseau Roldouguine est celle-ci : dans la plupart des entreprises, un représentant de la banque Rossiya a une sorte de procuration et est l'interlocuteur pour un cabinet d'avocats basé à Zurich. Ce cabinet s'occupe à son tour de toutes les sociétés offshore officiellement chez Mossack Fonseca et transmet les souhaits de ses clients finaux à Mossfon. La succursale genevoise de Mossack Fonseca supervise le cabinet de Zurich. Et, donc, si Mossack Fonseca a une question au Panama, il se tourne vers la succursale de Genève, les employés genevois de Mossfon interrogent ensuite les avocats de Zurich, qui se manifestent à leur tour auprès de la banque Rossiya. Un long mais pratique chemin : si l'affaire devait être révélée publiquement, Mossack Fonseca pourrait argumenter qu'ils ont simplement fait des affaires avec un cabinet d'avocats suisse renommé. À qui pourrait-on faire confiance sinon aux Suisses ! Les mails de ces dernières années, que nous lisons jour après jour, montrent que Mossack Fonseca savait très bien que la banque Rossiya était impliquée à l'autre bout.

La question décisive pour nous est de savoir si Sergueï Roldouguine et les autres hommes de son réseau agissent de leur propre chef.

Après tout, il affirme dans un document être le seul et véritable propriétaire de l'une de ces sociétés, la société International Media Overseas S.A., basée au Panama. C'est ce qui figure dans les papiers utilisés par Roldouguine pour ouvrir un compte auprès de la filiale zurichoise d'une banque russe en mai 2014 – quelques semaines seulement après l'adoption des sanctions américaines contre la banque Rossiya.

Dans le questionnaire, Roldouguine mentionne que les actifs de la société sont de l'ordre de plusieurs milliards de roubles, que le premier virement s'élève à cinq millions de francs suisses, et qu'il attend un bénéfice à long terme de plus d'un million de francs suisses par an. Le même Roldouguine raconte quelques mois plus tard au *New York Times* qu'il n'a « pas de millions » et qu'il n'est pas un homme d'affaires.

Roldouguine explique aussi à la banque d'où vient l'argent de International Media Overseas S.A. : la société détient – et c'est bien la vérité – toutes les parts d'une autre société, nommée Med Media Network Limited. Med Media est également évoquée dans le même article du *New York Times*, lorsque Roldouguine vient sur le sujet : selon le journal, la société détient 20 % des parts d'une grande entreprise de médias russe du nom de Video International. Mais les journalistes du *New York Times* ne se doutaient pas qu'il y avait une connexion, à savoir que Roldouguine lui-même est l'un des propriétaires. Sur le papier, en tout cas.

On se promet d'examiner en détail qui détient réellement Video International, mais on se garde ça pour plus tard car le questionnaire relatif à l'ouverture d'un compte de la banque mentionnée en Suisse – où l'une des entreprises de Roldouguine possède un compte – étant consultable très facilement, nous le trouvons particulièrement amusant. Voici l'une des questions :

*Est-ce que le propriétaire de l'entreprise est une Personne Politiquement Exposée (PPE)/Very Important Person (VIP) ?*

Roldouguine répond « non ».

*A-t-il des relations avec des PPE ou des VIP ?*

Roldouguine répond « non » de nouveau.

La deuxième réponse relève évidemment du pur mensonge. Le meilleur ami du président russe, qui est également le parrain de sa fille, ne peut pas sérieusement nier « avoir des relations » avec un VIP ou une PPE.

C'est maintenant la norme, les banques doivent poser des questions sur de telles connexions, parce que l'expérience des dernières décennies a démontré que les politiciens les plus corrompus ne donnent pas leur vrai nom lors de l'ouverture de leurs comptes secrets, mais celui de membres de leur famille ou d'amis en qui ils ont confiance. Le risque pour la banque de se retrouver complice de chefs d'État corrompus reste tout de même élevé, c'est pourquoi, dans le cadre de la lutte contre le blanchiment d'argent et de la politique *Know-Your-Customer* (politique KYC), les banques veulent en savoir plus sur leurs clients. Au final, elles peuvent bien sûr accepter le meilleur ami d'un politique parmi leurs clients, mais elles doivent savoir ce qu'elles font – car elles pourraient avoir à se justifier plus tard.

Tandis que nous essayons de suivre la piste russe, les données continuent d'arriver, gigabyte par gigabyte.

Le transfert de telles quantités de données n'est pas facile, et d'autant plus complexe lorsque l'on doit les crypter. Et comme la source insiste sur l'anonymat absolu, cela complique bien la situation.

La solution que nous trouvons après plusieurs semaines est peu commode, mais sécurisée. Évidemment nous ne la décrirons pas aux fins de protéger notre source. Les données trouvent leur chemin lentement, mais sûrement.

Pendant que nous nous débattons avec les aspects techniques, une question nous hante : pourquoi prendre le risque de transmettre de telles données sensibles, sans en tirer profit ?

Il n'y a pas d'argent ni de gloire pour celui qui reste anonyme. Tout ce qui demeure, c'est le danger.

*SZ [Süddeutsche Zeitung]* : Pourquoi prenez-vous ce risque ?
John Doe : Je ne peux pas en expliquer la raison sans révéler mon identité. Mais d'une manière générale, j'ai l'impression que je dois le faire parce que je suis en mesure de le faire. C'est trop important. Une quantité folle d'activités criminelles est en cours – je suis encore en train d'essayer de comprendre tout cela.
*SZ* : Vous n'avez pas peur ?
John Doe : Bien sûr que si. Mais j'essaie de faire attention.

Certains jours, on s'écrit presque 24 heures sur 24 – *via* différents tchats anonymes et cryptés. La plupart du temps, il s'agit de questions techniques : Avez-vous le dossier XY ? Connaissez-vous tel ou tel format de fichiers ? Entretemps, nous parlons de politique, d'Angela Merkel et de la Grèce, de Chávez, de Poutine, d'Obama ou de la Chine. Ou des peurs du lanceur d'alerte. Puis de nouveau des gigabytes.

Ce qui n'est pas encore clair pendant les premières semaines, c'est que ça va continuer ainsi pendant des mois, de nombreux mois.

À première vue, nous laissons les documents argentins de côté : le procureur a identifié 123 sociétés, qui auraient toutes été fondées par Mossack Fonseca. C'est beaucoup, et on ne peut pas y arriver seuls. Pas maintenant en tout cas, et peut-être jamais, même si l'histoire est très intéressante. Notre attention se porte plus naturellement vers les grandes histoires qui concernent l'Allemagne.

En même temps, nous ne voulons pas que des histoires restent enterrées, ou qu'elles finissent par disparaître dans les pays où elles sont peut-être importantes.

C'est un argument supplémentaire en faveur d'une grande coopération internationale, telle que nous l'avons vécue lors des Offshore Leaks, des Lux Leaks ou des Swiss Leaks.

Nous avons promis depuis un moment à la source que nous allons essayer – même si nous n'allons probablement pas embarquer le *New York Times* avec nous.

Nous appelons Gerard Ryle, le directeur du Consortium international pour le journalisme d'investigation (ICIJ) à Washington, pour l'intéresser à nos données. Le ICIJ est une sorte d'association de journalistes d'investigation, dont on peut uniquement devenir membre sur invitation ou recommandation. Il compte aujourd'hui près de deux cents journalistes dans le monde entier et nous l'avons rejoint en 2013. Plus précisément, le ICIJ est un projet du CPI [Center for Public Integrity, Centre pour l'intégrité] . Il s'agit d'une ONG américaine consacrée au journalisme d'investigation. Le fondateur du CPI, Charles Lewis, est l'un des journalistes d'investigation les plus importants des États-Unis. Il compte d'innombrables succès à son actif. Le CPI et le ICIJ sont financés par des dons, l'un des plus grands donateurs étant le milliardaire de gauche libéral George Soros.

Depuis sa fondation en 1997, le ICIJ dirige des équipes de recherche transfrontalières sur la contrebande de tabac, le trafic d'organes ou sur des projets douteux de la Banque mondiale. L'idée du ICIJ, c'est que les journalistes vont plus loin quand ils partagent leur matériel, à partir du moment où celui-ci est pertinent à l'échelle internationale. Cela se traduit par plus d'histoires, de meilleure qualité, parce que les spécialistes concernés, qui sont souvent les meilleurs journalistes d'investigation du pays, s'en saisissent. Par exemple, les collègues argentins de *La Nación* sont plongés dans le dossier NML, ce même fonds d'investissement qui porte plainte contre l'Argentine. Sur Internet, nous avons vu que le journal écrit depuis des années sur le sujet – tandis que nous, nous partons de zéro.

La conversation téléphonique avec Gerard Ryle se passe bien. Après un quart d'heure, il est déterminé à se saisir du matériel pour en faire une affaire du ICIJ, bien que nous n'ayons mentionné aucun nom par téléphone, et que nous ayons seulement décrit Mossack Fonseca en restant très prudents.

Il faut savoir que Gerard Ryle a un faible pour les sociétés écrans : lorsqu'il prit ses fonctions de directeur du ICIJ en 2011, il avait dans ses bagages un disque dur avec le plus gros *leak* jamais traité par des journalistes à l'époque. 260 gigabytes lui avaient été transmis du cœur même de deux sociétés nommées Portcullis TrustNet et Commonwealth Trust Limited. L'activité principale de ces deux sociétés était de vendre des sociétés écrans – exactement comme Mossack Fonseca. Gerard Ryle a tiré de ces données un scoop qui a fait le tour du monde, on ne peut pas le dire autrement : en avril 2013, près de cent journalistes de cinquante pays ont dévoilé, sous le mot clef « Offshore Leaks », la façon dont les puissants, les riches et les méchants de ce monde utilisent des sociétés offshore pour brouiller les pistes et dissimuler leur richesse réelle. En Allemagne, la *Süddeutsche Zeitung* était de la partie, avec nos confrères de la radio NDR. Le schéma de base de nos données s'apparente donc à celui des Offshore Leaks. Mais au moment où nous appelons Ryle, avec 50 Go de moins, nous sommes bien en dessous en quantité. Cependant, nous estimons que les données relatives à chaque entreprise sont chaque fois complètes et, surtout, elles sont plus actuelles. Lors des Offshore Leaks, nous avions publié en 2013 des informations à partir des données reçues, dont les plus récentes dataient de 2010. Dans le cas présent, nous trouvons sans cesse des mails qui sont d'actualité. Nous prenons note, non sans quelques frissons, que la source avait accès aux données internes de Mossack Fonseca jusqu'à peu. Il se peut même, c'est tout à fait probable, qu'elle y ait encore accès à l'heure où nous les découvrons.

À la fin de la conversation, Gerard Ryle promet de venir à Munich ces prochaines semaines pour consulter les données. Lors de nos fouilles du soir, nous tombons sur quelque chose que nous n'avions pas remarqué jusqu'à présent : des documents avec des notes à usage interne concernant de nombreux intermédiaires – en l'occurrence des banques ou des conseillers financiers. Tout porte à croire que les cachotteries des employés de Mossfon – noms de clients raccourcis et mots de code – signifient que quelque chose d'illégal se trame sciemment[1]. Mais ce que nous lisons là est d'une tout autre qualité. Il est question d'intermédiaires d'« un grand nombre de clients qui ont des comptes non déclarés », d'un cabinet d'avocats qui aurait « un

---

1. Lors du bouclage de ce livre, Mossfon n'avait toujours pas répondu à ce sujet.

département spécial pour l'argent obtenu au noir» et où Mossack Fonseca «propose des solutions» concernant les impôts sur les plus-values en Europe. Quand nous lisons cela, nous savons que nous sommes sur la bonne voie. Si nous parvenons à prouver que Mossack Fonseca a sciemment permis l'évasion fiscale, alors le cabinet a un sérieux problème.

À ce stade, nous nous demandons si Mossack Fonseca a déjà été poursuivi pour une infraction similaire.

Nous ne trouvons aucune preuve de procès contre le cabinet. Il semble toujours y avoir échappé jusqu'à présent.

C'est à peu près à ce moment-là que nous prenons conscience d'une circonstance qui retient toute notre attention. L'homme qui le premier a permis toutes ces affaires secrètes a dû gagner beaucoup d'argent. L'homme qui a fondé le cabinet Mossack Fonseca fait apparemment des affaires avec tous les criminels possibles depuis des décennies.

Son nom est Jürgen Mossack, et il est allemand.

# 3. Les ombres du passé

Jürgen Mossack ne tait pas ses origines. Si on tape son nom dans Google, on atterrit vite sur un site où des milliers d'avocats se présentent avec leurs spécialisations. Sur le profil de Jürgen Mossack, on lit : « Né à Fürth, Bavière, Allemagne ».

Pourtant, il n'y a absolument rien sur lui en Allemagne, aucune ligne dans les journaux allemands – bien qu'il gère l'une des sociétés les plus discutables dans l'un des secteurs les plus sensibles, et qu'il soit allemand.

Cette histoire a donc considérablement gagné en importance et est devenue l'une de nos priorités. À présent, nous avons un *teaser* éloquent : « Un Allemand aide certains des pires criminels et dictateurs de notre époque à effacer leurs traces. »

John Doe : Est-ce qu'on connaît Jürgen Mossack en Allemagne ?
*SZ* : Non, personne ne le connaît ici.
John Doe : Je pense que ça va vite changer…

Nous voulons en savoir plus sur l'homme au centre de notre *leak* et commençons d'abord par des recherches sur le Net, puis dans les bases de données de la presse internationale. Il n'y a quasiment pas de résultats.

Jürgen Mossack, presque 70 ans, est parfois mentionné, ici ou là, mais il n'y a jamais eu de portrait de lui, ni de grands reportages. Sur Internet, on ne trouve que des banalités, et un maigre curriculum vitæ sur la page des avocats que nous venons d'évoquer. On y lit que Mossack serait membre d'un Rotary Club au Panama, de l'Association maritime internationale, ainsi que de diverses organisations professionnelles s'occupant de législation fiscale et d'affaires similaires. À part ça, on tombe sur quelques photos le montrant à diverses occasions, comme lors d'une rencontre avec le Premier ministre et le ministre des Finances des îles Vierges britanniques – l'un des principaux paradis fiscaux, et donc un partenaire évident pour Mossack Fonseca.

Jürgen Mossack semble ne montrer aucun intérêt pour la vie publique. Dans nos archives, en tout cas, nous ne trouvons pas d'interviews. Il donne quand même des conférences et écrit des articles techniques, dans lesquels il s'oppose avec véhémence à des réformes profondes de l'industrie offshore.

Nous décidons de procéder avec méthode, et nous procurons une copie de son acte de naissance. Nous avons alors la confirmation que Jürgen Mossack est né en Allemagne : il est venu au monde le 20 mars 1948 dans la ville bavaroise de Fürth, à l'hôpital public, à 6 h 25 précisément. Son nom de naissance est Jürgen Rolf Dieter Herzog. Sa mère, Luise Herzog, est vendeuse, son père, Erhard Peter Mossack, est «constructeur de machines».

Dans les années d'après guerre, Erhard Mossack semble s'être converti au journalisme. En 1951, le magazine *Spiegel* rapporte les propos d'un journaliste sportif dénommé Erhard Mossack, qui a écrit pour l'édition du soir de Nuremberg, *8-Uhr-Nachrichten*[1], un article sur un mystérieux lutteur masqué, pratiquant la lutte libre, à qui les spectateurs avaient donné le nom de combat «L'étrangleur de Vienne». Cet Erhard Mossack émet l'hypothèse que «L'étrangleur de Vienne», dont la spécialité était une prise pour étrangler par-derrière, serait en réalité le «bourreau de Prague» – un Tchèque qui aurait livré «un

---

1. *Les Nouvelles de 20 heures* en français.

groupe de compatriotes à la potence allemande » pendant l'occupation nazie. Toujours est-il que l'auteur du *Spiegel* en arrive à la conclusion que Mossack s'est fourré le doigt dans l'œil.

Apparemment, le même Erhard Mossack a écrit quelques livres, l'un d'entre eux a paru en 1952 sous le titre martial *Les Derniers Jours de Nuremberg*. Il est facile de le trouver dans des librairies d'occasion, c'est un ouvrage au ton neutre sur les derniers jours de la guerre à Nuremberg, c'est-à-dire avant l'installation permanente des Alliés dans la ville. Une plaquette publiée en 1955 est encore plus amusante : « Du trafic pour Tanger ». L'auteur, Erhard Mossack, y raconte qu'il aurait contribué en 1954 à la découverte d'un réseau international de vol de voitures, en coopération avec la police criminelle internationale et la centrale d'Interpol à Paris. Le réseau sévissait en Europe de l'Ouest dans les années d'après guerre. La note de l'éditeur précise : « Pour écrire ce texte, Mossack s'est lui-même rendu en France et en Espagne, et a suivi les premières traces des bandits, difficilement repérables. » Mossack aurait même rapatrié lui-même en Allemagne l'une des voitures volées, une Mercedes 300.

La biographie de l'auteur, dans *Du trafic pour Tanger*, comprend également sa date de naissance : le 16 avril 1924. La date coïncide avec celle qui est inscrite sur l'acte de naissance de Jürgen Mossack pour son père Erhard. Cela ne fait donc aucun doute qu'il s'agit du même homme. Quelle ironie, quand on pense que son fils, quelques décennies plus tard, aidera les pires personnages de ce monde à trafiquer.

En octobre 1958, trois ans après la parution de ce texte, Erhard Mossack déménage dans le Land de Rhénanie-Palatinat, selon le registre des déclarations domiciliaires. Il quitte de nouveau cette région en 1961 et annonce son émigration, « probablement aux États-Unis », tel qu'il est écrit dans le registre. Jürgen Mossack aurait donc passé les treize premières années de sa vie en Allemagne. Cette supposition nous est confirmée par un article paru début janvier 2012 dans une édition locale du journal *Frankfurter*

*Rundschau*, où il est fait un portrait d'un certain Peter Mossack. La raison d'être de l'article : ce Peter Mossack, IT manager et fondateur du Lions Club Justus von Liebig à Darmstadt, a été nommé consul honoraire de la République du Panama, pour les Länder de Hesse, de Rhénanie-du-Nord-Westphalie, Rhénanie-Palatinat, Sarre et Bade-Wurtemberg.

Mossack et le Panama ? Bingo. Non seulement Peter Mossack porte le même nom de famille, mais il se trouve être le frère cadet de Jürgen Mossack. Il raconte au *Frankfurter Rundschau* que la famille a émigré au Panama lorsqu'il avait 6 ans. Cela correspond au registre des déclarations domiciliaires rempli par son père. Il est rentré en Allemagne après ses études, raconte-t-il encore au journal, mais a continué à rendre visite à son frère « tous les deux ans environ ». Ce dernier a un cabinet d'avocats au Panama et est « bien connecté ».

Pourquoi les Mossack ont-ils quitté l'Allemagne au début des années 1960 ? Des Allemands qui cherchent leur bonheur en Amérique du Sud après la guerre, ça sent souvent la fuite d'un passé lié au Troisième Reich. Nous interrogeons les bases de données, lançons des demandes d'archives en Allemagne et aux États-Unis, et attendons. Ce genre de requête prend souvent des semaines, voire des mois. Jusqu'à présent, nous savons seulement qu'Erhard Mossack est rentré en Allemagne, et qu'il est mort en 1993 à Aichach, non loin de Munich.

Ce qui est sûr, c'est qu'il a atterri avec son fils Jürgen au Panama, au début des années 1960. Nous déduisons d'un CV de Jürgen Mossack, trouvé dans nos données, qu'il a étudié à l'université Santa María La Antigua à Panama City après sa scolarité à l'Instituto Pedagógico de Las Cumbres. En parallèle de ses études, il a travaillé dans un cabinet d'avocats, dont on connaît à présent les activités liées aux sociétés offshore : Arosemena, Noriega y Castro. Mossack y est embauché comme avocat assistant vers 1970, puis comme avocat, en 1973, après son diplôme. Il travaille ensuite deux ans à Londres avant de fonder son propre cabinet au Panama en 1977, alors qu'il n'a même pas 30 ans.

Le grand business commence. À cette époque, règne une junte militaire sous les ordres du général corrompu Omar Torrijos. Pour un cabinet d'avocats spécialisé dans la création d'entreprises, un tel régime ne devait pas être un obstacle. Dans le registre des entreprises du Panama, nous effectuons des recherches sur Jürgen Mossack et trouvons une grande quantité de documents qui attestent de l'existence d'entreprises peu de temps après la création du cabinet. Dans ces documents, ce dernier est décrit comme *registered agent*, ce qui peut se traduire par «cabinet agréé», et Jürgen Mossack lui-même est désigné comme le directeur d'un bon nombre de sociétés offshore. À l'époque, cela signifiait déjà prête-nom.

Lorsqu'en 1983 le dictateur Manuel Noriega prend le pouvoir, les affaires de la Jürgen Mossack Law Firm continuent, en tout cas le nombre de créations d'entreprises ne diminue pas, selon le registre des entreprises. Sous la dictature de Noriega – il sera plus tard avéré que son nom apparaît sur le «bulletin de paie» de divers trafiquants de drogues –, le Panama devient le centre bancaire du cartel colombien de Medellín car il y est extrêmement facile de développer un business dans l'ombre.

Jürgen Mossack a donné un coup de main à au moins un des plus grands patrons de la drogue de l'époque : Caro Quintero, un Mexicain aussi cruel que doué pour les affaires. En février 1985, Quintero a fait tuer l'agent des stups Enrique «Kiki» Camarena Salazar, à la suite de quoi les États-Unis ont déclenché une chasse furieuse à l'encontre du grand patron de la drogue. Quintero sera finalement arrêté au Costa Rica en avril 1985. Quelques jours auparavant, un intermédiaire a fait créer une société chez Jürgen Mossack, dans laquelle atterrit la fortune de Caro Quintero. Une autre société suit peu après. Cette dernière détient une villa au Costa Rica, qui plus tard sera confisquée et laissée à la disposition du Comité national olympique (CNO) – mais sur le papier elle est toujours la propriété de la société écran de Quintero, pour laquelle Jürgen Mossack agit comme prête-nom.

Lorsque le CNO du Costa Rica demanda il y a quelques années à Mossack Fonseca de lui laisser la villa de façon officielle et permanente, il s'y opposa fermement. Mossack écrit que même le légendaire baron de la drogue Pablo Escobar serait «un bébé» en comparaison de Caro Quintero, et qu'il ne voulait en aucun cas «faire partie de ceux à qui Quintero rendrait visite après sa libération»[1].

Et, effectivement, Quintero est libre depuis 2013, après presque trente ans de réclusion. Jusqu'à présent, il n'a pas rendu visite à Jürgen Mossack. Mais Quintero est de nouveau l'un des criminels les plus recherchés de la planète.

Le 1er mars 1986, Jürgen Mossack et l'avocat panaméen Ramón Fonseca fusionnent leurs cabinets. Le cabinet d'avocats Mossack Fonseca, tel que nous le connaissons aujourd'hui, est né. Trente ans plus tard, il est toujours dirigé par les deux hommes.

Quand on effectue des recherches sur le camarade de Mossack, on n'a aucun problème pour obtenir des informations – c'est même l'inverse, la quantité d'informations est difficile à traiter. Car Ramón Fonseca Mora, son nom complet, n'est pas seulement l'un des politiciens les plus importants du Panama, c'est aussi un écrivain connu et primé. Fonseca est actuellement le conseiller du président panaméen Juan Carlos Varela, a son propre siège au sein du cabinet et est l'un des vice-présidents du parti au pouvoir Panameñista[2]. Si l'on comparait avec l'Allemagne, ce serait un poids lourd politique comme Volker Bouffier, Julia Klöckner ou Ursula von der Leyen, tous vice-présidents de la

---

1. Lors du bouclage de ce livre, ni Mossfon ni Jürgen Mossack ne nous avaient répondu à ce sujet.

2. Après avoir été confronté aux recherches pour ce livre, Ramón Fonseca a annoncé en mars 2016 avoir quitté les deux fonctions.

CDU – même si aucun d'eux n'est écrivain à succès. En bref, Ramón Fonseca est un homme très influent dans ce petit pays.

Dans la presse panaméenne, on a même supposé que le président Varela souhaitait nommer Fonseca ministre de l'Intérieur, mais y aurait renoncé en raison d'une pression exercée par les États-Unis. Le gouvernement américain aurait clairement fait savoir qu'il était très réticent à l'idée de voir un partisan présumé du blanchiment d'argent à un poste de ministre. Apparemment, les Américains étaient très bien informés sur les affaires de Mossack Fonseca.

Ramón Fonseca appartient visiblement à cette catégorie de politiciens qui adorent la célébrité et cherchent à être sous les feux des projecteurs. Des tas de photos le montrent à des événements. On peut lire ses déclarations dans tous les journaux, il intervient fréquemment sur Facebook et Twitter, où il a des milliers de *followers*. En même temps, il semble vivre sans stress – c'est *via* Twitter qu'il invite ses rivaux politiques à régler leurs contentieux, en «vrais hommes».

Peut-être que son influence politique est liée à sa grande richesse. Son entreprise n'a cessé de croître avec les années. «Nous avons créé un monstre», déclara Fonseca en 2008 lors d'une interview TV – il parlait de la taille de sa société. À l'époque déjà, Mossfon embauchait plusieurs centaines d'employés, répartis dans des dizaines de bureaux dans le monde[1].

Ce monstre a toutefois laissé des traces dans la presse, contrairement à son propriétaire allemand. Les médias d'Amérique latine font très directement le rapprochement entre Mossack Fonseca et un certain nombre de scandales de corruption et de blanchiment d'argent. La plupart du temps, les articles se rapportent aux soupçons déjà décrits dans notre prologue, ceux de

---

1. Lors du bouclage de ce livre, Ramón Fonseca ne nous avait toujours pas répondu à ce sujet.

l'avocat argentin sur l'ex-présidente argentine Cristina Kirchner, et son partenaire d'affaires présumé, qui auraient fait sortir plus de 60 millions de dollars du pays par le biais de 123 sociétés offshore au total, toutes fondées par Mossfon. Selon le pays et le moment de la divulgation, d'autres soupçons s'ajoutent et d'autres anomalies sont signalées. Les noms des dictateurs Bachar el-Assad et Mouammar Kadhafi tombent, encore et encore, mais généralement sans faire l'objet d'une description détaillée de leurs connexions exactes avec Mossack Fonseca. Ces liens sont toujours démentis par le cabinet d'avocats.

L'article sur Mossfon le plus long et le plus prégnant est paru dans le magazine en ligne *Vice.* Le média est surtout connu pour ses histoires aussi marginales que divertissantes, traitant par exemple des échanges amicaux de lettres avec des tueurs en série, de la fumette en Palestine ou de la consommation de crystal meth en Corée du Nord, mais il publie toujours des articles et reportages savamment recherchés. Début décembre 2014, *Vice* a publié un texte sur Mossack Fonseca. C'est une tirade caustique et critique mais riche de faits, un règlement de comptes avec le cabinet panaméen, que l'auteur nomme « *Evil LLC* », ce qu'on pourrait traduire par : la SARL maléfique.

Nous en avons tiré le titre de notre travail : Le cabinet des avocats du mal.

Mossack Fonseca n'aime pas beaucoup ce genre de couverture médiatique, ce qui est compréhensible. Un échange de mails de 2012 nous montre à quel point les articles du Net les dérangent. Les employés de Mossfon font alors appel à une entreprise du nom de Mercatrade, qui s'occupe de e-réputation : Mossfon doit être complètement blanchi dans les recherches Google. Quand on tape « Mossack Fonseca », on ne doit plus trouver de résultats négatifs dans les premières pages (les plus regardées).

Leur relation commerciale et leur contrat sont rompus après quelques mois seulement, à l'initiative de Mercatrade. Les spécialistes de e-réputation abandonnent, énervés, car il est apparemment impossible de rectifier la mauvaise image de Mossack Fonseca sur le Net.

Peut-être que c'est comme avec le vernis. Si un truc est trop sale, même le plus beau vernis ne pourra pas le masquer.

Quand on visite la page d'accueil du site de Mossack Fonseca, on apprend qu'ils ont leur propre *compliance department* depuis des années. Ce dernier veille à ce que toutes les lois et réglementations nationales et internationales soient respectées.

Ça, c'est la théorie. Dans la pratique, un cas spectaculaire, que nous reconstruisons de façon très précise à partir des données, nous apprend comment Mossfon contourne la *compliance*.

Ce cas, c'est celui de l'actuel Premier ministre islandais Sigmundur Davíð Gunnlaugsson. En 2007, il apparaît comme actionnaire de la société écran Wintris Inc. aux îles Vierges britanniques (et plus tard son épouse, l'anthropologue Anna Sigurlaug Pálsdóttir, également). Fin 2009, tandis que sa carrière politique prend de l'élan, Gunnlaugsson «vend» la moitié de ses parts de l'entreprise à sa femme – avec un contrat officiel – pour la somme symbolique d'un dollar. Depuis, Anna Sigurlaug Pálsdóttir apparaît comme l'unique propriétaire, directrice et porteuse des parts dans les documents de Mossack Fonseca – le scan de son passeport se trouve même dans le dossier numérique de l'entreprise, qui serait toujours active, selon le registre des entreprises des îles Vierges britanniques[1].

Sigmundur Davíð Gunnlaugsson devient Premier ministre en mai 2013, soit longtemps après la création de l'entreprise, en 2007. Mais, à l'époque, il est déjà politicien, et lorsqu'il devient président du Parti du progrès islandais en janvier 2009, ce diplômé d'Oxford est toujours actionnaire de Wintris[2].

Ce serait déjà une bonne histoire : toute l'Europe se bat contre

---

1. En mars 2016.
2. Pour en savoir plus sur sa réaction, voir le chapitre 26.

l'évasion fiscale et les sociétés offshore, et le Premier ministre islandais possède secrètement une société offshore. «L'Islande, comme par hasard», pourrait-on écrire, parce que les sociétés offshore ont justement joué un rôle dans la faillite de l'État, des prêts illégaux ont été relocalisés grâce à elles, et certaines personnes impliquées sont en prison.

Nos réflexes de journal quotidien démarrent au quart de tour. Pour le moment, nous n'avons pas encore trouvé d'accord avec Gerard Ryle et le ICIJ. Alors pourquoi ne pas publier tout de suite l'histoire du Premier ministre islandais?

Il est encore en fonction, mais qui sait si ce sera encore le cas si nous attendons quelques mois?

Pour l'instant, nous avons l'exclusivité de l'histoire, mais si on attend, on risque qu'un autre journaliste en entende parler.

Quoi qu'il en soit, l'affaire va bien nous aider à attirer l'attention de partenaires européens pour une recherche collective avec le ICIJ. Une équipe internationale, ce serait formidable. Mais si nous publions la meilleure affaire en amont, ça ne marchera pas.

Finalement, l'état de nos recherches constitue la raison décisive pour garder cette histoire. Pour le moment, nous ne savons absolument pas ce que Sigmundur Davíð Gunnlaugsson a fait avec sa société écran. Nous voyons cependant dans les données qu'il a ouvert un compte au Crédit Suisse de Londres, mais nous n'avons pas de montant. L'histoire aurait de quoi mettre Gunnlaugsson sous pression, nous pourrions en tout cas raconter qu'un chef de gouvernement européen a acquis une société offshore dans les îles Vierges britanniques auprès d'un fournisseur panaméen, par le biais d'un intermédiaire luxembourgeois, et qu'il a un compte à Londres, géré par une banque suisse. Cela soulèverait déjà des questions intéressantes. Mais ce serait encore mieux de savoir ce qui se cache derrière. Un collègue islandais pourrait énormément nous aider à creuser[1].

---

1. Voir le chapitre 26.

Vous parlez islandais? Non? Nous non plus. Cela rend les recherches dans les médias islandais pratiquement impossibles. Peut-être que la société est connue depuis longtemps là-bas?

Nous nous décidons finalement à laisser le dossier Gunnlaugsson de côté, dans un premier temps, et nous rappelons plutôt Gerard Ryle pour lui parler de cette histoire. Pour autant qu'on puisse parler au téléphone dans l'ère post-Snowden. Le reste est crypté. Nous remarquons que Gerard est nerveux. Un Premier ministre européen en exercice, ça lui plaît. Et il comprend qu'on meurt de curiosité, parce qu'il en est de même pour lui. Ce qu'on espérait arrive: Gerard accélère le tempo. On regarde le calendrier, on trouve trois jours mi-mars qui nous conviennent à tous, et il achète son billet d'avion pour venir de Washington.

Revenons maintenant au département *compliance* de Mossack Fonseca. L'histoire du Premier ministre islandais montre à quel point Mossfon prend sa *due diligence* au sérieux. Les *due diligence* sont les vérifications à faire pour contrôler une entreprise, voir si des risques sont à surveiller chez certains individus en particulier. Nous avons déjà mentionné l'un de ces risques dans le cas de Sergueï Roldouguine, l'ami de Vladimir Poutine: lorsqu'un client final détient le statut de PPE, « personne politiquement exposée », il est judicieux de demander certaines justifications. Par exemple d'où provient l'argent? Ou quel est le but de l'entreprise? La même chose s'applique lorsque quelqu'un comme Sergueï Roldouguine a une relation étroite avec un PPE.

Depuis mai 2013, cela concerne également l'épouse de Sigmundur Davíð Gunnlaugssons. Anna Sigurlaug Pálsdóttir est, depuis fin 2009, l'unique propriétaire de la société écran Wintris, et elle a sans aucun doute un lien avec un PPE – son mari.

Cela devrait sauter aux yeux du département *compliance* de Mossfon. Mossfon a accès à des bases de données précieuses dans lesquelles des milliers de noms sont listés: il s'agit soit des PPE, soit des VIP, soit des personnes en contact étroit avec un

PPE ou un VIP. Ces bases de données sont gérées et mises à jour par des fournisseurs professionnels, comme Reuters. C'est ainsi qu'Anna Sigurlaug Pálsdóttir arrive dans le viseur de la *compliance* de Mossfon, lors d'un contrôle de routine. Pendant l'été 2013, un employé se manifeste par mail auprès de l'entreprise luxembourgeoise Interconsult qui s'occupe de la société de l'épouse du Premier ministre : la cliente aurait un statut de PPE à cause de son mari, on aurait besoin de plus d'informations afin de mener un contrôle de *due diligence* plus large. Mais Interconsult n'a pas l'air de livrer l'information. Il s'ensuit donc un peu plus tard un rappel, au ton amical, puis un second, puis encore un, et encore un… Mais ces rappels tombent dans le vide : un an après le tout premier mail, rien ne s'est passé.

Est-ce que dans ces mails, que nous lisons, les employés de Mossfon menacent à terme de mettre fin au contrat ? Mettent-ils leurs supérieurs en copie, voire Jürgen Mossack lui-même ?

Non. En octobre 2014, les rappels sont suspendus, puis ils recommencent mi-2015. Et pour cause : en octobre 2015, l'épouse du Premier ministre islandais signe un formulaire censé déterminer l'origine des fonds de la société. Elle fait une croix devant « revenus provenant d'une succession/d'un *trust fund* » et décrit la société comme étant une « *passive non-financial entity* ». Une employée de Mossfon répond et explique qu'on attend encore d'autres documents « dans cette affaire importante », tels qu'une copie de passeport, un justificatif de domicile de la propriétaire, ainsi qu'une lettre de recommandation d'une banque ou d'un autre partenaire commercial.

Mossack Fonseca a donc attendu patiemment pendant plus de deux ans. Ce n'est pas ce qu'on pourrait appeler un département de *compliance* sévère.

Mossack Fonseca donne l'impression d'être bien en règle avec son département de *compliance*, mais sans compromettre sérieusement le business. Une impression que nous allons avoir de plus en plus souvent.

Tout d'abord, nous mettons le cas du Premier ministre islandais sur la pile des histoires que nous voulons traiter avec des journalistes des pays concernés. Sur cette pile, nous posons aussi le cas Poutine et le cas argentin contre le fonds d'investissement NML. Si un projet international venait à surgir de nos données, l'ICIJ cherchera sur place avec des journalistes d'investigation qualifiés. Si l'ICIJ n'embarque pas avec nous, on s'en occupera nous-mêmes.

Gunnlaugsson n'est pas le seul chef d'État sur lequel nous enquêtons, ces jours-ci. Tandis que nous passons régulièrement au crible les données qui ne cessent d'arriver, et que nous recherchons des histoires sur le Net, nous tombons sur un autre nom : Nicstate Development S.A., qui est une société écran panaméenne. Apparemment, elle est contrôlée par l'ex-président du Nicaragua, Arnoldo « Fat Man » Alemán, que Transparency International compte parmi les dix politiciens les plus corrompus de tous les temps. Concrètement, Alemán aurait détourné près de 100 millions de dollars de l'État vers sa poche, grâce à Nicstate et d'autres sociétés écrans. C'est ce que prétendent les chercheurs du Stolen Asset Recovery Initiative (StAR), un projet commun de la Banque mondiale et de l'Office des Nations unies contre la drogue et le crime (UNODC). Le but du StAR est d'aider les États à retrouver l'argent dérobé par les autocrates et les dictateurs à leur pays.

Cependant, le StAR se heurte très vite à ses limites, dès que la justice du pays concerné évalue les choses différemment. En 2003, Alemán est définitivement condamné à vingt ans de prison pour blanchiment d'argent et corruption – mais la sentence est levée en janvier 2009 par la Cour suprême. L'opposition soupçonne des raisons politiques internes, le successeur d'Alemán, Daniel Ortega, aurait comploté une alliance avec le parti de l'ex-président – une importante concertation suit immédiatement après l'annulation du jugement, le jour même.

Dans l'article de *Vice* mentionné, Alemán est décrit comme l'un des ayants droit économiques, c'est-à-dire le bénéficiaire, nommé dans la société Nicstate fondée au Panama. Le StAR explique en détail comment les fonds auraient disparu. La société Nicstate se trouve donc au centre d'un système qui fait disparaître l'argent, système orchestré par un proche d'Alemán, un dénommé Byron Jerez. Les documents dont nous disposons prouvent la connexion : Byron Rodolfo Jerez Solis aurait accès au compte de la société que Nicstate gère à la Banco Aliado. Les fonds, plusieurs millions de dollars, sont ensuite transférés à d'autres sociétés ou transmis par chèques – libellés à l'ordre de Maria Fernanda Flores de Alemán, sa femme[1].

La société est dirigée par l'ancien président du Nicaragua et par la Dresdner Bank d'Amérique latine – l'un des partenaires commerciaux les plus fiables de Mossack Fonseca. Un premier contrôle fait apparaître plus de 300 sociétés fondées par cette banque allemande.

Nous allons rapidement nous habituer à tomber souvent sur des banques allemandes.

Pendant longtemps, elles s'en sont bien sorties avec leurs activités offshore, mais là, elles vont être rattrapées.

Et plus tôt qu'on ne le pensait.

---

1. Lors du bouclage de ce livre, Arnoldo « Fat Man » Alemán ne nous avait toujours pas répondu à ce sujet.

## 4. Les mensonges de la Commerzbank

Le matin du 24 février 2015, des policiers, des procureurs et des inspecteurs des impôts arrêtent leurs voitures devant la Commerzbank de Francfort. La deuxième plus grande banque allemande occupe l'une de tours les plus voyantes du quartier financier de la ville. Les trois tours, éclairées de jaune la nuit, s'élancent vers le ciel telles des flèches. L'architecture est le message : ici, pas de place pour le doute, la prudence ou les scrupules. Ici, c'est le pouvoir. Ce mardi matin-là, quelques-uns des banquiers doivent toutefois y renoncer, car «l'équipe d'enquête contre le crime organisé et la fraude fiscale» nouvellement créée trimballe avec elle de nombreux documents sur des placements occultes de capitaux.

Quelques jours auparavant, nous recevons l'appel d'un initié. Nous essayons d'en savoir plus sur les dessous de l'histoire, et ce que nous apprenons lors de nos recherches nous choque : la banque, assistée par le cabinet panaméen Mossack Fonseca, aurait régulièrement aidé des clients allemands dans leur évasion fiscale.

La perquisition s'effectue à partir de données bancaires achetées. Dans un talk-show, on parle d'un nouveau «CD contenant des données sur les impôts» – en fait ces CD ont depuis longtemps disparu au profit de clefs USB ou de disques durs. Les données montrent que la succursale luxembourgeoise de la Commerzbank a créé des sociétés écrans pour ses clients allemands durant de nombreuses années. C'est ainsi qu'on évite les impôts et la directive européenne sur l'imposition des revenus et l'épargne : cette dernière ordonne à tous les banquiers suisses et luxembourgeois de payer un forfait allant jusqu'à 35 % d'impôts à la source pour les bénéfices de comptes non rapportés, dans la mesure où ces comptes sont enregistrés aux noms de citoyens européens. La Commerzbank a donc créé des sociétés écrans au Panama pour ses clients, ces derniers étant à leur tour détenteurs du compte pour la forme. Et puisque les sociétés offshore ne sont pas citoyennes de l'UE, la directive européenne sur l'imposition des revenus et l'épargne ne s'applique pas : les revenus ne sont donc pas taxés.

On appelle bien cela de l'évasion fiscale, et si une banque le fait à grande échelle, on peut même parler d'escroquerie en bande organisée. C'est bien pourquoi le nom de l'unité spéciale qui arrive ce matin-là à Francfort comporte les mots « crime organisé ».

Mossack Fonseca pourrait donc faire partie de la criminalité organisée de façon quasi officielle, de même que la Commerzbank et bon nombre d'autres grandes banques allemandes.

Tandis que nous nous plongeons plus profondément dans cette affaire, avant la descente de l'équipe d'enquête nous apprenons que les données bancaires luxembourgeoises vendues aux enquêteurs allemands par un lanceur d'alerte coïncident en partie avec nos documents : les données proviennent elles aussi de Mossack Fonseca. Les informations détenues par les enquêteurs sont bien moins à jour que les nôtres – et surtout, ils en ont beaucoup, beaucoup moins. Il s'agirait pour eux de quelques centaines de sociétés offshore. À l'heure actuelle, nous en comptons déjà plusieurs milliers.

Mais pour ces quelques centaines de sociétés, nous l'apprendrons plus tard, les enquêteurs allemands ont dû payer un million d'euros.

Quel aurait été le prix pour plusieurs milliers ?

Peter Beckhoff s'est procuré les données bancaires luxembourgeoises. Il est le chef de l'administration fiscale de la ville de Wuppertal pour les affaires fiscales pénales et les enquêtes fiscales. Beckhoff, c'est celui qui a acheté les uns après les autres les CD contenant des données sur les impôts, c'est celui qui dégage du budget pour cela et prend ses responsabilités – sachant que de puissants vents contraires soufflent contre lui, dans le paysage politique. Probablement personne n'en a fait autant que lui pour l'équité fiscale en Allemagne, simplement parce que le message délivré par chaque nouveau CD a déclenché une avalanche d'auto-accusations. De peur, et à raison, de se retrouver sur le prochain CD, et avec l'espoir de passer au travers avec un paiement ultérieur, beaucoup de citoyens ont révélé l'emplacement secret de leur argent aux autorités. L'État a récupéré plusieurs millions d'euros.

Dans les paradis fiscaux comme le Luxembourg, Peter Beckhoff est redouté. La Suisse a même lancé un mandat d'arrêt contre lui pour « complicité avec des services de renseignements économiques » et violation du secret bancaire. Quand Peter Beckhoff se rend là-bas, il doit s'attendre à se faire arrêter. En 2015, de nombreux médias, dont la *Süddeutsche Zeitung*, ont rapporté que les services secrets suisses auraient essayé d'affecter un agent à la surveillance de Peter Beckhoff. En Allemagne, bien entendu.

De nombreux journalistes rendent compte de la perquisition à la Commerzbank. Nous avons peur que lors des recherches sur les sociétés écrans, d'autres journalistes tombent sur Mossfon, et même sur Jürgen Mossack – et que la concurrence prenne ce personnage allemand pour sujet. Nous décidons donc de le faire nous-mêmes.

Le 18 février 2015, nous écrivons un très long mail à Mossack Fonseca avec des questions sur leur rôle dans la machinerie de la Commerzbank autour du détournement d'impôt. Nous extrayons également une multitude d'accusations issues d'Internet, c'est-à-dire les liens présumés entre Mossack Fonseca et des dictateurs tels que Gadda, Mugabe ou Assad – que nous n'avons pas encore trouvés dans les données – et ce que nous découvrons dans la presse latino-américaine. Nous prenons chaque accusation que nous trouvons, même vague, et nous y confrontons Mossack Fonseca. Nous voulons voir leur réaction.

Une femme nommée Ana María Garzón, de Burson-Marsteller, une grande agence de communication internationale basée à New York, spécialisée dans la gestion de crise, nous répond. Burson-Marsteller est connue pour ne pas être effrayée devant des campagnes particulièrement difficiles et pour ne pas y aller de mainmorte. L'entreprise s'est mise au service de la dictature militaire en Argentine, de Nicolae Ceauşescu ou du gouvernement militaire en Indonésie après un massacre à Osttimor – et a essayé de discréditer la recherche sur le cancer et les dangers du tabac passif au nom du lobby du tabac américain[1].

Burson-Marsteller et Mossack Fonseca, une bien belle alliance.

Toujours est-il qu'Ana María Garzón nous félicite pour notre «journalisme responsable» et pour notre démarche: prévenir Mossack Fonseca en amont. Elle nous envoie ensuite une réponse si vague et générale qu'elle est à peine digne de ce nom: malheureusement, nos questions montreraient déjà clairement que notre couverture médiatique ne se ferait pas dans un souci d'objectivité mais, au fond, serait contrôlée à distance par NML. Pour mémoire, NML est le fonds d'investissement qui s'en prend à Mossack Fonseca. Son fondateur, Paul Singer, essaie depuis longtemps de se procurer par la voie légale les documents de Mossfon, documents que nous avons sous les yeux.

Au deuxième mail de questions détaillées, Garzón répond plus précisément – et nie toutes les allégations. Elle indique également que Mossfon n'a jamais été accusé, a toujours respecté

---

1. Lors du bouclage de ce livre, Burson-Marsteller ne nous avait toujours pas répondu sur ce point.

les réglementations en vigueur, a coopéré avec les autorités, a toujours accordé une grande importance à la *due diligence* et travaille uniquement avec des intermédiaires de renom, tels que banques et avocats.

La demande d'entretien avec Jürgen Mossack est refusée. Par principe. Dommage. On aurait bien eu quelques questions, et on aurait surtout voulu savoir qui est cet homme.

Mais quand des agences de communication refusent de communiquer, c'est en fait bon signe pour les journalistes d'investigation. Cela signifie généralement qu'il y a beaucoup à cacher. Sinon, quand tout est transparent, il y a une réunion ou une longue conversation téléphonique, la partie adverse s'explique et n'est pas avare de détails. Parfois, il ne reste même plus rien qui pourrait être discutable ou qui pourrait faire l'objet de critiques. De nombreuses histoires supposées bonnes connaissent cette fin.

Rien que pour cela, c'est toujours une bonne raison de rechercher la communication. Rien ne serait plus dévastateur pour un reporter que d'obtenir des déclarations une fois le texte publié. Les conséquences peuvent obliger à une déclaration contradictoire au sein du même journal, voire terminer par une plainte pour diffamation.

Dans les réponses de Mossack Fonseca, on remarque chaque fois leur tentative pour décrire l'entreprise comme la plus sérieuse et digne de confiance possible. Nous remarquons également tous les efforts déployés pour ne donner aucun détail.

Un des mensonges les plus concrets de Mossfon : Mossack Fonseca ne travaille jamais avec des clients finaux, mais toujours avec des intermédiaires, tels que des avocats, des gestionnaires de biens ou encore des banques[1]. Garzón choisit la comparaison suivante : à la base, Mossfon serait comme un fournisseur qui livre des produits aux petits commerçants – à la seule différence

---

1. Voir le chapitre 14, en particulier la réaction de Mossfon à cette demande.

que ces produits sont des sociétés. Et une société, en soi, ce n'est ni bien ni mal. À qui les petits commerçants revendent les sociétés, et ce que les clients finaux en font, cela reste la responsabilité du petit commerçant.

C'est une comparaison intéressante. Mais elle n'est pas exacte. Nous repérons déjà de nombreux cas, y compris celui de l'ex-manager de Siemens, Hans-Joachim K., dans lesquels Mossfon travaille directement avec les clients finaux. Et nous constatons aussi que, très souvent, Mossfon sait exactement qui tient les rênes de la société à l'autre extrémité.

Nous préférons nous référer à l'image choisie par l'ancien inspecteur des impôts américain Keith Prager. Il dit que les sociétés écrans seraient, pour une large palette de criminels bien débrouillards, ce qu'était autrefois la voiture pour les braqueurs de banque : elles servent à fuir.

Le jour qui suit la descente à la Commerzbank, nous titrons la une de la *Süddeutsche Zeitung* ainsi : « Nouveau coup dur pour le Luxembourg ». Nous décrivons en page 2 les charges exactes retenues contre la banque et sa filiale luxembourgeoise, et la page 3, dédiée aux reportages, dresse un portrait de Mossack Fonseca. Une page entière.

Cependant, pour la partie concernant Mossack Fonseca, nous utilisons très peu de nos données. Peu sont encore suffisamment étudiées et utilisables, et en tirer des histoires à moitié cuites ne serait pas une bonne idée, et pas seulement en raison d'une future alliance internationale.

Au lieu de cela, nous traitons toutes les accusations disponibles portées contre Mossack Fonseca, et nous les combinons avec un fait jusqu'ici inédit : l'origine allemande de Jürgen Mossack. C'est ce qui s'appelle marcher sur la corde raide.

Pour déconcerter un peu l'entreprise, nous écrivons que nous disposons de près de 80 gigabytes de données internes, encore à l'étude. Nous sommes sûrs que, même s'il est en allemand, le texte fera son chemin jusqu'au Panama.

Dans nos données, nous trouvons d'anciens mails de notre correspondante Ana María Garzón, où il est question de la relation commerciale entre Mossack Fonseca et Burson-Marsteller. Début 2013, elle avait envoyé une offre à Mossack Fonseca afin de leur fournir un « manuel de crise ». Nous constatons que leurs prestations ne sont pas données. Mais, en cas de crise, Mossfon aura droit à une assistance 24 heures sur 24.[1]

D'autres entreprises connaissent des crises de communication catastrophiques, Mossack Fonseca n'est pas un cas isolé. La Commerzbank, par exemple. Le jour de la descente, et le lendemain, le département de la communication de la deuxième plus grande banque d'Allemagne tente d'apporter l'interprétation suivante aux journalistes : on a fait des erreurs, c'est certain, mais c'est du passé, nous avons depuis longtemps réglé toutes les transactions douteuses. Il s'agirait, attention, d'« anciennes affaires, qui datent d'il y a dix ans et plus », et, depuis 2007, ils auraient « refusé catégoriquement » toute demande de clients pour des sociétés écrans au Panama.

D'anciennes affaires ? Vraiment ?

Nous regardons de nouveau dans nos données et trouvons facilement, les unes après les autres, les sociétés commandées auprès de la Commerzbank par ses clients, exactement à cette période, entre 2005 et 2015.

2006. 2007. 2008. 2009. 2010. 2011. 2012. 2013[2].

Nous avons les mails des conseillers de la banque, les certificats de création d'entreprise, les procurations pour les clients, les autorisations pour l'accès sécurisé et tous les noms des sociétés, depuis Badenweiler S.A. à Pinguin Holding S.A. en passant

---

1. Ce n'est pas clair si Burson-Marsteller s'occupe encore de Mossack Fonseca en 2016.

2. Voir le chapitre 24, en particulier les réponses de la Commerzbank.

par Clandestine Ltd. Les propriétaires de ces sociétés sont, autant qu'on puisse le prouver, des privilégiés, mais inconnus du public.

Et plus encore : il y a même des sociétés écrans qui ont été encadrées par la Commerzbank et qui sont toujours actives au début de l'année 2015.

D'anciennes affaires ?

Si la Commerzbank était restée fidèle à la vérité, elle aurait eu bien meilleure figure.

En interne, la banque a en effet reconnu ce type de business comme problématique, en 2008 au plus tard, et a réduit cette activité. Nous trouvons même à ce sujet des mails et des comptes rendus d'entretiens d'employés de la banque qui expliquent à ceux de Mossfon, de façon tout à fait désolée, qu'ils ne doivent plus entreprendre d'affaires de ce genre. La Commerzbank International, filiale luxembourgeoise, n'en a pas vraiment tiré les conséquences. C'est finalement en décembre 2014 que les dernières exhortations à l'attention des clients ayant des sociétés au Panama et un statut fiscal incertain eurent lieu. Le message était désormais clair : celui qui n'est pas honnête peut se trouver une autre banque.

On peut comprendre cette tentative de vouloir paraître propre. La Commerzbank a tout de même été soutenue par l'État allemand à raison de 18 milliards d'euros lors de la crise financière de 2008/2009. L'ancien PDG, Eric Strutz, a juré au Bundestag que « la Commerzbank se distanci[ait] formellement de toutes sortes de délits fiscaux et ne tolér[ait] plus aucune faute ». Prendre d'un côté les milliards de l'État et, de l'autre, permettre à ses clients de tromper ce même État, ça fait mauvais genre.

Aux côtés des cabinets d'avocats, des conseillers en gestion de patrimoine et des cabinets d'expertise comptable, les banques sont les partenaires les plus importants dans le business offshore. Très peu se tournent directement vers des sociétés comme Mossfon.

Ce sont bien plus souvent des banquiers ou des avocats qui s'en occupent. Ils maintiennent la machinerie offshore en marche, ils conseillent, commandent, gèrent – également pour les clients à l'évidence malhonnêtes. Pour les fraudeurs fiscaux.

Dans les données se trouvent d'innombrables exemples de conseillers qui disent explicitement à Mossack Fonseca, lors de réunions dans des lobbies d'hôtels ou dans leurs bureaux, que leurs clients ont un problème d'impôts. Après tout, ils sont entre eux.

Ce sont avant tout les gros établissements financiers qui envoient leur argent autour du globe. Les grandes banques américaines – ainsi que les banques allemandes – sont expertes dans ce business. Il y a quelques années déjà, la Deutsche Bank avait été épinglée dans des rapports du Sénat américain. Pendant des années, la société a fait de la publicité sur l'un de ses sites pour des services offshore : l'île Maurice, par exemple, serait « un environnement fiscal neutre ». Quand cela fut diffusé par les médias, cette précision disparut.

Lors des dix dernières années, ce genre de service fut réduit, très lentement et à contrecœur, par les grandes banques – le risque d'une révélation était trop important, en comparaison avec les gains plutôt modestes que de telles affaires rapportaient.

Celui qui éclaire cette décision d'un point de vue moral parle le plus souvent au nom d'une banque.

Nos données montrent par intervalles à quel point la quasi-totalité des banques allemandes les plus importantes étaient ou sont encore imbriquées dans le système offshore.

Nous faisons des recherches sur la Deutsche Bank. Nous obtenons des milliers de résultats. La Dresdner Bank ? *Idem*. La liste s'allonge avec un nombre considérable de banques nationales et, encore, des milliers de résultats[1]. Bien sûr, l'aide au détournement d'impôt n'est pas fournie systématiquement, mais,

---

1. Voir le chapitre 24, en particulier les réponses des banques susmentionnées.

comme nous allons le voir, c'est le plus souvent le cas. Même les banques publiques aident les clients à escroquer l'État. Il faut en avoir le culot.

La HypoVereinsbank se serait manifestée auprès du parquet de Cologne peu de temps après la descente à la Commerzbank. « Nous venons vous voir avant que vous ne veniez » : c'est ce que la banque aurait expliqué aux autorités, en jouant cartes sur table au sujet de leur ancienne succursale au Luxembourg, qui aurait agi comme la Commerzbank. Le résultat fut un deal entre la HypoVereinsbank et les autorités : table rase sur les infractions fiscales lourdes en échange d'une réduction de peine. La banque a versé plus de 10 millions d'euros dans les caisses de l'État[1].

D'autres banques ont suivi cet exemple. D'autres l'ont fait avec le concours de l'État, comme la HSH Nordbank. Le deal : 22 millions d'euros, comme l'a découvert notre confrère Klaus Ott[2].

Pendant ces développements en Allemagne, la descente, les mensonges de la Commerzbank et les deals décrits dans la *Süddeutsche Zeitung,* la montagne de données continue de grossir. De temps en temps, nous rencontrons des problèmes techniques, et parfois cela paraît insupportablement long. Mais une chose est sûre : la quantité de données augmente sans cesse.

Nous disposons désormais de 100 gigabytes de données.

Notre chef de rubrique Hans Leyendecker a pris l'habitude de nous demander tous les deux jours si ça augmente. Nous l'avons contaminé avec notre enthousiasme – ce qui n'est pas mauvais pour nous et notre projet.

En mars, le directeur du ICIJ, Gerard Ryle, vient à Munich

---

1. Voir le chapitre 24, en particulier les réponses des banques susmentionnées.
2. Voir le chapitre 24, en particulier les réponses des banques susmentionnées.

jeter un premier coup d'œil aux données. Nous sommes dans nos bureaux de la *SZ* et cliquons toute une journée avec lui sur les sociétés offshore. Ryle a les yeux qui brillent. Tandis que nous devons le laisser seul quelques minutes, il fait ce que tout journaliste d'investigation qui se respecte ferait : il recherche des noms apparus dans ses précédentes recherches. Et il en trouve quelques-uns.

Gerard Ryle connaît plutôt bien notre situation : on est assis sur un trésor, on trifouille dedans, la nuit, tôt le matin, dès qu'on le peut, et tout ce qu'on trouve a de quoi secouer un pays. Mais cela prend beaucoup de temps avant que l'histoire ne fasse son chemin jusqu'aux médias : Ryle a reçu les données qui constituèrent au final la trame des Offshore Leaks trois ans avant la publication. Nous espérons fortement que ce sera plus rapide pour nous.

Les Offshore Leaks ont fait connaître les pratiques commerciales des sociétés offshore à un large public. Les conséquences politiques furent énormes : la pression exercée sur les paradis fiscaux a augmenté à tel point que les gouvernements de l'Autriche et du Luxembourg ont, pour la première fois, publiquement remis leur secret bancaire en question. Le commissaire de l'UE Algirdas Šemeta dit à l'époque que les Offshore Leaks étaient cruciaux pour l'avenir de la politique fiscale.

Pour le ICIJ, le projet fut un énorme succès : tout à coup, le monde entier le connaissait. Les projets Offshore Leaks Chine et Lux Leaks suivirent, puis les Swiss Leaks en 2015, avec les données secrètes du lanceur d'alerte français Hervé Falciani.

Après deux jours passés à Munich, Ryle est certain que nos données vont donner naissance au prochain projet.

Nous passons en revue les prochaines étapes possibles. Comment acheminer le matériel à Washington, là où le ICIJ a sa centrale et où se trouvent les spécialistes des données ? Quel moment serait le plus judicieux pour la publication ? Quels journalistes aborder en premier ?

Nous en revenons encore et toujours aux mêmes questions centrales, que nous nous posons depuis des semaines.

Pourquoi la source veut-elle absolument rester anonyme ? Quelles sont ses motivations ? Et, avant tout, peut-on faire confiance aux documents ? Nous n'avons aucune réponse sûre à 100 % à ces questions. Comment le pourrait-on ?

Cependant, nous disposons de centaines de pages de documents vérifiables – parce qu'il s'agit de documents qui peuvent être vérifiés sur demande par les autorités. Nous trouvons des dizaines de dossiers judiciaires qui nous permettent de recouper nos documents, nous avons du matériel issu de recherches antérieures et nous recoupons les informations du *leak* avec celles des bases de données accessibles au public.

Chaque fois, le résultat est le même : les informations correspondent parfaitement.

L'un des cas, dont nous discutons en détail avec Gerard Ryle, est celui de Wintris Inc., l'ancienne société du Premier ministre islandais Sigmundur Gunnlaugsson. Le monde s'est presque habitué à ce que des dictateurs et des hommes de pouvoir placent leur fortune dans des sociétés écrans, mais un Premier ministre européen ?

Ce qui rend la chose encore plus délicate, c'est qu'il y a, depuis mars 2009, une disposition du Parlement islandais, le Hagsmunaskráning þingmanna, qui impose aux parlementaires de déclarer leurs actions et leurs biens. Celui qui détient plus de 25 % de parts dans une entreprise doit les déclarer – comme nous l'a confirmé un porte-parole du Parlement.

Après que cette réglementation a été adoptée, Gunnlaugsson, qui siège au Parlement depuis avril 2009, aurait dû à l'évidence déclarer Wintris Inc. Quelques clics nous apprennent qu'il ne l'a manifestement pas fait[1].

L'année suivante, Gunnlaugsson n'a plus besoin de dissimuler

---

1. Voir le chapitre 26, en particulier la réaction de Gunnlaugsson.

sa société offshore, puisqu'il l'a vendue à sa femme pour un dollar fin 2009.

Ryle, le chef du ICIJ, est ravi. Néanmoins, il repart aux États-Unis sans avoir confirmé que le ICIJ s'engagera à nos côtés. Il veut quelques jours de réflexion.

## 5. La guerre en Syrie
## et la contribution de Mossack Fonseca

C'est effrayant. Chaque fois que nous consultons nos données, nous tombons sur des mails datant de quelques jours seulement. C'est comme si nous lisions les conversations en temps réel, comme si nous étions à l'intérieur de ce cabinet, qui aide tant de criminels.

Comme si on se trouvait à Panama, debout derrière les employés, dont les noms nous sont désormais familiers – comme si on lisait sur leurs écrans, par-dessus leurs épaules.

À la différence qu'eux ne nous voient pas.

Ce qui est encore plus effrayant, c'est quand le contenu des mails est de nous. Nous, la *Süddeutsche Zeitung*.

Dans un mail du 9 mars 2015, des employés du cabinet s'envoient en interne notre article sur la descente de la Commerzbank et le rôle de Mossack Fonseca – plus ou moins bien traduit de l'espagnol par Google Traduction. Ou dans un mail du 19 février 2015, il est demandé s'il est vrai que le trafiquant de drogue condamné Arturo del Tiempo Marqués est un client de Mossfon. Des journalistes ont posé des questions à son sujet quelques jours auparavant. Ces journalistes, c'était nous.

Le Panama lit donc nos articles. Maintenant, nous le savons. Mais ils ne savent pas que nous lisons leurs mails…

Nous découvrons en frissonnant un mail dans lequel le

département marketing de Mossack Fonseca met en garde contre les «journalistes d'investigation *undercover*». Tous les employés de Mossfon sont invités à la prudence.

Nous tombons en outre sur l'ordre du jour du «Mossfon Corporate Strategy Meeting», une réunion stratégique qui se tient en avril 2015. Le point de l'ordre du jour numéro deux s'intitule «Mossfon dans les médias» et «le cas allemand». Ce qui de toute évidence signifie : nous.

Mossfon semble clairement conscient que la nature de leurs activités est jugée critique dans les médias.

John Doe : Bonjour.

*SZ* : Salut. Tout va bien ?

John Doe : Jusqu'ici oui. D'autres données sont en route.

*SZ* : OK.

John Doe : Je crois qu'il s'agit de sociétés ayant un lien avec le dictateur syrien Assad.

*SZ* : Nous connaissons les rumeurs selon lesquelles Mossfon aurait travaillé pour les hommes d'Assad.

John Doe : Les rumeurs semblent vraies.

*SZ* : Vous avez des noms de sociétés ?

John Doe : Quelques-uns. Ceci devrait être un bon début : Ramak Ltd., Dorling International Ltd., Cara Corporation, Seadale International Corporation, Hoxim Lane Management Corp., Lorie Limited, Drex Technologies S.A.

La dernière, Drex Technologies, nous la connaissons. Elle est déjà apparue dans les Swiss Leaks. Dans nos données, Drex Technologies S.A. apparaît dans un dossier portant le numéro 537658 – c'est le numéro d'immatriculation interne de Mossfon. Dans le dossier, il y a 124 fichiers : des PDF, des mails, des documents Word et des photos.

C'est la première trace concrète qui conduit au dictateur syrien Bachar el-Assad. Nous examinons les sociétés de plus près, nous cherchons nous-mêmes plus loin et, effectivement, Mossack

Fonseca aurait géré tout un réseau de sociétés écrans proches du régime du cruel dictateur syrien.

Juste pour clarification : bien sûr, le nom d'Assad n'apparaît pas dans les documents en tant que propriétaire ou directeur – essayez pour voir d'ouvrir un compte ou de créer une société au nom de Bachar el-Assad en dehors de la Syrie… Ça ne marchera sûrement pas. Pour ce genre de choses, les dictateurs, les chefs de mafias et autres criminels disposent d'alliés. En anglais, le terme qui désigne cette catégorie de personnes est très évocateur : *bagmen*, littéralement, les hommes-valises, les intermédiaires. Ces gens récupèrent de l'argent pour le compte de leurs puissants patrons, qui eux restent dans l'ombre. Les *bagmen* gèrent, réceptionnent et font transiter l'argent là où on le réclame.

Si aujourd'hui des centaines de milliers de Syriens quittent leur pays, c'est en grande partie pour fuir Assad, et pas l'État islamique. Les alliés, comme Mossack Fonseca et les *bagmen* d'Assad, veillent à ce que les devises ne quittent pas le régime. Devises grâce auxquelles Bachar équipe les milices shabiha, tant redoutées, en armes et véhicules, rendent possibles les armes chimiques et aident à entretenir les prisons où l'on torture.

Dans nos données, le nom de Rami Makhlouf, probablement le financier d'Assad le plus important, apparaît des dizaines de fois.

Cet homme est haï par l'opposition en Syrie. Lorsqu'en 2011 les protestations éclatèrent là-bas, les manifestants n'ont pas seulement brûlé des photos d'Assad, ils ont également vandalisé des filiales du géant du téléphone Syriatel. Rami Makhlouf en est le propriétaire.

Ils hurlaient : « Makhlouf, voleur ! »

Rami Makhlouf est vraisemblablement l'homme le plus riche du pays. En plus de Syriatel, il possède des parts dans diverses banques, des chaînes de duty-free, une compagnie aérienne et bien d'autres entreprises encore.

En Syrie, on ne se demande plus ce qui lui appartient, mais plutôt ce qui ne lui appartient pas.

Le *New York Times* a écrit que Makhlouf serait le symbole syrien qui illustre la façon dont «les réformes économiques d'un socialisme de copinage font un capitalisme de copinage, dans lequel les pauvres deviennent plus pauvres et les riches bien connectés incroyablement plus riches encore».

Rami Makhlouf, né en 1969 à Damas, est un cousin de Bachar el-Assad. La tante de Makhlouf, Anisa, est la veuve du président Hafez el-Assad, le père de l'actuel dictateur. Lorsqu'ils étaient enfants, Rami et Bachar étaient des camarades de jeu. Aujourd'hui, ce sont de proches alliés – d'un côté le chef d'État, de l'autre l'homme d'affaires avec ses connexions et son argent, sur lesquels Assad peut compter à tout moment. Le département d'État américain considère Rami Makhlouf comme un «financier du régime». C'est indiqué dans une dépêche d'ambassade publiée par WikiLeaks.

La richesse de Makhlouf a, pour ce qu'on en sait, moins à voir avec le travail appliqué et acharné qu'avec la cruauté et la brutalité. «Rami Makhlouf a eu recours à l'intimidation et a obtenu des avantages commerciaux non autorisés, aux dépens des Syriens, grâce à ses liens étroits avec le régime d'Assad», dit Stuart Levey en 2008. Ce dernier était le sous-secrétaire d'État du département du Trésor des États-Unis pour les questions liées à la finance et au terrorisme et est parti travailler, entretemps, pour HSBC – un comble. C'est précisément cette même banque qui fit des affaires pendant de nombreuses années avec Makhlouf, comme l'ont révélé les recherches du ICIJ pour les Swiss Leaks. Quoi qu'il en soit, la connexion Rami Makhlouf-Assad n'est pas un secret, il est même l'un des piliers les plus importants du régime – et, pour cette raison, un proscrit, avec lequel on ne peut pas faire d'affaires.

Mossack Fonseca voit les choses différemment. Le cabinet a travaillé des années durant avec cet homme qui fait la navette entre Dubaï et Damas et peut difficilement être vu en public en Syrie, et pour cause.

L'entreprise la plus ancienne de Makhlouf que nous trouvons dans les données s'appelle Ramak Limited et a été fondée en 1996 aux îles Vierges britanniques – à l'époque, Makhlouf avait la vingtaine. Il prend en charge une société syrienne après l'autre, se démarque de ses concurrents et devient de plus en plus riche. Il est toujours entre les mains protectrices de la famille Assad. Makhlouf aurait ainsi « abusé de la corruption du système public du régime syrien et soutenu celle-ci », selon les autorités américaines – qui le mettent en 2008 sur leur liste de sanctions.

Les sanctions sont l'une des armes juridiques internationales les plus importantes. Avec elles, le gouvernement d'un pays ou l'élite dirigeante sont amenés à céder, à mettre fin à la répression de leur propre population, à l'hostilité envers d'autres pays, au terrorisme ou au génocide.

Les sanctions sont mises en place là où ça fait mal : l'argent. Le principe est relativement simple : l'ONU, l'UE ou des pays comme les États-Unis tentent de déterminer quelles personnes ont du pouvoir et de l'influence. Dans le cas de la Syrie, il s'agit d'abord d'Assad et de sa famille. Un cercle étroit s'ensuit : les ministres, les agents secrets ou même les financiers comme Rami Makhlouf – qui fait également partie de la famille. Ces noms sont mis sur la liste des sanctions pour dire au monde entier : « Ceux qui font des affaires avec ces gens auront des problèmes. »

Depuis 2008, les citoyens américains n'ont donc plus le droit de faire des affaires avec Makhlouf. Plus rien ne doit se produire sur le sol américain qui pourrait lui profiter. Certains juristes prévoient même des règles d'embargo de façon à ce qu'il soit interdit de faire des transactions en dollars avec lui. Ceux qui violent ces règles doivent s'attendre à des problèmes lors de leur prochaine entrée aux États-Unis. Ceux qui outrepassent les sanctions risquent en outre de se retrouver eux-mêmes sur une liste de sanctions, de voir leurs avoirs gelés ou leurs filiales américaines saisies.

En d'autres termes : mieux vaut ne pas s'acoquiner avec des personnes sanctionnées.

C'est particulièrement important pour le cas Mossfon, car l'entreprise possède également des bureaux à Las Vegas, à Miami et dans le Wyoming – aux États-Unis, donc.

Chaque homme d'affaires doté d'une bonne conscience aura donc coupé tous ses liens commerciaux avec Makhlouf en 2008, au plus tard. Mais pas Jürgen Mossack ni Ramón Fonseca. Le nom de Makhlouf se trouve encore dans les documents d'affaires de Mossack Fonseca après 2008, et même après mai 2011, quand l'Union européenne a suivi l'exemple des États-Unis et a imposé à son tour des sanctions à Makhlouf, le financier d'Assad.

D'un autre côté, les sociétés écrans sont bien là pour ça, après tout, elles dissimulent l'identité des propriétaires de la société. La matière première qui fait vivre des entreprises comme Mossack Fonseca, c'est la discrétion, et c'est pour cela que les terroristes, les trafiquants d'armes et les dictateurs payent beaucoup d'argent – pas seulement eux, mais eux aussi.

Les sanctions trouvent rapidement leurs limites avec les sociétés écrans : les personnes sanctionnées peuvent se cacher assez facilement – à la place de Rami Makhlouf, c'est l'une de ses sociétés écrans qui fait des affaires. Et dans un premier temps, personne n'y pige rien.

Pas étonnant, donc, qu'à l'ONU ou au Trésor américain des équipes entières travaillent avec un seul but : découvrir quelles entreprises abritent les activités du financier d'un dictateur ou d'un terroriste. Une fois que cela est éclairci, la société peut être inscrite sur la liste des sanctions. Comme Drex Technologies, la société de Makhlouf dont nous détenons à présent les dossiers.

Mais c'est quatre ans seulement après l'inscription de Rami Makhlouf sur la liste des sanctions américaine que Drex y est inscrite à son tour. Le Trésor américain justifie cet écart en juillet 2012 en précisant que Makhlouf utilise la société afin de « permettre et gérer ses participations financières internationales ».

La façon avec laquelle les autorités américaines en arrivent à cette conclusion n'est pas claire. Nous voyons dans nos données que, selon sa déclaration de création, Drex Technologies S.A. a été créée le 4 juillet 2000 et que son siège social se trouve aux îles Vierges britanniques. Le nom de Rami Makhlouf apparaît une bonne douzaine de fois dans le dossier de la société.

Mais nous trouvons également son frère Hafez, colonel et chef régional des services de renseignement syrien. Selon nos données, Hafez Makhlouf, unique propriétaire d'une société du nom de Eagle Trading & Contracting Limited, était temporairement en charge d'une prison de torture notoire à Damas. Les experts supposent en outre qu'il est responsable des bombardements à l'arme chimique sur la ville de Ghouta. Là-bas, en août 2013, des centaines d'hommes sont morts à cause d'une attaque au gaz sarin. Depuis 2007, il est sur la liste de sanctions des États-Unis, et depuis 2011 sur celle de l'UE. Néanmoins, cette société lui appartient, au moins jusqu'en 2013[1].

Nous trouvons deux autres frères : Eyad Makhlouf, capitaine de l'armée syrienne et officier du renseignement. Parce qu'il aurait été impliqué dans des attaques contre des civils, l'UE l'a mis sur sa liste de sanctions. Et Ehab Makhlouf, sanctionné de son côté parce qu'il est le vice-président de Syriatel et aurait fourni de l'argent au régime pour réprimer les manifestations. Il est temporairement impliqué dans plusieurs sociétés. Selon les données, Hoxim Lane Management Corp. lui appartient[2].

Comment peut-on faire des affaires avec ces gens ?

Cette question, même si elle n'est pas si morale, a été posée à Mossack Fonseca par le journal suisse *Tages-Anzeiger* au début

---

1. Lors du bouclage de ce livre, Hafez Makhlouf ne nous avait toujours pas répondu sur ce point.

2. Lors du bouclage de ce livre, ni Eyad Makhlouf ni Ehab Makhlouf ne nous avaient répondu sur ce point.

de 2015. Nos confrères ont suivi notre couverture médiatique sur le cabinet d'avocats fin février 2015, dans laquelle Rami Makhlouf était également mentionné. À sa question directe au sujet de Rami Makhlouf, le journal reçoit la réponse suivante : « Mossack Fonseca NE SAVAIT PAS que M. Makhlouf ou n'importe quel autre proche d'Assad utilisait indirectement nos services ou en abusait ! »

Pardon ? Mossack Fonseca ne savait rien ? En lettres capitales ?

Makhlouf n'avait pas seulement une société chez Mossfon, mais tout un réseau de sociétés offshore – et Mossfon ne savait rien à ce sujet ?

Formulé poliment, ceci n'est pas tout à fait la vérité. Ils mentent. Comme on peut le démontrer, Rami Makhlouf était, depuis 1998 au moins, nommé actionnaire principal de la société offshore Polter Investments dans les actes de Mossack Fonseca. Mossfon savait donc au plus tard en 1998 qu'il était un de ses clients. Un échange de mails datant du début de l'année 2011 montre comment le cabinet Jürgen Mossack a discuté de ce genre de problèmes en interne.

Le département *compliance* de Mossfon, celui qui vérifie que toutes les règles et directives sont bien observées dans les affaires au quotidien, se tourne vers les partenaires et les gérants : souhaitons-nous vraiment continuer à faire des affaires avec Rami Makhlouf ? Lorsque quelqu'un se trouve sur une liste de sanctions, cela devrait être un avertissement sérieux et l'on devrait prendre ses distances avec lui. Non ?

Le juriste suisse Christoph Zollinger, qui agit comme une sorte de partenaire junior du cabinet, écarte tous les scrupules : « De mon point de vue », écrit-il dans un mail du 17 février 2011, on peut garder les Makhlouf comme clients – au final, la HSBC de Londres n'aurait apparemment aucun problème avec eux[1].

---

1. Voir le chapitre 17, en particulier la réaction de Zollinger. Après une demande à ce sujet, la HSBC a fait référence à une prise de position

Mossack Fonseca discute en interne des problèmes causés par Rami Makhlouf, et il se trouve que le cas a également été discuté avec HSBC – et Mossfon prétend plus tard ne pas savoir que le financier d'Assad est l'un de leurs clients ?

La vérité, c'est que, si ça se trouve, Mossfon a largement contribué au fait que, pendant des années, le flux d'argent vers la Syrie n'a pas tari.

Pour Jürgen Mossack – qui fut selon nos documents impliqué dans la décision concernant Makhlouf[1] –, cela pourrait avoir de graves conséquences. En tout cas, si notre hypothèse selon laquelle il aurait encore la nationalité allemande en plus de la panaméenne est juste. Toujours est-il que nous avons trouvé dans les données une copie de son passeport valable jusqu'en 2006. Il a toujours renouvelé son passeport depuis les années soixante – pourquoi ne l'aurait-il pas fait en 2006 ?

S'il n'a pas abandonné la nationalité allemande, il pourrait bien le regretter : une peine pouvant aller jusqu'à dix ans d'emprisonnement menace les citoyens allemands en cas de rupture des sanctions de l'UE. Dans sa réponse au journal suisse *Tages-Anzeiger*, Mossack Fonseca tente de réfuter ses liens d'affaires avec des dictateurs. Leur argument est que ce serait assez idiot de faire une chose pareille. Attention : « Qui pourrait croire que Mossack Fonseca risquerait de compromettre délibérément, consciemment ou même par négligence, sa réputation bâtie soigneusement pendant plus de trente-sept ans en aidant des criminels, des dictateurs ou des blanchisseurs d'argent ? » Mossfon poursuit en lettres capitales : « POUR QUELQUES CENTAINES DE DOLLARS EN FRAIS ANNUELS ? »

Oui, qui pourrait croire ça ? Qui pourrait croire que Mossack

---

antérieure, selon laquelle la banque observe « globalement » « toutes les sanctions pertinentes ».

1. Lors du bouclage de ce livre, Jürgen Mossack ne nous avait toujours pas répondu sur ce point.

Fonseca est non seulement sans scrupule mais également – selon ses propres mots – idiot?

Peut-être devrions-nous plutôt demander : qui peut croire à quel point Mossack Fonseca est culotté?

Pour nous, ce cas signifie non seulement que nous tenons la trace qui mène à Assad, mais il nous en apprend aussi beaucoup sur les méthodes de Mossack Fonseca.

C'est une entreprise qui propage des mensonges et déforme les faits sans aucun scrupule, quand ça leur paraît opportun.

Le cas Makhlouf montre aussi clairement pourquoi l'existence de sociétés écrans anonymes est un problème existentiel pour des millions de gens : elles aident des dictateurs à contourner les sanctions de la communauté internationale. Elles aident des dirigeants brutaux à piller les pays qu'ils contrôlent. Elles leur permettent de cacher ces biens spoliés dans des sociétés offshore – dont le compte associé se trouve souvent en Suisse ou au Luxembourg. Pour Rami Makhlouf, c'est la banque HSBC en Suisse.

À la demande de la *SZ* en février 2015, Mossfon a répondu qu'ils n'acceptaient aucun client apparaissant sur des listes de sanctions. Nous cherchons donc les listes de sanctions de l'ONU, de l'UE et des États-Unis, un *Who's Who* des dictateurs, des terroristes, ainsi que des génocidaires – et leurs sociétés. Ce sont des centaines de noms, avec toutes les orthographes possibles. Nous les comparons avec nos données – puis nous en restons bouche bée.

Mossfon n'a aucun client dont le nom se trouve sur une liste de sanctions?

Quelle blague!

Nous tombons sur des complices de dictateurs africains, des patrons de la drogue d'Amérique centrale, des délinquants sexuels condamnés, et leurs sociétés écrans. Il y en a tellement que nous n'arrivons pas à en avoir une vue d'ensemble. Nous écrivons des listes, comparons nos informations avec celles de l'UE, de l'ONU et des États-Unis. En voici un extrait :

### BREDENKAMP, JOHN ARNOLD

Le marchand d'armes né en Afrique du Sud était sur la liste de sanctions de l'UE de 2009 à 2012 à cause de ses «liens étroits avec le gouvernement du Zimbabwe». Le département du Trésor des États-Unis le voit comme un «ami du régime Mugabe» et l'a sanctionné, de même que vingt de ses entreprises, depuis 2008[1].

### MAKHLOUF, EHAB

Le cousin du président syrien Bachar el-Assad a été sanctionné en mai 2011 par l'UE, car il «a financé le régime et a contribué à réprimer les manifestations».

### MAKHLOUF, EYAD

Le cousin de Bachar el-Assad et officier du service de renseignement syrien a été placé en mai 2011 sur la liste des sanctions de l'UE, parce qu'il aurait été impliqué dans la répression des manifestations.

### MAKHLOUF, HAFEZ

Le colonel et ancien chef régional du renseignement syrien a été sanctionné par l'UE en mai 2011, comme ses frères.

### MAKHLOUF, RAMI

L'homme présumé le plus riche de Syrie a été sanctionné par les États-Unis en février 2008, puis par l'UE en mai 2011.

### N'DA AMETCHI, JEAN-CLAUDE

L'UE a mis le banquier sur sa liste de sanctions en 2011 parce qu'il aurait aidé l'ex-président de Côte d'Ivoire, Laurent Gbagbo, dans le «financement de son gouvernement illégitime»[2].

---

1. Lors du bouclage de ce livre, John Bredenkamp ne nous avait toujours pas répondu sur ce point.

2. Lors du bouclage de ce livre, Jean-Claude N'Da Ametchi ne nous avait toujours pas répondu sur ce point.

## Rautenbach, Muller Conrad

L'entrepreneur et sa société gérée par Mossfon Ridgepoint Overseas Developments ont été sanctionnés par les États-Unis de 2008 à 2014 en raison de leur proximité avec l'autocrate du Zimbabwe, Robert Mugabe. L'UE a levé ses sanctions de 2009 en 2012[1].

## Stjepanovic, Savo

Le Slovène a été sanctionné en février 2015 par les États-Unis en raison de son appartenance présumée à un réseau international de contrebande de stéroïdes[2].

## Ternavski, Anatoli

Le Biélorusse était sur la liste des sanctions de l'UE de 2012 à 2014, car il était étroitement lié à l'autocrate biélorusse Alexander Lukaschenko[3].

## Timtschenko, Gennadi

L'oligarque russo-américain a été mis sur la liste de sanctions des États-Unis en mars 2014 au cours de la crise de la Crimée[4].

---

1. L'avocat de Conrad Muller Rautenbach a insisté sur le fait que son client avait entretemps été retiré des deux listes de sanctions. Les sociétés liées à Rautenbach auraient également été concernées par cette décision de l'UE et des États-Unis.

2. Suite à notre demande, Savo Stjepanovic a expliqué qu'il avait lui aussi appris des médias qu'il avait été sanctionné par le gouvernement américain. Il avait déjà demandé à être retiré de cette liste. La société gérée par Mossfon aurait été fondée pour pouvoir vendre des applis dans le Google Play Store. Pour les entreprises slovènes, cela ne serait pas possible.

3. Une porte-parole d'Anatoli Ternawski dit qu'elle pense que les sanctions ont des motivations politiques. Les sociétés gérées par Mossfon seraient encore actives en février 2016.

4. Un cabinet d'avocats mandaté par Gennadi Timtschenko a expliqué que son client « n'est pas au courant des circonstances concernant les sociétés mentionnées par lui et/ou par eux [c'est-à-dire nous] à l'origine d'une violation des sanctions par un ressortissant américain ». Mossack Fonseca ne semblerait

Mossfon a régulièrement fourni de telles personnes en sociétés écrans, et pendant des années.

Même si des entreprises, ou leurs associés, apparaissent dans le viseur des autorités et sont placés sur des listes de sanctions, Mossfon n'y voyait pas de raison impérieuse de suspendre immédiatement leurs relations. C'est ce que démontrent les cas suivants :

### BRODWAY COMMERCE

L'entreprise a été sanctionnée par les autorités américaines en 2012.

Parmi les directeurs figure la Guatémaltèque Marllory Dadiana Chacón Rossell, connue pour être « la reine du Sud ». D'après le Trésor américain, elle a jadis construit l'un des plus grands réseaux de drogues en Amérique centrale[1].

### DREX TECHNOLOGIES S.A.

Les États-Unis et l'Union européenne ont mis cette société, fondée en 2012 dans les îles Vierges britanniques, sur la liste des sanctions, car elle appartient à Rami Makhlouf[2].

### KUO OIL PTE. LTD.

L'entreprise, dont le siège se trouve à Singapour, a été sanctionnée par les États-Unis de 2012 à janvier 2016, parce qu'elle a livré du pétrole à l'Iran entre 2010 et 2011 pour une valeur de plus de 25 millions de dollars et a de ce fait violé l'embargo[3].

---

pas, de même que les avocats de Timtschenko, « présenter de lien suffisamment établi avec les États-Unis pour constituer une violation des sanctions ».

1. Marllory Dadiana Chacón Rossell et son avocate ont refusé tout commentaire sur l'affaire.

2. Lors du bouclage de ce livre, Rami Makhlouf ne nous avait toujours pas répondu au sujet de Drex Technologies S.A.

3. Lors du bouclage de ce livre, Kuo Oil Pte. Ltd ne nous avait toujours pas répondu.

## Ovlas Trading S.A.

L'entreprise a été sanctionnée en décembre 2010 par les États-Unis, parce que Kassim Tajideen, un important financier du Hezbollah[1], était derrière.

## Petropars Ltd.

La société a été sanctionnée de juin 2010 à début 2016 par les États-Unis à la suite de l'embargo sur l'Iran[2].

## Timpani Exports Limited

La société, dont le siège se trouve aux îles Vierges britanniques, a été sanctionnée en novembre 2008 par les États-Unis, parce qu'elle appartient à John Arnold Bredenkamp, mentionné ci-dessus, qui fait partie du cercle intime de l'autocrate zimbabwéen Robert Mugabe[3].

Nous envoyons aussi nos trouvailles au ICIJ. Entretemps, nous nous téléphonons, nous tchatons ou nous échangeons des mails avec le chef du ICIJ Gerard Ryle presque tous les jours. Il pose des questions, nous répondons. La structure des données, les paradis fiscaux que nous avons trouvés le plus fréquemment dans les données, les nationalités de ces gens dont nous avons les copies de passeports dans nos documents – en fait, Gerard veut tout savoir. Mais il n'a toujours pas dit qu'il embarquait, ni le ICIJ, dans le projet avec nous. Pendant ce temps, nous profitons de chaque minute libre pour analyser les données, et nous dénichons sans cesse de nouvelles histoires.

Si la plupart sont très sérieuses – les marchands d'armes et les dictateurs sont responsables d'innombrables morts –,

---

1. Un avocat de Kassim Tajideen a expliqué, à notre demande, que son client n'était ni membre ni partisan du Hezbollah.

2. Lors du bouclage de ce livre, Petropars Ltd. ne nous avait toujours pas répondu.

3. Lors du bouclage de ce livre, John Bredenkamp ne nous avait toujours pas répondu.

d'autres sont parfois absurdes : depuis un moment déjà, nous sommes à la recherche de l'ex-Premier ministre ukrainienne Ioulia Timochenko et de son prédécesseur Pavlo Lazarenko. Ces deux-là devraient avoir détourné des millions de dollars dans les années 1990. Lazarenko a ensuite été condamné à plusieurs années de prison par un juge suisse, puis par un tribunal américain, pour blanchiment d'argent. À l'époque, les enquêteurs ont qualifié Ioulia Timochenko de « co-conspiratrice non inculpée »[1].

Nous rentrons donc de nouveau « Lazarenko » dans notre outil de recherche et découvrons, entre autres, un fax – signé par Pavlo Lazarenko en personne. Et pas un fax qui date des années 1990, mais du 21 avril 2005.

L'absurdité de ce fax, c'est que Lazarenko affirme qu'il avait appris quelques semaines auparavant seulement qu'une société du nom de Gateway Marketing Inc. lui appartenait – une société écran gérée par Mossack Fonseca. Lazarenko demande à présent tous les documents la concernant.

Et hop, une société écran !

Lazarenko envoie le fax depuis la Californie, où il vivait à l'époque dans une villa aux dimensions grotesques. Il y a énormément de photos de la propriété avec ses six piscines réparties sur différents niveaux[2].

Nous avons donc un autre chef de gouvernement et un autre chef d'État dans nos données. Après les traces menant à Assad, Poutine et les Kirchner, au Premier ministre islandais et à l'ex-président du Nicaragua, Arnoldo « Fat Man » Alemán, nous tombons à présent sur l'Ukraine.

En cette circonstance, ça vaut le coup de créer un dossier spécial pour ces cas-là : le dossier « Chefs d'État ».

---

1. Voir le chapitre 23, en particulier la réponse de Ioulia Timochenko.

2. Voir le chapitre 23, en particulier concernant l'absence de réaction de Pavlo Lazarenko.

*SZ*: Dans un journal suisse, il y a une histoire sur Mossack Fonseca et le *leak*. L'auteur a également interrogé Mossfon à ce sujet.

John Doe : Vraiment ? Et que dit Mossack Fonseca ?

*SZ* : Ils disent : « À ce jour, aucune donnée de notre organisation n'a été divulguée. »

John Doe : Ah ! Pas de *leak* ! S'il n'y avait pas de *leak,* je me demande bien pourquoi j'aurais besoin de tout cet espace de stockage pour les données…

D'où notre source tient-elle les données ? Bien sûr, nous aimerions bien le savoir, le plus précisément possible. Mais ce n'est pas primordial.

Ce qui est décisif, c'est que les données soient authentiques et pertinentes. Pertinentes, elles le sont sans aucun doute. Et authentiques aussi, comme nous avons pu le prouver avec de nombreux recoupements.

Tous les journalistes d'investigation font le même cauchemar, celui de s'appuyer sur des données fausses. Lorsque nous avons pris conscience que personne ne pourrait falsifier une quantité de données si énorme, cela nous a en partie rassurés. Mais il suffirait de falsifier un seul document décisif et de le placer au milieu des autres pour jeter un doute sur la totalité du projet – même si 99 % des données sont vraies.

Nous avons comparé nos documents avec des documents judiciaires, des dossiers publics et d'autres sources, et n'avons rencontré aucune anomalie. Et nous trouvons une garantie supplémentaire : nous avons appris que des enquêteurs du fisc allemand ont acheté des données de Mossfon il y a quelque temps. Nous pourrions recouper leurs données avec les nôtres.

Il est vrai que les nôtres sont bien plus actuelles et bien plus nombreuses – mais les recoupements des informations sur les sociétés offshore ne révèlent aucun problème.

Nous nous posons encore et toujours les mêmes questions, nous et le chef du ICIJ, Gerard Ryle :

qui pourrait avoir intérêt à nous contrôler ? Qui pourrait essayer de nous tendre un piège – et comment ? Comment tester la fiabilité de la source ? Ces questions nous conduisent finalement toujours à décider que ce n'est pas la source qui est primordiale, mais les données. Nous leur faisons confiance, et cette confiance se fonde sur des centaines de recoupements.

C'est en cela que nous sommes d'accord avec le chef du ICIJ, qui nous confirme officiellement que nos données méritent leur propre projet ICIJ.

Le planning commence.

Nous rencontrons un problème : il y a trop de données. Nous ne sommes ni l'un ni l'autre experts en manipulation de grandes quantités de données, même si nous avons participé à plusieurs projets de ce type. La différence fondamentale, c'est que cette fois les données n'atterrissent pas n'importe où, elles arrivent directement chez nous. Nous gérons à peu près la protection et le stockage. Nous achetons des disques durs externes gros d'un demi-téraoctet, nous transférons les données, effectuons des copies de sauvegarde et cryptons les chemins.

Seulement, nous ne pouvons plus chercher correctement. Déjà au cours des dernières semaines, la recherche n'était possible que de façon très limitée, car nous n'étions pas en mesure de l'exécuter sur des PDF issus de contrats scannés. Le moteur de recherche de nos PC ne reconnaissait pas le contenu du texte. Il répertoriait seulement les noms des fichiers et que c'était des images.

À environ 200 gigabytes, nos ordinateurs ont capitulé. Des informaticiens nous expliquent que les ordinateurs sont en manque de tout ce qui est nécessaire pour analyser de grands volumes de données : emplacement de mémoire, mémoire vive, puissance de traitement.

Nous avons donc besoin d'un nouvel ordinateur, et rapidement. Notre chef de rubrique et le rédacteur en chef sont d'accord pour acquérir un nouvel ordinateur portable performant. Nous obtenons même la permission de le commander auprès de notre département des achats. Le problème, c'est le temps qu'on va devoir patienter jusqu'à ce qu'il arrive. Les informaticiens disent quatre à six semaines. Si tout va bien. Alors, nous commandons en ligne, et une semaine plus tard, la bête est chez nous.

L'ordinateur a une autre particularité, en plus de certaines spécifications techniques : il n'a encore jamais été sur le Net. Son wifi est désactivé, et jamais un câble LAN ne l'a approché. On appelle cela « air gap ».

Une des nombreuses leçons tirées du *leak* de Snowden est qu'un ordinateur est dans une certaine mesure anti-écoute s'il n'a jamais été sur le Net, c'est-à-dire quand un air gap – un espace d'air – le sépare d'autres systèmes. Les services secrets sont en effet devenus capables de commander à distance des téléphones portables éteints. Pénétrer dans un ordinateur connecté au wifi est un jeu d'enfant. En revanche, avec un air gap, un agent des services secrets doit accéder au PC directement, c'est-à-dire dans le building de la *Süddeutsche Zeitung*, en passant les contrôles de sécurité à l'entrée.

Nous nous concertons souvent pour réfléchir à la meilleure façon de procéder. La couverture médiatique actuelle ne dérange que partiellement, l'un d'entre nous mène en parallèle des recherches sur un scandale impliquant des œufs contaminés par des salmonelles, l'autre se jette toutes les semaines sur un sujet, comme l'affaire No-Spy[1] ou l'attaque du Bundestag par des hackers. À part ça, nous laissons nos collègues Hans Leyendecker et Klauss Ott avec leur lot d'histoires presque inquiétantes. Le fait que les « frères Obermay/ier » travaillent depuis des semaines à un projet secret passe inaperçu.

À ce moment-là, nous décidons de nous concentrer sur les

---

1. Affaire de 2015, quand le gouvernement allemand s'est rendu compte qu'il était espionné par les Américains. Les médias allemands ont appelé cette affaire l'affaire No-Spy.

aspects internationaux. Nous voulons comprendre quelle signification cette montagne de données sans cesse croissante pourrait avoir à l'international – avant de disperser les données à travers le monde.

Suite à l'engagement du ICIJ, la machinerie du *leak* se met précisément en marche : Gerard Ryle a mis les spécialistes des données de l'organisation dans la confidence, les reporters, les organisateurs. C'est Marina Walker, l'adjointe de Ryle, qui doit diriger le nouveau projet. La journaliste argentine est journaliste d'investigation depuis quinze ans et a déjà remporté à peu près tous les prix possibles : le Investigative Reporters and Editors Award, le prix du Overseas Press Club et celui du Society of Professional Journalists. Marina Walker est aussi une organisatrice fantastique. Elle est parfaite pour ce projet.

Un nombre presque infini de questions va enfin trouver des réponses : quels médias vont nous rejoindre ? Quand commencerons-nous à mettre des collègues internationaux dans la confidence ? Quel rôle jouera la *SZ* dans le projet ?

En même temps, nous discutons de la procédure : quel genre de communication est sécurisé ? Comment allons-nous transférer les premiers documents ? En quels programmes pouvons-nous avoir confiance ? Nos recherches ne vont pas plaire à de nombreux clients de Mossfon, ce qui fait de nous des cibles potentielles de surveillance.

C'est tout à fait normal que nous débattions en pratique de telles questions. Le chiffrage, ce n'est rien de nouveau. Mais dès que nous pensons à ce que nous avons dans nos données, nous nous sentons mal.

Nous avons déjà souvent trouvé les traces de personnes qui ont fait exécuter des gens. Est-ce que nous voulons en faire état ? Souhaitons-nous nous retrouver dans le viseur de la mafia italienne ? Ou de la mafia russe ?

Les deux organisations ont des liens avec les sociétés écrans de Mossack Fonseca : un Russe, dont nous trouvons le nom, a été arrêté pour trafic d'armes avec la mafia russe, un Italien est connu pour être le comptable d'une section de la mafia. Cependant, nous ne comprenons toujours pas pourquoi ces sociétés sont utilisées, exactement. Mais une fois que la coopération avec le ICIJ fonctionne, nous obtenons de l'aide : nous pouvons donner ces histoires-là à nos collègues en Italie et en Russie.

Ils peuvent beaucoup mieux évaluer les risques. Leo Sisti, de l'hebdomadaire italien *L'Espresso,* s'occupe de criminalité depuis plus de trente ans. Il fut le premier à écrire sur le business offshore de Silvio Berlusconi, sur les finances d'Al-Qaïda et a publié des livres sur la mafia sicilienne. Et il est toujours en vie.

La connexion Assad nous a rendus accros, nous effectuons des recherches sur davantage de personnes du cercle intime de cet homme qui mène une guerre qui, jusqu'à présent, a coûté la vie à plus de 250 000 personnes. Et nous trouvons. Un homme, Suleiman Marouf, apparaît comme l'actionnaire d'un bon nombre de nos sociétés écrans. Comme Rami Makhlouf, c'est également un bon ami d'Assad. Selon les médias, il aurait la réputation d'être le «fixer londonien» du dictateur syrien, c'est-à-dire un intermédiaire pour ses affaires[1].

Un détail, en passant : il a également acheté – c'est ce qui ressort de mails publiés par WikiLeaks – de coûteux vases Ming pour l'épouse d'Assad et du design d'intérieur Armani dans de prestigieux magasins londoniens, alors que cette dernière était depuis longtemps *persona non grata* en Europe. Tandis que des centaines de milliers de personnes ont péri dans la guerre civile syrienne, Asma el-Assad se ravitaille chez Harrods pendant les soldes[2].

---

1. Un cabinet d'avocats représentant Suleiman Marouf nous a expliqué que les sanctions passées visant son client se basaient sur «des allégations fausses et non fondées».

2. Lors du bouclage de ce livre, le cabinet d'avocats représentant Suleiman Marouf ne nous avait toujours pas répondu au sujet des activités présumées de Marouf pour Asma el-Assad.

Dix mois après que Marouf a été mis sur les listes de sanctions de l'UE, le département de *compliance* de Mossack Fonseca s'est manifesté auprès du bureau Mossfon de Londres. Après tout, il est propriétaire d'au moins onze sociétés, dont sept auraient été utilisées pour acquérir ou entretenir des biens immobiliers au Royaume-Uni. La conclusion du département de *compliance* est la suivante : « Conformément à notre évaluation des risques, ces sociétés sont classées à un niveau de risque élevé. » Les employés de Mossfon envoient Marouf au « World Check » : une des banques de données dans laquelle toutes les personnes ayant des connexions douteuses avec des politiciens ou des criminels sont répertoriées. En outre, le personnel de Mossfon googlise Marouf et tombe sur des informations que nous avons également trouvées : à savoir qu'il serait « l'homme d'Assad à Londres » et qu'il se trouve sur la liste des sanctions.

Mais Suleiman Marouf reste un de leurs clients, et il l'est encore en 2015. Toujours est-il que l'inaction de Mossack Fonseca est rentable : depuis 2014, Marouf n'est plus sur la liste des sanctions. Sous la pression des avocats de Marouf, le ministère des Affaires étrangères britannique a imposé un retrait de la liste des sanctions – « faute de preuves valables ».

Nous tombons aussi sur une société nommée Maxima Middle East Trading Co, qui décide en janvier 2013 d'ouvrir au moins un compte auprès de la Syria International Islamic Bank. Comme la Syrie est plongée depuis longtemps dans la guerre civile, un rapport de la banque rapporte qu'elle fournit de l'argent au régime d'Assad et doit aider à contourner les sanctions. C'est pourquoi l'établissement financier fut placé en 2012 sur la liste des sanctions des États-Unis – mais Mossfon aida néanmoins ses clients à ouvrir un compte là-bas.

Nous nous posons avant tout cette question : pourquoi cette société voulait-elle ouvrir un compte dans cette banque ?

Nous l'examinons de plus près, nous consultons les documents les uns après les autres, recherchons dans la base de données, interrogeons des experts. Nous constatons que Maxima Middle East Trading Co entretient un bureau dans la zone de libre-échange de Charjah, l'un des sept émirats des Émirats arabes unis – une plaque tournante notoire pour les livraisons clandestines en Syrie. Et en effet, les autorités américaines considèrent la société comme la plaque tournante d'un réseau complexe de sociétés, à travers lesquelles de l'essence est livrée en Syrie au moyen de faux documents. En décembre 2014, Maxima Middle East Trading Co et son ancien directeur, Ahmad Barqaoui, sont placés sur la liste de sanctions américaine[1].

Le Trésor américain pense que la société « a travaillé avec une compagnie pétrolière et gazière de Russie pour acheter du pétrole afin d'alimenter les raffineries à Homs et Damas contrôlées par le régime syrien ». De cette façon, ils ont « aidé à mener un plan à bien pour livrer du kérosène en Syrie » – soit le carburant que le régime syrien utilise pour bombarder son propre peuple.

Une société nommée Pangates International Corporation Ltd serait également impliquée dans les affaires de Maxima Middle East Trading Co.

Elle apparaît également dans nos données – trois fois.

L'une des entreprises, Pangates, apparaît également trois fois dans les données : une fois comme société du paradis fiscal Niue, une fois sur les îles Samoa et une fois aux Seychelles. En juillet 2014, elle a finalement été sanctionnée par les États-Unis, parce qu'elle « fournit une assistance matérielle ainsi que des biens et services au gouvernement syrien »[2].

Pour Assad, donc. Et pourtant, la société était encore indiquée

---

1. Lors du bouclage de ce livre, ni Maxima Middle East Trading Co ni Ahmad Barqaoui ne nous avaient répondu.

2. Lors du bouclage de ce livre, Pangates International Corporation Ltd. ne nous avait toujours pas répondu.

comme active pendant un an chez Mossfon. Une année de plus, pendant laquelle Mossfon a, selon toute vraisemblance, enfreint un embargo américain[1].

---

1. Lors du bouclage de ce livre, Mossack Fonseca ne nous avait toujours pas répondu.

# 6. De la Waffen-SS à la CIA au Panama

259 gigabytes. 260 gigabytes. 261 gigabytes. Notre base de données constitue désormais le plus grand *leak* jamais traité par des journalistes. Plus grand que les Offshore Leaks. À titre de comparaison, les dépêches d'ambassades publiées par WikiLeaks pesaient 1,7 gigabyte. Les Swiss Leaks, les documents d'Hervé Falciani, 3,3 gigabytes. Les Luxembourg Leaks, 4 gigabytes. Les documents secrets sur la guerre en Afghanistan, publiés par WikiLeaks, 1,4 gigabyte. Bien entendu, la taille du *leak* n'est pas décisive en soi. 260 gigabytes de documents insignifiants, cela reste des documents insignifiants. En outre, on peut difficilement se représenter 260 gigabytes. Concrètement, 260 gigabytes contiennent près d'un million de mails et des millions de pages de documents secrets. Nous savons que le volume exceptionnel de notre *leak* attirera forcément l'attention, lorsque nous publierons les résultats de nos recherches. Notre chef, Hans Leyendecker, nous vanne : « Vous êtes certains que vous voulez le faire ? Vous êtes sûrs d'arriver à publier quelque chose au bout du compte ? » Il plaisante depuis un certain temps car, au fond, nous avons fait nos adieux à la presse écrite pour rester assis devant un disque dur. Mais il nous autorise tout – et justifie au sein de la rédaction le fait que « nous ne fichons rien ».

Par ailleurs, la taille du *leak* nous a vraisemblablement aidés à intéresser nos confrères internationaux du ICIJ. Plus le *leak* est gros, plus la probabilité est élevée pour chacun de trouver de bonnes histoires pour son propre pays. Et plus il y a de journalistes dans la recherche, plus il y aura d'histoires à déterrer.

Le monde. Notre *leak*. Assad, Poutine, l'Islande, 500 millions. Tout ça est complètement absurde.

Et le plus incroyable, c'est que la source continue de nous livrer. Elle ne s'arrête pas.

Le lendemain, nous appelons Gerard Ryle. Nous lui racontons tout cela, lui expliquons que les arguments pour nos collègues du ICIJ sont de plus en plus intéressants. Il s'en réjouit, mais ramène vite la conversation sur les aspects pratiques. Le ICIJ va envoyer deux spécialistes de ces données à Munich : la journaliste espagnole Mar Cabra, directrice du département des données au ICIJ, et Rigoberto Carvajal du Costa Rica, le chef programmateur. Ils doivent expertiser nos informations et essayer de les comprendre. Ils doivent nous expliquer comment traiter cette montagne de données, et ils vont nous apporter un programme plus adapté à nos recherches. Ils rapporteront également un disque dur à Washington. Crypté, bien sûr. Crypté et caché.

Cela se passe ainsi : avec des programmes de cryptage comme TrueCrypt ou Veracrypt – sur lesquels les experts de la NSA se sont cassé les dents jusqu'à récemment, selon Edward Snowden –, on prépare un disque dur externe de façon qu'il apparaisse juste crypté, dans un premier temps. En fait, il existe sur ce disque, outre le lecteur crypté visible, un autre lecteur crypté et invisible. Si jamais Rigoberto ou Mar devaient être contraints par le FBI, la douane, ou qui que ce soit d'autre, de connecter le disque dur et de décrypter le lecteur, ils rentreraient le mot de passe pour permettre d'accéder au contenu du disque. Ce dernier démarrerait, mais nous aurions au préalable uniquement enregistré quelques dossiers, dans lesquels se trouvent des documents quelconques, qui paraissent importants et secrets, mais ne le sont pas.

Le deuxième disque n'est ni visible ni détectable.

Crypter ainsi un disque dur n'est pas extrêmement compliqué, mais ce n'est pas non plus l'exercice le plus facile pour des gens comme nous, qui ont jusqu'à présent peiné pour retenir des mots de passe à six chiffres.

Nos nouveaux mots de passe ressemblent à ça : Nvc87sad 5chj56586356 % & fc8796c_ndnuc71dehdtg3 %$654tz3. Ce n'est pas une blague. Nous sommes devenus des nerds, d'un coup et sans avoir été avertis. En même temps, ça va : le fait de se soucier de la sécurité, ça rassure. Quoi qu'il en soit, le cryptage des disques durs, c'est notre job jusqu'à ce que Mar et Rigo, que nous connaissons depuis les Offshore Leaks, débarquent à Munich.

Lorsque les deux experts des données se mettent en route, nous sommes coincés dans une recherche on ne peut plus traditionnelle : nous nous rendons aux archives et compulsons des documents jaunis. Lorsque nous avons compris le parcours qui a mené Jürgen Mossack au Panama, nous avons fait beaucoup de demandes auprès des archives – nous voulions savoir si son père avait un passé nazi, s'il avait une raison précise de fuir en Amérique latine.

Les premiers résultats arrivent. En effet, Erhard Mossack était bien dans la Waffen-SS. Dans les archives fédérales, nous trouvons son dossier militaire. Il y est indiqué que Mossack a été promu brigadier en septembre 1944.

Dans un dossier de la police fédérale américaine, nous en apprenons plus : Erhard Mossack, né le 16 avril 1924 à Grube-Erika, arrondissement rural de Hoyerswerda, est entré dans les Jeunesses hitlériennes à l'âge de 15 ans, puis à 18 ans dans la Waffen-SS. Un autre détail apparaît dans la rubrique « caractéristiques particulières » : une cicatrice sur la face interne du bras gauche, « où le tatouage du groupe sanguin a été enlevé ». Le tatouage du groupe sanguin était un signe d'appartenance quasi infaillible des SS. Beaucoup de SS ont donc essayé, pendant les derniers jours de la guerre et plus tard, de se débarrasser de ce tatouage. Selon le dossier, Erhard Mossack changea pour la division des SS Totenkopf en novembre 1942, dans laquelle il combattit dans l'ex-Tchécoslovaquie, en Finlande et en Norvège. En janvier 1945, quelques jours après sa promotion au rang de brigadier, il fut envoyé au front de l'Ouest et capturé par les troupes américaines en mars 1945. En décembre, il put s'enfuir du camp de prisonniers de guerre du Havre et parvint à rentrer en Allemagne.

Il fut ensuite arrêté en 1946 à Offenbach. Un informateur du contre-espionnage américain CIC prétendit que Mossack était « en possession d'une longue liste de noms » reliés à une organisation clandestine, dont Mossack aurait été un membre lui aussi. C'est ainsi que le CIC jugea Mossack : « complètement endoctriné par l'idéologie nazie. Il vit toujours dans son monde de slogans nazis, comme un classique leader des Jeunesses hitlériennes, et illustre parfaitement ce qu'était la jeunesse allemande sous Hitler ».

La grande question est de savoir comment cet homme de la Waffen-SS obtint ensuite l'autorisation de se rendre aux États-Unis ? – parce que c'était la destination qu'il avait renseignée lors de sa désinscription administrative en Allemagne.

L'explication ? Apparemment, Erhard Mossack aurait changé de camp après la guerre. À l'aide d'une simple recherche Google sur son nom, nous tombons sur un site publiant des documents américains en rapport avec la Seconde Guerre mondiale, dont une liste de noms de nazis présumés ayant travaillé avec les Services secrets américains après la guerre. L'un de ces noms est celui d'Erhard Mossack.

Cela expliquerait le permis d'entrée aux États-Unis avant de se rendre au Panama. Mais d'une manière ou d'une autre, il est probable qu'il fut entre les mains protectrices de la CIA. Le Panama était considéré comme un refuge sûr et confortable pour les nazis qui n'étaient plus les bienvenus aux États-Unis pour diverses raisons. C'est ce qu'explique l'auteur américain

Eric Lichtblau dans son livre *The Nazis Next Door*, en se fondant sur plusieurs exemples.

L'exemple de Klaus Barbie, le «boucher de Lyon» qui vivait en Amérique latine sous le nom de «Klaus Altmann», montre comment les Services secrets américains ont cherché leurs informateurs parmi les nazis. Barbie séjourna lui aussi temporairement au Panama.

Il existe une dépêche de la CIA qui traite du travail d'Erhard Mossack comme informateur. Il n'a pas l'air de s'en sortir particulièrement bien. Il y est question d'agents cubains, et la CIA n'est pas tout à fait sûre de la fiabilité de Mossack. Il pourrait encore avoir des problèmes avec son passé.

Le fait que Mossack ait collaboré avec les Services secrets est désormais clair : le BND, le service de renseignement extérieur de l'Allemagne, nous a répondu. Nous voulions savoir s'ils avaient des archives sur Erhard Mossack. C'est le cas. Cependant, le BND ne veut pas les transmettre – une divulgation pourrait, entre autres, «porter atteinte à la sécurité de la République fédérale d'Allemagne ou de l'un de ses Länder».

Mystère, mystère.

Malheureusement, l'histoire d'Erhard Mossack s'arrête ici. Une seule chose est avérée : un « Peter Erhard Mossack » devient président d'une société fondée en 1965 et dénommée Union Alemana de Exportación S.A., l'Association allemande d'exportation. Luisa Herzog de Mossack, son épouse, en est la co-directrice. Selon les documents, la société a loué des bureaux jusqu'en 1970.

En 1989, Jürgen Mossack, son fils, roi de l'offshore, a essayé de vendre cette entreprise pour la somme de 20 000 dollars à un avocat londonien, lequel, curieusement, souhaitait absolument acquérir une entreprise ayant été fondée en 1960. L'Union Alemana de Exportación S.A. était trop jeune. La vente n'eut pas lieu.

Pourquoi un avocat londonien aurait-il besoin en 1989 d'une

société offshore fondée en 1960 ? En théorie, on peut le simuler. Lorsqu'on veut faire une offre dans les marchés publics, on a de meilleures chances si l'on est depuis longtemps un habitué des affaires. Les experts parlent dans de tels cas de sociétés «vintage». Vintage, parce qu'elles ont l'air d'avoir déjà été utilisées. Comme les jeans vintage. Mais nous ne saurons rien sur les intentions de l'acheteur potentiel de Mossack.

Parce que les Services secrets allemands gardent leurs cartes maîtresses, les intentions et activités exactes de l'ex-Waffen-SS, qui devint plus tard informateur pour la CIA, restent obscures. Mais il semble clair que les Mossack père et fils opérèrent selon le même principe : ne sois pas trop pointilleux au moment de choisir ton partenaire en affaires.

Début mai 2015, les deux experts des données du ICIJ, Rigoberto Carvajal et Mar Cabra, atterrissent à Munich. Lorsqu'on leur raconte l'histoire d'Erhard Mossack, ils sont fascinés. Être nazi ou être de la CIA, c'est une chose. Mais les deux...

Rigo Carvajal et Mar Cabra ont loué un appartement à Munich, et lorsqu'on se rend chez eux, on se sent comme dans un film de hackers. Tous les volets sont fermés, des ordinateurs portables recouvrent deux tables, des câbles se faufilent partout, les disques durs externes clignotent et les ordinateurs bourdonnent. Au milieu de tout ça : des clefs USB, des tasses de café et des sacs à dos.

Mar et Rigo affichent un grand sourire. «Bienvenue dans le monde des données», nous dit Mar. Nous sortons nos ordinateurs portables – et plongeons dans cet étrange univers.

Nous leur donnons le matériel que nous avons rassemblé jusqu'à présent. Ensuite, nous expliquons tout ce que nous savons : c'est-à-dire le fait que Mossack Fonseca a organisé ses données bien proprement. Chaque société fondée par Mossfon reçoit un numéro d'identification. Ensuite, un dossier numérique est aménagé dans le système et porte le même numéro. Dans ce dossier, les employés de Mossfon mettent tout ce qui est en relation avec la société : les documents de création, des copies de documents, les registres des directeurs et des actionnaires, des contrats, des scans de passeports officiels et, surtout, des mails en lien avec la société.

Mar, la directrice espagnole du département des données au ICIJ, a beaucoup de tempérament et l'énergie de trois personnes. Elle est constamment en mouvement, comme une balle en caoutchouc, surtout avec ses bras, et elle est très volubile. Même quand nous sommes en train d'expliquer ce que nous avons là. À un moment, elle rit d'une voix rauque, s'excuse et dit : « Pourquoi vous ne dites rien ? C'est pour vous que nous sommes venus ! » En même temps, Mar est très structurée. Toutes les deux minutes, elle se note une nouvelle to-do-list, établit un nouveau planning, ébauche de nouveaux scénarios « best-case » et « worst-case ». Elle contrôle la situation. Et tous ceux qui travaillent sur le projet.

Rigo, le programmateur, reste la plupart du temps assis et écoute calmement. Mais ses yeux brillent. Il suffit qu'il pose une question de temps en temps pour qu'on se rende compte à quel point ça turbine dans sa tête. Son travail consiste à formater correctement les données de façon que les journalistes puissent travailler dessus. À la fin de chaque recherche ICIJ, personne ne connaît mieux les données que Rigo. Il doit comprendre chaque ramification afin de programmer au mieux les différents outils que nous utilisons tous : une base de données multicarte hautement sécurisée pour les documents secrets, que tous les journalistes du projet utiliseront, dans le monde entier. Un forum sécurisé sur lequel tous peuvent communiquer. Et une banque de données pour les données structurelles, qui rend possible la visualisation : chaque société et toutes les unités correspondantes doivent être évidentes, c'est-à-dire les actionnaires et les intermédiaires, avant tout. En un ou deux clics – c'est l'idée de Rigo –, tous les journalistes impliqués doivent également pouvoir apprendre si une personne est impliquée dans d'autres sociétés, et si oui, lesquelles. Et si d'autres personnes sont à leur tour impliquées dans ces sociétés, et ainsi de suite. Une visualisation en expansion, pour ainsi dire. Rigo est un partisan enthousiaste des représentations graphiques des réseaux de sociétés complexes.

Mais tout cela n'est pas si simple parce que, dans de nombreux cas, dans la colonne correspondant aux propriétaires, nous lisons seulement : *The Bearer* ou *El Portador*, respectivement les noms anglais et espagnols pour « action au porteur ». Nous avons déjà appris cela au début de l'enquête : lorsque des sociétés offshore donnent une seule action au porteur, c'est que le propriétaire de la société est le seul à posséder physiquement ce papier. Ceci a l'avantage de permettre d'acheter des sociétés très facilement, sans laisser aucune trace, et de les vendre, ainsi que tout ce qui appartient à la société, qu'il s'agisse d'une villa à Majorque ou d'une cargaison d'armes automatiques pour une guerre civile. Il n'est tout simplement pas possible de déceler à qui la société appartient – ces informations ne se trouvent même pas dans les dossiers internes de Mossack Fonseca, ou bien seulement dans un document sur mille au sein d'un dossier.

Donc, si nous comptons vraiment publier quelque chose à un moment donné, et que nous l'avons promis à notre chef, nos recherches doivent être rapides et efficaces.

Nous avons besoin d'un programme comme Nuix Investigator. Nuix est une société australienne qui produit des logiciels forensiques. Autrement dit, qui permettent d'organiser et de fouiller des données chaotiques, et de détecter des PDF, images et scans dans lesquels on n'arrive pas à faire de recherches. Comme nous avons des milliers de données semblables, Nuix est exactement ce qu'il nous faut. Le seul souci, c'est qu'il coûte très cher. Ce sont généralement les Services secrets, les cabinets d'avocats, la police et les enquêteurs anti-corruption du monde entier qui opèrent avec ces logiciels. « Aucun autre logiciel ne peut traiter de grosses quantités de données aussi vite, pour se conformer aux délais requis par la SEC », se vante Nuix sur sa page d'accueil. La SEC, la Securities and Exchange Commission américaine, est l'organisme fédéral américain de réglementation et de contrôle des marchés financiers. Elle traite d'énormes quantités de données. Si Nuix y arrive avec elle, il devrait s'en sortir avec nos données.

Et même si Nuix est très cher, le ICIJ et nous-mêmes avons déjà travaillé avec, lors des Offshore Leaks. Le chef du ICIJ, Gerard Ryle, vient d'Australie. Il a amené l'entreprise à soutenir le travail de l'association de journalistes, grâce à plusieurs licences libres.

Nous obtenons également une licence, apportée par Mar et Rigo sur une clef USB. Nous nous asseyons, complètement admiratifs, devant notre nouvel ordinateur avec 500 gigabytes d'espace de stockage. Mar et Rigo nous expliquent le fonctionnement de Nuix. En surface, c'est très simple : un champ de recherche, qu'on peut utiliser avec une recherche Google, une fenêtre d'aperçu et un affichage de la liste de résultats. Le chemin du fichier, l'environnement et l'arborescence des données apparaissent également dans les résultats. En un clic, on peut en outre exporter tous les résultats de la recherche, quand on n'a pas le temps de les dépouiller.

Celui qui a jusqu'à présent travaillé avec des outils de recherche gratuits et qui passe à Nuix a l'impression de quitter une voiture pour enfants pour une Formule 1.

Le principe de base de Nuix est simple : les données à traiter sont chargées en tant que « preuve » dans le programme et sont automatiquement étiquetées ou, comme les pros le disent : indexées. C'est relativement facile pour les documents Word et les mails. Cela devient plus compliqué pour les PDF et les fichiers de photos – et il y en a déjà des centaines de milliers dans nos données. Le programme Nuix doit d'abord reconnaître le texte affiché dans les images. Cela fonctionne avec un logiciel pour la reconnaissance de texte, l'*optical character recognition*, l'OCR. Une fois que tous les documents sont traités avec l'OCR, un résultat de recherche négatif est vraiment un résultat de recherche négatif. Si la recherche «Angela Merkel» n'a rien donné, on peut être relativement sûr qu'Angela Merkel ne se cache pas dans les données.

Sauf si le nom se cache dans un fax chiffonné puis numérisé de nouveau, ou s'il a été tapé avec une vieille machine à écrire. Dans ce cas, le programme à OCR ne donne pas de résultats. On ne pourra donc jamais être complètement en mesure d'affirmer avec certitude que quelqu'un n'a jamais fait d'affaires avec Mossack Fonseca, tant qu'on n'aura pas examiné chaque page individuellement.

Une fois que Nuix a créé un index pour nos données et que la reconnaissance de texte les a parcourues, nous pouvons commencer pour de bon à rechercher dans les 350 gigabytes. Mar et Rigo rentrent respectivement en Espagne et au Costa Rica, et nous nous remettons devant l'ordinateur. Alors, qui cherchons-nous? Helmut Kohl? Gerhard Schröder? Uli Hoeneß?

Lorsque fin 2012 nous avions travaillé sur les Offshore Leaks, nous étions assis à quatre pendant quelques semaines dans une pièce sans fenêtres et avions balancé des mots clefs dans le système. Avec pour conséquence que des noms comme Franz Josef Strauß, Klaus Zumwinkel, Joseph Ackermann ou même Helmut Kohl pouvaient parfois être recherchés deux ou trois fois. Qui se souvient encore des noms qu'il a tapés il y a dix jours? À un moment donné, nous avons compris que c'était de la folie, et nous avons donc créé des listes: les politiciens allemands les plus importants, les managers les plus importants, et ainsi de suite…

Cette fois, nous commençons par le début, et stratégiquement. Sachant que nous recherchons bien sûr des noms qui nous intéressent dès que nous en avons l'occasion. En parallèle, nous élaborons des listes détaillées. Cela devient clair pour nous après le départ de Mar et Rigo: sans ces listes, nous perdrions très rapidement notre vue d'ensemble, et beaucoup de temps. Au vu de la montagne de données à traiter, nous allons manquer de temps à un moment ou à un autre.

Au fond, nous faisons un inventaire des fonctionnaires de la République fédérale d'Allemagne. Nous listons tous les politiciens, les gestionnaires, les banquiers, les sportifs, les personnalités publiques importantes, nous recherchons les ultra-riches, les criminels et les fraudeurs, et nous essayons autant que possible de rassembler les «personnes à scandale». Soit tous ceux qui ont joué un rôle dans le scandale du parti de la CDU, dans l'affaire Leuna, l'affaire Barschel, et dans d'autres scandales similaires ou cas de corruption. Nos données portent jusque dans les années 1970.

Avec ces listes, nous allons à la pêche dans les données. Avec Nuix, cela se passe ainsi : on nourrit un document Excel avec des noms et on reçoit un document Excel avec des résultats en retour. Les résultats sont classés avec des pourcentages. Pour «Gerhard Schröder», par exemple, l'occurrence «Gerhard Schröder» obtient 100 %, «Gerhard Schrader» environ 95 %, «Gerd Schröder» 80 % et «Gerard Schroem» 60 % ou moins. À la fin, on doit donc passer en revue la liste des résultats manuellement, résultat par résultat.

Notre liste «affaires des financements de partis» comprend au final 130 noms. La liste des anciens de la Stasi et leurs complices présumés, quelque 94 856 noms.

En même temps, nous sommes toujours à la recherche de termes qui nous semblent prometteurs, parce qu'ils mettent potentiellement au jour d'intéressants mails internes. Mossack Fonseca a souvent affaire à des criminels, et les autorités chassent les criminels à leur tour. Peut-être qu'on devrait regarder en fonction des «mandats de perquisitions»?

Effectivement, nous obtenons une longue liste de résultats correspondants à «mandat de perquisition». L'un d'entre eux concerne un certain nombre de sociétés dans les îles Vierges britanniques, soupçonnées d'être des sociétés écrans par une organisation nommée «Libyan Asset Tracing Committee», et avec l'aide desquelles Kadhafi et ses hommes auraient fait sortir 150 millions de dollars du pays. Un soupçon que Mossfon rejette, mais qui était apparemment assez grave pour la Financial Investigation Agency, l'Autorité d'information financière des îles Vierges britanniques, qui réagit avec empressement: le 30 octobre 2013, elle délivre un mandat de perquisition pour le bureau de l'antenne locale de Mossack Fonseca.

Dans tout ce que nous lisons, rien ne paraît consterner qui que ce soit. On pourrait au moins s'attendre à lire dans les mails internes une phrase comme: «Bon sang! On a vraiment aidé les hommes de main de Kadhafi à piller son pays pendant des années?»

Une nouvelle piste. Nous créons un nouveau sous-dossier dans le dossier «Chefs d'État» que nous appelons «Kadhafi». Dedans, les noms de sociétés sont pittoresques, presque romantiques: Wildwood Traders Ltd., Moon Silk Ltd., Sirvent Star Corporation, Bristows Corp., Regency Belle Corporation, Seafire Systems Ltd., Sea Swells, Morning Star Technology Ltd., Pacific Mist Ltd., HC Nominees (BVL) Ltd. et Albion International Group.

Quand on regarde les sociétés de plus près, on trouve plusieurs lettres des autorités. Il en résulte que les enquêteurs supposent qu'elles appartiennent à un certain Ali Dabaiba. Ce professeur de géographie était le chef de l'Organization for Development of Administrative Centers – une autorité de marchés publics gigantesque – sous Kadhafi[1].

Ce cas-là est particulièrement excitant, car il est très actuel. Nous avons besoin de plus d'informations.

John Doe: Je n'ai pas pu dormir cette nuit, je ne pouvais pas m'empêcher de penser à la façon dont vont réagir certaines personnes lors des révélations

---

1. Voir le chapitre 23, en particulier la réaction de Dabaiba.

Il est fort probable que certains des clients de cette société essayent de me trouver. Et certains d'entre eux ont des services secrets.

*SZ*: C'est bien possible. Soyez prudent.

John Doe: J'essaie. Vous prenez des précautions ? Les journalistes impliqués ne vont pas se faire aimer des clients de Mossack Fonseca non plus.

*SZ*: On fait ce qu'on peut.

En fait, nous devenons de plus en plus prudents, semaine après semaine – nous comprenons de plus en plus clairement que les données auront un impact majeur dans le monde entier. À la rédaction, dans un premier temps, nous nous confions uniquement à celles qui doivent absolument être au courant de notre projet, à notre chef de rubrique et notre rédacteur en chef. Pendant ce temps, la coopération avec l'ICIJ est institutionnalisée. Mar et Rigo ont effectué les analyses préliminaires des données que nous leur avons fournies lorsqu'ils sont venus à Munich. Ils ont fait les premiers tests pour savoir comment les traiter au mieux, comment rechercher dans des scans, et ont même mis un forum crypté en place. Très régulièrement, nous prenons rendez-vous avec Mar Cabra, Rigo Carvajal, Gerard Ryle et la chef de projet Marina Walker. Nous parlons des données, du planning, du travail, et des collègues d'autres pays vers lesquels nous devrions nous tourner. En Argentine, c'est clair: *La Nación*. Au Royaume-Uni, le *Guardian* et la BBC. En France, *Le Monde* et Édouard Perrin, celui qui a révélé les Lux Leaks.

Mais nous avons également besoin de journalistes en Russie, et ce n'est pas facile. Les confrères russes qui peuvent écrire librement ne sont pas nombreux, et ceux qui le font prennent de gros risques. Des coups, la prison, leur vie.

C'est la même chose pour la Chine. Mossack Fonseca a une dizaine de bureaux là-bas. Cela signifie qu'ils ont beaucoup de riches Chinois parmi leurs clients. Mais il nous est impossible de ramener un collègue de Chine ou de Hong Kong.

Pourquoi?

Début 2014, nous avons travaillé sur un projet avec le ICIJ à la suite des Offshore Leaks. Une recherche dans les mêmes données que celles des propriétaires chinois des sociétés écrans. Nous avions laissé cette partie de côté parce que c'était trop compliqué de vérifier des noms chinois. Nous avions ensuite trouvé dans les données des Offshore Leaks que l'élite au pouvoir en Chine menait d'importantes opérations clandestines dans des paradis fiscaux. Nous sommes tombés sur les sociétés écrans de proches d'importants politiciens. En outre, nous sommes tombés sur certains des hommes et femmes les plus riches du pays, de même que des dirigeants d'entreprises publiques impliqués dans des scandales de corruption.

À l'époque, nous travaillions avec le journal *Ming Pao* de Hong Kong. Il était clair que *Ming Pao* prenait un gros risque – mais personne ne savait à quel point. D'une part, ils étaient à Hong Kong. D'autre part, critiquer l'élite chinoise reste une prise de risque, même à Hong Kong, région relativement libérale. Le rédacteur en chef de *Ming Pao*, Kevin Lau, s'est fait licencier, peu de temps avant la publication prévue – et fut remplacé par quelqu'un qui n'était pas critique envers le régime. Il y eut des protestations massives dans la population, mais en vain. Lorsque nous avons ensuite publié nos histoires, la plupart des rapports furent censurés en Chine en quelques heures. Les pages d'accueil de la *Süddeutsche Zeitung* – où nous avions publié les principaux résultats en chinois – et celles d'autres partenaires du ICIJ n'étaient plus accessibles.

Pire encore: un matin Kevin Lau fut attaqué au couteau par des inconnus dans la rue, alors qu'il se dirigeait vers le parking. Il fut touché six fois dans le dos et grièvement blessé, mais il survécut. Ses assaillants s'enfuirent à moto. Plusieurs membres de bandes mafieuses organisées furent arrêtés plus tard. Il s'agissait d'hommes de main complaisants: de jeunes hommes prêts à tuer un journaliste pour quelques dollars de Hong Kong. On ne sait toujours pas vraiment qui étaient les commanditaires. Les observateurs partent du principe que les assaillants ne devaient pas tuer Lau, mais seulement l'intimider.

Pour notre projet, le ICIJ nous a envoyé Alexa Olesen. Elle était correspondante en Chine pour l'agence Associated Press, et a travaillé sur les Offshore Leaks en tant que journaliste indépendante. Cette fois encore, elle doit s'occuper de la partie chinoise. Après quelques jours seulement, nous recevons un premier message positif : elle a trouvé la petite-fille d'un cadre supérieur du parti dans les données, ainsi que deux milliardaires chinois et une star de cinéma.

Face à la dimension internationale de nos données, nos trouvailles allemandes paraissent ridicules. Cependant nous tombons sur un autre nom qui concerne notre pays et mérite quelques recherches.

D'abord nous tombons sur un nom qui ne nous dit rien : Claus Möllner.

Mais ce nom apparaît dans une série de documents bancaires, dont certains très récents. Et comme « Möllner » sonne allemand, nous googlisons le nom. Peut-être qu'on devrait le connaître ?

Le septième résultat est un article du quotidien colombien *El Espectador*, concernant des négociations entre l'État colombien et la guérilla. Si nos confrères de *El Espectador* ont raison, alors Claus Möllner est le nom de code d'un agent allemand qui a négocié avec la guérilla colombienne ELN [Ejército de liberación nacional, Armée de libération nationale] pour libérer des otages allemands.

Claus Möllner serait donc Werner Mauss. Le mystérieux agent secret. Mauss a été négociateur dans la libération d'un grand nombre d'otages de la guérilla. Il a rapporté des barils de poison disparus lors de leur transport, le corps du multimilliardaire Friedrich Karl Flick et le trésor de la cathédrale de Cologne.

« L'institution M. » – c'est ainsi qu'on le surnomme à l'Office fédéral de police criminelle en Allemagne. Il s'agirait d'«un homme sombre dans tous les sens du terme», oui, pour ainsi dire «un homme d'État», comme l'écrivit l'ex-rédacteur en chef du *Spiegel* Stefan Aust en 1999 dans son livre *Mauss, un agent allemand*. Et notre chef de rubrique Hans Leyendecker partit jusque dans la jungle colombienne pour voir Werner Mauss en pleine action : lors de la libération d'un otage italien par la guérilla colombienne ELN.

Cet homme est une légende. Nous suivons ses traces.

# 7. Le mystérieux détective

Si Claus Möllner, que nous avons découvert dans nos données, se confirme être le détective Werner Mauss, une quantité énorme de travail nous attend. En fouillant plus avant, nous découvrons une facture pour l'année 2011 de près de 23 725 dollars pour l'entretien des sociétés écrans de Möllner chez Mossfon. 23 725 dollars pour une seule année!

La plupart des autres clients ont des frais annuels qui ne dépassent pas quelques milliers d'euros. Claus Möllner-Werner Mauss possède apparemment deux sociétés écrans. Un petit empire[1].

Une vue d'ensemble sur des virements internes nous révèle l'existence de comptes gérés par Mossfon pour Claus Möllner. Le montant des virements, en dollars, est bluffant.

Si c'est bien Werner Mauss qui est derrière tout cela, non seulement nous avons du pain sur la planche, mais nous tenons également une très bonne histoire, car il est probablement le meilleur détective privé de la République fédérale d'Allemagne, et sans doute le plus controversé.

Né en 1940, fils d'un marchand, il commence sa carrière en 1961 lorsqu'il fonde son premier bureau de détective. À ses débuts, il espionnait surtout les maris infidèles, mais il ne tarda pas à s'occuper, pour le compte de grandes compagnies d'assurances,

---

1. Voir les réponses de Werner Mauss et de son avocat à la fin de ce chapitre.

d'affaires de voitures volées. «La police, plus intéressée par les coupables que par le butin, laissa volontiers le jeune détective regarder dans les dossiers», écrit le *Spiegel* en 1996. Mauss se montra reconnaissant et, en retour, fournit à la police des «tuyaux sur les pires entreprises».

Les autorités de sécurité allemandes ont repéré le talentueux Mr. Mauss, et il travaille bientôt pour la police, le Service fédéral des renseignements, divers bureaux de police criminelle, ainsi que pour l'Office fédéral de protection de la Constitution. Ses admirateurs parlent de lui comme d'«une arme tout usage». Lui-même, en toute modestie, se qualifie de «pionnier contre le crime». «Au total, grâce à mes interventions, plus de 1 600 personnes ont pu être interpellées», affirme-t-il dans une lettre au BND [le renseignement extérieur allemand] .

Si l'on s'informe sur Mauss dans les archives de presse, on tombe sur deux choses.

Tout d'abord, il semble se croire plus important qu'il n'est. Selon une biographie, il aurait informé le BND en 1980 que le Premier ministre Indira Gandhi avait eu l'intention de réaliser son premier essai nucléaire en 1981. Mais la première bombe atomique indienne avait été déclenchée sept ans plus tôt[1].

Ses détracteurs ont, assez vite, alerté le public sur ses méthodes de travail. Plusieurs livres ont été publiés et une commission d'enquête parlementaire du Land de Basse-Saxe a même été ouverte.

Il ne fait aucun doute que ses honoraires ont augmenté avec son succès. De même que l'importance et le nombre de ses missions. Le *Frankfurter Rundschau* a non seulement découvert que le détective privé Mauss menait grand train, mais s'est également interrogé sur l'origine de ses fonds. Ce qui se racontait sur Mauss en privé fut relié à ce qui se disait de lui en public.

---

1. L'avocat de Werner Mauss a indiqué à ce sujet que «ce processus présumé de l'année 1981» était «inconnu de son client».

Selon Stefan Aust, le biographe de Mauss, il aurait gardé plus de biens volés qu'il n'en a rendu au prélat de la cathédrale de Cologne. Werner Mauss s'explique en disant que ces soupçons sont «sans fondement»: «Lorsque des journalistes se permettent de demander à des prisonniers ce qu'ils pensent des enquêteurs, tout le monde chante en chœur que l'enquêteur qui les a fait condamner est mauvais.»

Jadis, les autorités colombiennes lui avaient reproché de faire cause commune avec la guérilla, mais il fut définitivement blanchi de toutes les charges retenues contre lui – un épisode que Mauss décrit lui-même sur la page d'accueil de son site.

Pour nous, ce sont de bonnes raisons de creuser davantage dans les documents de Mossack Fonseca à propos de Claus Möllner.

Tout d'abord, nous devons prouver que Werner Mauss est bien Claus Möllner. Pour cela, il faut savoir que Mauss a toujours opéré sous de nombreuses identités. Il se faisait appeler «Horst Faber», «Dr. Lampe», tout simplement «Jacques», ou encore, et c'est presque charmant, «Marlowe». On lui connaît, au fil des ans, un nombre considérable de noms[1]. Ses voisins dans le Land de Rhénanie-Palatinat l'ont connu sous le nom de Richard Nelson. Pour la police du Land de Hesse, il était Otto John, et s'occupait de voleurs de voitures. Ses billets d'avion étaient, au moins temporairement, au nom de Herbert Rick[2]. C'est également sous ce nom qu'il épousa sa seconde femme.

Mais il se fit également appeler Claus, ou Klaus Möllner. C'est sous ce nom que Werner Mauss a fait libérer des otages en Colombie, et qu'il a pisté le poison «égaré» de Seveso. Pour rappel, lorsqu'en 1976 de la dioxine s'échappa d'une usine à Seveso, au nord de l'Italie, 187 personnes tombèrent malades. Lors

---

1. Werner Mauss nous l'a confirmé et a précisé qu'il utilisait un certain nombre d'autres noms.

2. Werner Mauss nous a expliqué que, depuis une tentative d'attentat en 1984, il devait se priver du «soutien logistique» d'un avion privé, «pour des raisons de sécurité, jusqu'à aujourd'hui».

des travaux de nettoyage qui s'ensuivirent, 151 tonnes de déchets hautement toxiques furent produites, qui devaient être éliminées par une filiale italienne du grand groupe allemand Mannesmann. Une expédition devait transporter les barils de poison à la frontière franco-italienne en 1982, mais 41 d'entre eux disparurent. Pour Mannesmann, cette dangereuse perte constituait une situation très embarrassante.

Werner Mauss intervint et – les circonstances ne sont toujours pas claires – reçut de l'Office fédéral de protection de la Constitution du Land de Basse-Saxe un faux passeport au nom de « Möllner ». Il retrouva alors la trace des voleurs de poison en France et réussit à leur soutirer des informations sur le lieu où étaient cachés les barils en échange d'une somme dont le montant reste inconnu. En mai 1983, les barils furent retrouvés dans un abattoir désaffecté près de la ville de Saint-Quentin. Plus tard, des doutes apparurent, mais l'enquête ne s'y attarda pas.

Nous voyons à présent dans nos données qu'en novembre 1985 la société Transacta Valores fut enregistrée au Panama. Les parts de la société sont d'abord distribuées en actions au porteur (donc non nominatives). Il n'est donc pas possible de savoir qui en est le propriétaire. Nous constatons toutefois dans les documents que les actions ont été réécrites en interne au nom de Claus Möllner, en janvier 2014.

Nous trouvons également un document numérisé du passeport d'un homme nommé Claus Möllner. D'après ce que nous lisons, Möllner serait né le 7 février 1942 à Hagen, le passeport porte le numéro 2103086891 et aurait été émis par la municipalité de Simmern, dans le massif montagneux de Hunsrück. La zone correspond bien au lieu d'habitation de Werner Mauss. La date de naissance est fausse, mais c'est normal pour une identité de couverture.

La photo représente un homme âgé en costume et cravate. Il n'y a pas beaucoup de photos de Werner Mauss, mais ça pourrait bien être lui, il y a une certaine ressemblance. Mais ça pourrait aussi ne pas être lui… Même Hans Leyendecker, qui l'a rencontré personnellement, n'est pas sûr que ce dernier soit le propriétaire de Transacta Valores.

Nous tombons ensuite sur un article du Net, dans lequel une entreprise du même nom est mentionnée. C'est une histoire qui fait la couverture du *Spiegel* en 1997. Sur douze pages, il y est question d'Allemands qui auraient caché leur argent au Liechtenstein. Les auteurs nomment entre autres Werner Mauss et Werida, sa fondation familiale au Liechtenstein. Dans l'article, on lit que, dans le règlement de la fondation, deux sociétés écrans sont nommées : Nolilane N.V. à Curaçao et Transacta Valores S.A. au Panama.

Si Transacta Valores est bien la société de la fondation de Werner Mauss, et que les actions de Transacta Valores sont bien attribuées à notre Claus Möllner, alors nous tenons notre histoire. Nous ratissons à présent toutes les données sur Claus Möllner dans notre base. Nous savons que ça en vaut la peine.

Dans l'article du *Spiegel*, nous lisons que Transacta Valores serait propriétaire de deux appartements à Francfort. Dans nos données, nous trouvons des lettres du syndic d'un immeuble de Francfort, et l'invitation à une réunion de copropriétaires au sujet de charges à régler.

L'autre société offshore nommée par le *Spiegel*, nous la trouvons dans notre *leak* : Nolilane, fondée en 1980 aux Antilles néerlandaises. Un compte à la Dresdner Bank d'Amérique latine y est géré pour l'entreprise – en tout cas il s'agit d'un compte pour Nolilane[1]. Selon les documents, la propriété de Altstrimmig, dans laquelle Werner Mauss réside, appartient bien à Nolilane.

Altstrimmig, 350 habitants, se trouve à la campagne, dans le canton de Cochem-Zell, derrière Mittelstrimmig, à proximité de

---

1. Werner Mauss affirme que Nolilane n'a pas eu de compte. Voir en fin de chapitre.

Würrich ou Panzweiler. Beaucoup de forêts, beaucoup d'éoliennes, qui font cahoter la connexion internet. Ici, dans la province de Rhénanie-Palatinat, Werner Mauss a acheté en 1968 une immense propriété, qui aujourd'hui appartient à la société Nolilane. Sa demeure ressemble à une forteresse : des fenêtres très étroites sur la rue, cachées par des plantes, une façade grise en grès naturel. On ne peut rien voir de plus. La zone est isolée, dissimulée derrière des sapins vert foncé de plusieurs mètres de haut, auxquels s'ajoutent trois rangées de fils barbelés. Des panneaux jaunes aident à mieux comprendre le message, au cas où ce dernier ne serait pas assez clair : «Attention, chiens méchants. Alarme de sécurité.»

Certains des voisins de Mauss ont longtemps pensé que cette maison était habitée par un certain Richard Nelson, représentant d'une société d'acier américaine, et sa femme. C'est sous ce nom que la propriété a été achetée. Dans le registre foncier se trouve encore aujourd'hui la société Nolilane N.V. dont le siège social se trouve aux Antilles néerlandaises – c'est la même que celle trouvée dans le *leak*. Elle fut cependant changée en 2005 pour la société Nolilane N.V. avec son siège au Panama[1].

Au loin, on aperçoit des toits bleu turquoise : derrière les grands buissons, les arbres et la clôture grillagée, se trouvent les manèges de Werner Mauss. Selon le journal *Rhein Zeitung*, il s'agirait de manèges «olympiques».

Entretemps, nous avons reçu de notre source une liste d'environ 215 000 entreprises de Mossfon. Un certain Claus Möllner est enregistré comme actionnaire de deux d'entre elles : Boreal et Anysberg. Deux sociétés de Mauss inconnues jusque-là.

Cela fait à présent quatre sociétés liées à ce nom.

---

1. Mauss expliqua à ce sujet avoir immédiatement fait changer les données erronées dans le registre foncier.

Nous envoyons les nouvelles listes au ICIJ. Les recherches sur Mauss sont très importantes pour nous. Le ICIJ s'intéresse au grand ensemble. Mar Cabra, la chef de l'équipe des données, aime les listes. Avec des listes, on entre facilement dans le chaos des données. Elle peut voir dans quels paradis fiscaux les sociétés ont leurs sièges, et dans quels pays se trouvent leurs actionnaires. Ensuite, elle peut créer des listes pour chaque pays – et les journalistes des pays concernés en sont très satisfaits. Lors des Swiss Leaks, des listes comme celles-là ont beaucoup aidé. Au lieu de devoir rechercher dans toutes les données, chaque journaliste se concentre dans un premier temps sur les données qui concernent son pays.

C'est que tous nos confrères ne sont pas dans une situation aussi confortable que la nôtre : à ce moment de l'enquête, nous nous sommes libérés de nos tâches quotidiennes depuis six mois pour nous consacrer uniquement au projet. Mais en Afrique et en Amérique latine, certains collègues travaillent sur les données du *leak* en plus de leur travail quotidien pour leur journal ou leur chaîne de télévision. Nous avons appris cela de nos projets précédents. Ces listes vont énormément les aider. Elles fournissent un point de départ et permettent d'économiser des semaines de recherches.

Entretemps, c'est devenu clair : notre projet sera le plus gros jamais traité par le ICIJ. Des journalistes de tous les continents vont y participer. La chef de projet du ICIJ, Marina Walker, appelle tous les jours les membres du ICIJ les uns après les autres, pour cadrer les opérations : ils ne sont pas nombreux, car il faut que le cercle des initiés reste le plus restreint possible dans un premier temps, mais suffisamment grand pour que le projet décolle et que les recherches avancent.

Notre projet porte déjà un nom : « Prometheus ». Comme le vaisseau spatial de la série *Star Trek*. C'est Rigo Carvajal, l'expert des données, qui s'occupe de trouver les noms des projets au ICIJ. Et Rigo adore *Star Trek*. Les Swiss Leaks s'appelaient

« Enterprise », les Lux Leaks « Voyager », et le projet de recherche problématique de la Banque mondiale, « Odyssée ». Tous les vaisseaux spatiaux de *Star Trek*.

Mais revenons à Prometheus.

Dans les documents des quatre sociétés qui contiennent le nom de Claus Möllner, *alias* Werner Mauss, nous tombons sur toutes sortes de documents : des contrats de vente, des contrats de location – et des documents sur l'homme qui s'occupe de la communication pour Werner Mauss, Volker B. L'intermédiaire du détective est un inconnu : B. fut manager à la Dresdner Bank pendant dix ans, il a dirigé la filiale luxembourgeoise et se faisait appeler « procureur général » à la Dresdner Bank.

Peu avant Noël 2005, Volker B. arrangea une rencontre au Luxembourg. Là-bas, il présenta un employé de Mossack Fonseca à « l'unique propriétaire de Nolilane », ainsi qu'à son épouse. La rencontre s'est apparemment bien passée, c'est ce qu'écrit plus tard le représentant du cabinet d'avocats dans une note. Il se serait même bien entendu avec ce « client très prometteur », qui mérite un « traitement très spécial » [1].

Et l'important client qui mérite ce « traitement très spécial » s'appelle étonnamment « Werner Möllner » dans la note.

Oups. Est-ce que quelqu'un savait qui est vraiment cet homme ?

Dans les données de Mossfon, B. est l'interlocuteur de douze sociétés [2]. Nous parcourons les documents les uns derrière les autres et pour toutes les sociétés nous trouvons un lien avec Mauss *alias* Möllner, et ce dernier se serait apparemment dissimulé derrière des actions au porteur, de temps en temps. Les sociétés

---

1. Volker B. expliqua qu'il n'avait qu'un « vague » souvenir de cette rencontre. D'après ses souvenirs, il s'agissait de « questions bancaires techniques ». Voir la fin de ce chapitre à ce sujet. Mossack Fonseca ne nous a pas répondu à ce sujet.

2. Volker B. expliqua que Mauss « n'était pas son client ». Il aurait seulement aidé Mauss « de façon amicale, sur des questions bancaires techniques ».

ont été créées entre 1980 et 2014. En plus des noms Nolilane, Transacta Valores, Boreal Management et Anysberg International, que nous connaissons déjà, nous faisons à présent connaissance avec les sociétés Bradler International Corporación de Inversiones Cascabel, Goldborn Overseas, Goodwin Holdings Corp., Nerball Enterprises, Zabo S.A., Baird Resources et Capriccio Management Mauss.

La plus récente, Anysberg International Corporation, fut fondée fin 2014 au Panama – pour Mauss, d'après les documents, Claus Möllner étant nommé comme seul actionnaire et mandataire. Il se présenta avec une carte d'identité pour les étrangers résidant de façon permanente au Panama. Il donna une adresse dans un quartier très chic du centre-ville de Panama. Dans un document, Mauss-Möllner chiffra le montant de sa fortune à « plus d'un million de dollars ».

Qui a besoin de tant de sociétés offshore ? Non seulement ça coûte beaucoup d'argent, mais en plus on peut rapidement en perdre le compte. C'est bien ce qui arriva à Mauss : en tout cas, en janvier 2007, B. écrivit à Mossfon que son client ne trouvait plus les actions au porteur des sociétés Zabo S.A. et Borel Management Corp. Mossfon souhaita tout de même lui montrer la voie à suivre.

Pourquoi Mauss s'est-il acheté tout ça ? Surtout depuis qu'il est, en plus, aux commandes de la fondation Werida au Liechtenstein, et – ce qui est nouveau – d'une autre fondation au Liechtenstein nommée Micuwe, qui apparaît temporairement dans les données en tant qu'actionnaire de ses sociétés Transacta Valores et Nolilane.

Récapitulons brièvement tout cela depuis le début : un agent allemand laisse un ancien banquier du Luxembourg gérer des sociétés offshore au Panama et dans les Antilles néerlandaises, et une fondation du Liechtenstein s'interpose pour gérer les comptes au Panama, en Allemagne et aux Bahamas.

Pourquoi tous ces efforts ? Une explication se trouve dans un mémo interne de Mossack Fonseca : avec cette construction, le client voudrait avant tout permettre « la protection de sa fortune et de ses avantages fiscaux »[1].

Cela intéressera les inspecteurs des impôts allemands, avec lesquels Mauss a toujours eu des problèmes. Et d'après ce que nous savons, c'était encore le cas lorsque nous effectuions ces recherches[2].

En même temps, des sociétés anonymes et leurs comptes seraient le moyen idéal pour transférer des rançons aux rebelles et aux gangsters. Volker B., l'homme de la Dresdner Bank, aurait raconté à une connaissance qu'il lui arrivait de transporter de l'argent pour la libération d'otages lors de missions confidentielles[3].

Une chose est sûre : avec de telles constructions, les flux d'argent et les fortunes se dissimulent aisément. Et ça expliquerait que les sociétés écrans et autres trusts offshore ne soient pas si éloignés que ça des services secrets. En effet, le BND aurait utilisé un grand nombre de sociétés écrans pendant des années, afin d'acheter des armes à d'autres pays ou simplement pour cacher ses propres agissements. De nombreux avions utilisés par la CIA après le 11 Septembre afin d'arrêter des terroristes présumés furent également acquis grâce à des sociétés offshore. Lorsque les services secrets américains ont créé une prison de torture secrète près de la capitale lituanienne Vilnius, ils achetèrent le bâtiment par le biais d'une société écran américaine, qui à son tour était détenue par une société écran panaméenne. Les services secrets souhaitent agir sans être reconnus – et les sociétés comme Mossfon peuvent les y aider.

---

1. Voir les réponses de Mauss en fin de chapitre.

2. Mauss expliqua qu'à sa connaissance il n'y avait pas de poursuites judiciaires le concernant.

3. Volker B. expliqua qu'il n'est pas impliqué dans des affaires de rachats d'otages.

Marina Walker, la directrice adjointe du ICIJ, nous arrache à notre « fièvre Mauss ». Elle est nerveuse : nous sommes mi-mai, et il n'y a toujours aucun signal de départ officiel de notre projet. Les membres du ICIJ et les médias ayant déjà confirmé, tels que *Le Monde*, le *Guardian*, le réseau de recherches Organized Crime and Corruption Reporting Project (OCCRP) ou le journal suisse *SonntagsZeitung* l'attendent. Nous visons une publication en novembre. Cela veut dire que nous devons nous bouger. Marina Walker dit qu'il faut qu'il y ait une réunion pour le coup d'envoi, lors de laquelle nous planifierons et nous répartirons les tâches. Une réunion qui aidera nos collègues à évaluer l'effort qu'ils comptent fournir pour le projet. Ces congrès font désormais partie du fonctionnement du ICIJ, c'est une leçon tirée des Offshore Leaks. Avant, tous les sujets importants étaient discutés par mail et par téléphone, les partenaires ne se connaissaient donc pas personnellement, et il fallait se fonder sur la confiance et la volonté mutuelles pour partager les données – qui n'étaient pas partagées équitablement.

C'est pourquoi chaque gros projet débute depuis par une conférence : pour les Lux Leaks, à Bruxelles, pour les Swiss Leaks, à Paris. Pendant une journée entière, le ICIJ explique à tous les journalistes présents de quoi il s'agit, parle de l'échange des résultats de recherche et de la date de publication. Pour le projet Prometheus, la rencontre était initialement prévue en mai, au plus tard en juin, chez nous, à Munich. Mais les données ont continué d'augmenter, encore et encore, et il devint évident que si nous nous étions rencontrés en juin, nous n'aurions pas su ce que les résultats des recherches allaient donner, et n'aurions pas pu prévoir de date de publication.

Mais la source continue de nous livrer.

Il nous faut à présent deux réunions. Une grande à la fin de l'été à Munich, au siège de la *Süddeutsche Zeitung*, et une autre avant les vacances d'été pour tous les médias qui souhaitent mettre une grosse équipe sur le coup. Comme lieu de rendez-vous, Marina propose Washington, au siège du ICIJ.

Nous répondons présents – même si cela ne va pas faire de bien au petit budget de notre rubrique.

Julia Stein, du département de recherches de la Norddeutscher Rundfunk (NDR), sera présente. C'est une super-collègue, membre également du ICIJ. Nous avons travaillé avec elle sur les Offshore Leaks, Lux Leaks et Swiss Leaks. L'équipe de Julia connaît déjà le projet, et de plus en plus de collègues de la NDR la rejoignent. La radio Westdeutscher Rundfunk (WDR) va nous rejoindre – la *Süddeutsche Zeitung* a créé une association de recherche avec ces deux médias.

Mais le cas Mauss ne nous laisse pas tranquilles. Avec chaque dossier, chaque fax, chaque mail que nous trouvons dans les documents de Mossfon, nous nous enfonçons un peu plus dans le dédale de l'offshore.

En 1997, Mauss déclare au *Spiegel* que les autorités connaî-traient sa fondation du Liechtenstein, Werida, ainsi que les capitaux de cette dernière. « Bien sûr, les impôts qui y sont liés sont payés », déclara-t-il à l'époque[1].

Nous trouvons bel et bien la trace d'une déclaration d'impôts pour les deux sociétés mentionnées à l'époque. Mais pas pour les dix autres[2].

En 1997, les Verts ont déposé une demande auprès du gouver-nement pour savoir comment Werner Mauss était imposé. Dans la réponse, il est question d'un haut intermédiaire à la police criminelle fédérale qui se serait démené auprès de la haute autorité financière de Coblence pour « la garantie d'un revenu de base

---

1. L'avocat de Werner Maus nous expliqua que « toutes les fondations, les sociétés et tout l'argent évoqués dans cet article du *Spiegel* sont correctement déclarés à l'administration fiscale concernée » et que « toutes les taxes appli-cables sont réglées ». Voir en fin de chapitre la réponse de Mauss à ce sujet.
2. Voir les réponses de Mauss à ce sujet en fin de chapitre.

pour les époux [Mauss] ». Leurs fausses identités auraient donc été maintenues. Les services secrets auraient agi à leur tour dans les affaires fiscales de Werner Mauss, en se mettant d'accord « avec l'autorité fiscale de l'époque pour [...] qu'il puisse uniquement payer des impôts [...] sur une tranche de revenus fixe ».

Une imposition au pif, donc[1].

Lorsqu'en 2006 le centre des impôts lui annonça un contrôle fiscal, Mauss demanda de l'aide à Wolfgang Bosbach, bras droit du groupe parlementaire de la CDU à l'époque[2]. Mauss préféra le mode « estimation du revenu » [plutôt qu'une imposition sur le réel], c'est ce qui est dit dans une lettre de son avocat, citée par le magazine *Focus*. Bosbach l'envoya auprès du ministre des Finances du Land de Rhénanie-du-Nord-Westphalie, Helmut Linssen, qui renvoya à son tour Mauss auprès du chef de département responsable.

Linssen ne dit rien de ce qui ressortit du cas fiscal de Mauss et mentionna le secret fiscal. Mauss en revanche expliqua à un journaliste de *Focus* qu'il n'y avait pas eu de contrôle fiscal chez lui. Et qu'il n'avait que deux sociétés. Deux sociétés[3] ?

Les services secrets nous ont répondu qu'ils ne peuvent pas transmettre de documents d'archives au sujet de Mauss : « Secret défense ». Le document sur Mauss appartient donc, comme c'était le cas pour Erhard Mossack, aux documents « dont la

---

1. À la question de savoir si c'est vrai que les revenus de Mauss auraient été imposés selon des « tranches de revenus fixes », son avocat nous a dit que quelqu'un aurait porté plainte contre Mauss à l'automne 1986, parce qu'il n'aurait pas payé ses impôts. Le « département de la Stasi pour la désinformation » se serait caché derrière cette plainte. « Début 1987, le procès débuté entretemps contre M. Mauss pour fraude fiscale aurait été corrigé par les autorités chargées de la sécurité. Les autorités fiscales auraient ensuite fait annuler le procès. »

2. L'avocat de Werner Mauss expliqua à ce sujet que son client n'aurait « à aucun moment » essayé « d'influencer le fisc ».

3. Voir en fin de chapitre les informations données par Mauss au sujet des sociétés offshore.

divulgation pourrait compromettre la sécurité de la République fédérale d'Allemagne ou l'un de ses Länder».

Heureusement que nous avons nos propres données. Cela va nous prendre quelques semaines supplémentaires pour les traiter.

Quelques jours plus tard, nous trouvons un scan du passeport de Claus Möllner – et de Michaela Möllner. Visiblement, son épouse a elle aussi reçu de faux papiers. On reconnaît très facilement Werner Mauss sur la photo de son passeport. Et quelque chose d'autre rend cette trouvaille particulière : la date d'émission du document date de mai 2014, et le passeport est valable jusqu'en 2024.

Cela nous met devant une énigme, car le gouvernement fédéral, à la demande du parti des Verts, a répondu que Mauss n'aurait pas reçu de faux papiers d'identité des autorités allemandes depuis 2000.

Reste le Land de Rhénanie-Palatinat, où le passeport de Möllner a été émis. Toujours est-il que la commission parlementaire de contrôle du Land de Rhénanie-Palatinat s'est occupée des «vrais passeports sous un faux nom». D'après ce que nous savons, l'Office fédéral de protection de la Constitution aurait déclaré aux députés que ce genre de faux passeport aurait été émis pour soixante-dix personnes environ – et que ces personnes seraient toutes des employés de l'Office. Selon nos informations, la police du Land, qui rentre aussi en jeu, n'a pas délivré de passeport à Mauss.

Est-ce que Werner Mauss *alias* Claus Möllner travaillait pour les services secrets de Rhénanie-Palatinat en 2015 ? Sinon, le gouvernement fédéral a menti aux Verts[1].

---

1. Suite à notre demande, le gouvernement fédéral a expliqué qu'il ne peut pas donner d'informations sur les conditions de vie de particuliers «par principe». L'Office fédéral de protection de la Constitution est sous le contrôle du ministère de l'Intérieur du Land de Rhénanie-Palatinat. Ce dernier a confirmé que les faux papiers de Mauss auraient été émis par l'administration

Les activités offshore de Werner Mauss sont donc une question de politique intérieure qui va secouer l'élite politique de la République fédérale.

Après avoir envoyé une lettre à Werner Mauss avec nos collègues de NDR et l'avoir confronté une première fois à nos résultats de recherches, il nous demande, avec son avocat, un délai pour répondre aux questions, et souhaite avant tout discuter. Ils nous proposent un rendez-vous.

C'est ainsi que nous nous retrouvons dans le train en direction de Stuttgart par un mercredi matin ensoleillé. C'est là que l'avocat de Mauss a son cabinet. Le détective privé nous y attend, ainsi que nos collègues de NDR Jan Strozyk et Julia Stein et le service juridique de NDR. Ce n'est pas une rencontre ordinaire. Werner Mauss nous accueille avec une poignée de main ferme. Dans une salle de conférences, il a déjà préparé quelque chose pour nous : des piles de documents, des DVD et des dossiers. Dans des cahiers noirs, il a également préparé des réponses écrites à nos questions. Avant de nous les remettre, il aimerait cependant nous dire « rapidement » quelque chose. Le « rapidement » se transforme en un monologue d'une heure, pendant lequel Mauss se flatte lui-même, lui, « l'arme secrète ». Il s'extasie tout seul devant ses compétences en clandestinité et ses réussites. Il raconte le bon vieux temps, montre des photos sur lesquelles il pose avec sa femme et des guérilleros armés. Il raconte comment il a réussi à infiltrer des bandes d'escrocs et à duper des scélérats, comment il a fait avancer le processus de paix en Colombie, et qu'il est par ailleurs toujours en négociations avec le Hezbollah. Cela ressemble à une grande aventure – et c'est bien ce que c'est. « Je me bats contre la mort et le diable », dit-il, sans vouloir préciser ce que cela signifie exactement, pour des raisons de sécurité. Des

---

communale de Simmern. « Le ministère de l'Intérieur n'a jamais eu connaissance de cela et ne possède pas d'informations supplémentaires. »

organisations criminelles auraient déjà manipulé des journalistes pour arriver à leurs fins.

Mauss déclare aussi connaître notre informateur. «40 ans, Düsseldorf, Malte.» Comme si ça devait nous dire quelque chose. Il aurait en plus un problème de drogues. Mauss serait déjà en train de s'en prendre à lui.

Intéressant.

Il nous donne ensuite une liasse de 44 pages. Ce sont ses réponses à nos questions, de même que celles de son avocat. M. Mauss n'aurait jamais soudoyé les policiers, n'aurait jamais fraudé le fisc. Les sociétés Baird Resources, Capriccio Management, Bradler International, Nerball Enterprises et Zabo n'auraient «jamais été utilisées et [auraient été] liquidées il y a longtemps», et Nolilane ne posséderait «jusqu'à présent aucun compte bancaire dans le monde».

Ce qui est plus important encore, c'est qu'il aurait libéré «37 otages sains et saufs» entre 1987 et 1990 et qu'il peut le prouver. Au sujet des noms de code, on peut lire dans le document que Mauss aurait, dans le cadre de ses opérations d'infiltration, «obtenu, en tant qu'employé civil des autorités allemandes et agent en mission pour des autorités partenaires occidentales et pour des missions spéciales, un grand nombre de faux passeports, délivrés par les autorités concernées pour protéger les autorités des organisations criminelles depuis plus de cinquante ans».

Le passeport au nom de «Claus Möllner» aussi? Mauss tressaille, regarde brièvement son avocat et nie. Il n'aurait donc pas de passeport au nom de «Claus Möllner»? Il regarde de nouveau son avocat et secoue la tête. Une fois encore: il n'a donc pas de passeport au nom de «Claus Möllner» et n'aurait jamais rien utilisé de tel? Peut-être que nous pourrons reparler de cela plus tard. Pour l'instant, l'avocat nous dit que nous devons lire tranquillement les 44 pages, puis il quitte la pièce avec Mauss.

Un quart d'heure plus tard, ils reviennent. À présent, il nous fait vaguement comprendre que la responsabilité pour l'obtention de ce passeport n'incombe pas aux autorités allemandes, car ces dernières l'auraient seulement «soutenu au maximum». Il laisse les détails dans l'ombre.

Mauss réaffirme qu'il n'a jamais fraudé le fisc, qu'il n'y a à sa connaissance jamais eu d'enquête judiciaire le concernant, et qu'il n'y a jamais eu de perquisition à son domicile – contrairement à ce que nous avons entendu. Il aurait en outre déclaré toutes ses sociétés et fondations auprès du fisc.

Et la société Anysberg International, fondée en 2014? «Elle ne m'appartient pas.» Plus nous posons des questions précises sur chaque société, chaque compte et chaque donnée, plus les réponses de Mauss sont évasives. Il parle d'un immeuble de la ville de Panama, qui lui appartient, mais qu'il utilise seulement pour un usage privé. Plus tard, il explique qu'il s'en serait servi pour abriter quelqu'un, mais ne veut pas en dire plus. Et ça continue. Mauss parle de sociétés qui ne lui appartiennent pas, mais aussi d'«affaires» et d'«organisations» qui pourraient être liées à lui. Il ne veut toujours pas aller dans les détails. Pour des raisons de sécurité.

Nous voulons savoir ce qu'il en est de Volker B., l'ex-manager de la Dresdner Bank. Nous avons croisé son nom plusieurs fois dans nos données, comme gérant de toutes les sociétés de Möllner. Nous lui avons écrit et l'avons appelé. Pas de réponse.

Mauss dit qu'il le connaît. «Un moment», dit-il, tandis qu'il fouille dans ses documents, dont il sort un fax. Il nous dit qu'il est de Volker B. «Volker B.» figure sur l'entête et le numéro de l'expéditeur correspond à celui que nous connaissons pour B. Le fax indique: «Monsieur M. n'est pas mon client. Je l'aide parfois sur des questions bancaires techniques, de façon amicale.» Il n'aurait jamais géré, «ni maintenant ni avant», les sociétés que nous avons mentionnées plus haut. Il serait simplement membre du conseil d'administration de Nolilane N.V. Inc. Il ne se souviendrait que «vaguement» de la conversation avec Mossfon en décembre 2005 au Luxembourg, après laquelle un employé nota le nom de «Werner Möllner». Tout ce qui concernait Volker B. dans cette conversation ne serait lié qu'à des «questions bancaires techniques».

Nos questions agacent Mauss. Il tape du poing sur la table, hausse le ton, se met en colère, esquive les questions cruciales.

Ce n'est plus la peine de poursuivre la conversation.

Mauss nous raccompagne devant l'ascenseur, nous parle de ses missions secrètes, nous fait comprendre que nous pourrions l'accompagner une fois. C'est sûr que ce serait une sacrée aventure. Il nous dit que nous devrions arrêter de publier sur lui. Maintenant.

Nous refusons poliment. Au revoir, monsieur Mauss, euh, Möllner.

# 8. La piste de Nyon

Tandis que nous creusons chaque histoire le plus loin possible, les données continuent d'arriver. 400 gigabytes, 500 gigabytes, 600 gigabytes. Il nous semble avoir perdu depuis longtemps la notion des volumes. Au début, nous avons utilisé une comparaison pour mieux appréhender ce volume : dans combien de bibles pourrait être imprimé l'ensemble des données ? Mais nous avons fini par laisser tomber. Qui arrive à se représenter plus d'un million de bibles ?

Le département des données du ICIJ a créé un forum crypté pour permettre le travail d'équipe à l'échelle internationale : le « iHub ». *Hub* signifie « plateforme », en anglais, et le petit *i* fait référence, comme souvent, à Internet. Le forum n'aurait pu trouver meilleur nom. Il va constituer le pivot de notre travail durant les prochains mois. Tous les participants au projet y partageront leurs résultats de recherches et discuteront des prochaines étapes. C'est une sorte de Facebook pour les journalistes d'investigation, avec des groupes de discussion pour chaque thème. On peut même « liker » les messages des autres. Pour l'instant, nous sommes les seuls à y avoir accès, avec les membres du ICIJ. Nous commençons par rassembler les résultats de nos recherches à ce jour. Cela devrait stimuler les autres journalistes quand ils obtiendront leur accès, au plus tard lors de la conférence de Washington.

Un rendez-vous est fixé pour cette conférence. Fin juin,

nous nous envolons pour la capitale américaine. D'ici là, nous souhaitons être le plus précis possible sur les cas majeurs : la Russie, la Syrie et l'Islande. Il y a beaucoup à faire.

Fin mai, un message urgent nous tire de nos recherches : des cadres de la FIFA ont été arrêtés !

À la veille du 65ᵉ congrès de la FIFA à Zurich, des enquêteurs arrêtent six hauts responsables de la Fédération sportive internationale du football dans un hôtel de luxe. Parmi eux se trouvent deux vice-présidents de la FIFA : Jeffrey Webb des îles Caïman, et Eugenio Figueredo d'Uruguay.

L'arrestation a eu lieu grâce à une enquête new-yorkaise ouverte par l'actuelle ministre de la Justice, Loretta Lynch. Les Américains veulent très clairement faire passer un message dans le monde entier.

Et le monde est étonné. Dans une Europe atone (l'Allemagne est concernée), des procureurs et des fonctionnaires ont fermé les yeux sur les agissements de la FIFA. Depuis des années, il y avait bien plus que des rumeurs au sujet de tournois achetés, de paiements douteux et de fonctionnaires véreux. Il suffit de lire le livre *FIFA Mafia*, écrit par notre collègue de la *SZ* Thomas Kistner, ou de regarder les films du journaliste de la BBC James Oliver, qui travaille avec nous sur Prometheus[1]. Au cours des dernières années, il a tourné pour *Panorama*, la célèbre émission d'investigation, un grand nombre de films sur les scandales et la corruption à la FIFA. Après que quelqu'un lui eut glissé une liste confidentielle de paiements en millions concernant une société douteuse de marketing sportif, il a révélé que trois membres du comité exécutif de la FIFA ainsi que son ancien président, João Havelange, avaient accepté des pots-de-vin.

---

1. À lire également le livre d'Andrew Jennings, *Le Scandale de la FIFA*, Seuil, 2015 [NdE]. Andrew Jennings est le journaliste qui a fait tomber Sepp Blatter et a aidé le FBI dans son enquête.

Tout n'est pas propre à la FIFA, c'est bien connu. Mais jusqu'à présent, personne n'avait rien fait publiquement pour dénoncer ces méthodes inacceptables. Les Américains s'en chargent, à présent. Ils montrent aux yeux du monde que l'impunité de la FIFA est révolue. Ils traitent la FIFA comme une «association criminelle dirigée par des fraudeurs», de sorte que les enquêteurs puissent faire appliquer les lois.

À l'intérieur de la FIFA et de l'Union des associations européennes de football, l'UEFA, une opposition contre le président Joseph «Sepp» Blatter se met en place – avant qu'il ne soit élu avec 133 voix deux jours seulement après les arrestations.

Les enquêteurs de New York accusent quatorze personnes de blanchiment d'argent, fraude et corruption. Sur une période de vingt-quatre ans, ces messieurs auraient mis en place un système *via* lequel ils se seraient enrichis «grâce à la corruption dans le football international». En tout, les cadres auraient accepté des pots-de-vin pour plus de 150 millions de dollars.

Nous nous procurons l'acte d'accusation. Ces actes sont publics, donc rapidement et gratuitement disponibles sur Internet aux États-Unis. Nous y trouvons la confirmation du rôle important joué par un grand nombre de sociétés écrans dans le système de corruption présumé. Dans nos données, nous cherchons les prévenus et les sociétés écrans.

Nous y trouvons trois des quatorze accusés.

L'ancien vice-président uruguayen de la FIFA, Eugenio Figueredo, l'un des six cadres arrêtés à Zurich, semble lié à plusieurs sociétés[1].

L'homme d'affaires argentin Hugo Jinkis, spécialisé dans le marketing sportif, l'un des corrupteurs présumés, apparaît avec sa société Cross Trading S.A. – qui aurait été utilisée, selon la plainte déposée contre la FIFA, pour liquider des paiements

---

1. Voir le chapitre 28 pour la réaction de Figueredo.

se comptant en millions. Par le versement de pots-de-vin, Jinkis, et d'autres, voulait s'assurer les droits exclusifs pour les tournois continentaux de football Copa América et Copa Centenario[1].

Le troisième accusé est le fils d'Hugo Jinkis, Mariano. Il est enregistré aux côtés de son père dans la même société offshore en tant que directeur. Nous épluchons les dossiers de la société Cross Trading S.A. Elle a été fondée aux Seychelles, à Niue et dans le Nevada, trois sociétés sous un seul et même nom, et donc, trois dossiers. Dans les dossiers cependant, nous ne trouvons pas de contrats avec la FIFA. Contrairement à d'autres propriétaires de sociétés écrans, les Jinkis n'ont pas opéré avec des prête-noms, ce qui signifie également qu'ils n'auraient pas dû envoyer à Mossfon les contrats d'éventuelles affaires – comme celles mentionnées dans la plainte contre la FIFA – pour les faire signer. Toujours est-il que nous trouvons des contrats avec l'UEFA, qui curieusement ne fut affectée par aucun des scandales jusque-là.

Dans les contrats, il est question de droits exclusifs pour la télévision, au montant étonnamment faible, pour la Ligue des Champions de l'UEFA, la coupe de l'UEFA et la Supercoupe de l'UEFA en Équateur. Les contrats sont uniquement chez Mossfon, parce que les responsables de l'UEFA ont envoyé les papiers concernant ces droits de diffusion à l'attention de Cross Trading S.A. à Niue, où la société est enregistrée. Là-bas, des employés de Mossack Fonseca ont ouvert des lettres, scanné des contrats et les ont envoyés par mail aux Jinkis. Moyennant des frais, bien sûr.

En fait, nous les recevons nous aussi grâce au *leak* car les employés de Mossfon ont classé les mails dans les dossiers des sociétés respectives, dossiers que nous ouvrons !

À ce moment-là, nous faisons quelque chose que vous vouliez

---

1. Hugo et Mariano Jinkis n'étaient pas joignables.

faire depuis longtemps : nous demandons à l'UEFA s'ils ont fait des affaires avec les quatorze accusés dans le scandale de la FIFA et leurs sociétés. Nous restons sur un plan général et ne mentionnons pas Cross Trading. Nous souhaitons simplement savoir si l'UEFA a eu affaire aux Jinkis ou à d'autres.

La réponse de l'UEFA est la suivante :

« Selon les personnes concernées à l'UEFA, il n'y a pas eu de relation commerciale avec les personnes et sociétés que vous mentionnez, lors des quinze dernières années. »

C'est pour le moins étrange. Nous n'avons pas posé de questions sur Cross Trading... L'UEFA avait des relations commerciales avec Hugo Jinkis, qui a signé au moins un contrat avec eux, en tant que directeur de Cross Trading. Et il a utilisé son vrai nom.

Les contrats avec Cross Trading n'en sont évidemment que plus intéressants pour nous. Ils concernent les saisons de la Ligue des Champions 2006/2007, 2007/2008 et 2008/2009, de la Coupe de l'UEFA en 2006/2007, 2007/2008 et 2008/2009, et de la Supercoupe de 2007 et de 2008.

Pour tous les droits de diffusion exclusifs, la société d'Hugo et Mariano Jinkis n'a pas même payé 140 000 dollars en tout, selon les contrats. Cela nous semble étrangement peu, même si les droits du foot européens en Équateur ne représentent certainement qu'une fraction de ce que les chaînes devraient payer en Allemagne. Mais l'Équateur a tout de même 15 millions d'habitants, et la Ligue des Champions, avec toutes ses stars, intéresse sûrement les fans de foot équatoriens.

Nous trouvons une explication possible dans l'acte d'accusation de la FIFA. Les enquêteurs new-yorkais pensent avoir la preuve qu'Hugo et Mariano Jinkis ont versé des pots-de-vin et de l'argent corrompu à de hauts fonctionnaires de la FIFA et à d'autres associations, afin d'obtenir des droits de diffusion au rabais pour les tournois de foot – droits qu'ils ont ensuite revendus plus chers ou comptaient revendre. Cela inclut les droits télé pour la Copa América et la Copa Centenario.

Un exemple concret provenant de l'acte d'accusation : à l'automne 2011, les Jinkis auraient invité trois hauts cadres du football d'Amérique centrale dans une maison en Uruguay. Là-bas, les trois cadres auraient promis d'aider Hugo Jinkis et son fils à obtenir certains droits de diffusion. Pour cela, ils auraient été récompensés : l'un des trois aurait reçu 250 000 dollars, les deux autres, 100 000 dollars. Ces 450 000 dollars proviennent – toujours selon l'acte d'accusation – d'un compte de Cross Trading S.A. [1].

Une question se pose, à présent : est-ce que quelque chose de similaire s'est produit avec l'UEFA ?

Nous découvrons que les droits de diffusion pour la télévision en Équateur, vendus par l'UEFA à la société des Jinkis, Cross Trading, ont en fin de compte été acquis par le groupe de médias équatorien Teleamazonas. Combien Teleamazonas a-t-elle payé pour les avoir ?

Grâce au ICIJ, nous sommes en contact avec des collègues en Équateur, qui mènent leurs investigations là-bas – dans des conditions assez difficiles, d'ailleurs. Nous expliquons la situation à notre collègue Monica Almeida du quotidien équatorien *El Universo* et, quelques jours après, elle nous fournit tous les chiffres dont nous avons besoin – et plus encore.

Mais chaque chose en son temps.

Dans nos documents, nous avons le contrat entre l'UEFA et Cross Trading S.A. datant du 13 septembre 2006. Il concerne les droits de diffusion exclusifs pour la télévision de la Ligue des Champions pour les saisons 2006/2007, 2007/2008 et 2008/2009. L'UEFA reçoit au total 111 000 dollars pour cela. Monica accède aux contrats que la chaîne a conclus avec Cross Trading S.A., et on y lit que Teleamazonas a payé 311 170 dollars à Cross Trading S.A. pour ces mêmes droits. Le triple. 200 170 dollars

---

1. Hugo et Mariano Jinkis n'étaient pas joignables.

vont à Hugo Jinkis et son fils Mariano, en *une* affaire seulement avec l'UEFA.

Et ça continue : dans le deuxième contrat que nous trouvons, daté du 23 mars 2007, de nouveau entre l'UEFA et Cross Trading S.A., il s'agit cette fois des droits de diffusion de la coupe de l'UEFA pour les saisons 2006/2007, 2007/2008 et 2008/2009 et de la Supercoupe de 2007 et de 2008. Cross Trading S.A. les achète à l'UEFA pour 28 000 dollars – pour les revendre ensuite à Teleamazonas pour 126 200 dollars, quatre fois et demie plus cher, soit presque 100 000 dollars de plus.

Au fond, nous ne voyons que deux explications possibles à cela : soit des managers incompétents sont aux postes décisifs de l'UEFA, et ils ne savent pas évaluer leur propre produit et cela relèverait d'un cas flagrant de mauvaise gestion ; soit Hugo et Mariano Jinkis ont dealé avec l'UEFA, selon les termes de l'acte d'accusation concernant la FIFA, c'est-à-dire qu'ils auraient soudoyé des gens afin qu'il leur soit accordé des droits de diffusion à prix avantageux – droits qu'ils auraient ensuite revendus en empochant la différence. Et pour cela, ils auraient utilisé le même véhicule : Cross Trading S.A. Il s'agirait donc là d'un délit.

Un indice qui accréditerait cette seconde version : l'UEFA nie carrément avoir fait des affaires avec les Jinkis. Encore une fois, au cas où l'UEFA prétende un jour qu'elle ignorait qui se trouvait derrière Cross Trading S.A., sur le contrat, sous la signature d'Hugo Jinkis, on peut lire en caractères d'imprimerie « Hugo Jinkis, Director ».

Le démenti de l'UEFA est, au vu des contrats que nous avons reçus de l'Équateur, bien plus absurde que ce que l'on pensait auparavant. La chaîne équatorienne aurait en fait déjà acquis les droits de diffusion de l'UEFA trois ans plus tôt selon le même schéma : *via* Cross Trading S.A. Par conséquent, Teleamazonas a également acheté à Hugo et Mariano Jinkis les droits de diffusion de la Ligue des Champions, de la Coupe et de la Supercoupe de l'UEFA pour les saisons 2003/2004, 2004/2005 et 2005/2006, pour 400 000 dollars tout ronds. Le même ordre de grandeur que pour le contrat Teleamazonas que nous avons sous les yeux.

Tout porte à croire que ce modèle a servi lors des années antérieures : acheté pas cher à l'UEFA par Cross Trading, puis revendu cher à Teleamazonas.

Si nous extrapolons, Cross Trading aurait revendu les droits de diffusion de l'UEFA avec une « plus-value » de 600 000 dollars, entre 2003 et 2009.

L'UEFA, probablement embarquée dans des transactions discutables, sinon défavorables, avec un marchand de droits de diffusion accusé dans le procès de la FIFA, nie strictement qu'il se soit passé quoi que ce soit.

Bienvenue dans les tréfonds de la politique sportive.

# 9. Comment les recherches mènent à l'art

L'envie de fouiller dans la masse de données – qui a entretemps dépassé le terabyte – est immense. Mais nous savons bien que rentrer des noms dans Nuix maintenant n'a pas de sens, car nous aurions à recommencer chaque recherche après que les données auront de nouveau augmenté. Mais nous n'y résistons pas. Dès que nous avons une demi-heure, nous nous asseyons devant l'ordinateur et jetons notre filet dans la mer de données, qui chaque semaine devient plus vaste. Nous « allons à la pêche », comme le disent nos collègues du ICIJ, qui s'amusent en nous souhaitant un « *happy fishing* »…

La blague, c'est que presque chaque fois nous trouvons quelque chose. Chaque fois que nous entrons un mot clef et que nous y consacrons plus de vingt minutes, nous tombons sur une trace, quelque chose qui a l'air illégal, extraordinaire, amusant ou, tout simplement, excitant. Seulement, nous ne pouvons pas aller au bout des recherches sur le moment, parce que le temps nous manque, et parce que chaque cas, à sa façon, est compliqué. Tout ce qui nous paraît intéressant à première vue nous le rangeons dans un dossier crypté de notre ordinateur, donnons n'importe quel nom au sous-dossier mais… c'est tout pour le moment.

Parfois, ce que nous trouvons a l'air si bien que nous y plongeons immédiatement. Pour une raison qui nous a depuis échappé – on oublie souvent quelles intuitions nous ont guidés lorsqu'on « pêche » –, nous avons l'idée de rentrer le mot « painting ». Nous tombons sur une centaine de résultats. Ce n'est pas une si bonne nouvelle, parce que nous n'avons pas de temps à consacrer à des recherches au pif… Mais l'un des premiers résultats pointe vers un tableau de Modigliani intitulé *Homme assis (appuyé sur une canne)*.

Avec une rapide recherche, nous apprenons que *Homme assis (appuyé sur une canne)* aurait été peint en 1918. Comme son nom l'indique, le tableau représente un homme avec une canne, et il vaut plusieurs millions.

Dès l'aperçu des résultats, on comprend que le fichier qui mentionne notre tableau est un document juridique. Nous l'ouvrons et lisons qu'un Français nommé Philippe Maestracci est en procès avec la galerie Helly Nahmad à New York – justement à propos de ce tableau de Modigliani. En bref, Maestracci prétend être le propriétaire du tableau, qui aurait été volé à son grand-père par les nazis. La galerie Helly Nahmad se défend en expliquant qu'elle n'en est pas propriétaire et qu'il n'est pas actuellement exposé chez elle.

Helly Nahmad est le fils très fortuné du non moins riche Davide Nahmad, milliardaire d'origine libanaise ayant un passeport italien et une résidence à Monaco. Helly Nahmad fait partie du gotha new-yorkais. Il dirige, non loin de Central Park, une galerie d'art impressionniste et d'art contemporain portant son nom[1].

Les experts en art considèrent les Nahmad comme étant une des plus grandes puissances d'achat sur le marché international. Une partie de leurs œuvres est stockée dans un entrepôt ultra sécurisé à Genève – appelé port franc. Parmi ces œuvres se trouvent de nombreux Picasso.

Dans le dossier qui contient le document juridique – dossier d'une société offshore nommée International Art Center (IAC) –,

---

1. Lors du bouclage de ce livre, Helly Nahmad ne nous avait toujours pas répondu.

nous trouvons un fax du département Wealth Management d'une grande banque, datant de fin 2011. Ce département demande à Mossack Fonseca de faire signer un document par les prête-noms d'International Art Center désignés par Mossfon, prouvant ainsi que l'*Homme assis (appuyé sur une canne)* de Modigliani appartient bien à ladite société.

Joints à ce document, un reçu de la société de vente aux enchères Christie's datant de 1996 et un papier qui a l'air d'être un titre de propriété. Les deux désignent International Art Center comme propriétaire. Selon les documents, le tableau est stocké dans le port franc de Genève – où se trouvent également les œuvres d'art des Nahmad.

Un long article du *Wall Street Journal*, paru en octobre 2014, nous aide à comprendre de quoi il retourne. L'histoire, telle que racontée par le journal, commence en 1946 à Paris, avec une lettre adressée par Oscar Stettiner, collectionneur d'art d'origine juive, aux autorités : c'est la demande de restitution de ses tableaux, vendus de force pendant l'occupation nazie en France. Stettiner avait dû fuir Paris en 1939 et laisser ses œuvres d'art. Les nazis avaient nommé un administrateur pour sa galerie, qui a vendu les œuvres, dont *Homme assis (appuyé sur une canne)*, lors de quatre ventes aux enchères publiques.

En 1947, un enquêteur nommé par l'État commença à vérifier la réclamation de Stettiner concernant la restitution du Modigliani. L'homme en arriva à la conclusion selon laquelle un certain Van der Klip aurait acheté ledit tableau en 1944. Il nota l'adresse « 36, rue de Courcelles » à Paris. En plus du Modigliani, l'acheteur aurait également acquis un tapis, ainsi qu'un tableau représentant Oscar Stettiner enfant.

Oscar Stettiner était sur le point de récupérer son tableau : l'enquêteur avait retrouvé Van der Klip et organisé une rencontre avec Stettiner dans une arrière-cour parisienne. Le tapis était stocké dans une remise de cette cour. Van der Klip était prêt à le lui rendre.

Mais le Modigliani n'y était pas.

Van der Klip prétendit que le tableau aurait été acheté par un certain M. Mariage Eu de Saint-Pierre. Ce dernier était également présent lors de la rencontre et expliqua avoir revendu le tableau en octobre 1944 à un officier américain pour la somme de 25 000 francs. Il l'aurait rencontré au Café du Rohan, place du Palais-Royal, non loin du Louvre. Mais l'enquêteur n'obtint ni le nom ni l'adresse de l'acheteur américain présumé. Le Modigliani fut porté disparu pendant près de cinquante ans.

Il refit surface en 1996, dans la même vente aux enchères chez Christie's à Londres lors de laquelle, selon nos documents, l'International Art Center l'aurait acquis. Au sujet de son origine, le catalogue explique seulement que le tableau est mis en vente par un vendeur anonyme. L'International Art Center en fit l'acquisition pour 3,2 millions de dollars.

Douze ans plus tard, à l'automne 2008, *Homme assis (appuyé sur une canne)* était de nouveau en vente, chez Sotheby's cette fois. À l'époque, sa valeur était estimée entre 18 et 25 millions de dollars. Dans le catalogue d'exposition, la provenance indiquée est celle de la collection du marchand d'art juif Oscar Stettiner. Il n'était donc pas improbable que le Modigliani ait bien fait l'objet d'un pillage nazi. *Homme assis* ne trouva pas acquéreur chez Sotheby's.

Un peu plus tard, ce cas mit la puce à l'oreille de Mondex, une agence de détectives spécialisée, depuis 1993, dans la restitution à leurs vrais propriétaires, ou leurs descendants, d'œuvres d'art pillées par les nazis. Moyennant un partage des bénéfices, bien entendu. En France, Mondex trouva l'unique héritier de Stettiner, c'est-à-dire le futur plaignant, Philippe Maestracci, et se mit donc en quête du tableau, avec la preuve que Stettiner en fut le propriétaire. Dans les archives de la biennale de Venise, les détectives tombent sur une photo du tableau : Oscar Stettiner l'aurait prêté à la biennale en 1930.

Mais où est-il, à présent ?

Après la vente aux enchères de 1996, le Modigliani fut respectivement accroché une fois au Musée d'art moderne de Paris, une fois à la Royal Academy of Arts à Londres, puis deux fois à la galerie Helly Nahmad à New York. Maestracci commence donc par Nahmad. Il fait envoyer deux lettres par son avocat, demande une entrevue à Nahmad : il souhaite récupérer *Homme assis (appuyé sur une canne)*. Maestracci n'obtient pas de réponse.

En 2011, il se trouve donc au tribunal à New York, contre la Helly Nahmad Gallery – ce sont les documents que nous avons trouvés en premier dans les données. Nous élargissons un peu la recherche et constatons que le procès est toujours en cours et est monté quelques instances plus haut. Nous parlons avec le ICIJ, dont le siège est à Washington. Quelques heures de route seulement les séparent de New York. Peut-être qu'un de leurs journalistes aurait le temps de se rendre au procès.

Marina Walker nous explique que Jake Bernstein enquête depuis longtemps sur ce cas. Il aurait lu notre première entrée à ce sujet dans le forum et se serait immédiatement mis à rechercher. De plus, Jake est déjà en contact avec Mondex, l'agence de détectives, et avec les avocats du plaignant.

Nous effectuons une recherche sur le Modigliani volé par les nazis dans « PACER ». PACER signifie « Public Access to Court Electronic Records ». C'est une base de données sur Internet très utile. Pour quelques centimes par document, on obtient les papiers de presque tous les procès aux États-Unis, terminés ou en cours : les lettres de la défense, du plaignant, des demandes de preuve… Tout ce qui fait partie de la paperasse lors d'un procès.

Nous cherchons « Philippe Maestracci *versus* Galerie Helly Nahmad ».

Sur des douzaines de pages, nous lisons comment l'avocat de Maestracci reconstitue tout le chemin d'Oscar Stettiner jusqu'à la galerie Helly Nahmad, en passant par un marchand intermédiaire mandaté par les nazis et par John van der Klip. Tout a l'air cohérent et bien documenté.

Helly Nahmad certifie par écrit que sa galerie n'a «à aucun moment» possédé le Modigliani. Il aurait seulement emprunté le tableau une fois, pour une exposition. Les avocats de Nahmad soumettent en outre une lettre de la société de vente aux enchères Christie's au tribunal, selon laquelle le tableau n'aurait pas été vendu à la galerie Helly Nahmad mais à la société panaméenne International Art Center, en 1996.

Pour l'instant, Maestracci n'a rien à dire à cela. Il retire sa plainte en 2012.

En 2014, il – ou plus exactement, un administrateur «de l'héritage d'Oscar Stettiner», mandaté par le tribunal – essaie de nouveau : cette fois, ce n'est pas seulement la galerie Helly Nahmad qui est attaquée, mais également la société International Art Center, à laquelle le tableau appartiendrait, ainsi qu'Helly Nahmad et son père Davide. L'IAC et les Nahmad sont représentés par le même avocat star de New York, et ce dernier explique qu'International Art Center est l'unique propriétaire. «Le tableau n'appartient à personne d'autre dans le monde, ni à la galerie Helly Nahmad, ni à Helly Nahmad, ni à Davide Nahmad.»

D'un point de vue purement juridique, c'est vrai. Mais nos données prouvent qu'International Art Center S.A. a été fondée en 1995 par Giuseppe Nahmad, le frère aîné de Davide Nahmad et l'oncle d'Helly Nahmad. En 2008, il cède la moitié de ses parts d'IAC à Davide Nahmad. Nous trouvons ensuite un document datant du 22 octobre 2014 signé par Davide Nahmad en sa qualité d'«unique actionnaire». Le même Davide Nahmad qui, comme mentionné plus haut, laisse encore son avocat prétendre à la Cour suprême de l'État de New York en 2015 que le tableau n'appartient qu'à l'IAC.

Par conséquent, les liens de propriété fumeux laissent penser que l'héritier du marchand d'art parisien mènerait deux procès contre les mauvaises parties. Les Nahmad profitent de l'opacité de leur montage offshore.

Nous aurions bien aimé parler de l'IAC et de l'*Homme assis (appuyé sur une canne)* avec ces deux-là. Mais lors du bouclage de ce livre, ils n'avaient toujours pas répondu à notre invitation. L'avocat new-yorkais qui représente les Nahmad et l'IAC au tribunal expliqua dans une interview que le fait de demander à qui appartient l'IAC était «hors de propos».

En fait, même si le plaignant parvient au final à obtenir gain de cause contre l'IAC, il se pourrait qu'il ne récupère jamais le tableau. Faire appliquer un jugement américain à une société écran panaméenne peut être difficile. Nous avons longtemps discuté de cela avec un avocat qui nous donna son ressenti, et conclut en nous souhaitant bonne chance.

La réunion de Washington approche. Nous avons réservé le vol direct d'United Airlines Munich-Washington de 11 h 40.

Le vol peut se révéler délicat, car nous apportons les données avec nous. Nous avons maintenant plus d'un térabyte. Cela signifie que nous devons de nouveau enregistrer nos données dans une zone cachée et cryptée du disque dur.

Nous connaissons le processus à présent. Et d'autres ont déjà transporté des données à travers l'Atlantique. Mais cette fois-ci, le disque dur sera dans *nos* bagages. Ça ne nous détend pas trop d'y penser.

Que faire si nous sommes arrêtés? David Miranda, le compagnon du confident d'Edward Snowden, Glenn Greenwald, fut arrêté par la police britannique à l'aéroport de Londres Heathrow, en pleine affaire NSA. Les fonctionnaires fouillèrent son bagage. «Ils me menaçaient en permanence, me disaient que j'irais en prison si je refusais de coopérer», raconta Miranda plus tard. Au final, il donna les mots de passe de ses disques durs.

Que faire si cela nous arrive? Si les autorités américaines entendent parler des données – données qui peuvent intéresser la police, les services secrets, les autorités fiscales et boursières?

Des données dans lesquelles on peut aussi trouver les cochon-neries de certains États?

Arriverions-nous à être suffisamment cool pour donner uniquement le mot de passe externe à la police américaine sans transpirer ni bégayer, sans donner l'impression que quelque chose d'autre se cache dans le disque dur?

Bref, nous sommes un peu nerveux ces jours-ci.

## 10. La Maison-Blanche dans le dos

*Safely landed in Washington.* Maintenant, il faut prendre une grande respiration et rester cool. Ne surtout pas penser aux données qui se trouvent dans nos bagages. On se répète que tout va bien, que nous ne sommes que de simples journalistes allemands. Mais lorsque nous nous dirigeons vers la zone de réception des bagages, nous sommes quand même mal à l'aise.

Le cauchemar, ce serait que quelqu'un découvre nos données à la douane.

Ce qui est bien, c'est que nous ne *pouvons* pas dévoiler les données. Le mot de passe du disque dur caché fait environ 40 signes de long, et nous ne l'avons volontairement pas pris avec nous. Il ne se trouve ni sur le PC, ni sur nos téléphones portables, ni même sur nous. Nous sommes juste en possession du mot de passe pour la partie du disque dur que nous avons préparée, au cas où, pour la douane américaine, avec de vieux dossiers inintéressants. Le mot de passe du disque dur caché, nous le transmettrons au ICIJ à notre retour en Allemagne.

Mais avant d'arriver à la douane, il faut d'abord attendre. La file qui serpente jusqu'aux guichets des douaniers est sans fin. Des gens patientent à perte de vue. C'est étonnant que personne ne pète les plombs. Des plafonds bas, des milliers de voyageurs qui avancent centimètre par centimètre, en sueur, fatigués par de longs vols… Partout, des adultes énervés, des enfants en pleurs

— et, au bout, des policiers et douaniers américains qui décident si toute cette attente était vaine, ou pas.

Pour les phobiques, cela doit être un enfer. Et pour celui qui ne sait pas s'il va être interrogé par la douane au sujet d'éventuelles données volées dans ses bagages, ce n'est pas non plus l'idéal.

Nous avançons à petits pas. La queue finit par nous séparer, un douanier nous envoie dans deux directions différentes. Nous obéissons à ses indications. Aux guichets, des hommes pressés, des regards interrogateurs, puis un hochement de tête professionnel. Mais pas d'autres questions. Nous récupérons nos bagages, et voilà.

Les données sont entrées sur le territoire américain, presque officiellement.

C'est la fin d'après-midi, nous nous rendons directement au ICIJ, dans le centre de Washington. Le ICIJ se trouve dans la 17e rue Nord-Ouest, non loin de la Maison-Blanche. Au deuxième étage, des bureaux pour une dizaine de journalistes. Nous prenons place avec Gerard Ryle, son adjointe Marina Walker et la chef des données, Mar Cabra, afin de discuter des derniers détails pour le lendemain.

Puis Marina nous sourit et demande : «Vous êtes en forme pour votre présentation de demain ?»

Nous hochons la tête avec un sourire.

Nous n'avons pas eu le temps de peaufiner notre présentation, car Marina nous a prévenus une semaine avant que nous allions devoir présenter le projet en personne. Lors des réunions préparatoires pour les Lux Leaks à Bruxelles, les employés du ICIJ s'étaient chargés de la présentation, complétée lorsque c'était nécessaire par Édouard Perrin, le journaliste qui avait reçu les données du *leak* en premier. De plus, un expert avait été invité pour expliquer les stratégies d'imposition occultes des grandes entreprises. Au cours de la réunion préparatoire pour les Swiss Leaks, ce fut la même chose. L'ICIJ avait exposé le sujet : le trésor que le lanceur d'alerte Hervé Falciani avait chapardé à la banque HSBC de Genève. Les deux collègues du *Monde*, Gérard Davet et Fabrice Lhomme, qui avaient couvert tout cela, étaient également assis à la table, ils souriaient et répondaient à des questions. Et nous, nous devons donc donner une conférence. En anglais. À Washington.

Nous étions légèrement tendus, lorsque nous avons bricolé les premiers Power Point à Munich. Et la nervosité n'a pas diminué lorsque nous avons lu le mail de Marina Walkers : « Bastian et Frederik, s'il vous plaît, préparez bien votre présentation, elle doit être motivante et utile pour les autres journalistes. »

Marina est géniale. Elle est la seule à tenir la barre lors des coopérations internationales, la seule à faire en sorte que les journalistes participants se rendent compte à quel point la ponctualité, la précision et la fiabilité sont importantes. Et, comme on peut le voir, Marina peut être très directe.

Mais elle a raison : certains des quarante collègues qui arrivent ne savent que très grossièrement ce dont il est question : un *leak*, des données secrètes sur des sociétés offshore, des premières pistes prometteuses. Notre job, c'est de les passionner.

Suite au mail de Marina, nous avons donc revu notre présentation une troisième fois dans l'avion. Puis une quatrième.

Puis une fois encore, arrivés l'hôtel, après l'entretien avec l'ICIJ.

Le lendemain matin, après un petit déjeuner bien trop cher et une promenade par une chaleur étouffante de 30 degrés, nous nous tenons prêts dans le « First Amendment Lounge », une salle de conférences avec vue sur la Maison-Blanche. Il est presque 9 heures, nous sommes au 13e étage du National Press Building à Washington DC. Devant nous, des collègues du monde entier : ils sont venus d'Argentine, d'Angleterre, du Costa Rica, d'Italie, d'Espagne, des États-Unis et d'autres pays. Parmi eux, certains des meilleurs journalistes d'investigation au monde, comme James Ball du *Guardian* ou Jake Bernstein, qui reçut le prix Pulitzer il y a quelques années, ou encore Uri

Blau, d'Israël, qui a déjà déclenché des crises gouvernementales avec ses recherches.

Ils sont tous assis à une longue table et nous écoutent.

Dans le « First Amendment Lounge », notre tactique consiste à attirer tout de suite l'attention sur la dimension du *leak* :

– Le plus gros *leak* connu à ce jour. 1,5 térabyte sont déjà à disposition, et ça continue de grossir.

– Un *leak* étrangement actuel, les derniers mails reçus datent de quelques jours à peine.

– Des informations détaillées sur près de 250 000 sociétés offshore.

Nous avons demandé à un collègue du département PAO de bricoler un graphique permettant de rendre compte des proportions de notre *leak* par rapport aux précédents : notre 1,5 térabyte comparé aux 260 gigabytes des Offshore Leaks et les quelques gigabytes (déjà très influents) du plus gros *leak* de WikiLeaks. Et en effet, la comparaison est impressionnante. Le silence s'impose dans la salle.

Après quelques minutes, nous avons gagné notre public, notre nervosité disparaît et nous racontons, nous racontons, nous racontons… Du meilleur ami présumé de Poutine au Premier ministre islandais en passant par le cousin de Bachar el-Assad, l'Allemand Mauss-Möllner et le demi-milliard de dollars en or sur un compte aux Bahamas. Tandis que nous parlons, nous voyons déjà aux visages de nos collègues que nous n'aurons pas besoin de les convaincre longtemps pour qu'ils rejoignent le projet Prometheus.

Nous parlons de 9 heures à midi. Nous expliquons la structure des données, où trouver quelles informations, comment chercher le plus efficacement, et quels sont les points problématiques.

L'après-midi, nous concevons notre plan de bataille – quand publier, quels sujets aborder plus spécifiquement et quelles histoires traiter en groupe. Ce qui est vraiment génial, c'est qu'avec cette coopération, nous avons décuplé l'expertise de notre rubrique à la *SZ*. James Olivier est l'un des plus grands connaisseurs de la FIFA, les Argentins maîtrisent le dossier Kirchner, et notre collègue islandais peut bien mieux apprécier le cas du Premier ministre de son pays que nous. Ce qui nous rend plus heureux encore, c'est la réaction de nos collègues. Jusqu'à présent, nous étions convaincus de « notre » *leak* et qu'il pourrait y avoir une coopération internationale. Mais c'est encore mieux de l'entendre de la bouche d'un lauréat du prix Pulitzer, de faire l'expérience de l'enthousiasme de nos collègues du *Guardian*, du *Monde* et de la BBC et d'affecter sur place des équipes aux recherches. Nos collègues de la télévision française de l'agence de presse Premières Lignes et les journalistes de télévision américains d'Univision sont venus avec des caméras. Ils filment la conférence et nous interviewent.

La réunion à Washington change notre façon d'appréhender notre travail. Ce n'est plus notre petit projet. C'est un projet gigantesque, et nous allons devoir faire attention à ne pas nous noyer dans la difficulté – après tout, nous serons constamment au centre d'une recherche coordonnée dans le monde entier. D'autres journaux seraient peut-être mieux préparés pour ce genre de mission, ou pourraient au moins s'adapter rapidement au niveau des équipes, de l'équipement et du budget. On raconte que lorsque WikiLeaks a atterri au *Spiegel*, trente personnes furent affectées au tri des documents. Trente personnes !

La *Süddeutsche Zeitung* n'est pas armée pour une telle chose, en aucune façon. Comment le serait-elle ? Notre rubrique emploie seulement quatre personnes pour le moment – et on attend d'elles qu'elles s'occupent quotidiennement de la couverture médiatique.

Nous n'avons personne qui s'y connaît vraiment en data journalisme, ni personne qui parle parfaitement espagnol dans l'équipe – alors que plus de la moitié des documents sont écrits dans cette langue, et nous n'avons pas de budget pour renforcer le personnel, ni pour une mise à jour massive de l'équipement technique. Tout ce que nous avons, c'est la confiance inconditionnelle de notre chef de rubrique et le soutien de nos rédacteurs en chef Wolfgang Krach et Kurt Kister. Avant, Wolfgang Krach était journaliste d'investigation pour le *Spiegel*, et il a toujours un petit faible pour les grandes histoires.

Nous quittons le National Press Building pour rejoindre le restaurant que l'ICIJ a réservé pour le dîner. Le trajet contribue du reste à augmenter un peu plus notre humeur solennelle. Il faut dire qu'il nous fait passer juste à côté de la Maison-Blanche. De là où nous sommes, il suffit de continuer jusqu'au Farragut Square, puis de prendre Connecticut Avenue jusqu'au Dupont Circle. C'est exactement le quartier des séries américaines comme *House of Cards* ou *West Wing*.

Après le dîner, nous goûtons des bières étrangères sur la terrasse d'un agréable et paisible restaurant. Nos collègues viennent sans cesse nous voir, chacun à leur tour, en bons journalistes d'investigation, pour en savoir un peu plus sur la situation de l'informateur. Avec le temps, nous avons pris l'habitude de faire face à cette question, à savoir si nous connaissons la source.

Si elle est vraiment anonyme ?

*Nous sourions.*

Oui, elle l'est.

*Nous sourions.*

C'est la vérité.


Le troisième jour à Washington est un jour de travail. La machine ICIJ est en marche, l'aiguillage est réglé, il est essentiellement question des coordonnées exactes : quels sont les grands cas ? Quand commence-t-on ? Quels sont les thèmes à traiter ensemble ?

Comme nous arrivons dans une petite salle de conférence pour une réunion avec des experts en data journalisme – l'ICIJ nous a invités à un *Geeky data meeting* –, les collègues réfléchissent à la meilleure façon de filtrer, trier et fouiller les données avec des programmes spéciaux. Nous sommes assis les uns à côté des autres, nous nous sourions.

La seule chose que nous comprenons rapidement, c'est que de nombreux modes de recherches nous sont fermés tant que nous explorons les données de façon pour ainsi dire conventionnelle.

Nous avons besoin de l'expertise… d'un expert.

En marge de cette rencontre, Christophe Ayad, un collègue français, nous prend à part. « Regardez, nous dit-il, j'ai trouvé Alaa Moubarak dans les données, le fils de l'ex-président égyptien Hosni Moubarak. » Un nouveau cas impliquant un président. Le collègue nous explique qu'il a trouvé le fils de l'autocrate dans les documents d'une société du nom de Pan World Investments Inc.

Nous repérons le dossier de la société dans les données puis nous cliquons sur les documents, année après année, document après document. Rien de surprenant. Le business offshore classique, en somme : les certifications de création de la société – fondée en 1993 aux îles Vierges britanniques –, des factures de frais, un changement de prête-nom, parfois. Rien de plus. Pas même pour l'année 2011, lors de laquelle Hosni Moubarak fut chassé du pouvoir par son peuple en colère, et ses fils Alaa et Gamal, arrêtés. En Égypte, ces deux-là sont l'exemple parfait d'une élite cupide qui s'enrichit sur le dos du peuple et suce l'État jusqu'à la moelle. Ils ont été jugés. Peu avant notre réunion à Washington, ils ont été condamnés pour détournement de fonds – c'est ce qui se passe quand la réalité rejoint les données.

Alaa Moubarak, le fils de l'autocrate condamné, est propriétaire UBO (*Ultimate beneficial owner*) de Pan World depuis deux décennies. Le Printemps arabe n'y a rien changé, ni la chute de son père, ni le procès, ni même les unes du monde entier.

Mais en 2013, lorsque l'inspection des finances des îles Vierges britanniques se manifeste et réclame des informations sur Pan

World, un intéressant dialogue se développe entre le département de *compliance* et le département juridique de Mossack Fonseca. Il s'agit d'informations exigées par les autorités. Autrement dit : des informations manquantes.

C'est que le nom Alaa Moubarak n'aurait jamais dû passer inaperçu : sa société, Pan World Investments Inc., aurait dû être classée « high risk » lors des contrôles internes. Au lieu de cela, Mossfon l'a encore classée « low risk » en 2012 – soit un an après le Printemps arabe. La directrice du département juridique avertit désormais qu'il ne faudrait en aucun cas le dire aux autorités, car ce serait un aveu que leur « schéma d'évaluation des risques est sérieusement défectueux ».

Une employée du département de *compliance* écrit qu'Alaa Moubarak n'est pas n'importe quelle PEP, personne exposée politiquement : Moubarak serait plutôt une personne sanctionnée, mise au ban de la société par la communauté internationale. En effet, le fils de l'ex-autocrate égyptien a été mis sur la liste de sanctions de l'UE « pour utilisation frauduleuse de fonds publics »[1].

Cela devrait immédiatement sauter aux yeux de l'entreprise qui, à notre demande de février 2015 concernant la descente à la Commerzbank, avait encore assuré qu'elle s'était conformée à la directive « Connaître son client ». Mossack Fonseca avait assuré effectuer non seulement des processus de *due diligence* auprès de tous ses nouveaux clients, mais procéder également à des « contrôles et mises à jour périodiques de ses clients existants ».

Connaître son client ?

Une des avocates de Mossfon écrit à ses collègues en août 2013 : « En réalité, nous n'avons pas identifié le vrai propriétaire dès le début (comme nous l'aurions dû). » Mossfon avait donc le fils d'un autocrate dans ses dossiers, était même en possession d'une

---

1. Lors du bouclage de ce livre, Alaa Moubarak ne nous avait toujours pas répondu.

copie de son passeport – mais n'avait apparemment aucune idée de qui il s'agissait[1].

Alors que nous sommes toujours dans notre hôtel à Washington, nous tombons sur un tableau créé par un employé de Mossfon. C'est une liste de toutes les sociétés Mossfon aux Seychelles, triées selon que Mossfon connaît les propriétaires légitimes ou non. Le résultat est édifiant : sur les 14 086 sociétés, Mossfon ne connaissait que pour 204 d'entre elles à qui elles appartenaient réellement.

C'est la preuve de leur incapacité. Cela démontre à quel point Mossack Fonseca néglige ses devoirs et ses responsabilités. N'importe quel criminel pourrait posséder une de ces sociétés, qu'il soit un meurtrier, un mafieux ou un dictateur. Mossfon se mettrait à son service en bon professionnel – sans poser plus de questions.

---

1. Voir le chapitre 5 pour les réponses de Mossfon concernant le traitement des personnes sanctionnées.

# 11. Les étincelles jaillissent

Retour de Washington. Le 3 juillet 2015, lorsque nous atterrissons en Allemagne, nos boîtes de réception sont pleines, et les trois quarts des messages ont le même objet : « La personne XY a posté un nouveau message dans le forum : cliquez ici. » Ces mails sont des notifications du forum crypté, mis en place par l'ICIJ pour la recherche. La rencontre à Washington a motivé nos collègues, apparemment. Toute la journée, de nouveaux résultats apparaissent. Aussi parce que Marina a rameuté d'autres collègues, et qu'ils nourrissent le moteur de recherche connecté à nos données. Près de soixante-dix journalistes participent désormais à l'enquête.

Cela donne de nouveaux résultats : un candidat à la présidentielle en Uruguay, un trafiquant d'armes lié à l'affaire Iran-Contra[1], un chef des renseignements péruvien, un milliardaire russe, une société mêlée à un assassinat – que de bonnes histoires.

Certaines découvertes nous laissent encore bouche bée : un collègue américain tombe sur Kojo Annan – le fils de l'ex-secrétaire de l'ONU Kofi Annan. Selon les documents, deux sociétés écrans aux îles Vierges britanniques lui appartiendraient, ainsi qu'une autre aux Samoa.

Nous creusons. Kofi Annan a écrit une tribune pour le *New York Times* en 2013 sur le thème : « Arrêtez le pillage de l'Afrique. »

---

1. On l'appelle aussi Irangate.

Il y fustigeait le pillage du continent africain grâce à des sociétés écrans anonymes et des multinationales ayant déplacé leurs sièges vers des paradis fiscaux où l'impôt est plus avantageux. À titre d'exemple, il citait le Nigeria.

Comme par hasard.

Car le co-propriétaire d'une des sociétés de Kojo Annan dans les îles Vierges britanniques était, jusqu'en 2015 au moins, le fils d'un éminent ex-sénateur du… Nigeria. Dans nos données, nous ne parvenons pas à savoir dans quel but la société a été créée. À la demande du ICIJ, un conseiller de Kojo Annan a expliqué que ce dernier gère ses sociétés «en conformité avec les lois et règlements de la juridiction concernée». Quand il y a des impôts à payer, il les règle dans les pays concernés. Le but de ces sociétés serait la régulation d'«affaires commerciales et d'affaires de famille».

Quelques années auparavant, Kojo Annan avait été impliqué dans une affaire problématique, en l'occurrence le scandale du programme iraquien Oil for Food. Annan travaillait pour une entreprise qui avait reçu un contrat de plusieurs millions des Nations unies (dont le secrétaire général était à l'époque Kofi Annan) pour la surveillance de la livraison de matériel de secours en Irak.

Un journal britannique avait déjà posé des questions à ce sujet en 1999. Même les moyens avec lesquels Kojo Annan fut rémunéré firent débat, à l'époque. Une commission, sous la présidence de l'ex-chef de la Réserve fédérale des États-Unis, Paul Volcker, constata plus tard qu'il n'y avait «aucune preuve» qu'Annan senior se serait enrichi. Elle n'a pas non plus trouvé de preuves d'un comportement frauduleux de Kojo Annan, mais il se serait comporté de façon peu coopérative devant la commission. Le conseiller d'Annan déclare dans une lettre qu'il est clair, selon le rapport de la commission, «qu'il n'y aurait pas eu de preuve ni de constatation de la commission selon laquelle Kojo Annan aurait parlé à quiconque aux Nations unies ou aurait essayé d'y influencer quelqu'un, voire de donner des contrats à une entreprise à laquelle il est lié».

Cela nous fascine d'observer ce qui émerge de nos données, sans que nous ne fassions quoi que ce soit. Et hop, de nouveaux résultats apparaissent. Souvent pendant la nuit, à cause du décalage horaire avec les États-Unis et l'Amérique du Sud. À présent, les données sont fouillées 24 heures sur 24. Dans chaque fuseau horaire, il y a presque toujours un collègue devant son ordinateur qui rentre de nouveaux noms dans le moteur de recherche.

Nous revenons de notre déjeuner, et quelqu'un a trouvé un nouveau nom de chef de gouvernement ou d'État. Quand ce sont nos collègues européens qui cherchent, nous le vivons presque en live, heure après heure. Un bon nombre de pistes sont spectaculaires :

Le président des Émirats arabes unis.

L'ancien Premier ministre de Jordanie.

La famille d'un ancien dictateur sud-américain.

Le vice-Premier ministre palestinien.

Puis Nawaz Sharif, le Premier ministre en exercice du Pakistan. Dans les années 1990, Sharif a déjà été Premier ministre du Pakistan deux fois. Dans un rapport critique, la Banque mondiale nomme deux sociétés des îles Vierges britanniques que Sharif aurait utilisées pour des transactions douteuses : Nescoll et Nielson. Avec ces sociétés, il aurait acquis de l'immobilier de luxe à Londres. En un tour de main, l'argent public se serait transformé en une villa privée.

Nous retrouvons les deux sociétés dans les données. Selon les documents, la propriétaire est Mariam Safdar, née Sharif – la fille de Nawaz Sharif – jusqu'en 2012 au moins[1].

---

1. Lors du bouclage de ce livre, ni le Premier ministre ni sa fille ne nous avaient répondu.

Nous essayons de nous plonger dans chaque cas pour comprendre tous les enjeux et comment aider l'enquête. Maintenant, nous connaissons précisément la structure des données – nous travaillons avec depuis des mois. Nous avons souvent une idée de tout ce qu'on peut en tirer.

Ces jours-ci, fin juin début juillet, notre building de la *SZ* en périphérie de Munich est en travaux. On abat de vieux murs, on en dresse d'autres, des bureaux vont fusionner, certaines frontières vont être abolies. Le projet se nomme « Une *SZ* ». La rédaction en ligne de la *SZ* et le journal doivent enfin fusionner. Jusqu'à présent, les rédactions étaient réparties sur une dizaine d'étages, loin les unes des autres. Maintenant, la rubrique politique du journal doit occuper le même étage que la rubrique politique en ligne de sz.de. Dans le cadre de ce changement, notre rubrique déménage du 25e au 24e étage.

L'étage auquel nous nous trouvons n'a pas vraiment d'importance pour nous. En ce moment, nous n'avons pas besoin d'être en contact permanent avec la *news room* ou la page trois. Comme le dit notre chef de rubrique Hans Leyendecker, quand il veut nous taquiner : de toute façon, nous n'écrivons plus.

Avec le déménagement, il a été décidé que nous aurions désormais notre propre pièce pour le projet. Une *war room*. Contre les murs, des rangements pour les dossiers s'élèvent jusqu'à la taille. Au-dessus, des tableaux magnétiques et lavables. La porte, entièrement vitrée comme toutes les portes de nos bureaux, est recouverte d'une pellicule de plastique. L'accès est strictement limité à notre équipe. Ni la société de surveillance ni l'équipe de nettoyage ne peuvent rentrer. Pas même le rédacteur en chef.

C'est un bon endroit. Le projet est devenu réel. Pour l'officialiser, nous accrochons une feuille de papier au mur, avec le nom du projet : Prometheus. Nous dressons ensuite une liste sur l'un des tableaux blancs : les pistes concernant les chefs de gouvernement ou les chefs d'État, en activité ou pas.

D'abord, le pays, ensuite, le type de connexion. Par exemple :
Pakistan, Premier ministre en exercice[1].
Islande, Premier ministre en exercice[2].
Syrie, cousin de l'actuel dictateur[3].

Nous en avons une bonne douzaine. Jour après jour, la liste nous motive et nous donne l'impression de ne pas nous perdre dans toute cette folie.

Les chefs d'État ne sont que la partie la plus VIP de nos histoires. Nous avons aussi des fournisseurs d'armes qui livrent la CIA, des sociétés offshore qui s'occupent des affaires pétrolières pour le régime irakien, de très riches soutiens de candidats à la présidence des États-Unis.

Il n'est pas toujours évident que les employés de Mossfon sachent de qui l'argent provient. Mais leur modèle d'affaires assume tacitement que n'importe qui peut effacer ses traces grâce à eux.

Des membres de la mafia sicilienne ? Dans les données. De la mafia russe ? Dans les données. Des partisans du cartel de la drogue mexicain Sinaloa ? Dans les données. Des employés des services secrets ? Dans les données. Des paris truqués ? Des crimes économiques ? Des voleurs de banque ? Dans les données.

Tout cela serait bien si nous ne rencontrions pas un petit problème… Nous n'arrivons plus à chercher dans nos propres données. Nous sommes mi-juillet, nos collègues du monde entier ont accès à quelques centaines de gigabytes de données. Cela suffit pour faire de grandes découvertes. Mais ici, nous avons atteint 1,7 térabyte de données, et notre équipement technique ne suit plus.

La raison à cela, c'est que Nuix, le programme que nous avons

---

1. Lors du bouclage de ce livre, Nawaz Sharif ne nous avait toujours pas répondu.

2. Voir le chapitre 25 au sujet de la réaction du Premier ministre Gunnlaugsson.

3. Voir le chapitre 5.

reçu de l'ICIJ pour l'analyse, bouffe toute la mémoire. Nuix est avant tout utilisé par des clients qui possèdent des ordinateurs extrêmement puissants, comme les grands cabinets d'affaires ou les services du renseignement. Pour eux, l'argent est rarement un problème. Mais nous, nous n'avons qu'un ordinateur à 1 500 euros, ce qui est déjà de la folie pour le budget d'un journal.

L'indexation et la reconnaissance de texte de 1,7 térabyte de données le surchargent. Au lieu du compte à rebours du nombre restant de documents à traiter, c'est la petite roue multicolore qui s'affiche, signe que l'ordinateur rame. Et l'ordinateur se bloque.

Il plante sans arrêt. Un cauchemar. Nous devons expliquer au rédacteur en chef que nous avons besoin d'un nouvel ordinateur. On vient d'acheter l'autre… Il nous faut plus de mémoire, un processeur plus puissant, qui traite plus de térabytes. Plus plus plus. Nous demandons conseil à l'équipe des données de l'ICIJ et aux experts de Nuix, entre autres.

Nous pouvons bien sûr nous appuyer sur ce que l'ICIJ propose: son équipe des données indexe tout ce que nous recevons, elle fait tourner un programme de reconnaissance de texte et rend les données consultables. Mais nous voulons également pouvoir travailler avec les données chez nous, sur place et rapidement. C'est pour cela que nous devons parvenir à les préparer nous-mêmes.

Au final, nous choisissons un PC avec 64 gigabytes de mémoire. À titre de comparaison, un ordinateur portable normal en a 4, ou, tout au plus, 8. Nous commandons également quatre disques durs. L'un d'entre eux est un «SSD». Nous ne comprenons pas grand-chose à la technique, mais nous savons que l'abréviation SSD signifie que le disque dur est plus rapide.

Nous assurons à nos informaticiens et à nos collègues des achats que nous n'avons pas fait de faute de frappe, et que nous avons bien commandé «cette méga-station de travail» – un ordinateur qu'on utilise comme serveur et non pour écrire des articles.

Mais le rédacteur en chef veut qu'on ait cet ordinateur au bureau. Nous l'attendons donc.

En attendant que le Super PC arrive, nous sommes plantés devant une montagne de données dont on ne peut rien tirer. Il y a tellement de pistes à suivre… Des pistes anciennes, désormais, comme celle de l'homme de Siemens aux 500 millions, ou celle du meilleur ami violoncelliste de Poutine. Et il y en a qui font surface chaque jour.

Pendant ce temps, Jake Bernstein, le lauréat du prix Pulitzer au ICIJ, n'arrête pas une seconde. Il a déjà trouvé les traces de la moitié du Moyen-Orient dans les données, comme celles du Premier ministre du Qatar.

Cette fois, il suit Iyad Allaoui, vice-Premier ministre iraquien jusqu'en 2015.

«Chaque fois que tu postes quelque chose, il s'agit d'un nouveau chef d'État», commente, pince-sans-rire, la directrice adjointe du ICIJ Marina Walker dans le forum.

Jake trouve le nom d'Allaoui dans les documents relatifs à deux sociétés aux îles Vierges britanniques et à deux autres au Panama, qui depuis ont été liquidées. Il tombe même sur une copie de son passeport.

Allaoui est le fils d'une riche famille de marchands chiite. D'abord membre du parti de Saddam, le Baath, il quitta l'Irak dans les années 1970.

Il s'engagea dans un mouvement d'opposants exilés, aurait noué des liens avec la CIA et se fit même remarquer avant la chute de Saddam parce qu'il engagea d'éminents conseillers en relations publiques et chercha à prendre contact avec des politiciens influents et des journalistes aux États-Unis et en Grande-Bretagne. Allaoui semble n'avoir jamais connu de problèmes d'argent.

Un aspect particulièrement troublant: une de ses sociétés écrans, liquidée depuis, lui appartenait, ainsi qu'aux enfants d'un ancien Premier ministre du Liban. C'est une combinaison étrange, même pour le Moyen-Orient: un ancien vice-Premier ministre iraquien et les enfants d'un ancien Premier ministre libanais qui possèdent la même entreprise... Cependant, lorsqu'elle fut fondée, en 2005, Allaoui était Premier ministre par intérim depuis quelques mois[1].

En même temps, cette découverte est une sorte de déjà-vu. Nous avons déjà trouvé des chefs d'État, en exercice ou non, en l'occurrence ceux de Jordanie, du Koweït, de Palestine, du Pakistan et du Qatar.

Il est frappant de constater combien de dirigeants arabes sont parvenus à placer leur argent à l'étranger : en fait, c'est presque le cas de tous. Lors des Swiss Leaks, nous avions déjà trouvé les comptes suisses de deux rois, d'un ancien ministre du Commerce égyptien et du beau-frère de l'ancien dictateur tunisien Ben Ali.

Nous voyons maintenant qu'il est difficile de garder une vue d'ensemble sur les différents émirs, autocrates, princes et cheikhs. Beaucoup gouvernent des pays marqués par de profondes inégalités. Ils jouissent d'un luxe inimaginable tandis qu'une grande partie de la population vit au jour le jour. Certains pays d'Afrique et du Moyen-Orient se font exploiter par une élite corrompue.

Lors du Printemps arabe, des douzaines de comptes étrangers et de sociétés écrans d'autocrates arabes ont été découverts — mais il ne s'agirait que de la partie immergée de l'iceberg. Aujourd'hui, le gouvernement libyen cherche encore la fortune cachée de Mouammar Kadhafi. Pour la population, les résultats ont un goût amer : même si les gens arrivent à renverser un pouvoir corrompu, ils ne parviennent pas à récupérer l'argent public sorti du pays.

Pourquoi est-il si facile pour les dictateurs et leurs familles de cacher leur fortune ? Grâce au système des sociétés écrans. En d'autres termes, parce que des gens comme Jürgen Mossack et Ramón Fonseca les y aident.

---

1. Lors du bouclage de ce livre, Iyad Allaoui ne nous avait toujours pas répondu.

La Banque mondiale et les Nations unies ont fait ressortir cette problématique dans un rapport détaillé datant de 2011 : au total, leurs analystes ont étudié 213 cas de corruption à travers le monde, qui ont atterri au tribunal. 150 fois sur les 213, une société écran a joué un rôle et a permis de dissimuler le véritable propriétaire des biens. Les sommes en jeu s'élevaient à 56,4 milliards de dollars.

« Ding » ! Un nouveau gros résultat arrive. Deng Jiagui. C'est un nom qui ne dit rien à l'Occident, mais Deng Jiagui est le beau-frère du président chinois Xi Jinping. Voilà notre prochaine affaire de famille. Deux sociétés offshore ont appartenu à Deng Jiagui de 2009 à 2011 : Wealth Ming International Limited et Best Effect Enterprises Limited, toutes deux basées dans les îles Vierges britanniques[1]. C'est précisément son beau-frère, le président chinois, qui a expliqué, il y a quelques années à peine, qu'il allait éradiquer la cupidité de son pays. Aussi bien parmi le peuple, les « mouches[2] », que dans les hautes sphères où les riches influents, les « tigres », tendent la main.

En 2004, il avait lancé un appel aux cadres de la politique chinoise : « Bridez vos conjoints, vos enfants, vos parents, vos amis et vos employés ! »

Eh bien, peut-être qu'il pourrait commencer par en parler à son beau-frère.

Le cas de Deng Jiagui n'est pas isolé et très actuel. Il est devenu évident que des politiciens chinois ont recours à des membres de leurs familles pour dissimuler l'argent qu'ils ont amassé dans des sociétés offshore.

Nous découvrons d'autres « princes rouges » dans les données – c'est ainsi qu'on nomme les parents proches de l'élite chinoise

---

1. Voir le chapitre 22 à ce sujet, notamment la non-réaction de Deng Jiagui.

2 Les tigres et les mouches sont les termes employés par le gouvernement chinois pour désigner respectivement les gros corrompus et les petits corrompus.

au pouvoir, qui a récemment fait les gros titres à plusieurs reprises. Tantôt il était question de leurs Ferrari, tantôt de leurs fêtes licencieuses, d'autres fois de leur comportement arrogant, d'accidents en état d'ivresse ou de viols. Le cas le plus remarquable est celui de la fille de l'ancien Premier ministre Li Peng, également connu comme « le boucher de Tiananmen », car c'est lui qui a donné l'ordre d'écraser la protestation de la place Tiananmen avec des tanks. Selon les documents, la fille de Li Peng, Li Xiaolin, a fondé la société Cofic Investment Limited en 1994 avec son mari, dans les îles Vierges, par le biais d'un cabinet d'avocats de Genève[1].

Le beau-frère du président chinois et la fille de l'ex-Premier ministre – deux nouvelles pistes qui mènent à des chefs d'État et de gouvernement. Leurs noms rejoignent la liste de notre *war room*.

John Doe : Je réfléchis à des plans d'urgence, au cas où j'aurais à partir du jour au lendemain… Est-ce qu'il y a des endroits à éviter ?
*SZ* : La Chine, peut-être. Le beau-frère de l'actuel président et la fille d'un ancien Premier ministre sont dans les données.
John Doe : Vraiment ? Waouh, je ne savais pas. De toute façon, je n'avais pas prévu d'atterrir en Chine.
*SZ* : On est d'accord.
John Doe : Une chose est sûre, je ne serai pas coincé à l'aéroport de Moscou comme Snowden. Vu la situation, partir en Russie maintenant serait une très mauvaise idée.

« Ding ». Un collègue du *Monde* poste un message dans le forum : il a trouvé une liste de cinq pages dans les données, établie et envoyée par mail par les employés de Mossfon en 2010. Une liste sur laquelle les véritables propriétaires de douzaines de sociétés sont notés. Une liste pleine de noms russes.

Et pas n'importe lesquels !

---

1. Voir le chapitre 22 à ce sujet, notamment la non-réaction de Li Xiaolin.

On y découvre un parent proche d'un éminent oligarque russe.

Le fils de Sergueï Tschemesow, qui dirige la grosse société d'armement russe Rostec et connaît Vladimir Poutine depuis l'époque où ils étaient tous les deux au KGB – et qui se trouve sur la liste de sanctions américaine depuis 2014[1].

Et, de mieux en mieux, s'y trouvent Boris et Arkadi Rotenberg. Deux des confidents les plus proches de Poutine, probablement parmi les partenaires commerciaux du président russe les plus importants. Ils figurent également sur la liste de sanctions[2].

Ces noms vont nous occuper quelques semaines. À Washington, nous avons lancé un groupe de travail dédié à la Russie, avec la BBC, le *Guardian*, le journal suisse *Sonntags Zeitung* et l'organisation Organized Crime and Corruption Reporting Project (OCCRP) dont des collègues russes font partie. Avec cette équipe, nous allons creuser les pistes sur ces nouveaux noms spectaculaires.

L'histoire de la Russie va devenir énorme, c'est certain.

---

1. Lors du bouclage de ce livre, Sergueï Tschemesow ne nous avait toujours pas donné de réponse concernant ce que nous avions le droit de citer.

2. Lors du bouclage de ce livre, ni Boris ni Arkadi Rotenberg ne nous avaient répondu.

# 12. Peurs et angoisse

John Doe : Encore une chose : je vais avoir besoin d'un avertissement ou d'une sorte de notification quelques semaines avant que tout cela soit publié.

*SZ* : Pas de problème.

John Doe : Je vais peut-être en parler à ma famille avant la publication. Je ne me suis pas encore décidé, ça augmenterait le risque. Je pourrais aussi en parler à quelques amis en qui j'ai confiance. Juste au cas où il m'arrive quelque chose… Ou à eux.

*SZ* : Cela pourrait mettre ces personnes en danger.

John Doe : Je sais. D'une certaine manière, ils sont en danger de toute façon. Je ne vais pas tout leur raconter – seulement ce qu'ils doivent savoir et, avant tout, leur dire comment joindre la *Süddeutsche Zeitung* dans le pire des scénarios. Si quelque chose m'arrive ou si je disparais, je veux qu'il y ait au moins une personne qui comprenne pourquoi.

*SZ* : OK.

John Doe : Et donc la publication est prévue pour quand ?

*SZ* : En début d'année. Pour novembre, nous n'y arriverons pas, c'est devenu trop gros.

John Doe : En début d'année ? ! ? Qui sait si nous serons encore tous vivants…

*SZ* : On le sera. On le sera.

John Doe : Vous n'avez pas peur ? En tant que journalistes, vous livrez les munitions avec lesquelles on va tirer contre des hommes très puissants. Vos noms seront mentionnés, et dans tous les journaux. Mais pas le mien. (Enfin, j'espère.)

Nos collègues qui sont dans la confidence posent cette question de plus en plus souvent : avons-nous peur ?

Tant qu'on n'y pense pas, non. Mais quand on commence à y réfléchir, oui.

Ce n'est pas directement de la peur, c'est plutôt un malaise qu'on n'a pas connu dans nos enquêtes précédentes. D'ailleurs, pourquoi avoir peur quand on enquête – comme nous l'avons fait récemment – sur l'ADAC[1], sur la société à scandale Bayern-Ei[2], l'Église catholique ou sur des entreprises d'armement allemandes ? L'Allemagne est un pays très civilisé en termes de liberté de la presse, tant qu'on ne se dispute pas avec des néo-nazis ou des salafistes violents, en tout cas. En Allemagne, il est très rare qu'on instruise contre des journalistes et ils ne sont ni arrêtés, ni battus, ni enlevés, ni assassinés.

Mais cette fois, notre enquête dépasse de dix fois tout ce que nous avons réalisé jusqu'à présent. Ou même de quinze fois. Quoi qu'il en soit, l'une des bonnes raisons qui nous a poussés à choisir une coopération internationale, c'est notre sécurité. Le nombre des journalistes ayant accès à nos données est un nombre à trois chiffres désormais. Cela ne ferait donc pas trop sens de se débarrasser de nous. La couverture médiatique ne serait pas stoppée. Au contraire, elle en serait amplifiée.

D'un autre côté, c'est encore nous qui mettons les données à la disposition de l'ICIJ et donc de douzaines de médias du monde entier. Si quelqu'un voulait montrer l'exemple en attaquant ces

---

1. ADAC : Der Allgemeine Deutsche Automobil-Club, l'automobile club allemand.

2. Bayern-Ei est un producteur d'œufs, présumé responsable d'une épidémie de salmonelles dans l'Europe entière à l'été 2014.

coopérations de journalistes gênantes, il n'aurait pas complètement tort de s'en prendre à nous.

Malheureusement, nous avons trouvé suffisamment de gens que ça n'empêcherait pas de dormir de nous envoyer une bande de malfrats.

Nous avons désormais identifié trois sociétés dans lesquelles Sergueï Roldouguine, l'ami violoncelliste de Vladimir Poutine, apparaît : en plus d'International Media Overseas, sur laquelle nous sommes tombés au début de nos recherches, nous avons maintenant Sonnette Overseas Inc. et Raytar Limited. Les trois sont liées à cet homme qui expliqua dans une interview, en 2014, qu'il n'était pas entrepreneur, et ne possédait pas de millions. Nous sommes désormais impatients de savoir à qui ils appartiennent.

Les sociétés font partie d'un réseau ramifié de sociétés écrans, dans lequel d'autres personnes de l'entourage plus vaste de Poutine sont impliquées, conjointement avec des banquiers et des hommes d'affaires plutôt inconnus, mais qui viennent presque tous de Saint-Pétersbourg – ville dans laquelle Poutine commença sa carrière.

Dans les documents de Mossack Fonseca relatifs aux sociétés offshore, il est question de transactions avec des actions de grandes entreprises russes. Beaucoup d'argent en jeu. Beaucoup.

De nombreux experts, surtout occidentaux, supposent que le chef d'État russe, qui évalua ses revenus de 2014 à 7,65 millions de roubles (soit 119 000 dollars), détient des parts dans des grosses sociétés *via* des « hommes de paille ». L'analyste russe Stanislav Belkovski estimait la fortune de Poutine à plus de 40 milliards, en 2007 déjà. Sans pouvoir toutefois le prouver. Beaucoup d'appréciations similaires de la fortune de Poutine circulent. Elles diffèrent légèrement quant à son montant : on se demande au final si Poutine possède plutôt 10 milliards, 40 milliards ou 200 milliards. De dollars, cela va sans dire.

Alors, est-ce que Poutine est derrière tout ça ? Peut-être bien.

Notre unité d'intervention internationale sur la Russie, une bonne poignée de reporters, passe en revue chaque société et chaque contrat du réseau des sociétés du violoncelliste, et fait un point hebdomadaire sur l'état de la recherche. Dans quelques semaines, quand nous nous retrouverons tous à Munich, nous exposerons nos découvertes. Nous tombons d'ores et déjà sur d'étranges documents : des contrats antidatés, des prêts qui n'ont probablement jamais été remboursés, de mystérieux virements… Nous additionnons les sommes qui sont passées par les comptes des sociétés du réseau Roldouguine, et nous arrivons déjà à plus d'un demi-milliard de dollars. Pourtant, nous sommes encore loin du compte.

Beaucoup de choses sont envisageables en Russie, depuis la chute de l'Union soviétique. Mais qu'un violoncelliste comme Roldouguine opère avec des millions de dollars ? Quand même pas…

D'autres personnes bien plus puissantes doivent se tenir derrière lui. Et nous en revenons à la question de la peur…

Le magazine russe *Forbes* publia en 2004 une liste des cent Russes les plus riches (une grande partie figure dans nos données). Quelques semaines plus tard, le rédacteur en chef du magazine fut abattu devant le bâtiment de la rédaction. La journaliste russe Anna Politkovskaïa, qui a beaucoup publié sur la guerre menée par la Russie en Tchétchénie, fut assassinée dans la cage d'escalier de son immeuble à Moscou. On ne connaît toujours pas les responsables à l'heure actuelle. Mais en Russie, tout le monde sait que la date des faits, le 7 octobre 2006, correspond au 54e anniversaire de Vladimir Poutine.

Nous ressentons de nouveau ce malaise diffus. Mais que sont supposés dire Roman Anin et Roman Schleynow, nos collègues russes qui ont rejoint l'équipe de l'ICIJ il y a quelques semaines ? Roman Anin a commencé en tant que journaliste sportif au journal *Novaïa Gazeta*, connu pour être critique à l'égard du gouvernement, et a acquis en quelques années la réputation d'être l'un des journalistes d'investigation les plus acharnés, parce qu'il a flairé et dénoncé la corruption et le népotisme dans l'armée, la politique et l'économie.

Anin a dévoilé les marchés publics des jeux Olympiques de Sotchi, par exemple – des commandes dont profitèrent les disciples de Poutine. Il sait qu'il est en danger et qu'il n'y a aucune garantie quant à sa sécurité.

Depuis 2000, quatre de ses collègues de *Novaïa Gazeta* ont été assassinés.

Aujourd'hui, Anin travaille pour le réseau OCCRP et d'autres médias. Il a récemment écrit pour l'agence Reuters à « son camarade le capitalisme » – une série sur l'élite corrompue en Russie. L'autre journaliste, Roman Schleynow, collabore à *Vedomosti*, un quotidien créé à l'initiative du *Wall Street Journal*, d'une maison d'édition russe et du *Financial Times*. Schleynow travaille depuis – comme Roman Anin – pour l'OCCRP. Ces dernières années, il a couvert de nombreux scandales qui ont accompagné l'ascension de Poutine.

Nos deux collègues ne peuvent pas accéder à notre forum plusieurs fois sécurisé, car, pour cela, on a besoin, entre autres, d'un smartphone. Une application de smartphone fait partie du complexe système de cryptage. Mais Roman Anin et Roman Schleynow n'utilisent pas de smartphone pour des raisons de sécurité. Une fois, Roman Anin a trouvé un logiciel espion dans son téléphone portable. Nous échangeons donc nos résultats de recherche avec eux, mais uniquement *via* des e-mails cryptés pour l'instant. La sécurité passe avant tout.

Nous nous forçons à rester disciplinés avec nos données et nos appareils. Tous les disques durs sont cryptés et tous les portables sont rangés dans un coffre-fort. Nous stockons une partie des disques durs à la rédaction et l'autre partie dans un lieu sûr, à l'extérieur. Notre pièce dédiée au projet est spéciale-ment et doublement sécurisée. Le nouvel ordinateur reçoit même un boîtier verrouillable supplémentaire, qui à son tour est enchaîné pour qu'on ne puisse pas embarquer l'appareil lui-même. Nous peignons en outre toutes les vis du boîtier avec du vernis à paillettes.

Oui, du vernis à paillettes. Nos enfants seraient jaloux s'ils apprenaient ça. Mais c'est ce qu'un expert en sécurité nous a conseillé. Ainsi, selon lui, si quelqu'un a essayé de s'emparer du boîtier, nous le repérerions immédiatement. Un vernis uni peut facilement être recouvert d'une seconde couche. Mais avec un vernis à paillettes, ça sauterait à l'œil.

Mais ces mesures servent uniquement à protéger les données. Si quelqu'un veut s'attaquer à nous, ce n'est pas le vernis à paillettes qui nous aidera…

Mais quoi, alors ? Nous ne nous sentons pas en danger au point d'envisager de porter des gilets pare-balles. Mais nous conseillons à tous nos collègues qui travaillent avec nous sur Prometheus de demander à la mairie de bloquer leur adresse. Parce que n'importe qui peut se présenter en tant que journaliste et demander notre adresse – et il l'obtiendra.

Nous le savons bien, car l'un de nous deux a déjà trouvé son nom et sa photo sur un site néo-nazi, dans une sorte d'avis de recherche, avec une note mentionnant qu'ils pourraient bien rendre visite à cet Obermaier. Depuis, notre nom a disparu de la sonnette, notre adresse n'est plus accessible aux inconnus. Une mesure de sécurité standard.

Mais, encore une fois, nous vivons en Allemagne, pays de rêve pour la plupart des journalistes d'investigation. Pour nos collègues du ICIJ en Afrique, au Proche-Orient, en Europe de l'Est ou en Amérique latine, les enquêtes sont bien plus dangereuses, et la menace, quotidienne. Par exemple, lors des Swiss Leaks, un collègue égyptien reçut en février 2015 un appel des services secrets : « Malheur à vous, avertit l'homme à l'autre bout du fil, si vous couvrez les thèmes suivants. » S'était ensuivie une énumération. Le collègue comprit l'avertissement, et obéit.

C'est bien ce que nous aurions fait aussi. Nous ne sommes quand même pas fous.

Il s'agissait à l'époque, d'après ce que nous avions compris, d'une maison royale au Proche-Orient. Cette fois-ci, nous avons presque toutes les dynasties du Proche-Orient dans nos données, avec des despotes africains, des oligarques d'Europe de l'Est, des hommes de pouvoir d'Amérique latine, des membres de bandes mafieuses agissant à l'international, et d'autres criminels. Certains membres de l'équipe Prometheus, sans cesse croissante, ne pourront pas couvrir ces sujets en toute liberté – ou ils auront de sérieux ennuis.

Khadija Ismayilova ne peut même pas collaborer avec nous, elle est emprisonnée en Azerbaïdjan. Nous avons travaillé avec elle sur les Offshore Leaks en 2013. Elle enquêtait sur les implications de membres de la famille du président azerbaïdjanais Ilham Aliev dans le business offshore. Khadija travaillait à l'époque pour Radio Free Europe, supprimée des ondes depuis, et pour l'OCCRP. Ils font ce que ne font plus les médias locaux, par peur des représailles ou d'une pression économique : rechercher, dévoiler et publier.

Et donc d'après les recherches Offshore Leaks de Khadija, plusieurs membres de la famille du président d'Azerbaïdjan possédaient des parts dans des sociétés écrans. Rien que les deux filles, Arzu et Leïla, auraient fait créer trois sociétés offshore aux îles Vierges britanniques en 2008. Le président et sa femme – membre du Parlement, bien sûr – auraient également acquis leur propre société offshore : Rosamund International Ltd.

Dévoiler de telles affaires en Azerbaïdjan, c'est vivre dangereusement. En 2015, Reporters sans frontières plaça l'Azerbaïdjan en 162e position sur 180 dans son classement sur la liberté de la presse.

Khadija Ismayilova ne se laissa pas effrayer, même si elle reçut constamment des menaces. En 2013, elle fut brièvement emprisonnée, et lorsqu'elle revint d'un voyage en Europe en 2014, elle fut retenue pendant des heures par la douane à l'aéroport de Bakou. Les autorités voulaient voir le contenu de sa clef USB – elle s'y refusa, prétextant qu'il n'y avait aucune raison à cela, et appela la police. Elle expliqua plus tard que la clef USB était vide. Pour Khadija, c'était une question de principe.

En décembre 2014, elle fut de nouveau arrêtée. Une des accusations : elle aurait poussé son ex-petit ami au suicide. Une accusation absurde, dirent les observateurs, amis et collègues. « Khadija Ismayilova est une messagère gênante. Son arrestation correspond parfaitement aux efforts déployés par le gouvernement azerbaïdjanais pour réduire les voix dissidentes au silence », expliqua Human Rights Watch. « Cette étape porte la même signature que les autres tentatives de faire taire les médias en Azerbaïdjan – Khadija Ismayilova est l'une des dernières voix indépendantes dans le pays », déclara Amnesty International.

À l'été 2015, elle fut condamnée à sept ans et demi de prison à Bakou. Quelques minutes après la sentence, l'OCCRP écrivit sur sa page d'accueil : « Aujourd'hui, le gouvernement azerbaïd-janais a condamné Khadija Ismayilova à sept ans et six mois de prison. Vous pensez que cela va nous empêcher de continuer à publier. Vous vous trompez. »

Miranda Patrucic, qui travaille avec Khadija pour l'OCCRP, a retrouvé la famille de l'autocrate d'Azerbaïdjan Ilham Aliev dans nos données. Khadija Ismayilova avait raison. Ce n'est pas que nous en doutions, mais ce que nous avons à présent devant nous montre qu'à l'époque elle avait seulement décrit la partie émergée de l'iceberg.

Nos documents montrent, entre autres choses, que l'épouse d'Aliev et – comble de l'ironie – le ministre azerbaïdjanais des Finances exerçaient une influence sur le plus grand conglo-mérat d'entreprises du pays, Ata Holding, *via* une fondation panaméenne. Au sein du groupe, on repère des banques, des entreprises spécialisées dans les hautes technologies, des agences de voyages, des compagnies d'assurances... Presque tous les secteurs sont représentés. Les bénéfices du groupe seraient passés, au moins temporairement, par un réseau complexe de fondations et de sociétés britanniques et panaméennes jusqu'aux deux filles et à l'un des fils d'Aliev[1].

Nos confrères de l'OCCRP tombent en outre sur deux autres sociétés des filles d'Aliev, jusqu'ici inconnues : Kingsview Developments Limited et Exaltation Limited. Selon les documents, cette dernière aurait été fondée en janvier 2015 afin de dissimuler une propriété britannique d'une valeur de plus d'un million de dollars.

---

1. Lors du bouclage de ce livre, ni Ilham Aliev ni sa famille ne nous avaient répondu.

## 13. Les millions de Siemens

Tandis que nous essayons de suivre toutes les pistes qui mènent aux chefs d'État et de ne rien manquer dans le forum, nous sommes toujours sur les traces d'Hans-Joachim K., l'ex-manager allemand de Siemens, qui aurait vu atterrir sur son compte aux Bahamas en novembre 2013 un demi-milliard de dollars en or. Nous l'avons tellement cherché sur Internet pour trouver la pièce manquante du puzzle, nous avons tellement eu sa photo sous les yeux – un homme maigre avec peu de cheveux et des lunettes – que nous avons fini par avoir l'impression de le connaître pour de vrai. Nous savons qu'il était PDG de Siemens pour la région des Andes au début de la dernière décennie, et PDG de Siemens Mexique de 2003 à 2009. Ce n'est pas un débutant. Nous savons aussi qu'aujourd'hui il est consultant. Nous avons regardé les vidéos de ses prestations publiques et avons recueilli ses données personnelles de tous les côtés. Mais il manque quelque chose.

Nous passons en revue tous les virements liés à son compte auprès de la filiale de la Société Générale aux Bahamas. Nous avons laissé passer quelque chose : à côté de la confirmation d'une rentrée de fonds d'environ 50 000 dollars au printemps 2013, on trouve une note : « Transfert de Gillard Management ». Voilà un nouveau point de départ.

Nous trouvons bel et bien une société du nom de Gillard Management dans nos données, et l'homme qui l'a commandée à l'été 2007 à Mossack Fonseca était Hans-Joachim K. Mais dans le dossier numérique de la société, nous trouvons également trois autres ex-employés de Siemens de haut rang. Et tous les trois ont, comme K., géré des caisses noires en Amérique latine – c'est ce qui ressort des documents judiciaires de l'affaire Siemens : un ancien directeur de la filiale de Siemens au Mexique, un ancien de Siemens vivant en Équateur et un ancien directeur commercial de Siemens Colombie.

Quatre cadres de Siemens impliqués dans cette affaire dans une seule société offshore ?

Il nous faut plus de matériel de base. Dans l'acte d'accusation contre l'ex-chef de Siemens Uriel Sharef, nous avons vu qu'un procès est également en cours contre K. Nous nous procurons les dossiers et parcourons des centaines de pages. Il y est décrit comment toute une équipe de dirigeants de Siemens en Amérique latine a fait sortir des millions d'euros des canaux officiels de l'entreprise, afin de les gérer en parallèle – une pratique courante jusqu'il y a dix ans, apparemment.

Ces fonds ont été utilisés comme caisses noires dont on pouvait librement disposer – par exemple pour payer des « consultants », qui s'occupent ensuite de transmettre l'argent.

Trois de ces hommes, qui figurent dans nos données, avouent lors de leurs interrogatoires – parfois concrètement, mais souvent de façon vague – avoir transféré des fonds de Siemens *via* des comptes de différentes banques, d'une société offshore à l'autre, et inversement. Dans la société Casa Grande Development, que nous avions déjà trouvée il y a quelques mois, des douzaines de millions d'euros auraient été déposés par intermittence – comme caisses noires de Siemens en Colombie, en Équateur, au Venezuela et au Pérou. De 2001 à 2003, K., alors PDG du groupe andin, contrôlait les activités de Siemens dans ces quatre pays. Nos documents ne montrent pas seulement comment ces caisses noires ont été restructurées avec l'aide de Mossack Fonseca, mais également comment 32 millions de dollars ont été retransférés à Siemens *via* le département Trust de Mossfon, après la découverte de l'affaire Siemens.

Que Siemens ait utilisé des caisses noires pour verser des pots-de-vin, ce n'est plus une surprise en soi. Mais c'est quand même étrange qu'on ne trouve rien sur la société Gillard Management dans les dossiers de l'enquête sur K.

Pourquoi cette société est-elle encore active des années après la découverte de l'affaire Siemens ? D'où provient l'argent ? À quoi sert-il ?

L'histoire de Gillard Management commence le 28 août 2007. Une employée de Mossfon note qu'un collègue aurait « rencontré Señor K. (un de ses anciens clients) » ce jour-là au Panama, et qu'ils se seraient mis d'accord pour fonder une société offshore, dont le compte bancaire serait géré par Mossack Fonseca. Les fonds proviendraient « possiblement du Luxembourg, d'Allemagne ou de Suisse » et 2,2 millions de dollars sont attendus.

Les précautions autour de Gillard Management sont impressionnantes. Cela fait des mois que nous examinons des centaines de sociétés dans nos données. Mais nous n'étions encore pas tombés sur une telle conspiration : les gens de Siemens ne signent que très rarement leurs mails, et les employés de Mossack Fonseca utilisent presque toujours des abréviations. Hans-Joachim K. est « Señor K. », ses collègues de Siemens ont « L.L. » ou « Monsieur P. » pour raison sociale. De plus, Mossfon gère les dossiers en interne, de sorte qu'aucun document n'est envoyé à Hans-Joachim K. ; tous doivent « rester jusqu'à nouvel ordre dans l'entreprise »[1].

Pour ce faire, « Señor K. » obéit à une vieille ligne de conduite pour les affaires douteuses : « Écrire, c'est faillir. »

Un compte mail anonyme et crypté a été mis en place pour K., afin de « poursuivre la discussion ». Cela se fait par le biais d'une entreprise qui, de l'extérieur, sur son site internet, fait comme si elle était une société d'import-export tout à fait normale. En

---

1. K. n'a pas répondu lorsque nous l'avons interrogé à ce sujet.

réalité, elle appartient à Mossack Fonseca. Dans les dossiers numériques de Gillard Management, nous découvrons deux comptes mail anonymes, à partir desquels des messages sont envoyés. L'un utilise le nom de code « Azkaban », l'autre, « Bruni ». Azkaban, c'est la prison des sorciers dans le monde magique d'Harry Potter. Et nous repérons dans les dossiers de l'enquête que Bruni est le prénom de la mère d'Hans-Joachim K.[1].

Un compte mail anonyme ?

Dans un mémo interne de Mossack Fonseca, nous trouvons l'explication : les clients voulaient que le sujet soit traité avec « le plus haut degré de confidentialité ».

L'argent devait donc être transféré à la société nouvellement créée. Pour veiller à ce qu'aucune trace ne reste, un détour a semble-t-il été pris, *via* un contrat fiduciaire avec Mossack Fonseca.

Mais Gillard Management a bien évidemment besoin d'un compte, et pour ouvrir un compte, il lui faut un « vrai proprié-taire ». Les gens de Siemens optèrent pour un jeune retraité vivant en Équateur, la plupart du temps nommé L.L. chez Mossfon. Le compte doit être ouvert auprès de la filiale suisse de la banque privée hambourgeoise Berenberg, une banque qui travaille bien avec Mossack Fonseca depuis de nombreuses années. Mais il lui faut quand même un certificat de bonne conduite pour L.L.

Cette tâche est prise en charge par un homme de Mossack Fonseca, un Allemand, *managing partner* au département de gestion du patrimoine, la Mossfon Asset Management S.A. (MAMSA). Il rédige donc une lettre dans laquelle il affirme que les « avoirs à déposer » par L.L. sont « l'héritage de ses parents et leurs économies réalisées tout au long de leur vie ».

C'est étonnant. Le même employé de Mossack Fonseca avait assuré, dans l'un des premiers e-mails concernant la création de la société Gillard Management, que les fonds pour le compte provenaient d'une autre source. Et quand bien même : si le compte

---

1. K. n'a pas répondu lorsque nous l'avons interrogé à ce sujet.

avait vraiment été pensé pour «l'héritage de ses parents et leurs économies réalisées tout au long de leur vie», pourquoi les fonds de ce même compte sont-ils parvenus plus tard à Siemens?

En interne, chez Mossack Fonseca, cette construction paraît tout aussi particulière. Un cadre parle d'un «risque significatif», auquel Mossfon serait exposé par le biais de cette société, et de «transactions délicates». Il ne demande cependant pas que ce client soit rejeté – il exige des frais plus élevés. Au final, on se décide à demander aux partenaires du cabinet si le nouveau client «Monsieur L.L.» est acceptable ou non – ce qui n'est pas habituel. Les leaders doivent trancher, et c'est bien ce qu'ils font. Dans un mail d'une phrase, Jürgen Mossack approuve[1].

Les données révèlent que les gens de Siemens, après la création de l'entreprise, approvisionnent le compte de la banque Berenberg à coups de millions. Ils en ouvrent même deux autres, à la Société Générale de Singapour et à la banque panaméenne Financial Pacific. La toile de fond est la suivante: lors d'une rencontre en février 2008 dans un centre commercial à Panama City, K. et L.L. expliquent à leur contact chez Mossfon qu'ils sont préoccupés par leurs comptes en Suisse. Un de leurs comptes suisses serait gelé par les autorités locales en raison de soupçons de blanchiment d'argent[2].

Mais, à ce moment-là, l'enquête sur l'affaire Siemens, ordonnée par le procureur fin 2006, est en cours, et l'étau se resserre peu à peu autour de Hans-Joachim K. Les enquêteurs ont depuis longtemps constaté que Siemens avait installé des caisses noires en Amérique latine. Et K. avait occupé depuis 1996 des postes de direction dans cette région, presque sans interruption. Il décide volontairement de se rendre à la justice en Allemagne. Le mardi 10 juin 2008 à 13 heures, Hans-Joachim K. se présente au Parquet

---

1. Jürgen Mossack n'a pas répondu à notre question à ce sujet.

2. K. a été interrogé à ce sujet, mais n'a pas répondu. L.L. nie toutes les activités relatées ici.

de Munich, accompagné de son avocate. Il parle pendant près de trois heures avec les enquêteurs.

Le même jour, quelques heures seulement après l'audience, le contact allemand de K. chez Mossfon, visiblement déçu, envoie un mail collectif : il a « reçu une mauvaise nouvelle de la part de Monsieur K., aujourd'hui » et il explique que les fonds Siemens vont être transférés vers l'Allemagne. Cela signifie que « nous allons perdre ces fonds et le client Gillard ».

Bien entendu, la nouveauté, ce *n'est pas* que Mossack Fonseca a de toute évidence servi à dissimuler les millions de Siemens.

La nouveauté, c'est que la possibilité de devoir rapatrier ces fonds existe dorénavant, et que Mossfon perde cette affaire.

K. et son conseiller Mossack Fonseca décident que K. viendra le plus vite possible au Panama pour discuter de la procédure lors d'un déjeuner à l'hôtel Bristol. Le plan est le suivant : tout d'abord, les trois comptes de Gillard Management doivent être soldés. Ensuite, l'argent doit être transféré à Siemens par le biais du département tutélaire de Mossfon, et la société Gillard Management doit être liquidée[1].

Cela paraît exemplaire, et les déclarations de Hans-Joachim K. semblent crédibles au parquet de Munich, qui, en 2012, arrête la procédure lancée contre K. pour abus de confiance, en vertu de l'article 153a du code de procédure pénale allemand, moyennant un paiement de 40 000 euros. La gravité de la faute n'empêche pas l'annulation du procès.

K. a toujours expliqué, comme la quasi-totalité de ses collègues de Siemens, qu'ils avaient certes donné des millions à des « conseillers » afin de booster les affaires. Mais est-ce que ces « conseillers » avaient corrompu des politiques ou autres décideurs ? K. dit qu'il ne croit pas « que ces sommes aient servi à la redis-tribution aux mandants ».

K. souligne qu'il aurait sans cesse essayé de rediriger l'argent

---

1. K. nie le fait qu'il y ait eu une réunion.

noir vers Siemens. Hans-Joachim K. s'était déjà manifesté fin 2006 auprès du département de *compliance* de Siemens, avait fait un rapport sur les caisses noires et demandé comment les intégrer dans la comptabilité régulière. Mais, peu avant, en novembre 2006, il y avait eu de grosses descentes chez Siemens…

En juillet 2010, Hans-Joachim K. reçut une attestation officielle de Siemens, comme quoi «l'ensemble des sommes gérées par M. Hans K. et dernièrement exposées dans le cadre des enquêtes internes à l'entreprise et des enquêtes du parquet auraient bien atterri sur des comptes de Siemens S.A.».

Seulement comment Siemens pouvait savoir quels montants avaient réellement été planqués dans les caisses noires? Dans les interrogatoires menés par la police, les soldes des comptes individuels oscillent entre 35 et 55 millions de dollars américains – selon la personne interrogée. Le parquet ne fait pas non plus secret qu'il ne peut pas dire exactement d'où provenaient tous les millions de Siemens atterris dans les caisses noires, ni s'ils étaient vraiment revenus chez Siemens après la découverte du scandale. Dans les interrogatoires, K. a souligné qu'il «ne s'[était] rien mis dans les poches». Le procureur a suivi sa version – faute de preuves – et estime, en faveur de l'accusé, que ce dernier a permis un «rapatriement complet».

Nous examinons la décision en nous appuyant sur nos documents.

Depuis le compte principal de Gillard Management à la banque panaméenne Financial Pacific, qui apparaît sans aucun doute dans les procès-verbaux d'interrogatoire de K. contenus dans le dossier du département d'enquêtes criminelles de Bavière, près de 4,1 millions de dollars sont rapatriés dans les caisses régulières de Siemens. La raison du paiement est ambiguë: il s'agirait de dettes d'«affaires passées» de Gillard Management et de Siemens. Mais le compte n'est pas vide pour autant, il reste près de 2 millions de dollars. Plus tard, cette somme migre vers un nouveau compte de Gillard Management dans une banque privée du petit pays d'Andorre, la Andbank.

Lorsque la procédure judiciaire à son encontre fut arrêtée en 2012 – à ce moment-là, il avait quitté Siemens depuis trois ans et était consultant à son compte –, Hans-Joachim K. laisse Mossack Fonseca dispatcher l'argent. La part du lion – un peu plus de 2 millions – va sur un compte numéroté chez UBS à Zurich, et un banquier d'UBS est nommé bénéficiaire. Selon les dossiers de l'enquête, ce dernier était l'un des « conseillers client » de K. à l'été 2010, lorsque K. laissa transférer par UBS près de 40 millions d'euros d'autres caisses noires vers Siemens.

À peu de chose près, les 2 millions n'auraient pas été virés sur le compte numéroté UBS. Le département de *compliance* de Mossack Fonseca a fait barrage pendant des jours : ils avaient trop peu d'informations sur le récepteur, et n'avaient pas non plus la copie de son passeport, ce qui est obligatoire en interne. Les directives internationales en matière de blanchiment d'argent prévoient d'autres mesures de précaution pour les sommes suspectes trop élevées. Mais le conseiller de K. balaie tous les doutes d'un revers de la main.

Selon nos documents, la direction du cabinet est informée de la transaction par e-mail et l'approuve. Une employée de Mossfon demande néanmoins à quoi l'argent est destiné. Un peu plus tard, le conseiller de K. se manifeste auprès de Mossfon et dit qu'il a parlé avec son contact, mais qu'il n'a « aucune idée […] de ce que va faire le bénéficiaire avec le virement ». Il est probable que l'argent soit « pour l'ouverture d'un nouveau compte », ou bien « les fonds [seront] répartis ».

Aujourd'hui, cela paraît étonnant : il n'était donc pas question que l'argent retourne à Siemens.

Cependant à l'époque le virement a eu lieu, alors que Mossfon semblait n'avoir que peu d'informations sur les bénéficiaires. Mais les 2 millions vont à Zurich – et près de 75 000 dollars à Mossack Fonseca. Comme commission.

Nous demandons à UBS si ces transactions bancaires étaient connues de la banque, si le compte avait vraiment appartenu à l'employé d'UBS et si ces questions avaient été étudiées en interne. Nous obtenons une réponse sans grande surprise : « pour des raisons juridiques et réglementaires », il n'est pas possible de « donner des informations sur des transactions ni des clients individuels ». Dans ce contexte, UBS ne peut ni confirmer ni infirmer que le compte appartiendrait au conseiller client.

Nous réussissons à joindre le « conseiller client », qui, entre-temps, a quitté la banque. Il nous dit, gentiment mais fermement, qu'il ne peut rien dire sur ces activités – à part qu'il n'a jamais bénéficié de fonds Siemens en privé.

Cela nous met la puce à l'oreille. Pourquoi un banquier devrait-il laisser des fonds louches être transférés sur l'un de ses comptes ? Si l'argent n'est pas allé au banquier, à qui d'autre ?

À Siemens ? Nous sommes presque sûrs que non. Selon K. et Siemens, le rapatriement était terminé depuis longtemps en 2012. Siemens nous confirme une nouvelle fois expressément que seul l'argent noir auparavant gelé en Suisse a été rapatrié après 2010. Les comptes de Gillard Management n'étaient en aucun cas gelés, pas même en Suisse.

Nous n'avons toujours pas avancé.

Mais ce que nous voyons, c'est qu'une fois l'argent parti vers l'étrange compte numéroté UBS, il reste encore 70 000 dollars sur le compte. K. fait transférer par e-mail 20 000 dollars à son ancien collègue de Siemens, le dénommé L.L.[1], et au sujet des 50 000 restants, son conseiller chez Mossack Fonseca remarque, presque avec un clin d'œil, qu'on aurait « déjà prévenu la banque », que le montant sera « versé au profit d'un "ami" »[2].

Cet « ami », c'est Hans-Joachim K. ! C'est la transaction qui

---

1. Au téléphone, L.L. expliqua n'avoir jamais reçu d'argent de Gillard Management. Il n'aurait jamais entendu parler une seule fois de cette société.
2. K. nie avoir géré cet argent.

nous a conduits en tout premier à Gillard Management, le fameux « transfert de Gillard Management » du printemps 2013.

Lors d'un interrogatoire au parquet de Munich quelques années auparavant, K. avait déclaré qu'il n'avait « jamais prélevé de fonds privés dans les comptes ».

Nous arrivons finalement à joindre Hans-Joachim K. par téléphone. Comme on peut le prouver, il dit qu'il ne connaît pas Gillard Management – même s'il avait donné le numéro d'un des comptes Gillard au parquet. Il ne saurait rien non plus de tels virements. Cependant, son compte mail aurait été piraté en 2014, et nous nous serions donc appuyés sur de fausses informations. K. nous envoie plus tard la référence du dossier par mail, et un contrôle confirme qu'elle est authentique. Cependant, il n'y a jamais eu d'enquête là-dessus. Et, surtout, les processus sont antérieurs à 2014, et les e-mails de K. proviennent de différents comptes mail.

K. laisse généralement rebondir nos questions en indiquant que son compte e-mail a été « hacké » – et lorsqu'on aborde la question de ses interlocuteurs chez Mossfon et de ses complices présumés, K. met fin à la conversation téléphonique. Quand nous lui faisons part plus en détail par e-mail que nous le soupçonnons d'avoir dispatché des fonds des caisses noires de Siemens à des bénéficiaires douteux, nous n'avons plus aucune nouvelle de lui.

Mais l'argent restant ne concernait pas qu'un seul compte de Gillard Management. Casa Grande Development, la société citée dans les dossiers judiciaires, avait également conservé un peu de fortune. Une part conséquente des 32 millions de dollars américains, qui retournèrent chez Siemens par le biais de Mossfon, provient de Casa Grande. Après le prétendu rapatriement intégral, il restait encore environ 750 000 dollars.

Un des ex-collègues de K. chez Siemens – dont le nom en interne chez Mossfon est « RPS » – aurait eu des vues sur cette somme. Et « RPS » communique assez ouvertement avec son confident allemand chez Mossfon. Il écrit que ses «vieux camarades» lui auraient laissé «un trou dans les finances» de plus d'un demi-million, et qu'ils ne «reconnaissent pas lui devoir un centime». «J'ai urgemment besoin de cash», écrit-il encore.

Apparemment, il se fait virer près de 420 000 dollars et demande à ce que «taxe foncière» soit notée pour le motif du virement. Sur la facture figure toutefois «Services administrations et services du conseiller». Étrange. D'autant plus qu'il «emprunte» encore 100 000 dollars. Dans nos documents concernant Casa Grande, aucun remboursement n'est mentionné. Il demande ensuite 45 000 dollars pour le sortir de son «surendettement» dont le motif sera «taxe de transfert». Puis de nouveau 40 000 dollars, «pour combler un déficit d'argent liquide», et ainsi de suite[1].

Au total, ce sont près de 2,8 millions de dollars, qui seraient partis des anciens comptes des caisses noires de Siemens, longtemps après que le prétendu rapatriement fut terminé.

En mars 2013, les 50 000 dollars de K. vont sur le même compte de la Société Générale aux Bahamas, qui selon nos documents avait également vu arriver les 484 millions de dollars or. Après cela, le compte reste actif, nos données révèlent des sommes conséquentes qui entrent et qui sortent.

Dans le dernier paquet livré par notre source, nous trouvons un bilan de la gestion du patrimoine d'Hans-Joachim K. par Mossfon. D'après ces documents, les 484 millions ne sont pas sur le compte en 2014. La transaction reste incompréhensible.

Est-ce qu'il s'agissait d'une faute de frappe? Est-ce qu'un employé de Mossfon aurait cliqué sur la mauvaise devise? Était-ce un virement erroné? Ou est-ce que K. l'aurait déjà transféré ailleurs?

Lorsque nous le questionnons au sujet des 500 millions, Hans-Joachim K. explique d'abord par e-mail qu'il n'a «encore jamais vu de situation si absurde de sa vie». Il ne dit pas si le

---

1. «RPS» n'a pas réagi à nos questions.

compte lui appartient. Au téléphone, il confirme ensuite que ce compte est le sien, il confirme également d'autres rentrées d'argent que nous voyons dans les mêmes documents. Mais il insiste sur le fait que jamais de telles sommes n'auraient atterri sur le compte aux Bahamas – et explique une nouvelle fois qu'il a été hacké, et que nos informations sont fausses. Nous le questionnons au sujet d'un relevé de compte pour les mois en question – et Hans-Joachim K. explique qu'il va demander à sa banque de lui envoyer un aperçu. Lors du bouclage de ce livre, nous n'avions toujours pas reçu ces relevés.

En revanche, nous obtenons une nouvelle information spectaculaire : quelqu'un de chez UBS nous assure d'une façon convaincante que le virement de 2 millions vers le compte numéroté suisse d'UBS aurait bien eu lieu – avec des détails dont nous ne lui avions par parlé, tels que le jour du virement, la somme et l'émetteur, Gillard Management en l'occurrence. La seule différence, c'est qu'il nous donne un autre nom pour le titulaire du compte. D'après lui, le compte numéroté n'appartiendrait pas au banquier d'UBS, mais à Hans-Joachim K. en personne !

Alors même que le nom du banquier apparaissait clairement dans les virements Mossfon en tant que bénéficiaire ? Notre source chez UBS explique qu'au fond, ce qui est écrit dans le champ concernant le titulaire de compte importe peu, dans la plupart des cas, pour les virements, seul le numéro de compte est vérifié, pas le nom. Nous en parlons à des experts de banque et tous confirment qu'en effet, le nom du titulaire du compte n'est pas primordial, ce qui compte, c'est le numéro de compte. Et ce dernier – selon notre source chez UBS – appartient dans ce cas à Hans-Joachim K.

Si cela est exact, Hans-Joachim K. aurait donc – après la fin du procès mené contre lui – simplement transféré le reste de l'argent noir de Siemens sur son compte. Les 2 millions provenaient bien d'un compte que K. avait lui-même déclaré comme caisse noire au parquet.

Nous envoyons encore un e-mail à K., dans lequel nous le questionnons dans les moindres détails sur les 2 millions possiblement détournés. Pas de réponse. Dans un autre e-mail, nous lui posons des questions sur le compte numéroté suisse. Hans-Joachim K. ne réagit plus.

# 14. Les assistants et les complices

John Doe : Qu'est-ce qui va se passer avec Mossack Fonseca une fois que tout sera publié ?

*SZ* : Je pense qu'ils auront des problèmes. Ceux qui perdent autant de données confidentielles dans ce business de cache-cache auront de gros ennuis. Et pas seulement avec leurs clients.

John Doe : Et Jürgen Mossack et Ramón Fonseca ? Est-ce qu'ils vont devoir aller en prison ou être extradés ? Ou bien vont-ils essayer de fuir, de se cacher ?

*SZ* : Je ne pense pas. Si nous avons bien compris, le Panama a bien adapté ses lois à ce type de business. Sans parler du non-respect des sanctions. Les autorités panaméennes devraient normalement engager des poursuites contre eux – mais là, j'en doute.

John Doe : Mais Jürgen Mossack est allemand…

*SZ* : Il voyagera moins facilement, sans doute… Mais s'il reste au Panama, il aura beaucoup moins à craindre.

John Doe : C'est triste, mais vous avez probablement raison. Et vous, en tant que journalistes, ça ne vous rend pas furieux que des gens comme eux s'en tirent à bon compte ?

*SZ* : Si. Mais les poursuites ne font pas partie de notre job…

Nous sommes maintenant en août, et la quantité des données a dépassé les 2 térabytes. Ces mois-ci, rien qu'à nous deux, nous avons ouvert les dossiers de centaines de sociétés et des milliers d'e-mails. Aujourd'hui, plus de 100 collègues de 50 pays enquêtent avec nous. Au total, les journalistes du projet Prometheus ont ouvert et examiné des dizaines de milliers de dossiers d'entreprises. L'image de Mossack Fonseca qui en sort s'oppose au discours du cabinet : nous avons bien compris que l'entreprise n'est pas un cabinet ordinaire, qui de temps en temps manquerait de chance en tombant sur des clients qui agissent de façon illégale. Bien au contraire, c'est une société qui de l'extérieur fait valoir des principes ronflants tels que *compliance* et *due diligence* – mais qui n'est pas si propre en fait.

Le bon exemple pour illustrer cela, c'est le rôle qu'a joué Mossack Fonseca dans l'affaire Siemens et les caisses noires en Amérique latine. Ici, Mossfon joue un rôle mineur. Les forces motrices restent les managers de Siemens. Mais le cabinet ne les aide pas seulement à réinjecter de l'argent noir dans des conduits bien propres, mais démontre également ce que valent leurs prétendus principes : pas grand-chose.

Lorsque Mossack Fonseca fut attaqué par des journalistes au cours des dernières années, l'entreprise déclara toujours, dans une réponse standard, qu'elle n'avait pas de contact avec les clients finaux, qu'elle n'effectuait pas de transactions bancaires pour des clients finaux et était dévouée aux « standards élevés » de la *due diligence*, l'obligation de diligence. Elle n'aurait en outre jamais toléré ni même soutenu d'actes illégaux.

Même après tous ces mois pendant lesquels nous nous sommes habitués à ce type de discours, ils nous laissent toujours sans voix. La confiance avec laquelle le cabinet Mossack Fonseca enjolive son business est chaque fois stupéfiante.

Les conseillers Mossfon connaissaient personnellement les managers de Siemens – les clients finaux – qui agissaient et les ont rencontrés au Panama, dans un hôtel ou dans un centre commercial. Comme on peut le démontrer, les conseillers Mossfon ont effectué des virements pour des personnes et pour plusieurs sociétés écrans. Ils ont même ouvert des comptes pour les fonds illicites de Siemens en tant que « tiers », les ont ensuite administrés, puis clôturés. En 2012 encore, ils ont transféré près de 2 millions de dollars américains sur un compte UBS numéroté, sans prendre en compte la moindre *due diligence*.

La question posée à l'employé de chez Mossfon, selon laquelle le manager de Siemens Hans-Joachim K. serait impliqué dans une affaire de pots-de-vin, fut balayée en une demi-phrase : ce serait « de l'histoire ancienne ». Pourtant, les millions des ex-managers de Siemens, accumulés dans leurs sociétés offshore, proviennent justement de cette « histoire ancienne ».

Rien que dans ce cas, Mossack Fonseca ignore tellement de signes avant-coureurs que ça en est ahurissant : les clients n'étaient pas coopératifs pour donner des informations les concernant, ils utilisaient plusieurs comptes, donnaient des explications contradictoires sur la provenance de l'argent, ils étaient même déjà soupçonnés de criminalité financière. Ces signaux d'alarme, que les experts en blanchiment d'argent n'ont de cesse de rappeler, on apprend à les interpréter dès qu'on a un minimum de responsabilités. Chez Mossack Fonseca, on n'est pas non plus naïf : nous découvrons qu'une filiale de Mossfon propose même des séminaires sur le blanchiment d'argent.

Néanmoins, les gens de Mossfon ignorent ces signaux, encore et encore.

L'affaire Siemens démontre à quel point Mossfon ne souhaite pas du tout savoir si les entreprises qu'ils gèrent font des choses douteuses. Depuis mi-2008 au moins, Mossfon était au courant pour les caisses problématiques de Siemens. Pourtant, le cabinet n'a pas déposé les armes pour autant. Au contraire, ils ont aidé à transférer de l'argent ici et là : l'homme de confiance de K. chez Mossfon a fourni de fausses informations à la banque Berenberg sur l'origine des fonds – et les employés de Mossfon ont transféré ces fonds d'un compte à l'autre et, au final, à Hans-Joachim K. ainsi qu'à d'autres collègues de Siemens.

Mossack Fonseca pour ce faire a parfaitement dissimulé des

informations qui auraient pu les trahir, à l'aide de mots de code, d'abréviations et d'adresses e-mail anonymes.

Le cas de Siemens n'est pas isolé. Nous trouvons des douzaines de cas où le département de gestion du patrimoine de Mossfon fournit en comptes e-mail anonymes les clients finaux – avec lesquels le cabinet prétend n'avoir jamais eu affaire. Ces adresses mail se terminent par « @tradedirect.biz » – un service de messagerie dont nous n'avions encore jamais entendu parler. Sur le site internet www.tradedirect.biz, l'entreprise propose du « *global trade and professional consulting* » avec un prétendu focus sur l'« *international exporting and importing* ». En effet, il n'y a qu'un seul lien qui clignote sur la page : « *secure email* ». En cliquant dessus, on arrive directement sur la page d'inscription d'un serveur Outlook ordinaire. Tout à fait semblable à celui de la *Süddeutsche Zeitung.* Mais dans quel système s'identifie-t-on ?

Après quelques recherches supplémentaires dans les données, nous comprenons qu'il s'agit d'un serveur de messagerie interne de Mossack Fonseca. La société Trade Direct International, utilisée pour les e-mails d'un bon nombre de clients Mossfon pour leurs communications secrètes, appartient à la galaxie Mossack Fonseca. Selon nos données, Jürgen Mossack et Ramón Fonseca détiennent les actions de Trade Direct International à travers une société écran du nom de Serena Services LLP, ayant son siège au Royaume-Uni. Le site internet, qui prétend être une société d'import-export, ne semble guère être plus qu'une façade[1].

Nous trouvons des e-mails internes qui expliquent exactement comment les clients peuvent s'identifier pour accéder à leur messagerie. Les e-mails définissent les comptes client sous de faux noms (par exemple « winniepooh@tradedirect.biz »), ainsi que les noms qui s'affichent (« Winnie Pooh »), les noms d'utilisateur

---

1. Lors du bouclage de ce livre, ni Jürgen Mossack ni Ramón Fonseca ne nous avaient répondu.

(«winnie») et les mots de passe («win48491»). En théorie, nous pourrions nous connecter à des douzaines de comptes de messagerie clandestins. Bien sûr, nous ne le faisons pas, même si c'est très tentant.

Les identités de camouflage sont souvent bizarrement choisies : à côté de «Winnie Pooh», l'ourson éponyme du film de Walt Disney, nous tombons sur l'apprenti sorcier «Harry Potter» et sur «Daniel Radcliffe», le célèbre acteur l'ayant interprété, et sur d'autres *alias* tels que «Fighter», «Panama», «Oktoberfest[1]», «Père», «Fille» ou «Fils».

Il y a encore mieux : dans les e-mails, les conseillers Mossfon s'adressent à leurs clients en utilisant ces noms, comme dans un mauvais film d'espionnage :

«Cher Harry»

«Hi Fils»

«Salut Père»

Notre passage préféré est extrait d'un e-mail à «Winnie Pooh» : «Je me réfère à ma rencontre avec Harry Potter.» «Harry Potter» est en fait un célèbre avocat américain. «Père», également. «Winnie Pooh» est une manager. Et «Fighter», le «combattant», un ancien champion de boxe…

À travers le serveur interne de Mossfon, les e-mails des clients arrivent uniquement avec les noms de code jusqu'aux employés de Mossfon. Nous devons donc chaque fois rechercher qui se cache derrière «Père», «Harry Potter» ou «Bruni».

Il est également frappant de constater que les clients dont les adresses mail anonymes sont abritées par l'étrange société Trade Direct de Mossack Fonseca ont très souvent l'air d'avoir un problème avec de l'argent non déclaré. Mais il est encore plus intéressant de constater que leurs conseillers respectifs chez Mossack Fonseca n'ont souvent pas l'air de connaître ces problèmes…

---

1. Fête de la bière en Bavière… Celle de Munich étant la plus célèbre.

Quelques exemples. Un client se manifeste parce qu'il aimerait encaisser quelques chèques d'un montant d'environ 100 000 dollars, mais « sans lien » avec lui ni avec son entreprise. N'importe quel apprenti banquier poserait alors la question suivante : pourquoi souhaitez-vous faire cela ?

Les conseillers de Mossack Fonseca font preuve d'inventivité quand il s'agit de trouver la meilleure solution pour leur client : on pourrait par exemple déposer l'argent dans une fondation anonyme, laquelle achèterait ensuite les actions d'une entreprise, et cette entreprise ferait ensuite un don aux clients. L'un des avocats de Mossfon propose également de créer une société offshore et d'écrire dans les statuts : « cette société ABC fait également des affaires sous les noms XYZ et BLABLA ». Ainsi, il pourrait mettre le compte sur l'un de ces autres noms.

Un conseiller Mossfon propose quelque chose de similaire à deux autres clients. Le client 1 aimerait beaucoup transférer de l'argent des États-Unis à l'étranger. Le client 2 aimerait quant à lui ramener des fonds de Singapour aux États-Unis. L'idée de Mossack Fonseca : les clients devraient se transférer mutuellement l'argent. Le client 2 pourrait transférer ses 800 000 dollars de son compte à Singapour vers un compte du client 1 en Suisse, et ce dernier ferait la même chose avec son compte américain. Les deux auraient donc 800 000 dollars là où ils voulaient que l'argent soit. L'homme de Mossfon explique qu'il faudrait quand même réfléchir à « un autre motif » pour le virement du client 1 au client 2 aux États-Unis. Une sorte de « Service Agreement », peut-être. C'est-à-dire que le client 1 paye une sorte de service – fictif – au client 2.

C'est ça : Mossfon propose en fait d'établir une facture bidon. Voilà comment on blanchit de l'argent…

Le seuil de tolérance de Mossack Fonseca est étonnamment bas. Ils ont même recommandé à la cliente sous le pseudonyme « Fille » d'établir une lettre de référence pour un virement vers la Suisse au nom de Mossfon, car Mossack Fonseca est « un cabinet d'avocats». Ainsi, «elle ne peut pas donner l'impression» qu'elle fait sortir de l'argent du pays. Mossfon aide donc à construire une façade, et ils assurent qu'ils vont «contourner la *compliance* d'une manière ou d'une autre».

Pardon? Contourner la *compliance*?

Si de tels exemples apparaissaient seulement de façon sporadique, peut-être que cela pourrait encore s'expliquer. Mais ce ne sont pas des cas isolés. Nous constatons dans de nombreuses situations que Mossack Fonseca répond toujours présent quand il est question de transactions ou de demandes suspectes[1].

Nous tombons par exemple sur le cas d'un ancien membre du conseil d'administration de Siemens. Apparemment, il aurait utilisé Mossack Fonseca pour détourner discrètement de l'argent de la Suisse vers le Panama. Fin novembre 2012, quelques jours après que la Convention fiscale avec la Suisse échoua au Bundesrat – qui aurait permis aux fraudeurs de rester anonymes et impunis –, des e-mails arrivèrent chez Mossfon dans lesquels son nom était mentionné. Un conseiller à la clientèle de la banque d'Andorre Andbank explique qu'on aurait voulu utiliser le service de dépôt fiduciaire de Mossfon – c'est-à-dire virer l'argent *via* Mossack Fonseca.

Le client aurait amassé une fortune grâce à des affaires faites aux États-Unis et en Suède, selon un échange de mails datant de décembre 2012. Plus de 2 millions d'euros et un bon million de francs suisses se trouvaient sur plusieurs comptes en Suisse. Selon les e-mails, l'ancien cadre de Siemens voulait transférer cet argent sur un compte d'investissement de la banque Andbank au Panama. Dans les documents, nous trouvons également une copie de son passeport valable jusqu'en 2014, ainsi qu'une lettre de recommandation d'un administrateur de biens de Zurich,

---

1. Lors du bouclage de ce livre, Mossfon ne nous avait toujours pas répondu à propos des exemples cités.

dans laquelle il est dit que l'ancien de Siemens, client depuis 2008, serait un « homme sérieux et respectable ».

L'argent partit apparemment en plusieurs tranches d'un compte – qui selon les documents n'était pas à son nom mais à celui d'une société écran – vers une société fiduciaire, qui le transféra à son tour à la banque Andbank au Panama – qui le transmit à une autre société fiduciaire. Cette dernière est une société de Mossack Fonseca. En suivant les instructions de Mossack Fonseca, les millions devaient immédiatement être transférés de son compte à celui du « client final ». Il faut toutefois faire attention à ce que le nom du titulaire du compte n'apparaisse en aucun cas sur le virement.

C'est ainsi que près de 3 millions d'euros passèrent de la Suisse au Panama en décembre 2012, sans que le nom de l'ancien de Siemens n'apparaisse. Mais chez Mossack Fonseca, en interne, le destinataire final est bien connu.

Pourquoi est-ce que cet « homme sérieux et respectable » ne transférerait-il pas directement l'argent du compte suisse vers un compte d'investissement au Panama ? Pourquoi un chemin si compliqué et si onéreux a-t-il été choisi ? Pour le transfert d'argent secret, Mossack Fonseca a facturé 0,5 % de la somme transférée, ce qui fait environ 15 000 euros pour un montant de près de 3 millions d'euros. 15 000 euros pour un transfert qui pourrait être réglé par simple virement, gratuit dans de nombreuses banques… Mais un tel virement n'aurait pu rester dissimulé aux yeux de l'administration fiscale – ni le nom de l'ancien membre du conseil d'administration de Siemens[1].

---

1. Nous avons sollicité un avocat, qui a pris un long délai pour répondre. Il nous a finalement répondu, après une semaine, que le conseil d'administration de Siemens n'avait pas connaissance de toutes ces activités – pour finalement préciser par écrit que son client ne pouvait pas nous donner « d'informations ».

Pour Mossack Fonseca, l'activité ordinaire n'est pas le service fiduciaire utilisé par l'ancien conseil d'administration de Siemens, mais la vente massive de sociétés écrans et de fondations fictives à des agents d'affaires institutionnels. Ces intermédiaires passent les sociétés à leurs clients respectifs – dans le jargon de Mossfon, le « client final ». Dans ce domaine essentiel du business de Mossfon, il n'est pas question de sommes astronomiques ni d'adresses mails pour un certain Harry Potter. Ces sociétés offshore sont utilisées pour cacher l'argent du contribuable normal : l'agent immobilier, le dentiste ou l'entrepreneur. En fait, Mossack Fonseca en sait relativement peu sur ces gens-là. Dans les documents internes de Mossfon, il est évident qu'ils ne connaissent pas un seul des propriétaires de ces milliers de sociétés écrans.

En revanche, ce que l'on connaît très bien chez Mossfon, ce sont les raisons qui poussent les banquiers et les administrateurs de biens à faire appel aux sociétés écrans. C'est que les employés de Mossfon, en tant que bons commerciaux, rencontrent volontiers leurs clients, surtout lorsqu'il s'agit de vendeurs de sociétés écrans locaux dans des pays comme la Suisse, le Luxembourg ou le Royaume-Uni.

Les gens de Mossack Fonseca rendent compte de telles conversations par écrit, dans des champs prévus à cet effet dans leur système informatique. Les rapports dont nous disposons pourraient difficilement être plus clairs.

On y trouve des douzaines de remarques sur des banques dans lesquelles les clients auraient « des fonds non déclarés » et donc « très sensibles » au regard du secret. Pour l'une d'elles, les conseillers notent : « En règle générale, ses clients veulent cacher leur fortune à leur ex-femme ou aux impôts. » Et ainsi de suite. Il y a de nombreux rapports dans lesquels il est explicitement écrit que le prélèvement de l'impôt à la source, donc sur les revenus, va doper le business en attirant de nouveaux clients. En effet, cette règle s'applique uniquement aux comptes de citoyens de l'UE. Elle ne s'applique donc pas aux comptes des sociétés

191

panaméennes. Son introduction en Europe en 2005 fut une sorte d'accélérateur pour les affaires de sociétés comme Mossack Fonseca : rien qu'en Suisse, le nombre de comptes ouverts dans des sociétés offshore a explosé de 10 %. Le nombre de particuliers titulaires de comptes a chuté d'autant. Il est presque certain que beaucoup d'entre eux ont créé une société écran afin de ne plus apparaître comme titulaire de compte, et ainsi dissimuler leurs avoirs derrière des sociétés anonymes, dont on ne peut pas dire à qui elles appartiennent.

Dans les mémos internes de Mossfon des années suivantes, on trouve de nombreuses notes assez déprimantes sur des banques qui ne géraient presque plus d'argent noir et ne pouvaient malheureusement donc plus être clientes chez eux. Dans plusieurs cas, nous avons constaté que les banques qui ne s'astreignaient pas à ces règles n'étaient pas rejetées par Mossfon, ni par leurs clients. Bien au contraire, on leur donnait tout l'appui nécessaire : on leur expliquait quels paradis fiscaux étaient le mieux adaptés à leurs besoins, quelles constructions permettaient la meilleure protection, et jurèrent toujours que les données très sensibles concernant les véritables propriétaires étaient en sécurité chez eux. Un conseiller client de Mossfon rassura même un client suisse en lui assurant qu'ils étaient pourvus d'un centre de données « dans les règles de l'art » et que le cryptage de toutes leurs communications se faisait selon « les standards les plus élevés du monde ». Ce client s'inquiétait au sujet de la sécurité de ses données après la découverte des Offshore Leaks. Mossfon jura également à d'autres clients que toutes les données sensibles contenues chez eux étaient entre de bonnes mains et qu'elles ne quitteraient jamais le Panama[1].

C'est pourtant bien ce qui est en train de se passer aujourd'hui, et les données ne sont pas seulement chez nous, les journalistes. Comme nous l'avons évoqué plus haut, les autorités

---

1. Mossfon ne nous a pas répondu à ce sujet.

fiscales allemandes ont acheté des documents pour la somme d'un million d'euros il y a quelque temps, et ces documents concernent près de 600 sociétés Mossack Fonseca ayant, selon toute vraisemblance, des propriétaires allemands. En se basant sur ces données, les enquêteurs ont non seulement effectué des recherches auprès de complices tels que la Commerzbank, au printemps 2015, mais également auprès de 100 clients finaux de Mossfon.

Les documents confisqués par les enquêteurs lors de perquisitions sont en quelque sorte le pendant de l'inscription dans le système interne de Mossfon – les uns découvrent l'intention d'échapper à l'impôt, les autres prouvent que le fisc a été fraudé.

Il est possible que la preuve que Mossack Fonseca ait permis à des citoyens allemands d'échapper au fisc soit fournie en ce moment même par l'État.

Certaines banques allemandes, telles que la Commerzbank ou la HSH, ont déjà accepté de payer des amendes à hauteur de plusieurs dizaines de millions d'euros pour avoir fait des affaires avec Mossack Fonseca, afin que les poursuites engagées contre elles soient arrêtées : 17 millions d'euros environ pour la Commerzbank, 22 millions pour la HSH Nordbank. Ces sommes se composent chaque fois de paiements d'amendes et de l'écrémage de profits illicites provenant d'affaires illégales. On peut penser que les banques n'auraient pas accepté de les payer si elles n'avaient pas activement été complices de fraude fiscale.

Au début, la Commerzbank était d'ailleurs très réservée au sujet de sa coopération avec Mossfon – ses employés s'inquiétaient beaucoup : les affaires secrètes pourraient être découvertes, les prête-noms pourraient disparaître avec l'argent des clients. Encore et encore, Mossack Fonseca expliqua le fonctionnement du système puis proposa une solution particulièrement sûre : les clients des banques pourraient dissimuler leur argent dans une société offshore sous la protection d'une fondation anonyme. Les clients auraient ainsi « l'avantage de pouvoir répondre par la négative aux questions du fisc allemand concernant la propriété du compte, le bien-fondé de ce compte ainsi que ses mandataires». En d'autres termes, les clients pourraient dire à l'administration fiscale que le compte ne leur appartient pas et qu'ils n'y ont pas accès. Car, sur le papier, le compte appartient à la société, et la société, à la fondation – qui, à son tour, a le client comme bénéficiaire.

Selon la lettre que nous avons sous les yeux, cette astuce vint directement de «notre *senior partner*, M. Jürgen Mossack»[1]. En fait, ces dernières années, Mossack Fonseca fut souvent dans le viseur de procureurs, à cause d'enquêtes impliquant des sociétés qu'ils avaient créées. Par exemple, un e-mail de panique d'une employée des Seychelles arriva au siège du Panama en avril 2008. Elle écrit que le procureur général des Seychelles s'est manifesté : des enquêtes sont en cours à l'encontre de quatre sociétés gérées par Mossfon, et c'est déjà le sixième cas ce mois-ci. Cette femme a peur : «Que se passe-t-il si ces affaires passent en justice ?» «Y a-t-il une sorte de clause de non-responsabilité qui nous dédouane, nous, les employés de Mossack ?»

En réalité, nous n'avons toujours pas trouvé de cas dans lequel Mossfon a été attaqué pour complicité. Au final, les procureurs se sont toujours concentrés sur les coupables principaux, c'est-à-dire les gens ou les organisations ayant cherché à se dissimuler chez Mossfon.

Cela ne va peut-être pas durer.

D'après nos informations, les autorités fiscales allemandes seraient actuellement en train d'enquêter sur les responsables du cabinet Mossack Fonseca pour complicité de fraude fiscale. Donc sur Jürgen Mossack également.

Les enquêteurs se demanderaient si le cabinet panaméen en savait plus qu'il ne le laisserait croire. Contrairement aux

---

1. Lors du bouclage de ce livre, Jürgen Mossack ne nous avait toujours pas répondu.

enquêteurs, nous ne nous posons plus cette question. Nous savons que c'est le cas.

La stratégie de défense de Mossack Fonseca s'effondre.

Au fond, tout le monde sait que les sociétés offshore sont créées dans de tels buts. Mais puisque Mossack Fonseca a décidé de jouer ce petit jeu avec nous, nous devons le démasquer. Dans nos échanges, Mossack Fonseca s'est comparé à un grossiste qui ne saurait pas ce que le client final fait avec la marchandise. Mais le cabinet sait très bien ce qui se passe dans ces sociétés, car il s'occupe souvent des « marchandises » et tient même une comptabilité à cet effet. Pour les cas où les prête-noms de Mossfon « dirigent » les sociétés, le cabinet est la plupart du temps directement impliqué dans des affaires louches.

En février 2015, Mossfon nous explique que chaque personne recevant une procuration pour une société est d'abord contrôlée *via* ce qu'on appelle un « World Check ». Les clients paraissant suspects ne seraient pas acceptés ou n'obtiendraient pas de procuration. Dans les données, nous voyons cependant le cas d'un manager sud-américain haut placé d'une compagnie pétro-lière d'État. Son nom saute aux yeux de l'employé Mossfon. Ce dernier explique à l'avocat du manager qu'on ne peut pas établir de procuration pour cette société. En revanche, on pourrait en établir une pour son fils… Il ne doit simplement pas être fait mention du fait que le mandataire est le fils du vrai propriétaire.

L'explication du grossiste ne fait pas sens, mais Mossfon tente toujours de la placer. Le cabinet essaie de se distancier de ses clients finaux « en plein défi éthique », comme Jürgen Mossack nomme ce type de clientèle dans une lettre de lobby aux autorités de régulation financière des îles Vierges britanniques. Il aurait tout aussi bien pu écrire « criminels ».

Il semblerait que Jürgen Mossack et son partenaire soient eux aussi « en plein défi éthique ».

## 15. Réunion secrète avec vue sur les Alpes

Qu'on se le dise : nous avons quand même un métier bien étrange. Cela fait des mois que nous sommes assis devant une montagne de données et nous n'en avons quasiment parlé à personne à la *Süddeutsche Zeitung*. Jusqu'à présent, ça allait, nous ne nous baladions pas dans les bureaux pour raconter nos recherches. Mais aujourd'hui, en ce mardi de septembre, la situation devient vraiment curieuse : cent reporters du monde entier ont fait le voyage pour en savoir plus sur le projet Prometheus. Autrement dit, nos collègues de la *SZ* nous entendent parler anglais dans l'ascenseur avec nos confrères de la BBC, ils aperçoivent l'équipe de Corée du Sud qui filme à l'entrée du building. Ils croisent Ritu Sarin, qui arrive d'Inde, au tourniquet dans le hall d'entrée, et se retrouvent assis dehors au soleil, devant le café du building de la *SZ*, à côté de Florian Klenk, du journal autrichien *Falter*. Certains le connaissent personnellement et beaucoup, simplement de vue. En bref, il est évident que nous avons de la visite. Même la nouvelle rédactrice en chef du *Guardian* Katherine Viner a fait le déplacement.

Que répondre à nos collègues lorsqu'ils nous demandent, dans l'ascenseur, au café, ou dans le hall d'entrée, ce qu'il se passe aujourd'hui ?

Euh… ben… une réunion ? Une sorte de conférence ?

Nous avons le plus grand mal à leur parler, nous nous sentons bizarres. Cela s'estompe dès que nous nous souvenons de la raison qui dicte ces secrets, et nous prenons de grands airs : parce que quelque part sur terre, quelqu'un a peur pour sa vie. Notre source.

Malgré tout, le bruit court vite dans la maison. Nous mettons quelques collègues dans la confidence, parce que plus tard ils joueront un rôle important dans le projet. Ce sont par exemple les rédacteurs de la rubrique politique étrangère, avec leur expertise, ou les correspondants du monde entier. Mais nous ne pouvons inviter personne aux discussions avec les membres du ICIJ, car il n'y a simplement plus de place. L'ICIJ a convié de nombreux partenaires ; le but est de compter dans nos rangs des journalistes des pays où nous avons débusqué des scandales, ou dans lesquels nous nous attendons à en trouver. Au départ, il y avait quarante inscrits, puis soixante, puis quatre-vingts – nous nous retrouvons au final avec cent quatre journalistes du monde entier pour parler du projet.

Le penthouse de la tour de la *SZ*, où nous nous retrouvons, est officiellement limité à quatre-vingts personnes. Mais que faire ? Décommander des collègues ? La pièce s'étend sur deux niveaux, trois côtés sont entièrement vitrés. À l'horizon, les Alpes. En bas, la ville avec ses tourelles et plus loin, bien sûr, l'Allianz-Arena, éclairé ce soir avec le bleu du *1860 München*, le club omnisports de Munich.

Nous baissons les stores pour utiliser le vidéoprojecteur. Pendant que nos rédacteurs en chef Kurt Kister et Wolfgang Krach accueillent les invités, nous testons encore le wifi avec nos téléphones portables. Ça fonctionne, nous pouvons commencer.

La grande réunion du ICIJ à Munich. Deux jours consacrés à Prometheus.

Cela fait un moment que notre chef de rubrique, Hans Leyendecker, est d'humeur très solennelle. Il se déclare fier de ce que font ses « jeunes gens ». Et bien sûr, ce n'est pas tous les jours que la rédactrice en chef du *Guardian* et cent autres excellents journalistes passent dans nos locaux. Mais ces derniers temps, nous étions trop occupés à rectifier le nombre de bouteilles de jus de pomme, à réfléchir où distribuer les paniers-repas, où trouver un autre vidéoprojecteur pour le groupe de travail d'Amérique latine, pour être excités à l'approche du grand rendez-vous. De plus, nous avons constamment dû ajouter des places à notre réservation dans un restaurant typiquement bavarois du centre de Munich – nous avions promis à nos collègues qu'ils boiraient de la bière dans des verres beaucoup trop grands et qu'on leur servirait du rôti de porc à la bavaroise et des Knödel, ces grosses boulettes de pomme de terre typiques. La veille, nous nous sommes réunis avec l'équipe du ICIJ pour élaborer le planning des deux jours suivants.

Et puis la conférence démarre : nous parlons du *leak* (état actuel : 2,4 térabytes, 8 millions de fichiers, 200 000 sociétés écrans) et de ce que nous avons trouvé jusqu'à présent (35 pistes menant à des chefs d'État). Les collègues du ICIJ présentent la plateforme de recherche spécialement conçue pour Prometheus à ceux qui ne nous avaient pas encore rejoints en juillet lors de la réunion à Washington. Nous sommes comme électrisés lorsque nous en apprenons plus sur ce que nos collègues, qui travaillaient déjà avec nous depuis un moment sur le projet, ont trouvé, et sur les réactions sismiques qu'ils attendent dans leurs pays. Entre-temps, deux cents journalistes de plus de soixante-cinq pays ont rejoint le projet, et tout le monde ne rentre pas ses découvertes dans le forum. Nous sommes donc tous en train de nous mettre à jour sur l'état actuel des recherches.

L'Italien Leo Sisti couvre les embrouilles de la mafia ; Jake Bernstein, du ICIJ, raconte qu'il a trouvé beaucoup d'autres marchands d'art connus dans le monde entier ; Edward Scharfenberg, du Venezuela, présente tous les « Chavistas » qu'il a dénichés dans les données – c'est-à-dire des socialistes et partisans du chef du parti récemment décédé Hugo Chávez. Le collègue islandais Jóhannes Kr. Kristjánsson présente ses recherches : à côté du Premier ministre actuel, que nous avons déjà découvert au début de nos recherches, Jóhannes est également tombé sur le propriétaire de l'une des trois principales banques islandaises ayant fait faillite, et qui fut depuis condamné. Chacun parle à son tour. Dans l'après-midi, le rédacteur en chef adjoint du *Guardian*, Paul Johnson, résume ses impressions en quelques mots, qui vont nous accompagner encore longtemps. Il dit que son journal a déjà pris part à de nombreux grands projets ; WikiLeaks, les fichiers de Snowden, les Offshore Leaks, « mais jamais rien de cette ampleur, c'est tout simplement incroyable ».

Une fois les grandes histoires présentées, la deuxième partie de notre réunion commence : nous nous organisons en groupes de travail. De nombreux domaines de recherche – la Russie, la FIFA, le trafic d'armes – sont trop gros pour qu'une rédaction puisse s'en occuper seule. Les groupes existent déjà en partie. Mais on échange bien mieux lorsqu'on est assis côte à côte que par e-mails cryptés ou lorsqu'on poste sur le forum. C'est particulièrement vrai pour nos deux collègues russes Roman Anin et Roman Schleynow. Il y a quelques jours, ils ont rejoint notre petit groupe de travail sur la Russie, qui depuis notre rencontre à Washington s'occupe de creuser tout ce qui touche la Russie de près ou de loin – ce qui représente beaucoup de travail...

En tout premier lieu, bien sûr, Sergueï Roldouguine, violoncelliste et parrain de la fille de Poutine, et son réseau de sociétés dans lequel nous avons déjà trouvé plus d'un demi-milliard de dollars. Il y a également les amis de judo de Poutine, Boris et Arkadi Rotenberg[1] (entretemps sanctionnés), de même que son cousin, Igor, et l'un des hommes les plus riches de Russie, Alisher Usmanov. L'oligarque a fait fortune dans les matières premières et les médias. Il a un temps possédé quelques parts de Facebook, et est toujours un important actionnaire du club de football de Londres Arsenal. Mossfon l'a évalué « à haut risque » – mais le

---

1. Boris et Arkadi Rotenberg ne nous ont pas répondu.

garde malgré tout parmi ses clients[1]. La liste est longue. Tous ces noms sont d'autant plus intéressants que Poutine ne se tient jamais bien loin de ces hommes – et qu'il a lui aussi fustigé le système offshore en le qualifiant d'«antipatriotique». Cela ne fait pas vraiment bonne impression que tant de personnes de son entourage semblent impliquées dans ce monde offshore «antipatriotique»…

Roman Schleynow nous parle d'un autre cas sur lequel il enquête. Il s'agit de la société Earliglow Limited, fondée en 2010 dans les îles Vierges britanniques. Dans les documents de la société, Roman est tombé sur un document intéressant Earliglow serait le *non-direct shareholder* d'une entreprise russe du nom de Svyazdorinvest.

En 2010, Svyazdorinvest a reçu l'attribution du projet de construction d'un câble de fibre optique entre la Chine et la Russie de la part de l'entreprise d'État Rostec. Valeur estimée du contrat : 550 millions de dollars américains. Un mégaprojet.

Le directeur de Rostec, Sergueï Tschemesow, est un vieil ami de Poutine du temps du KGB, et est lui aussi sur la liste des sanctions de l'UE et des États-Unis. Le diplômé de l'Académie militaire était d'abord stationné avec Poutine à Dresde. Il devint ensuite l'un des intermédiaires les plus importants du chef d'État russe. Tschemesow a donné, par l'intermédiaire de la société qu'il dirige, un contrat de plusieurs millions de dollars à une société qui appartient en partie à son fils. C'est en tout cas comme cela que nous nous représentons la chose. Et encore mieux : selon nos documents, la fille du vice-président de Rostec détient également indirectement des parts de Svyazdorinvest[2].

---

1. L'un des avocats d'Usmanov expliqua à ce sujet que les «sociétés opérationnelles les plus importantes» sont enregistrées en Russie. Les sociétés étrangères sont utilisées «dans une mesure très limitée» et «dans le plus strict respect» de la loi.

2. Lors du bouclage de ce livre, Sergueï Tschemesow ne nous avait toujours pas donné de réponse que nous aurions le droit de citer.

Nous avons l'impression d'être tombés sur un département de la «Russie SARL» – sorte de gigantesque magasin en libre-service, sous couvert de démocratie, que les experts critiquent depuis des années déjà. C'est ce que Karen Dawisha, de l'université de Miami, auteure du livre récemment publié *La Kleptocratie de Poutine. À qui appartient la Russie?*, nomme «autoritarisme kleptocratique».

Roman Schleynow nous explique maintenant en détail cette histoire, car ni lui ni Roman Anin n'avait jusqu'à présent accès au forum pour des raisons de sécurité.

Après une longue réflexion avec l'ICIJ, nous optons pour la solution suivante: les deux Roman reçoivent des smartphones ici, en Allemagne, qui serviront exclusivement pour le projet. Ces téléphones seront immédiatement détruits s'ils ont l'impression qu'un mouchard pourrait y avoir été installé. Les journalistes qui travaillent en Russie et publient des textes critiques à l'encontre de Poutine parlent régulièrement de cambriolages dans leurs bureaux et leurs appartements. Le fait qu'ils soient truffés de micros est évident. Les deux Roman ne téléphoneront pas avec les nouveaux smartphones.

Nous partons donc faire des courses avec eux. Nous nous dirigeons vers un magasin d'électronique et payons en espèces, de façon à ne laisser aucune trace.

Au cours de la réunion, nous encourageons très régulièrement les participants à faire preuve de la plus extrême prudence. Il suffit d'un mot à la mauvaise personne et Prometheus pourrait s'envoler. Mossack Fonseca serait averti, les clients également. Ils auraient suffisamment de temps pour bâtir une stratégie de défense, alors qu'en face nous aurions à peine eu le temps de mener la moitié de nos recherches. L'ensemble du projet serait en danger.

Ce serait la pire hypothèse.

Le meilleur scénario: au printemps 2016, le même jour, à

la même heure, des centaines de journalistes du monde entier publieront en ligne une histoire sur le cabinet panaméen Mossack Fonseca.

Parmi les questions dont nous discutons à Munich, il y a celle de la date exacte de publication et du nom du projet, c'est-à-dire sous quel nom la publication doit apparaître. Ces questions pourraient rester longtemps sans réponse. Tout le monde s'accorde sur le fait que nous devons viser un dimanche soir, afin de profiter de toute la semaine pour mettre le sujet en place. Mi-mars ou début avril serait un bon moment. Mais avec deux cents journalistes de plus de soixante pays, il y a un certain nombre de restrictions. Les 7 et 8 mars, aucun journal ne paraît en Russie : c'est la journée de la femme. Ce n'est pas une option. Le 13 mars, il y a trois élections régionales en Allemagne. Ce n'est pas du tout favorable, les journaux vont être complètement accaparés par les résultats des élections. La semaine du 20 mars, il y a les jours fériés de Pâques, et le 3 avril, ce sont les élections présidentielles au Pérou.

Pfiou. Nous remettons la décision à plus tard.

Même chose pour la recherche du nom. Est-ce que ça devrait être #globalleaks ou #offshoreuncovered ? #panamafiles ou #theshellgame ? #shadowland ou #hiddenmoney ? Nous ne trouvons pas de consensus, mais seulement une vingtaine d'autres propositions.

Les discussions s'étirent en longueur, mais c'est le prix à payer quand on est si nombreux. Le mélange entre journaux et TV pose également problème. Les collègues de la télévision ont besoin d'images tournées au Panama et souhaiteraient les tourner le plus rapidement possible, pour pouvoir tout envoyer au montage. Ils expliquent qu'à la fin, les délais sont toujours terriblement courts. Mais nous ne voulons pas que deux douzaines d'équipes de télévision se pointent devant les bureaux de Mossack Fonseca ces prochains mois pour tourner «discrètement».

Rita Vásquez se lève et prend la parole. Elle est rédactrice en chef de *La Prensa,* le journal panaméen qui va couvrir l'affaire dans le pays d'origine de Mossack Fonseca – notre partenaire sur place. Rita dit ce que nous pensions déjà, à savoir que le Panama est un petit pays et que l'offshore est un secteur dont les représentants sont déjà constamment en garde contre les journalistes d'investigation. Elle pense que même si une seule équipe de télévision pose des questions étranges, les gens de Mossfon ne seront pas les seuls à être nerveux. Parce que tout le monde se connaît et que cette branche est étroitement liée à la politique – comme on l'observe déjà avec Ramón Fonseca, qui est conseiller du président.

Les collègues de la télévision sont convaincus. Nous ne voulons pas inquiéter le secteur de l'offshore dès maintenant.

Lorsque Rita Vásquez parle de l'industrie offshore, nous l'écoutons tous très attentivement. Elle la connaît mieux que personne. Non seulement parce qu'elle vit au Panama, l'un des centres névralgiques de ce secteur, mais aussi et surtout parce qu'elle fut elle-même manager d'une filiale offshore panaméenne aux îles Vierges britanniques. Elle ne veut pas s'étendre davantage sur son passé, mais son expérience et ses connaissances vont nous aider à mieux comprendre le Panama, ce pays qui, malgré tous les réajustements des lois, reste le lieu idéal pour Mossack Fonseca et, d'ailleurs, pour toute une série d'autres cabinets, qui gagnent leur argent avec des sociétés offshore.

Il n'est pas facile de comprendre le Panama – ou, devrions-nous dire, une partie du Panama, qui aide tant de criminels, de dictateurs, de sociétés corrompues et de fraudeurs fiscaux à cacher de l'argent. Bien sûr, le Panama n'est plus la «narco-kleptocratie», comme le sénateur américain et futur candidat à la présidentielle John Kerry le nomma en 1988, alors qu'une part étonnante des affaires de drogue y avait lieu. Mais comme le dit l'auteur britannique Nicholas Shaxson lorsqu'il cite un fonctionnaire américain, le pays serait «plein d'avocats malhonnêtes, de banquiers malhonnêtes, de vendeurs de sociétés offshore malhonnêtes et d'entreprises malhonnêtes». La même chose peut être lue, dans un style un peu plus objectif mais tout aussi dur, dans un rapport publié par le Département d'État américain en mars 2014. Selon ce dernier, le Panama serait encore «une cible attractive pour les blanchisseurs d'argent» qui souhaitent y faire nettoyer des fortunes sales, accumulées grâce à la drogue, la corruption et l'évasion fiscale. Il y est écrit que «de nombreux facteurs entravent la lutte contre le blanchiment d'argent», notamment «l'existence d'actions au porteur», «le manque de coopération entre les différents organismes gouvernementaux», ou «un système judiciaire faible, sensible à la corruption, et le népotisme».

Le Panama atterrit à son tour sur la liste noire des paradis fiscaux publiée par l'UE en juin 2015.

Quelques jours après le départ de nos collègues, la venue du président panaméen Juan Carlos Varela est annoncée à New York. Il doit y donner un grand discours. Nous le regardons sur Internet: il se dirige vers le pupitre dans la grande salle de l'Organisation des Nations unies, tripote brièvement son texte et commence à parler. Seize minutes. C'est censé être une sorte de grand balayage. Varela déclare: «Le Panama s'engage à développer la coopération internationale dans le domaine de la transparence fiscale et à continuer à développer un échange automatique d'informations en matière fiscale sur une base bilatérale.»

C'est drôle. C'est Varela, dont le conseiller est Ramón Fonseca, le tycoon de l'offshore, qui voudrait tirer un trait sur l'existence des paradis fiscaux? En tout cas, c'est ce qu'il dit. Pour ce qui est de l'échange automatique d'informations, est-ce que cela signifie entre autres que c'est la fin du paradis fiscal panaméen?

Est-ce qu'au moment de la publication nous écrirons sur quelque chose qui n'est plus actuel? Sommes-nous en train d'attaquer un pays qui vient à l'instant de décider de se réformer en profondeur pour repartir de zéro?

De toute façon, dans nos données, il ne s'agit pas que du Panama.

Mossfon gère et/ou crée des sociétés dans les îles Vierges britanniques, aux Seychelles, dans les États américains du Nevada et du Wyoming, aux Bermudes, aux Bahamas, aux Samoa et aux Anguilla britanniques. Et, d'autre part, la question est de savoir à quel point les annonces de Varela sont crédibles.

Un peu plus tard, nous constatons que nous ne sommes pas les seuls à avoir enregistré le discours de Varela.

John Doe : J'ai écouté le discours du président du Panama à l'ONU. Est-ce qu'il va vraiment passer à l'acte et fournir les données du Panama pour l'échange d'informations ?

*SZ* : Difficile à croire.

John Doe : Ce serait un problème pour Mossack Fonseca, pas vrai ?

*SZ* : Si c'est fait de façon conséquente, oui.

John Doe : Et Ramón Fonseca est le conseiller de Varela.

*SZ* : Yep.

John Doe : Cela ne va donc jamais arriver…

Quelques jours plus tard, la source nous fait passer une lettre écrite par les cadres de Mossack Fonseca pour leurs clients après le discours de Varela. Cette lettre s'adresse aux banques, aux cabinets d'avocats et aux conseillers en placements. Apparemment, les clients seraient aussi surpris que nous par les propos de Varela, et Mossfon tente de les rassurer : «Nous aimerions vous assurer», est-il écrit, qu'«aucun changement dans les lois et règlements existants n'a été annoncé» dans le discours de Varela.

Pas de changement? Varela n'a-t-il pas parlé de plus de transparence et d'un échange automatique d'informations? D'une manière ou d'une autre, si. Mais Mossack Fonseca se veut rassurant sur le fait que tout cela va être résolu selon les règles de l'art panaméennes: ils écrivent qu'un possible «échange devra être élaboré de façon à ce qu'il ne sape pas la compétitivité de certains pays au détriment des autres».

En lisant ces lignes, il ne faut pas perdre de vue que Ramón Fonseca est non seulement l'un des plus proches conseillers du président, mais qu'il est en prime le chef adjoint du parti au pouvoir. Un tel personnage a toute l'attention du président et peut, en cas de doute, avoir l'influence dont il a besoin pour atténuer les lois trop impopulaires.

Dans cette même lettre de Mossack Fonseca, il est écrit plus loin que le président Juan Carlos Varela continuera à défendre «les intérêts du pays».

Les intérêts du Panama. Nous ne serions pas surpris s'ils coïncidaient parfaitement avec les intérêts de Ramón Fonseca. D'une certaine manière, c'est bien le cas: plus les cabinets comme Mossfon apportent d'argent au Panama, mieux c'est. En tout cas, c'était le cas jusqu'à présent.

# 16. Le cabinet des avocats du mal

L'une des conséquences de la grande réunion de Munich est que nous nous focalisons de nouveau sur Mossack Fonseca pendant quelques jours, et faisons le point sur notre enquête.

Le problème, c'est qu'il n'y en a pas qu'une de société. Il y en a beaucoup. Des douzaines.

Au cours des recherches menées avec nos collègues de Prometheus, nous sommes à plusieurs reprises tombés sur une étrange société qui semble appartenir à la galaxie Mossfon. Il n'est pas si simple d'en avoir la preuve, parce que les actions ne sont généralement pas détenues par Mossack Fonseca ni les partenaires du cabinet, mais par des holdings de Mossfon – qui n'apparaissent à première vue pas comme telles. C'est compliqué.

Non seulement Mossack Fonseca dissimule la situation de propriété de ses clients, mais il cache aussi les siennes. Cela présente un avantage évident : si Mossfon rencontre des problèmes judiciaires avec l'une de ses sociétés, il peut tranquillement prendre ses distances avec la filiale. Dans le magazine *Vice*, Jack Blum, un ex-enquêteur du Sénat américain, décrit cette tactique, qui ne concerne pas seulement Mossfon, mais bien d'autres entreprises également : l'astuce, c'est de faire en sorte qu'il y ait « des organisations étroitement liées, de façon verticale et sans points de couture visibles », « jusqu'au moment où un enquêteur ou un policier débarque. À ce moment-là, elles sont dissoutes en un certain nombre d'unités distinctes, et chacun

209

prétend fermement ne pas savoir ce qu'il se passe à l'intérieur du système. C'est comme un puzzle bricolé à plusieurs qui se délite dès que quelqu'un commence à enquêter».

Toujours est-il que le cabinet Mossfon gère toutes ses entreprises lui-même – et nous sommes en possession des documents en question. Mais pister chaque société représente un travail de fourmi. C'est comme les poupées russes Matriochka, il y a toujours une société imbriquée dans l'autre, nous devons les ouvrir, les unes derrière les autres, jusqu'à ce que l'on tombe sur la plus petite d'entre elles. Et la piste mène à Jürgen Mossack.

L'exemple le plus récent est la succursale de Mossfon au Nevada. Là-bas, une action en justice est en cours depuis quelques années, initiée par Paul Singer, le propriétaire des fonds de couverture NML Capital. C'est un procès en marge du démêlé avec l'État argentin. Singer veut prouver que le président défunt, Néstor Kirchner, et son épouse, l'ex-présidente Cristina Kirchner, ont fait sortir près de 65 millions de dollars du pays – avec l'aide de 123 sociétés offshore fondées par Mossack Fonseca, d'après ce que nous savons. Les Kirchner nient les faits, et il n'y a aucune preuve pour le moment. Étant donné que les avocats de Paul Singer au Panama n'ont aucune intention d'attaquer les documents internes, et qu'une grande partie de ces sociétés a été enregistrée au Nevada, ils déposent une plainte dans l'État américain pour obtenir la divulgation de la situation de propriété.

Et en effet, la stratégie de Mossack Fonseca depuis le début était bien de s'éloigner de M.F. Corporate Services (Nevada) Limited. Dans une déclaration du 8 juillet 2015 sous serment, Jürgen Mossack explique lui-même que Mossack Fonseca et M.F. Nevada sont des sociétés distinctes, qu'il n'y a pas de relation société mère-filiale entre elles, et que Mossack Fonseca n'a aucun accès aux «affaires internes ni aux opérations quotidiennes».

Lorsque nous vérifions cela dans nos données, nous trouvons

une conversation e-mail qui suggère le contraire. À l'automne 2014, les employés de Mossack Fonseca craignent une perquisition dans les bureaux de M.F. Nevada – c'est ce qu'annoncent leurs avocats, d'après les e-mails. Une telle perquisition serait évidemment un énorme problème, parce que les enquêteurs «trouveraient facilement la preuve que nous cachons quelque chose», écrit un employé de Mossfon. À savoir un lien entre Mossack Fonseca Panama et M.F. Nevada. Ils élaborent donc un plan, dont le «but est que M.F. Nevada ne puisse pas être relié à Mossfon».

La procédure est la suivante: l'unique employée du Nevada, Patricia A., doit se comporter dans son travail quotidien «comme si elle était une intermédiaire, ce qui est exactement ce que nous voulons faire croire». Au Panama, on décide donc que A. va recevoir un nouveau téléphone, «de sorte que l'accès direct au carnet d'adresses Mossfon dont elle dispose ne puisse être vu». Ce nouveau téléphone sera en outre dépourvu de mémoire concernant les numéros composés.

L'autre problème, c'est le système interne, auquel Patricia A. a accès. Il doit «être caché aux enquêteurs». Mais après une longue discussion, ils se rendent compte que c'est impossible. Après avoir consulté un des directeurs, Mossfon Panama décide donc de supprimer cet accès. Mais cela ne suffit pas. Lors d'une perquisition, les enquêteurs pourraient découvrir dans l'ordinateur de Patricia A. qu'elle a utilisé le système interne jusqu'à ce moment-là. Ces traces sont détectables dans les fichiers d'identification locaux, qu'un dénommé Francisco doit donc «nettoyer» «à distance». Le bureau aussi a été nettoyé: «Lorsque Andrés [un employé de Mossfon] est venu au Nevada, il a tout nettoyé et a remporté tous les documents au Panama», est-il écrit dans l'un des mails.

La mafia a son propre terme pour désigner les gens qui nettoient discrètement toutes les traces après les faits: les nettoyeurs.

Pour mémoire : Jürgen Mossack a expliqué sous serment que Mossack Fonseca ne contrôle pas les affaires internes ni les opérations quotidiennes de M.F. Nevada[1].

D'autre part, Mossack n'aurait-il pas également déclaré qu'il n'existait aucune relation société mère-filiale ? Après quelques recherches, nous trouvons une demande d'ouverture de compte de M.F. Nevada, et dans cette demande, les employés de Mossfon dévoilent la structure de propriété : toutes les actions de M.F. Nevada ont été détenues par la société offshore Tornbell Associates, qui appartient à 45 % à Jürgen Mossack, à 45 % à Ramón Fonseca, et à 10 % à Christoph Zollinger, leur partenaire suisse junior[2].

L'assertion de Mossack, selon laquelle M.F. Nevada ne serait pas une filiale de Mossack Fonseca, est typique des stratégies employées par le cabinet et ses responsables pour masquer les vrais problèmes.

De plus, Mossfon tente de protéger ses clients du propriétaire plaignant des fonds d'investissement Paul Singer : Mossfon envoie des e-mails aux gérants des sociétés Mossack Fonseca concernées et écrit qu'ils ne peuvent que « conseiller » de ne pas avoir de parts dans ses sociétés. Les gens de Mossfon écrivent que ces parts pourraient en théorie être saisies, dans le cas où le tribunal contraindrait Mossack Fonseca à communiquer toutes les informations.

Comme, à présent, nous avons vu comment M.F. Nevada s'est camouflé afin de ne pas apparaître comme une entreprise du groupe Mossfon, nous essayons de mener systématiquement l'enquête sur toutes les sociétés liées à Mossfon. Nous listons toutes les entreprises, dont nous savons déjà qu'elles appartiennent

---

1. Lors du bouclage de ce livre, ni Jürgen Mossack ni Mossack Fonseca ne nous avaient répondu.
2. Lors que nous l'interrogeâmes à ce sujet, Christoph Zollinger nia avoir été actionnaire de Tornbell Associates.

à Mossack Fonseca. Nous en dénombrons 37, mais nous pensons qu'il y en a bien plus.

Nous avons beaucoup de chance : notre collègue de la radio NDR, Jan Strozyk, découvre un document Excel qui nous aide énormément : c'est une sorte de «Tout Mossack Fonseca en un coup d'œil». Mossfon semblerait sur le point de conclure un contrat d'assurance, les employés ont donc organisé tout l'univers Mossfon dans quelques tableaux Excel, qui listent toutes les sociétés lui appartenant. Dernière mise à jour : 2014.

Les conditions du contrat d'assurance impliquent probablement l'obligation pour Mossfon d'expliquer comment ils ont gagné leur argent et quelles entreprises sont impliquées. L'ironie du sort, c'est que Mossack Fonseca a apparemment conclu un contrat d'assurance auprès du même organisme pour se protéger de la «criminalité économique». Nous cherchons ce que l'assureur veut exactement dire par là, et nous trouvons bel et bien une définition. D'après cette dernière, cette assurance protège les entreprises «des conséquences économiques de la fraude (par des employés ou des tiers), du vol (y compris l'usurpation et le cambriolage) *[note de l'auteur : de l'extérieur, au détriment de Mossfon]* et de la fraude électronique. Le risque comporte les pertes "internes" dues à un abus de confiance des employés, de même que les pertes "externes"».

Nous ne pouvons pas exclure le fait que Mossfon s'assure ainsi également contre ce qu'il se passe en ce moment même : à savoir la fuite de données internes.

Avec le document, nous bénéficions en tout cas d'une vue d'ensemble fiable de l'entreprise. Selon lui, Mossack Fonseca aurait, dans son exercice comptable de 2013, près de cent sociétés avec différentes fins commerciales, et plus de cent sociétés liées, ayant fait office de sociétés écrans.

Dans le document Excel, on dénombre douze holdings,

hiérarchiquement au-dessus des filiales Mossfon. Cela fait plus de deux cents entreprises au total.

Mossfon n'est pas seulement un cabinet d'avocats, c'est une véritable Hydre de Lerne !

Est-ce la totalité du réseau d'entreprises ? Nous n'en mettons pas notre main au feu. Mossack Fonseca offre également des services tels que l'immatriculation de yachts et d'avions, ainsi que des conseils juridiques en matière de propriété intellectuelle, de gestion d'actifs, d'*investment banking*, de services fiduciaires ou de location de bureaux virtuels. D'autres entreprises sont responsables des biens immobiliers, des comptes bancaires, de lignes téléphoniques, de parcs automobiles et de la facturation. Et, bien sûr, il y a des entreprises responsables de bureaux dans d'autres pays. Donc, si une succursale de Mossfon rencontre des problèmes juridiques parce qu'elle gère une société impliquée dans de la fraude ou dans le non-respect de sanctions, elle peut à tout moment prendre ses distances avec le siège panaméen. Exactement comme l'enquêteur américain Jack Blum, cité plus haut, le décrivait.

Dans ce document de synthèse, nous apprenons pour la première fois le montant du chiffre d'affaires de Mossfon, à savoir 42,6 millions de dollars en 2013 – un chiffre qui nous laisse perplexe. Bien entendu, les charges et les coûts ne sont pas particulièrement élevés. Les prête-noms gagnent environ 5 000 dollars par an. Mais nous avions évalué que Mossack Fonseca rémunérait mieux son mode de fonctionnement limite et les risques qui vont avec.

Le document fournit également des informations sur les parts touchées par les différents secteurs d'activité des entreprises.

Ce n'est guère une surprise : la plus grosse part est réalisée par les sociétés qui se consacrent à l'activité principale : la création et la gestion de sociétés offshore. Mais les domaines dans lesquels des entreprises du groupe Mossack Fonseca travaillent directe-ment avec des clients finaux apportent une part non négligeable au chiffre d'affaires, à hauteur de 12 %. D'après les documents, Mossack Fonseca en 2013 emploie au total 588 personnes, dont 342 au Panama, 140 en Asie et 40 dans les îles Vierges britanniques. Mais également 6 en Colombie, 3 aux Samoa, 5 au Luxembourg et 18 au Salvador. On pourrait penser que tous ces employés engendrent des coûts, mais les salaires au Salvador, au Panama ou aux îles Vierges britanniques sont bien inférieurs aux salaires européens.

Selon leurs propres déclarations, Mossfon possède près de cinquante bureaux dans plus de trente pays à l'automne 2015. Plus de trente de ces bureaux sont des filiales, les autres sont des « bureaux partenaires » avec un statut juridique qui ne nous est pas très clair, probablement quelque chose de comparable à une franchise.

Au milieu de ces deux cents sociétés, l'une d'elles passerait presque inaperçue : jusqu'à il y a peu, elle s'appelait International Outsourcing. Elle fut récemment renommée Mossfon Executive. En 2013, la société, basée au Panama, aurait près de vingt employés, dont les noms nous sont devenus familiers après tous ces mois passés en compagnie des données de Mossfon : des prête-noms et des hommes de paille supposés contrôler le destin de « leurs » entreprises.

Ce sont eux que l'on voit souvent de l'extérieur, et que l'on peut même googler. Ce sont eux qui apparaissent dans les médias internationaux, parce qu'ils signent pour des sociétés offshore qui font les gros titres. C'est entre autres sur eux que repose le plus de pression : ils sont les visages de milliers de sociétés. Leurs noms atterrissent sur des listes de sanctions, des actes d'accusation, des blogs et des articles de journaux. Et des experts nous expliquent qu'en cas de doute, c'est même eux que l'on peut attaquer pour les agissements des sociétés écrans.

On imagine très bien pourquoi ils ne sont pas directement embauchés par Mossack Fonseca.

Pour rappel, l'un des prête-noms de Mossfon s'appelle Leticia Montoya. Elle fut la directrice de Casa Grande Development, qui géra des caisses noires de Siemens en Amérique latine, et grâce à qui l'homme de pouvoir nicaraguayen Arnoldo « Fat Man » Alemán et ses complices auraient caché des millions. Mais la liste est en réalité très longue : rien que dans le registre panaméen des entreprises, son nom apparaît pour un total de plus de 25 000 postes de direction, actuels et passés.

En toutes lettres : vingt-cinq mille !

Ce nombre ne comprend aucun des postes que Montoya occupe ou occupait pour des sociétés écrans en dehors du Panama. Le nombre total réel est donc probablement bien plus élevé encore.

Leticia Montoya doit souvent entendre cette question : comment arrive-t-elle à faire face à ses devoirs de directrice dans un tel enchevêtrement de sociétés ?

Mais qui est donc Leticia Montoya, la reine des prête-noms ?

D'après la copie de son passeport, elle est née en mars 1953 au Panama, est citoyenne panaméenne et son nom complet est « Leticia Montoya Moran ». Selon nos sources, elle n'a pas fait d'études supérieures, parle à peine anglais et habite un quartier pauvre en dehors de la ville de Panama. Ce qui n'est guère surprenant, car si Mossack Fonseca gagne des millions grâce à des prête-noms très exposés, c'est précisément avec ces derniers qu'il ne partage pas : nous ressentons presque de la compassion quand nous lisons dans un mémo que Leticia Montoya – qui d'après un document interne travaille pour Jürgen Mossack depuis octobre 1981 – gagnait par moments tout juste 400 dollars par mois.

Un petit calcul : pour le service de prête-nom, Mossfon prend environ 450 dollars par an. Dans bien des cas, le cabinet met trois prête-noms en place par société, ce qui fait donc environ 150 dollars par prête-nom. Certaines années, le salaire annuel de

Leticia Montoya n'était que de 4 800 dollars[1]. Si elle était directrice de seulement 32 sociétés actives, cela rapporterait exactement l'équivalent de son salaire annuel. Mais elle est en réalité directrice de bien plus de sociétés. Beaucoup plus. Dans une liste de 2012, elle apparaît en tant que directrice de 3 143 sociétés écrans. Cela signifie donc que cette année-là, à elle seule, elle a presque fait gagner un demi-million de dollars à Mossfon. Soit cent fois son salaire.

Le système des prête-noms a essentiellement besoin de trois formulaires pour fonctionner – et nous en trouvons des milliers dans les données. L'homme de paille, le *Nominee Director* dans le jargon offshore, garantit au vrai propriétaire qu'il obéira à ses ordres et ne jouira d'aucun droit sur lui ni sur la société (*Nominee Director Declaration*). Il donne ensuite une procuration (*Power of Attorney*) au vrai propriétaire, le *Beneficial Owner*, qui le déclare *de facto* directeur. Enfin, dans un troisième document – qui n'est pas rempli de façon standard – le faux directeur demande à démissionner (*Resignation Letter*). Le prête-nom signe donc cette lettre et la donne au vrai propriétaire sans mettre de date – le vrai chef peut ainsi se débarrasser du faux chef à tout moment, même rétroactivement. Dans bien des cas, le faux directeur est donc dès le début «sous tutelle».

Pour le quotidien, Mossack Fonseca ordonne même très souvent à ses prête-noms de signer en blanc toutes sortes de documents – des demandes d'ouverture de compte en l'occurrence, mais également des formulaires d'achat d'actions dans lesquels les clients n'auront plus qu'à renseigner le nom de l'entreprise. Comme ça, en cas de besoin, tout peut aller très

---

1. Plus tard, Montoya gagna apparemment plus. Fin 2015, nous trouvons un formulaire récent, selon lequel elle aurait gagné 10 800 dollars par an. Le décalage avec ce que Mossfon se met dans les poches grâce à ses services reste énorme.

vite, Mossfon Panama n'a même pas besoin des prête-noms en personne pour signer quoi que ce soit.

Mais il y a encore plus absurde : dans nos données, nous trouvons un nombre incalculable de fichiers contenant d'énormes quantités de feuilles signées en blanc. Des pages blanches vierges, chaque fois signées par trois prête-noms, dans des combinaisons différentes. Parfois, ils signent en bas de la page, parfois au milieu, parfois en haut… En théorie, ces papiers peuvent tout devenir : un contrat d'achat, une nouvelle procuration, une fermeture d'entreprise…

De la même manière, Jürgen Mossack a pris des postes de directeur et a agi comme homme de paille. En tant que « Jurgen Mossack » [sans tréma], il arrive à près de 1 500 postes de directeur, anciens ou actuels. Si on ajoute les entrées du registre des entreprises en tant que « Jurgen Mossack 1 », « Jurgen Mossack 7058 », « Jurgen Jurgen Mossack », et bien d'autres façons de l'écrire encore, le nombre s'accroît[1].

Nous trouvons un e-mail de 2008 indiquant que Mossack – de même que sa première femme – ne doit plus être prête-nom. Depuis, il laisse donc ce job à ses sbires. Et si jamais ces derniers commettent des erreurs, ou s'il y a une plainte contre un prête-nom, Mossfon a veillé à ce que la totalité ne soit pas concernée : si quelqu'un devait attaquer la société dans laquelle la plupart des prête-noms sont employés, il atterrirait dans le satellite Mossfon Executive, l'une des deux cents sociétés de Mossfon.

C'était quoi, déjà, l'image utilisée par l'ancien enquêteur américain Jack Blum ? Un puzzle qui tombe en morceaux dès que quelqu'un commence à enquêter…

Tout l'univers Mossfon fonctionne selon ce système. Comme Jürgen Mossack et Ramón Fonseca disposent de sociétés spéciales

---

1. Lors du bouclage de ce livre, Jürgen Mossack ne nous avait pas répondu à ce sujet.

pour la fiducie [la fiducie est un transfert temporaire de société], l'administration des biens des clients, les fondations et la plupart des bureaux, une enquête ou une plainte tomberait toujours en premier lieu sur une filiale, mais que l'on ne peut reconnaître immédiatement en tant que telle, car elle appartient à une société offshore, qui souvent, à son tour, appartient à une fondation.

Ce principe des petites unités librement connectées, Jürgen Mossack et Ramón Fonseca l'appliquent aussi en privé. Ils ont tous les deux placé leurs fortunes dans un entrelacs de sociétés, dont la plupart n'ont qu'une fonction très restreinte. L'une des sociétés de Jürgen Mossack possède quelques *fincas*, une autre, un penthouse, une autre, un hangar pour son hélicoptère, une autre, son hélicoptère, une autre sa plantation de teck, une autre, son or, et une autre, encore, son yacht – le *Rex Maris*, le roi de la mer. Il est certain que son cabinet a fait de Jürgen Mossack, fils de l'aventurier allemand Erhard Mossack, un homme très riche. Un homme riche avec une lubie pour les sociétés offshore : même ses voitures ont leurs propres sociétés, une pour la Mercedes, une pour la Volvo, une autre pour la Mazda, et une pour le Chevrolet Tahoe[1].

L'élément central de planification de sa fortune semble être une fondation nommée The Mossack Family Foundation. La plupart des parts de ses sociétés offshore privées lui appartiennent, et les bénéfices des activités de Mossfon y atterrissent sans doute aussi. Le bénéficiaire principal de la Mossack Family Foundation, fondée en 1997, est Jürgen Mossack. Ses enfants et beaux-enfants sont enregistrés comme bénéficiaires secondaires. Mossack en est actuellement à son troisième mariage. Ça commence à en faire du monde.

La Mossack Family Foundation détient, comme bien des fondations vendues par Mossfon, un compte discret en Suisse.

---

1. Lors du bouclage de ce livre, Jürgen Mossack ne nous avait pas répondu à ce sujet.

Mais la famille ne profite pas seulement de l'entreprise, la famille fait depuis longtemps partie de l'entreprise : une fille et un fils de son premier mariage travaillent depuis un certain nombre d'années déjà pour leur père. La fille comme conseillère client, et le fils, en tant qu'avocat.

La première femme de Mossack fut apparemment prête-nom, de temps en temps. Deux des belles-filles de Mossack, de son deuxième mariage, étaient ou sont toujours chez Mossfon. Sa troisième épouse, une Cubaine, a travaillé pour Mossack Fonseca comme avocate.

Une société fut également attribuée en interne au frère de Jürgen Mossack, Peter, le consul honoraire panaméen qui vit près de Darmstadt. Il est difficile de savoir s'il l'utilise vraiment. En février 2015, il nous expliqua encore qu'il n'était pas au courant des activités de son frère[1].

Dans les archives de Mossfon, nous avons même trouvé une société au nom de la mère et du père de Jürgen Mossack – l'ex-brigadier Waffen-SS puis informateur de la CIA, Erhard Mossack.

La famille, *la familia*, l'entreprise… Ça ne fait plus qu'un.

---

1. Lors du bouclage de ce livre, Peter Mossack ne nous avait pas répondu à ce sujet, même après une relance.

## 17. « Spirit of Panama »

Jusqu'à présent, nous avons sous-estimé l'importance d'une figure clef du cabinet panaméen. Il est désormais clair que nous devons orienter plus intensivement nos recherches sur Christoph Zollinger. Au tout début, nous avons identifié ce Suisse comme l'un des trois partenaires du cabinet, parce qu'il prenait des décisions lors de situations difficiles, tout comme Mossack et Fonseca – lorsqu'il s'agissait, par exemple, de savoir si l'on devait garder ou non un client douteux. Les trois hommes répondaient généralement en un court mail, d'une ou deux lignes, et le problème était réglé.

Cependant, après la descente à la Commerzbank en février 2015 et notre couverture médiatique, un portrait de Zollinger parut fin avril 2015 dans le journal suisse *Tages-Anzeiger*, qui le cite : il aurait quitté Mossack Fonseca depuis 2011 déjà, et ne serait pas devenu partenaire.

Dans ses réponses aux questions du journal – dont le journal jumeau *Sonntags Zeitung* a entretemps rejoint le projet Prometheus –, Zollinger n'écrit pas seulement qu'il ne serait «pas partenaire des associés respectifs de MF Panama», mais qu'il n'aurait en outre «jamais été autorisé à signer», à savoir «ni pour des documents ni pour des comptes». De plus, il n'aurait «jamais eu de procuration ni d'autres pouvoirs», et n'aurait «JAMAIS été membre du conseil d'administration». Il n'aurait pas non plus été actionnaire de Mossfon.

Lorsqu'on publie des démentis aussi affirmatifs, mieux vaut dire la vérité, car il serait assez désagréable d'être mis publiquement face à ses mensonges. Après l'article du *Tages-Anzeiger,* nous supposons donc, dans un premier temps, que Zollinger dit la vérité. Mais nous décidons d'approfondir nos recherches sur le Suisse. Cela fait déjà longtemps qu'on n'a plus eu affaire à lui : il y avait beaucoup d'autres pistes plus importantes à suivre.

Pourtant, peu d'histoires sont aussi merveilleuses que celle de Zollinger : après ses études de droit, il voyage dans le monde entier puis pose finalement ses valises au Panama en 1995, où il travaille d'abord chez un fournisseur d'accès internet. Il entre finalement chez Mossack Fonseca en 1997, d'abord comme assistant des deux partenaires fondateurs.

Il gravit rapidement les échelons et accède aux rangs de la direction en 2004. Il obtient la citoyenneté panaméenne, épouse une Panaméenne et devient même « ambassadeur spécial du ministère des Affaires étrangères » un peu plus tard.

En 2010, il s'essaie au bobsleigh sur le canal de glace de Saint-Moritz, en Suisse, et est si enthousiasmé par ce sport qu'il se décide apparemment à emboîter le pas aux protagonistes du film *Rasta Rockett*.

Dans cette comédie américaine, une équipe de bobsleigh jamaïcaine essaie de se qualifier pour les jeux Olympiques malgré toutes les résistances – il s'agit de la véritable histoire de l'équipe de bobsleigh jamaïcaine, qui concourut aux jeux Olympiques de Calgary en 1988. Zollinger fonde donc une fédération de bobsleigh au Panama, trouve des sponsors comme Adidas et BMW, engage un entraîneur de niveau international et recherche lors d'un casting télé un pousseur pour son bob « Spirit of Panama ».

Le pays est pris par une vague de sympathie, même le président croise les doigts en public pour qu'ils atteignent leur but : les jeux Olympiques de 2014 à Sotchi. L'histoire exotique de l'équipe de bob suisse-panaméenne est relayée avec enthousiasme par les médias, aussi bien au Panama qu'en Suisse – le petit magazine pour enfants du *Spiegel* publie un texte à propos du « rêve sur patins ». L'équipe de Zollinger et d'Edouardo Fonseca – le fils de Ramón – se croit en lice, jusqu'à ce que Christoph Zollinger se blesse au pied. La qualification échoue. Le rêve se brise.

Nous nous concentrons à nouveau sur Zollinger lorsque nous tombons sur un papier mentionnant les propriétaires de Mossack Fonseca & Cie S.A. Il est noté que le 21 mai 2008, Christoph Zollinger détenait 10 % des actions en tant que propriétaire. Cependant ce n'est pas clair : détient-il ces actions directement ou indirectement. Les 90 % restants sont partagés à parts égales entre Ramón Fonseca et Jürgen Mossack.

D'après ce papier, Zollinger fut bien, en 2008 en tout cas, actionnaire de Mossack Fonseca & Cie – ce qu'il a préféré ne pas révéler lors de son interview dans le *Tages-Anzeiger* en avril 2015. Nous lui reposons la même question en mars 2016, et obtenons la même réponse. Mais il avoue avoir été « nommé en tant que partenaire dans leur langage interne », et avoir « en conséquence » signé ainsi ses e-mails.

Par la suite, nous épluchons d'autres sociétés de Mossfon et finissons vite par trouver ce que nous cherchions dans des holdings : des sociétés qui détiennent des parts dans d'autres groupes[1].

– Selon nos données, Christoph Zollinger détient, probablement de façon indirecte, 10 % de parts dans le groupe Tornbell Associates – qui détient à son tour des parts dans la filiale américaine de Mossfon au Nevada.

– Il a également 10 % dans Baysel Invest, qui possède la branche de Mossfon Private Banking, Mossfon Asset Management. À ce sujet, Zollinger nous confirme avoir été actionnaire de Baysel, mais déclare qu'il « n'avait pas connaissance » de cette société !

---

1. Toutes les constellations de propriétés citées ici, telles que nous les trouvons dans les données, datent de mi-2015.

– Panaswiss Foundation, l'une des trois fondations suisses que nous attribuons à l'entourage de Zollinger, détenait, d'après nos informations, des parts dans M.F. Private Holdings Limited, une holding de Mossfon. Zollinger déclare à ce sujet : « Ma fondation était bénéficiaire d'une autre fondation qui était propriétaire de M.F. Private Holdings Limited. »

Nous nous arrêtons là pour le moment et poursuivons sur une autre recherche : était-il membre du conseil d'administration ? Après quelques minutes, nous avons sur notre écran un document Word, listant soigneusement ses postes de directeur dans plusieurs sociétés du cabinet. En mars 2015 – c'est-à-dire avant l'interview du *Tages-Anzeiger* –, Zollinger était directeur du cabinet Mossack Fonseca & Cie S.A., du département de fiducie de la branche Trust, ou bien de la holding Beechfield Corp.

En mai 2015 encore, des employés de Mossack Fonseca envoyèrent des brochures dans lesquelles Zollinger était présenté comme membre du conseil d'administration, le tout avec son CV et une photo le montrant aux côtés de Fonseca et de Mossack.

Nous cherchons une nouvelle fois sa citation exacte : « Je n'ai JAMAIS été membre du *board of directors*. »

Début mars 2016, nous interrogeons Zollinger au sujet de son poste de directeur. Il ne prétend plus n'avoir jamais été directeur et déclare avoir « quitté les *boards* des sociétés citées » au cours des années passées.

Point suivant : au printemps 2015, Zollinger a déclaré au *Tages-Anzeiger* avoir quitté Mossfon en 2011. C'est surprenant, car nous trouvons divers e-mails datant du même printemps 2015, envoyés de son adresse mail Mossfon. Au printemps 2015 encore, Zollinger occupait divers postes de directeur. Dans nos données, les courriers les plus récents, selon lesquels il voulait démissionner de ses postes, ont été envoyés peu après que nous avions évoqué pour la première fois les agissements du cabinet panaméen dans la *Süddeutsche Zeitung*, en février 2015. Nous voyons également des e-mails d'une employée nommée Andrea N., qui signe «Assistant to Ch. Zollinger». Ils datent de juillet 2015. Dans un e-mail interne du même mois, le département des ressources humaines liste, pour chaque entreprise, le nombre de collaborateurs. À côté de Mossack Fonseca & Cie S.A., le chiffre «260» apparaît, et à côté de «C. Zollinger», «2».

Zollinger déclare avoir de fait quitté sa fonction de *Chief Operating Officer* – de manager – chez Mossfon, mais avoir «conservé une adresse mail MF» pour «les projets MF que j'accompagne» et de n'y avoir plus aucune fonction aujourd'hui, «mis à part une activité ponctuelle comme consultant externe». Depuis 2012, il n'aurait également «plus de collaboratrice».

Par ailleurs, dans l'interview donnée au *Tages-Anzeiger*, Zollinger affirme que Mossfon n'a «jamais conseillé de client final» – alors qu'il est lui-même directeur et actionnaire du département Private Banking, dont c'est l'exacte activité.

Nous le confrontons également à cela. Zollinger déclare avoir parlé «des activités de Mossack et Fonseca & Cie» dans cet entretien avec le *Tages-Anzeiger*. Il avait déjà prétendu auparavant que le *Tages-Anzeiger* l'avait «exclusivement» questionné à propos de Mossack et Fonseca & Cie, ce qui selon nos informations est faux. Au sujet des opérations avec le client final, Zollinger déclarait: «Mossfon Trust et Mossfon Asset Management ne faisaient pas partie des affaires classiques d'un cabinet d'avocats. Ils conseillent directement les clients, c'est même affiché sur leurs sites internet.»

Ce que nous observons ici, c'est une tentative typique de cliver artificiellement les activités du groupe Mossfon grâce à des subtilités juridiques.

En dernier lieu, Zollinger déclare au *Tages-Anzeiger* qu'une des raisons de son retrait du groupe Mossfon était qu'il ne «pouvait pas s'identifier avec le business offshore en tant que tel» et qu'il «ne voulait pas» avoir à «endosser la responsabilité pour de possibles délits commis par des tiers».

D'après tout ce que nous lisons dans les données, Christoph Zollinger fut l'un des éléments moteurs du cabinet. Il fut celui qui a, de manière véhémente, préconisé de conserver Rami Makhlouf comme client, le cousin et conseiller financier du chef de l'État syrien Bachar el-Assad – et ce contre l'avis même du département de *compliance* de Mossfon.

À ce sujet, Zollinger déclare aujourd'hui que son évaluation de l'époque était «erronée» et qu'il en est navré.

Nous avions tout juste terminé ce chapitre lorsque notre collègue de NDR, Julia Stein, nous envoie un lien vers une vidéo YouTube. C'est un film Mossfon-Image. À la huitième minute, la voix off du speaker déclare solennellement que Christophe Zollinger devint «officiellement partenaire du groupe Mossfon» en 2004.

## 18. Le monde ne suffit pas

À la fin des années 1990, Joachim zu Baldernach[1] ne trouve plus sa société aux Bahamas. En fait, Baldernach, dont la famille possède des millions, n'a bien évidemment pas égaré sa société... Il a juste perdu l'action au porteur anonyme pour les 5 000 parts de la société écran fondée au début des années 1990. Mais cette action est presque une société à elle seule. Les sociétés offshore ont rarement des bureaux ou des employés. Le plus souvent, elles ne disposent même pas de leur propre boîte aux lettres. Baldernach envoie donc, un peu contrit, un fax à la succursale de Mossack Fonseca aux Bahamas et demande comment obtenir une nouvelle action. Le problème pour Mossfon, c'est qu'ils ne peuvent pas savoir si Baldernach n'a pas vendu, prêté ou gagé son action, et donc sa société. C'est la raison pour laquelle les actions au porteur anonymes sont malheureusement si prisées : on peut vendre sa société offshore quand on veut, et sans laisser de traces.

Que se passe-t-il alors si Mossack Fonseca établit une nouvelle action sur les 5 000 parts, et que le lendemain quelqu'un arrive avec l'action égarée ? Cette personne serait le propriétaire légitime de la société offshore. Joachim zu Baldernach signe au final une *letter of indemnity*, une sorte d'exonération de la responsabilité de Mossfon – nous le voyons dans nos données. Dans cette lettre,

---

1. Son nom a été modifié.

Baldernach assure qu'il n'a ni cédé, ni prêté, ni utilisé autrement l'action, et libère donc Mossfon de tout risque.

Joachim zu Baldernach reçoit une nouvelle action. La société offshore est de nouveau la sienne. Mais pourquoi Baldernach, descendant d'une des familles les plus riches d'Allemagne, a-t-il acheté une société aux Bahamas – pour laquelle d'ailleurs il n'est enregistré comme actionnaire que depuis quelques années seulement ? Pourquoi cette société fut d'abord complètement opaque, avec des prête-noms et une action au porteur anonyme, puis, ensuite, eut des actionnaires anonymes ? Pour raisons fiscales ? Est-ce qu'il s'agissait de protéger la fortune ? Dans la famille zu Baldernach, comme dans bien d'autres, il y a de nombreuses disputes, notamment au sujet de l'argent. Ou alors, est-ce que seuls les aspects pratiques et juridiques étaient cruciaux[1] ?

La société offshore de Joachim zu Baldernach était protégée par une société de conseil de Genève, qui propose aux structures internationales de minimiser leurs impôts. Nos documents indiquent que Baldernach réalisa grâce à cela des opérations immobilières en Amérique du Sud, et nous pouvons dire avec certitude que sa société offshore possédait une autre société, qui elle détenait à son tour... un yacht. Au milieu des années 1990, Baldernach ouvrit par le biais de sa société écran un compte bancaire en Suisse, puis, dix ans plus tard, un autre au Luxembourg. Deux pays réputés pour la discrétion de leurs banques.

La dernière activité de la société offshore qui ressort de nos données est la vente d'un yacht de luxe – les prête-noms signèrent le contrat. Joachim zu Baldernach avait en effet décidé de s'acheter un yacht encore plus gros, un méga-yacht taillé sur mesure, selon ses désirs. Cette opération eut également lieu sous couvert d'une autre société, dans un autre paradis fiscal.

---

1. Lors du bouclage de ce livre, Baldernach n'avait toujours pas réagi à notre sollicitation.

Le tout fut parfaitement organisé par un *family office* professionnel. Mais est-ce bien normal de fonder ici une société offshore, là, une autre, et là-bas, encore une autre ?

Dans le monde des super-riches, oui.

À la fin du siècle dernier, un monde parallèle s'est développé, dans lequel les *uber-richs*, comme les Américains nomment les plus riches parmi les riches, placent tout naturellement leurs fortunes en offshore. Dans nos données, nous trouvons plusieurs centaines de familles très célèbres et très riches, qui ont mis une partie de leurs biens dans des sociétés écrans. Pour ce faire, ils sont secondés par les administrateurs de biens des *family offices*, des banques privées exclusives et des divisions VIP de grandes banques. Celui qui demande à un membre de cette branche discrète pourquoi l'argent atterrit de façon presque automatique en offshore se voit répondre qu'il n'est bien sûr nullement question d'éviter l'impôt ni de fraude fiscale.

La sociologue **danoise** Brooke Harrington peut le confirmer. Elle s'y connaît : elle a été formée pendant deux ans pour être administratrice de biens – et, surtout, elle a vécu deux ans dans ce milieu. Pour son enquête de terrain à long terme, son modèle fut le légendaire scientifique américain John van Maanen, formé par la police californienne dans les années 1970, afin de mieux appréhender ce monde – et pour gagner la confiance de ses interlocuteurs. Tout comme van Maanen, Brooke Harrington constata qu'une fois acceptée dans le groupe, les barrières tombent. Ses interlocuteurs commencèrent à lui répondre franchement, sans détours, et c'est ainsi qu'elle put décrire mieux que personne ce qui anime les administrateurs de biens des super-riches. Harrington explique que les *uber-richs* paient des honoraires généreux à leurs complices afin qu'ils les libèrent d'obligations « que le commun des mortels considère comme faisant partie de la vie quotidienne ». Ceci inclut les impôts, les dettes et les décisions de justice, mais pas seulement. Elle explique aussi que l'une des tâches des administrateurs de biens peut être de « priver les gouvernements d'accès aux fortunes personnelles », mais d'en priver également les ex-femmes, les héritiers mécontents, les plaignants et créanciers en colère. Selon Harrington, l'offshore ne sert pas seulement à éviter des impôts impopulaires, cela permet également de contourner les lois, les règles et autres obligations peu appréciées.

Dans les démocraties, il s'agit d'éviter les taxes, les lois, les règles et obligations pour auxquelles les citoyens ont donné leur accord, et qui devraient s'appliquer à tous.

Il semblerait cependant que ce ne soit plus le cas depuis longtemps.

Le lauréat du prix Nobel et journaliste du *New York Times* Paul Krugman écrit : « Dans les couches de la société américaine au pouvoir, dissimuler une grande partie de sa richesse en offshore est plus la norme que l'exception. »

D'après tout ce que nous savons — et ce que nous observons dans notre *leak* —, c'est pareil dans le reste du monde. Nous trouvons quelques-uns des plus riches Indiens, Américains, Australiens, Russes et Chinois, des milliardaires des États-Unis, d'Europe, d'Amérique latine et du Moyen-Orient. Nous trouvons plus de 50 milliardaires de la liste *Forbes* des 500 personnes les plus riches pour l'année 2015. Et Mossack Fonseca est juste un grand fournisseur de sociétés offshore parmi tant d'autres — nous sommes loin du compte.

L'économiste français Gabriel Zucman a essayé d'estimer quel pourcentage de la richesse mondiale se trouve dans les paradis fiscaux. Il arrive à 8 %, ce qui représente environ 5 900 milliards d'euros. Zucman suppose que les trois quarts ne sont pas imposés. Leona Helmsley, l'épouse du milliardaire et roi de l'immobilier Harry Helmsley, le résuma à sa façon dans une phrase on ne peut plus directe, avec fierté et franchise : « Les impôts sont pour les petites gens. » Mais un tribunal américain l'entendit autrement et l'envoya en prison pour évasion fiscale.

En réalité, les impôts sont une des motivations qui incitent à se tourner vers l'offshore. L'auteur britannique Nicholas Shaxson, l'un des meilleurs experts des paradis fiscaux au monde, récapitule tout cela dans son livre *Les Paradis fiscaux. Enquête sur les ravages de la finance néolibérale* : « L'offshore est un projet des élites riches et puissantes, qui leur permet de bénéficier des commodités de la société, sans toutefois apporter leur contribution[1]. »

Nicholas Shaxson écrit encore que le monde de l'offshore est « la plus grande force que l'histoire ait connue qui pousse la richesse et la puissance des pauvres vers les riches. » Selon l'ONG Oxfam, les 1 % les plus riches du monde détiennent en fait plus de richesses que l'ensemble du reste du monde. Rien d'étonnant donc à ce qu'une industrie très lucrative se soit formée autour de ce *1 %*, qui vit uniquement de la prolifération de ses énormes richesses. Dans nos données, nous voyons une partie de cette industrie, dans presque tous les pays, et des milliers d'entreprises. Ce sont des *family offices*, des administrateurs de biens, des banques, des conseillers en placement, des experts fiscaux et, bien sûr, Mossack Fonseca.

Tout ça pour ce *1 %*.

1 %. Le chiffre est devenu un concept politique, il désigne le 1 % le plus riche d'un pays. Aux États-Unis, un slogan et un mouvement politique naquirent de l'inversion de ce concept : « Nous sommes les 99 % » scandèrent les partisans du mouvement « Occupy Wall Street ». Les « 99 % » manifestèrent leur mécontentement sur des pancartes et des bannières. Ce fut un véritable tollé contre les dérives et l'omnipotence du capitalisme. Dans son best-seller *L'Amérique défaite. Portraits intimes d'une nation en crise*, l'auteur américain George Packer décrit avec précision et sans haine comment l'élite financière a asservi la société

---

1. Nicholas Shaxson, *Les Paradis fiscaux. Enquête sur les ravages de la finance néolibérale*, André Versaille éditeur, 2012.

américaine, quelles conséquences absurdes cela a entraîné pour le reste du pays, et pourquoi des citoyens auparavant peu engagés politiquement se retrouvent d'un coup au milieu des manifestants d'Occupy Wall Street : parce qu'ils se sentent trahis par « ceux d'en haut ».

Par des hommes comme Sanford I. Weill, le fondateur de l'ex-plus grande banque du monde, la Citibank. Ce banquier au comportement aristocratique est considéré comme l'un des responsables de la crise financière de 2008, avec ses *deals* irresponsables. Sanford I. Weill est l'une des figures les plus détestées par le mouvement Occupy Wall Street et fut – bien sûr – client de Mossack Fonseca. Sandy, tel que le nomment ses amis, détint auprès du cabinet panaméen une société écran nommée April Fool. C'est ce nom qu'il donna également à son yacht de 60 mètres de long, parce que c'est le 1er avril 1954 qu'il rencontra sa femme, Joan[1].

C'est ça, le monde des 1 %.

Le slogan « 99 % » rassemble les employés des classes moyennes, la femme de ménage, les sans-abris, la conductrice de bus mère célibataire, la graphiste indépendante et l'ouvrier du bâtiment, et tous partagent cette même colère : en temps de crise, les gens ordinaires doivent se battre chaque jour pour gagner leur vie, tandis que les *uber-richs* sont préoccupés par le nom qu'ils vont donner à leur société offshore dans laquelle ils abriteront leur super-yacht flambant neuf, leur penthouse ou leurs actions.

Les 99 % ont un site internet où ils laissent libre cours à leur colère. Sur une photo, une jeune femme tient une feuille de papier sur laquelle elle a noté son texte : « J'ai 30 ans, j'ai un enfant et je suis mariée. En 2006, ça allait bien pour nous. Je suis tombée enceinte. À cause d'une pré-éclampsie, j'ai dû rester

---

1. Lors du bouclage de ce livre, Sanford I. Weill n'avait toujours pas réagi à notre sollicitation.

alitée quatre mois. Je me suis fait virer. En 2011, nous avons vendu tous nos biens pour donner à notre fille ce dont elle avait besoin. Je n'ai pas retrouvé de travail. Notre maison a été saisie. J'AI PEUR. NOUS SOMMES LES 99 %. »

Pourquoi racontons-nous cela ? Parce que jusqu'à présent, nous n'avons pas trouvé de gens comme elle dans les données. Et nous pouvons d'ores et déjà l'affirmer avec certitude : nous n'en trouverons pas.

Plus une construction offshore est compliquée et opaque, plus elle est chère. Pour que l'opération vaille le coup, il faut que la fortune soit déjà d'une importance certaine, même pour les sociétés écrans standards. Les prestataires de services financiers offshore réclament chaque année d'énormes frais. À cela viennent s'ajouter les honoraires des avocats qui règlent les détails, puis un éventuel compte en Suisse ; et le tout s'étale sur des années.

Un employé de Mossfon écrit à un prospect allemand que « la grande majorité » de ses clients sont les *high-networth individuals*, qui détiennent une fortune « de plus de 500 000 millions de dollars ». Il le prévient que les « structures qui nécessitent un haut niveau de confidentialité et de professionnalisme coûtent, en général, plusieurs milliers de dollars par an ».

Pour les super-riches, ce n'est pas un problème. Et il y a toujours plus riche : dans le monde des conseillers en gestion de patrimoine, les *ultra-high-networth individuals* sont ceux qui peuvent investir au moins 30 millions de dollars au pied levé. On trouve près de 103 000 exemples dans cette catégorie, et leur nombre augmente chaque année.

Parmi eux, on trouve bien sûr de nombreux cheikhs du Moyen-Orient, dont la société est gérée par Mossfon. L'une d'entre elles, Marshdale S.A., acquiert en juin 2009 l'*Ecstasea*, le légendaire yacht de 87 mètres de long d'un oligarque russe, pour quelques centaines de millions. D'après les documents que nous avons sous les yeux, les employés de Mossack Fonseca se demandent pendant quelque temps à qui Marshdale appartient. Jusqu'à ce que l'un d'entre eux explique que « le dernier propriétaire en date de la société serait Son Altesse le Cheikh Abdallah ben Zayed Al Nahyane, de la famille royale d'Abou Dhabi – le ministre des Affaires étrangères des Émirats arabes unis[1].

Et les milliardaires et super-riches allemands ? Nous les trouvons aussi. Des membres des conseils d'administration des plus grandes entreprises allemandes achètent des sociétés offshore dans les îles Vierges britanniques, parce qu'ils souhaitent conserver leur villa à Majorque ou dans les Caraïbes par ce biais, ou parce que les propriétaires précédents voulaient céder la villa de cette façon. L'un d'entre eux nous envoie même des extraits de sa déclaration d'impôts pour prouver qu'il a tout fait comme il faut. Un autre annonce tout de suite au téléphone qu'il va « se mettre à nu », il n'a rien à cacher – et nous invite à participer au rendez-vous avec son conseiller fiscal.

Bien sûr, ces constructions ont, entre autres atouts, des avantages fiscaux. Quand on achète une maison en Espagne aujourd'hui, on doit payer 10 % d'impôt sur les acquisitions de terrain. Mais ce dernier n'est pas dû lorsqu'au lieu d'acheter la maison, on acquiert seulement les actions de la société à laquelle la maison appartient.

Un grand nombre des familles les plus riches d'Allemagne investissent sur d'autres continents par le biais de Mossack Fonseca, ou gardent ou gardaient des parties de leurs biens – des œuvres d'art par exemple – en offshore. Des industriels, des princes, des propriétaires de brasseries, des entrepreneurs, des comtesses et des barons. De façon générale, la noblesse. Les Habsbourg, les Stauffenberg, les Wittgenstein, les Bismarck, les Thurn und Taxis – des membres de toutes ces familles ont un lien avec Mossack Fonseca.

---

1. Lors du bouclage de ce livre, Al Nahyane n'avait toujours pas réagi à notre sollicitation.

Dans le registre des entreprises du Panama, il y a tellement de nobles allemands qu'on pourrait croire que quelqu'un y a déversé tout le Bottin mondain allemand. Et pas seulement : lorsque nous avons effectué des recherches dans ce registre en 2013 pour la *Süddeutsche Zeitung,* nous sommes tombés sur une quantité d'autres noms : Ferdinand Piëch (petit-fils de Ferdinand Porsche, fondateur du groupe Volkswagen), plusieurs membres de la famille Porsche, Silvia Quandt (la fille aînée d'une grande famille d'industriels allemands) et d'autres étaient enregistrés comme directeurs de sociétés au Panama. Piëch et les Porsche expliquèrent à l'époque que ces sociétés faisaient partie d'une construction artificielle qu'ils n'ont jamais utilisée et qui n'ont rapporté aucun avantage fiscal. Quandt déclara quant à elle qu'elle ne pouvait pas expliquer pourquoi son nom apparaissait sur cette liste.

De retour chez Mossack Fonseca, nous trouvons la société des Bahamas Longdown Properties, à cause de laquelle Helmut Linssen, l'ex-ministre des Finances du Land de Rhénanie-du-Nord-Westphalie, dut en 2014 démissionner de ses fonctions de trésorier de la CDU. Cette information fut à l'origine découverte sur ce qu'on appelle un CD d'impôts. Une procédure pénale fut engagée contre lui en 2012, mais elle fut arrêtée. Dans les années en question, sa construction offshore avait coûté plus d'argent que ce que sa fortune avait rapporté en intérêts là-bas – fortune qui y fut introduite dans les années 1990 *via* une banque luxembourgeoise[1].

Nicolas Berggruen, milliardaire et ancien propriétaire de Karstadt (une chaîne de grands magasins en Allemagne), est impliqué

---

1. Helmut Linssen a confirmé, à notre demande, que les sociétés Longdown Properties Corp. (Bahamas) et Longdown Properties Corp. (Panama) lui ont appartenu, mais a précisé qu'il ne connaissait par Mossack Fonseca. Son partenaire d'affaires était HSBC Trinkhaus.

dans un grand nombre de sociétés offshore, qui ont l'air de toutes avoir affaire avec des investissements en Chine. Pour cet investisseur énigmatique, l'offshore ne serait rien de spécial. Pour son investissement dans Karstadt, une construction dans un paradis fiscal aurait été impliquée, entre autres. De plus, le profit de Berggruen irait à un trust domicilé aux îles Vierges britanniques. Au moment où nous écrivons les dernières pages de ce livre, Nicolas Berggruen n'a toujours pas répondu à nos questions. Le monde de l'offshore n'était pas non plus étranger à son père, le collectionneur d'art Heinz Berggruen décédé en 2007 : il apparaît dans le registre des entreprises du Panama comme directeur de deux sociétés, inactives depuis.

Dans le monde parallèle des riches et des super-riches, que des comptes, des actions, des maisons, des yachts et autres biens soient tenus par des constructions offshore dispersées sur plusieurs continents serait pour eux une chose tout à fait normale. La propriété de sociétés écrans est, comme nous l'avons expliqué plus haut, absolument légale en soi. C'est seulement lorsque d'éventuels gains sont cachés aux autorités fiscales que cela devient illégal.

Nous constatons cependant qu'un système à deux niveaux s'est établi dans le monde : les uns payent leurs impôts tout à fait normalement, et les autres, parce qu'ils en ont les moyens, décident tout seuls quand et combien ils doivent payer d'impôts, et même s'ils doivent en payer.

C'est le problème des démocraties, où des classes se développent, qui n'ont presque plus rien à faire avec les autres. Ce problème est exacerbé lorsque d'autres règles spéciales ne s'appliquent qu'aux riches. Ou même, une absence totale de règles.

# 19. La machine de l'exploitation

Le Britannique Tom Burgis, correspondant du *Financial Times*, explique ce qui, à ses yeux, se passe en Afrique : le continent est pillé, exploité par une coalition de dictateurs corrompus, de multinationales sans scrupule, de banques sans conscience. Tous travaillent main dans la main, unis par leur cupidité.

Mossack Fonseca est un engrenage central de ce système. Le cabinet permet à certaines opérations d'avoir lieu de façon opaque. Nos données prouvent qu'autocrates et hommes d'affaires corrompus ont massivement recours à des sociétés écrans de Mossfon pour effacer toute trace et faire sortir de l'argent du pays. Énormément d'argent.

Après la rencontre Prometheus, à Johannesburg, en septembre, notre collègue du ICIJ Will Fitzgibbon nous écrit : « Nos collègues africains ici sont galvanisés par l'espoir de voir résolues, avec l'aide de ces données, certaines de ces innombrables affaires qui meurtrissent leurs pays depuis des années. Pour la première fois, ils vont être en mesure, espérons-le, de pénétrer les coulisses de scandales pesant des millions et des milliards, et qui n'ont jusqu'à présent encore jamais été éclaircis. »

La rencontre a été organisée par le ICIJ en Afrique. En effet, lors de notre réunion à Munich, un seul de nos collègues africains avait pu faire le déplacement – le Sud-Africain Justin Arenstein. Les autres ne disposaient pas des crédits nécessaires. C'est une des choses dont nous avons pris conscience au fil de cette recherche de plusieurs mois : nous travaillons vraiment dans des conditions idéales. Nous ne sommes ni menacés, ni arrêtés, ni assassinés, nous gagnons correctement notre vie avec notre travail, et lorsque nous devons nous rendre à Washington ou en Islande, nous achetons tout simplement un billet d'avion.

Pour nos partenaires du ICIJ, qui travaillent souvent avec des confrères en Afrique, il était clair depuis longtemps qu'il fallait une réunion supplémentaire là-bas. C'est ainsi qu'ils ont organisé à Johannesburg une rencontre avec tous les chercheurs africains de Prometheus. Will Fitzgibbon en est le responsable. Depuis des années, il coordonne tout ce qui concerne les gros dossiers du ICIJ sur ce continent. Par exemple, le récent projet d'enquête sur des allées et venues douteuses de sociétés minières australiennes en Afrique.

Pour la réunion, Will a loué pour fin septembre une maison d'hôtes dans le centre de Johannesburg. Quatorze journalistes de huit pays – Afrique du Sud, États-Unis, Zimbabwe, Namibie, Botswana, Mali, Sénégal et Tunisie – en disposent librement pendant deux jours. Un vrai QG de recherche. Comme nous l'avons fait à Munich et à Washington, Will Fitzgibbon explique le projet, raconte les options de recherche initiales, les points de départ des enquêtes, montre des graphiques, détaille les règles de sécurité pour la communication.

On imagine une réunion mémorable. Quelques jours après son retour aux États-Unis, Will nous écrit que, dès qu'il eut fini d'expliquer le projet le silence s'imposa dans la salle. « Le silence de l'espoir et l'excitation. » Les collègues étaient si absorbés qu'il a fallu les obliger à faire une pause pour prendre un café et aller déjeuner. Ils ne voulaient tout simplement pas arrêter, l'envie et le besoin de fouiller dans les données à la recherche de pistes africaines étaient trop pressants.

Après un court laps de temps, nos collègues obtiennent les premiers résultats. Ils tombent sur de véritables grappes de politiciens africains et leurs familles. « Et les résultats arrivent de partout », écrit Will Fitzgibbon. « Du Soudan, du Sénégal, d'Afrique du Sud, d'Égypte. »

Nous sommes ravis nous aussi. Derrière l'idée de partager notre *leak* avec le monde entier, nous avons pris conscience du fait qu'il n'y avait pas d'autre façon de raconter les épisodes les plus importants. Ici, en Allemagne, les intrigues africaines auraient plus de peine à se faire entendre et à attirer l'attention – de même que les histoires africaines ici. Nous avons de surcroît l'impression que cette recherche est plus importante pour certains pays africains que pour nous. Chez nous, les sociétés écrans se nourrissent des inégalités sociales et peuvent aider les criminels à se cacher. En Afrique, les affaires secrètes des dictateurs entraînent des populations entières dans la misère. C'est une autre dimension.

L'Afrique est incroyablement riche. La moitié des gisements de diamants du monde se trouvent sur le continent, ainsi qu'un quart des dépôts mondiaux d'or, 10 % des réserves de pétrole, 9 % des réserves de gaz, des minerais d'uranium, et bien d'autres matières précieuses encore. La population, elle, n'a presque rien : l'argent disparaît tout simplement dans les comptes de grandes multinationales ou dans les réserves d'argent des élites. Les experts estiment que chaque année, plus de 50 milliards de dollars quittent l'Afrique. 50 milliards ! De plus, près de 38 milliards de dollars d'impôts échappent aux États africains parce que des sociétés exploitant les ressources africaines évacuent leurs profits dans des paradis fiscaux – comme le constata en 2013 un groupe d'experts présidé par Kofi Annan.

Après la réunion de Johannesburg, nous trouvons des pistes menant en Afrique presque tous les jours avec nos collègues. Par exemple, une société fondée par Mossfon, à qui le gouvernement du Gabon reproche d'avoir fraudé le fisc à hauteur de 85 millions de dollars. Dans nos documents, nous trouvons aussi la piste de l'épouse d'un ancien président du Ghana, et d'un ancien président nigérian de l'OPEC. Il existe d'innombrables preuves dans les données de Mossfon, qui mènent à des scandales et à des affaires non résolus en Afrique. En voici une petite liste non exhaustive :

— Une sœur du président controversé de la **République démocratique du Congo**, Joseph Kabila, serait, selon les documents de Mossfon, associée de Keratsu Holding Limited, laquelle aurait à son tour des actions dans de nombreuses entreprises au Congo-Brazzaville[1].

— D'après les documents en notre possession, Teodoro Obiang, le fils du dictateur de la **Guinée équatoriale**, posséderait une société nommée Ebony Shine International Limited. Elle fut fondée en 2006 aux îles Vierges britanniques. Un rapport du Sénat américain de 2010 arriva à la conclusion qu'Obiang l'aurait utilisée pour s'acheter un jet Gulfstream, probablement avec de l'argent d'État détourné[2].

— Martina Joaquim Chissano, la fille de l'ancien président du **Mozambique**, est apparemment actionnaire depuis 2013 de Prima Finance Development Limited, basée aux îles Vierges britanniques. Nous trouvons son passeport dans les données. Elle est en outre directrice de Prima Talent Group, une société qui investit dans l'extraction de pétrole et de gaz au Mozambique[3].

— Outre une nièce de l'ancien président du **Malawi**, Hastings Banda, les trois directeurs de la société offshore Press Trust Overseas Limited furent ministres du même pays : l'ancien ministre des Finances Aleke Banda, l'ancien ministre des Affaires étrangères Mapopa Chipete et l'ancien ministre de l'Éducation

---

1. Lors du bouclage de ce livre, la sœur de Kabila ne nous avait toujours pas répondu.

2. Lors du bouclage de ce livre, Teodoro Obiang n'avait toujours pas réagi à notre requête.

3. Lors du bouclage de ce livre, Martina Chissano était toujours injoignable.

Yusuf Mwawa – c'est en tout cas ce qu'il ressort des documents Mossfon. Mwawa fut arrêté en 2005 parce qu'il aurait financé son mariage avec des fonds publics. Il fut ensuite condamné à cinq ans de prison[1].

– Selon les mêmes données, Bruno Itoua, l'ancien ministre de l'Énergie de la **République du Congo**, ex-chef de la compagnie pétrolière d'État SNPC et « Fils d'honneur » du président congolais Denis Sassou Nguesso, aurait parfois eu une procuration pour la société du Panama Grafin Associated S.A.[2].

– Le ministre du pétrole de l'**Angola**, José Maria Botelho de Vasconcelos, apparaît dans les données en tant que bénéficiaire de la société Medea Investments Limited. La société a été fondée en septembre 2001 à Niue – alors qu'il était ministre depuis deux ans déjà[3].

John Doe : Il y a du nouveau ? Est-ce que des journalistes africains sont également impliqués ?

*SZ* : Oui, beaucoup.

John Doe : Et ?

*SZ* : Ils ont trouvé la sœur de Kabila, le fils d'un dictateur, d'innombrables scandales qui ont à voir avec le pétrole ou les droits d'exploitation. Et le fils de Kofi Annan.

John Doe : Le fils d'Annan ? C'est une blague ?

*SZ* : Non.

John Doe : Pouah. Je ne savais pas ça non plus. C'est vraiment déprimant.

Mais les politiciens et leurs familles ne sont qu'un aspect du problème. L'autre, ce sont les grandes entreprises de Chine et d'Occident, qui paient volontiers des pots-de-vin, ainsi que des

---

1. Lors du bouclage de ce livre, la nièce d'Hastings Banda, Mapopa Chipete et Yusuf Mwawa étaient toujours injoignables. Aleke Banda est décédé.

2. Bruno Itoua a répondu au *Monde* qu'il ne s'exprimerait pas sur les affaires financières.

3. Lors du bouclage de ce livre, José Maria Botelho de Vasconcelos ne nous avait toujours pas répondu.

sociétés comme Mossfon qui veillent à ce que les paiements restent bien opaques. Certaines entreprises opèrent dans un monde parallèle. Le public le sait rarement. Prenons l'exemple de la République démocratique du Congo, l'ex-Zaïre : un pays pauvre, secoué par plusieurs guerres. Pendant trente-deux ans, le Zaïre a été gouverné par le dictateur Mobuto Sese Seko. Après sa chute, de nombreux groupes rebelles ont essayé de prendre le pouvoir. Parce que beaucoup d'autres pays africains ont interféré dans le conflit et ont soutenu un côté ou l'autre, les experts parlèrent de « guerre mondiale africaine ». Bien qu'un accord de paix ait été conclu en 2002, des conflits continuent d'éclater, aujourd'hui encore.

En 2010, Joseph Kabila – alors président depuis quinze ans au moins – donna un permis d'exploitation pour le nord-est du pays à deux sociétés pétrolières, à peu près inconnues dans ce secteur, et qui avaient été enregistrée aux îles Vierges britanniques à peine quelques mois auparavant. Ces deux sociétés s'appelaient Caprikat Limited et Foxwhelp Limited, et furent toutes deux fondées par… Mossfon.

C'est maintenant devenu chose courante de voir l'État récolter la majeure partie des recettes provenant du pétrole. En Ouganda, par exemple, l'État voisin de la RDC, une société n'est autorisée à garder que 20 à 31,5 % de ses revenus, le reste allant à l'État. En revanche, les deux sociétés écrans Caprikat et Foxwhelp auraient eu l'autorisation de garder de 55 à 60 %, comme le rapporte le site d'information sud-africain *News24*. Ce serait un deal très inhabituel. Un deal au détriment de l'État. Les deux sociétés n'auraient dû en outre débourser que 6 millions de dollars pour ces concessions lucratives – alors que d'autres payent dix fois ce montant[1].

---

1. À notre demande, une agence de relations publiques expliqua que Caprikat et Foxwhelp seraient à 100 % la propriété du goupe Fleurette. Caprikat et Foxwhelp auraient en fait payé un total de 6 millions de dollars à la RDC.

Pourquoi Kabila accepta-t-il une telle affaire ? Pour Caprikat et Foxwhelp, les signataires furent Khulubuse Zuma, le neveu du président actuel d'Afrique du Sud Jacob Zuma, ainsi que son avocat.

Quelques mois avant cette affaire, le chef d'État sud-africain était de nouveau en visite d'État au Congo. Selon *News 24*, les discussions avec Kabila auraient apparemment porté sur le pétrole. Une coïncidence[1] ?

Le deal était de toute façon si douteux que même Mossack Fonseca en eut la puce à l'oreille.

Dans nos données, nous tombons sur un mail de l'été 2015. Une employée de Mossfon en vient à la conclusion que tout un réseau de sociétés et de fondations se cacherait en réalité derrière Caprikat et Foxwhelp. Une fois démêlé l'imbroglio, les deux sociétés appartiendraient à un investisseur notoire : Dan Gertler[2]. Ce milliardaire israélien a fait fortune avec « l'exploitation du Congo au détriment du peuple congolais », expliqua Jean-Pierre Muteba – responsable d'une organisation non gouvernementale qui enquête sur les conséquences de l'exploitation minière au Congo – au *Guardian* en 2012.

Nous sommes fin 2015. Nous nous envolons pour Genève : la ville de l'argent secret où vivent les chevaliers du vol. À quelques kilomètres seulement de l'aéroport, au bord du lac Léman, se succèdent les filiales de tous les complices offshore que nous connaissons dorénavant très bien grâce à nos données : des

---

Cependant, 2,5 millions de dollars supplémentaires auraient été versés pour le permis d'exploration. Environ 60 % des recettes pétrolières sont allées à l'État, selon les données.

1. Lors du bouclage de ce livre, ni Jacob Zuma, ni Khulubuse Zuma, ni Joseph Kabila ne nous avaient répondu au sujet de ces affaires.

2. Un porte-parole nous confirma que Caprikat et Foxwhelp appartenaient à 100 % au groupe Fleurette, qui serait lui détenu par un « *discretionary trust* au profit de la famille de Dan Gertler ».

banques, des avocats et des fournisseurs de services financiers qui proposent des sociétés écrans, des fondations et des comptes numérotés à leurs clients *via* l'intermédiaire de Mossfon. Depuis le paradis fiscal qu'est la Suisse, ils aident à canaliser l'argent vers d'autres paradis fiscaux. Le tout très discrètement, bien entendu.

Pendant des heures, nous nous promenons d'une adresse à une autre, toutes révélées par nos données. Nous jetons un coup d'œil à la filiale de la Deutsche Bank à Saint-Gervais Les Bergues, puis un autre au bureau genevois de Mossfon, dans la rue Micheli-du-Crest. Là, nous admirons des hommes et des femmes bien apprêtés descendre de grosses Mercedes et BMW immatriculées dans le monde entier – souvent en regardant furtivement à droite et à gauche –, puis disparaître dans de discrètes entrées en marbre.

Une sorte de tourisme de l'offshore.

En fin d'après-midi, nous allons en train à Russin, une petite ville à quelques minutes de Genève. Jean Ziegler, citoyen de la République de Genève, sociologue, professeur émérite, ancien député, nous reçoit chez lui en pantalon de jogging. Il n'a pas eu le temps de se changer. «Téléconférence avec New York.» L'octogénaire est un homme occupé. Par le passé, il fut rapporteur spécial de l'ONU sur la faim dans le monde. Entre-temps, il est devenu conseiller auprès du Conseil des droits de l'homme de l'ONU. Depuis cinquante ans, il vitupère contre le fossé creusé entre le premier et le tiers monde. *Destruction massive* est l'un de ses derniers livres. Sous-titre : *Géopolitique de la faim.*

Cet homme ne mâche pas ses mots, c'est la voix des pauvres, et la hantise des puissants. Il considère les multinationales privées comme les «croisés du néolibéralisme». L'Organisation mondiale du commerce, le Fonds monétaire international et la Banque mondiale, il les appelle les «trois cavaliers de l'apocalypse de la faim». Pour lui, les banques sont les «complices du système capitaliste » et son pays natal, la Suisse, « un Disneyland dominé par les banques et les bandits ».

Ziegler arrive si peu à freiner sa colère sur le turbo-capitalisme qu'il est constamment impliqué dans divers litiges, parce qu'il a outragé tel ou tel banquier. Par conséquent, sa maison appartient à sa femme, sa voiture est louée, ses dettes s'élèvent à plusieurs millions de francs – mais il estime que ça en valait la peine. Il a un sens très développé de la justice, et commence par une précision lexicale : « Ne parlez pas de paradis fiscaux, nous demande-t-il, ça semble trop beau. Ce sont des pays de canailles ! »

Ziegler nous invite à nous asseoir à une belle table en chêne dans le salon, nous sert du vin rouge, puis commence à parler. Des pays de canailles…

« Il y a probablement peu de procès qui ne sont pas liés d'une manière ou une autre à des pays offshore – sans même parler de l'évasion fiscale à échelle massive. Une telle concentration d'énergie criminelle au mètre carré, comme on en trouve aux Bahamas ou au Panama, il n'y en a nulle part ailleurs dans le monde. Presque toutes les transactions impliquant de l'argent criminel – que ce soit de l'argent issu de crimes ou amassé illégalement – sont traitées *via* des Financial Business Companies, des trusts, des institutions et des fondations enregistrées dans des pays offshore. Et les conséquences sont dévastatrices : prenons par exemple les centaines de milliers de morts chaque année… »

Les centaines de milliers de morts ? De quoi parle-t-il ?

« Selon l'ONU, tout autour du globe, trente-deux guerres que l'on appelle *Low Intensity Wars* font rage, à l'heure actuelle. C'est-à-dire des guerres qui font moins de 10 000 morts par an. Elles ont lieu aux Philippines, mais aussi au Darfour, en République centrafricaine, et cætera, et cætera. Chaque année, des centaines de milliers de gens meurent dans ces guerres dans le monde entier. Tout cela est rendu possible par l'existence de centres offshore à travers lesquels, par exemple, les armes sont achetées, et les diamants du sang, vendus. »

Les politiciens des îles Vierges, des îles Cook et Caïmans diraient probablement qu'ils ne font rien d'autre que de permettre la création de sociétés écrans.

« C'est faux. »

De nombreux pays offshore ont en commun de n'avoir pratiquement aucune autre ressource. Ils considèrent les affaires avec les sociétés écrans comme leur dernier recours.

« Mais vous ne dites pas pour autant que "mon budget familial est trop serré, je vends donc de l'héroïne dans le voisinage, même si je sais que ça nuit à mes voisins". »

Ziegler s'enflamme de plus en plus, une heure passe, puis deux, puis trois. Nous ouvrons bientôt la deuxième bouteille de vin. La « conscience du monde », comme l'appellent ses admirateurs, a besoin de parler. Les paradis fiscaux, les fonds spéculatifs, Mossack Fonseca, la faim dans le monde – pour lui c'est un seul et même sujet. Tout est lié. Ziegler considère le problème dans sa globalité. Pendant trop longtemps, dit-il, il a vu comment des deals monstrueux au seul profit des riches ont été négociés dans le monde entier, comment les politiciens tendent leurs mains, comment ils exploitent leurs pays et cachent l'argent sale aux Bahamas, aux îles Caïmans ou au Panama grâce à l'aide de fournisseurs de services offshore.

Quand des autocrates africains font fuir l'argent à l'étranger au lieu de l'investir dans des écoles et des hôpitaux, Ziegler a vu le résultat. Il a vu comment la faim déforme le visage des enfants, il a vu les regards vides d'hommes et de femmes décharnés et sait que la famine peut causer la consomption, des enfants handicapés, des morts.

Tout à coup, nos découvertes deviennent très concrètes, et nous comprenons les agissements de fournisseurs de services comme Mossfon dans toute leur portée. Lorsque le gouvernement d'un pays décide de poser les bases juridiques qui permettent l'existence d'un paradis fiscal, il ne s'agit pas que d'une affaire privée pour cet État. Au contraire, c'est l'affaire du monde entier.

Ces «pays de canailles» mériteraient d'être asséchés. Les opérations de paiement concernant des sociétés enregistrées là-bas doivent être régulées. Pourquoi est-ce que cela n'est pas arrivé depuis longtemps? Parce que les gouvernements sont sous pression – sous la pression des banques, des services de renseignement, des multinationales et des super-riches, de la «dictature mondiale du capital financier mondialisé».

Lorsque nous partons, Ziegler nous donne son dernier livre, *Un nouveau monde en marche*. Il nous le dédicace avec ces mots: «Avec toute mon amitié chaleureuse, solidaire et respectueuse.» Il referme ensuite la porte. Un homme sympathique qui parvient à faire entendre sa voix dans un monde trop longtemps silencieux face à l'univers obscur de l'offshore.

De retour à Munich, nous nous plongeons de nouveau dans les données et tombons sur un milliardaire sans cesse impliqué dans des affaires en Afrique: Beny Steinmetz, l'homme à qui appartenait, jusqu'à récemment, une grande partie de la chaîne de grands magasins allemands Karsdtadt. Steinmetz est l'un des hommes les plus riches du monde. Avec son jet privé, il fait la navette entre Tel-Aviv, Londres, Genève et ses nombreuses entreprises de diamants. Quand on regarde l'Afrique avec un peu de recul, on a l'impression que Dan Gertler et Beny Steinmetz se sont partagé le continent. L'un rafle cette portion, l'autre, celle-là. Dans le cas de Steinmetz, les données nous conduisent en Guinée, l'un des pays les plus pauvres du monde.

Au fin fond de ce pays d'Afrique de l'Ouest, au beau milieu de la jungle, se dressent les montagnes de Simandou. Leurs sommets portent d'étranges noms, qui semblent bien peu appropriés, comme Iron Maiden ou Metallica. Si les montagnes guinéennes portent des noms de groupes de *heavy metal*, c'est pour faire allusion au trésor qui sommeille en elles: le minerai de fer.

À la fin des années 1990, la Guinée a donné l'autorisation à la société anglo-australienne Rio Tinto d'exploiter ce minerai. Il était question d'énormes gisements inexploités. Les droits miniers étaient extrêmement précieux, plusieurs centaines de millions de dollars étaient en jeu. En 2008 cependant, les autorités guinéennes retirèrent soudainement la licence à Rio Tinto et la donnèrent à une autre société ayant fait fortune avec les diamants – mais qui n'avait pas une grande expérience en matière d'extraction de minerai : Beny Steinmetz Group Resources, en abrégé BSGR. L'histoire devient alors plus étrange encore car, selon plusieurs médias, la société n'a jamais payé les droits miniers à l'État guinéen. Elle se serait seulement déclarée prête à investir plusieurs millions de dollars dans le domaine du minerai de fer.

Les économistes nomment ce phénomène « le paradoxe de l'abondance » ou, plus sinistre encore, « la malédiction des ressources », qui se produit justement dans des pays comme la Guinée, qui possèdent d'importants gisements de pétrole, de gaz ou de métaux précieux, mais où règnent la pauvreté et la corruption. Il y a déjà quelques années les économistes américains Jeffrey Sachs et Andrew Warner ont enquêté sur cette relation et en sont arrivés au constat suivant : les pays riches en matières premières connaissent souvent une croissance nettement plus faible que celle des pays où les ressources naturelles ne jouent pas un grand rôle.

Un an après avoir obtenu les droits miniers, la société BSGR de Beny Steinmetz vendit la moitié de sa société appelée Simandou pour la somme incroyable de 2,5 milliards de dollars à la société minière brésilienne Vale.

À l'époque, le budget public du gouvernement guinéen était de 1,2 milliard de dollars. BSGR a donc obtenu deux fois ce dont le gouvernement dispose annuellement, dans un pays où le taux de mortalité infantile est bien sûr si élevé que 104 enfants sur 1 000 n'atteignent pas l'âge de 5 ans. À titre de comparaison, en Allemagne, ils sont à peine 4. Dans l'Indice de développement humain des Nations unies, la Guinée occupe la 179ᵉ place sur 187. La malédiction des ressources.

Le journal britannique *Independent* parle en tout cas du « deal le plus corrompu du siècle ». Pas étonnant. Selon Transparency International, la Guinée est l'un des pays les plus corrompus du monde. Le dictateur guinéen Lansana Conté, sous le règne duquel Steinmetz a obtenu les droits miniers, a traité ses propres ministres de « voleurs ». Et ce n'était pas une blague. Conté aurait jadis raconté que, si l'on avait tué tous les Guinéens ayant volé quelque chose à l'État, il ne serait pas resté grand monde au final. Apparemment, il ne s'était pas exclu du lot.

Toujours est-il que le kleptocrate mourut quelques jours après avoir cédé les précieuses concessions de Simandou à BSGR. Puis il y eut un coup d'État, puis un autre. Au bout du compte, un homme nommé Alpha Condé fut élu lors des toutes premières élections plus ou moins démocratiques de l'histoire du pays. Il avait quitté la Guinée lorsqu'elle était encore gouvernée par la France, avait étudié le droit à Paris et enseigné plus tard à la Sorbonne.

En prenant ses fonctions, Alpha Condé jura qu'il allait devenir le Nelson Mandela de la Guinée. L'un de ses premiers actes officiels fut d'examiner l'affaire Simandou, dont la notoriété avait fini par atteindre les coins les plus reculés du pays. Le milliardaire soudanais Mo Ibrahim en dégagea jadis l'essentiel lors d'une conférence d'économie africaine à Dakar : la question était de savoir si les responsables du gouvernement de Guinée étaient stupides, criminels, ou les deux à la fois.

Le nouveau président, qui compte Tony Blair et George Soros parmi ses conseillers, engagea des avocats américains et des analystes. Leur tâche était de trouver comment l'entreprise de Steinmetz BSGR, si peu expérimentée dans le domaine de l'extraction de minerai de fer, avait pu obtenir ce contrat. Et, surtout, qui avait tiré les ficelles en arrière-plan.

Les enquêteurs tombèrent rapidement sur un homme aux

connexions exceptionnelles : le Français Frédéric Cilins. Après 2000, celui-ci fut invité permanent en Guinée où il apporta des cadeaux pour les officiels : des lecteurs MP3, des téléphones portables, ce genre de choses. Rien d'extraordinaire en Occident, mais des objets prisés et difficiles à obtenir dans l'un des pays les plus pauvres du monde. Mais Frédéric Cilins n'en resta pas là : des modèles miniatures de Formule 1 sertis de diamants auraient également atterri là où il fallait. Bientôt, on l'appela « le Père Noël ».

En 2012, l'un des comités installés par Alpha Condé en arriva à la conclusion que Frédéric Cilins serait un « larbin secret » de Beny Steinmetz. Les enquêteurs tombèrent en outre sur des irrégularités dans le deal BSGR-Simandou. Il aurait offert (ce que BSGR nie) une montre en or sertie de diamants à l'ancien dictateur Lansana Conté – l'homme qui donna le contrat à Steinmetz peu avant de mourir[1].

BSGR confirma en outre que Frédéric Cilins avait travaillé pour lui, mais que cela n'avait rien à voir avec l'acquisition des droits miniers pour Simandou.

En 2012, les autorités guinéennes ont mis la main sur des contrats qui auraient été conclus entre une société écran nommée Pentler Holdings et BSGR avec Mamadie Touré, l'une des quatre épouses du dictateur Lansana Conté. Dans l'un de ces contrats, une société du nom de Matinda, qui appartient à Mamadie Touré, explique être prête à « faire tout le nécessaire pour obtenir des autorités la signature pour la société BSGR Guinée concernant les zones à exploiter ».

Dans un autre document, il est question de 2,4 millions de dollars, que Matinda aurait reçus en raison d'un « accord de coopération » avec Pentler Holdings. Puis un autre contrat encore, qui met fin à la coopération de Touré et donc de Matinda

---

1. Frédéric Cilins n'a pas souhaité s'exprimer sur l'affaire. BSGR dit que Cilins n'a « corrompu personne pour BSGR ».

avec Pentler et assure une somme de 3,1 millions de dollars à Matinda : pour sa part dans les activités en Guinée[1].

On pourrait – ou plutôt, on *devrait* – appeler cela un accord de corruption. Quoi qu'il en soit, le frère de Mamadie Touré fut tout à coup nommé vice-président de BSGR Guinée – et BSGR reçut le contrat Simandou[2].

Lorsqu'en 2012 des détails sur les contrats douteux furent rendus publics, Global Witness en prit connaissance. C'était une affaire taillée sur mesure pour cette organisation non gouvernementale qui lutte contre la corruption, les paradis fiscaux et l'exploitation de pays entiers – d'autant que l'organisation est soutenue par le milliardaire américain George Soros, qui compte parmi les conseillers du nouveau président Alpha Condé. Les collaborateurs de Global Witness trouvèrent rapidement de nouvelles pièces du dossier. Par exemple, la BSGR avait déclaré dans un communiqué que l'épouse du dictateur n'avait rien à voir avec l'affaire Simandou. Global Witness avait ensuite publié une vidéo montrant Frédéric Cilins et plusieurs représentants de BSGR aux côtés de Mamadie Touré – lors d'un événement lié au projet Simandou. BSGR avait en outre soutenu que Mamadie Touré n'était pas mariée au président Conté. Global Witness publia alors une copie de son passeport, sur lequel figure la mention on ne peut plus claire « épouse P. R.G. » : épouse du président de la République de Guinée[3].

Depuis plus de trois ans, Global Witness se penche ainsi sur BSGR. L'homme qui se tient derrière l'organisation se nomme Daniel Balint-Kurti. Il fut jadis le correspondant pour l'Afrique du *Times* et de *The Independent*. Aujourd'hui, il interroge des

---

1. Un porte-parole de BSGR nous répondit qu'il n'avait jamais entendu parler d'une entreprise nommée Matinda.

2. Lors du bouclage de ce livre, BSGR ne nous avait toujours pas répondu.

3. Un porte-parole de BSGR nous expliqua qu'il y avait des « preuves solides » que Touré n'était pas la quatrième épouse de Conté – il ne rentra cependant pas dans le détail.

témoins pour Global Witness, fournit des documents et fouille les registres de sociétés dans le monde entier. Son but : prouver que Beny Steinmetz a eu accès à la concession Simandou grâce à la corruption.

En 2013, BSGR porta plainte contre Global Witness. La société de Steinmetz voulait entre autres savoir qui étaient les sources de Balint-Kurti. La plainte fut rejetée.

Nous voulons à notre tour parler avec Daniel Balint-Kurti, car nous voulons en savoir plus. Heureusement, nous pouvons le rencontrer à Munich, il a de la famille en Bavière. Nous lui expliquons alors que nous nous intéressons au deal de Simandou – et à ses recherches.

Pour finir, Balint-Kurti nous raconte qu'il est tombé sur plusieurs sociétés fondées par Mossack Fonseca ou qui comptent parmi ses clients : Pentler Holdings et Matinda, aux îles Vierges britanniques. Les sociétés sont de véritables forts, on n'y pénètre pas si facilement. « Le cas Simandou n'est pas un cas isolé. Les recherches sur la corruption de Global Witness finissent presque toujours par tomber sur des sociétés écrans, ou même sur tout un réseau de sociétés écrans. »

Mais, dans ce cas-là, nous pouvons désormais ouvrir une porte secrète, et donner accès à ce qui restait caché jusqu'à présent.

Nous savons que Pentler Holdings a été fondé en 2005 aux îles Vierges britanniques. Peu de temps après, la société conclut ses premiers contrats avec Mamadie Touré. Par contre, selon Global Witness, BSGR expliqua qu'il n'avait jamais eu affaire avec Pentler.

Sans nos données, cette histoire s'arrêterait là, au moins dans un premier temps. On apprendrait peut-être encore quelques détails de la part des autorités des îles Vierges britanniques, mais guère plus. En épluchant les documents du dossier Pentler Holdings, nous découvrons que la société a été fondée sur ordre de la société suisse Onyx Financial Advisors

Limited[1]. Selon les notes internes de Mossfon, la société Onyx s'appelle désormais Invicta Advisory. En 2013, la société de Beny Steinmetz assure au *Financial Times* qu'elle «est complètement séparée et indépendante de BSGR». Un porte-parole de BSGR nous rapporte en 2015 que «Pentler n'est pas lié à Onyx et n'a jamais été possédé par Onyx».

Complètement séparée et indépendante?

Onyx, qui jadis fit fonder Pentler, et BSGR se sont partagé, jusqu'en décembre 2015 au moins, un étage dans un petit immeuble en brique au numéro 7 de la Old Park Lane à Londres, non loin de Buckingham Palace. Lors du bouclage de ce livre, le directeur d'Onyx était encore l'un des directeurs de BSGR[2]. Nous apprenons en outre qu'un employé de Mossfon a rencontré une employée d'Onyx en juin 2009 à Genève. L'employé de Mossfon apprit dans la conversation que le propriétaire de la société était «une famille franco-israélienne active dans le commerce de diamants, du pétrole et de l'art». Or Beny Steinmetz est né en Israël, mais détient également un passeport français.

Pour le dire franchement, ce n'est pas vraiment ce qu'on appelle «complètement indépendant»[3].

D'ailleurs, Frédéric Cilins, l'homme de paille présumé de Steinmetz, fut arrêté en 2013 aux États-Unis. Il avait tenté de persuader Mamadie Touré, l'épouse du dictateur Lansana Conté, décédé entretemps, de détruire tous les documents relatifs à Pentler et BSGR. Alors qu'ils partageaient un sandwich au poulet, Frédéric Cilins proposa de l'argent à Touré si elle détruisait les documents. Frédéric Cilins voulait ainsi faire disparaître des

---

1. Un porte-parole de BSGR le nia lorsque nous l'interrogeâmes à ce sujet.

2. Un porte-parole de BSGR le nia lorsque nous l'interrogeâmes à ce sujet.

3. Lorsque nous reposâmes la question au porte-parole de BSGR, il répéta seulement qu'Onyx était indépendant. Lors du bouclage de ce livre, Onyx ne nous avait toujours pas répondu à ce sujet.

preuves décisives dans l'une des plus grandes enquêtes sur la corruption en Afrique. Mamadie Touré devait en outre quitter les États-Unis, il lui payerait son billet. Si BSGR survit à l'enquête en cours, menée par le comité des mines de Guinée, et qu'elle conserve ses droits miniers, elle obtiendra 5 millions de dollars supplémentaires. Le «numéro un» aurait donné son feu vert à chaque étape. Lorsqu'on lui demanda qui était le numéro un, il répondit : «Beny[1].»

Mais ce que Frédéric Cilins ne savait pas, c'est que Touré avait passé un accord avec le FBI : elle portait un micro sur elle et avait enregistré leurs conversations. Frédéric Cilins fut arrêté le 14 avril 2013 en Floride et se déclara plus tard coupable d'avoir tenté de détruire des preuves. Il resta silencieux au sujet de ses complices. Il fut condamné à deux ans de prison.

Dans les documents du procès, il est très souvent question du «Co-Conspirator 1» – un conspirateur, donc. Après consultation de plusieurs médias, il s'agirait de... Beny Steinmetz. Entre-temps, une enquête judiciaire fut ouverte en Suisse et en Guinée à propos du deal, pour corruption présumée. Les bureaux d'Onyx ont été perquisitionnés, Steinmetz a été interrogé à plusieurs reprises[2].

En 2014, le gouvernement guinéen d'Alpha Condé retira finalement la concession de Simandou à la société de Beny Steinmetz. Il y aurait «des preuves précises et concordantes» de «pratiques de corruption» dans la concession. En plus des autorités suisses, américaines et guinéennes, le Serious Fraud Office britannique a également commencé à enquêter. Comme nous le découvrirons, les enquêteurs suisses soupçonnent Steinmetz d'être directement impliqué dans des pratiques de corruption.

---

1. Un porte-parole de BSGR expliqua que Cilins n'aurait agi ni sur l'ordre de BSGR ni sur celui de Beny Steinmetz. Lors du bouclage de ce livre, Beny Steinmetz ne nous avait toujours pas répondu, et Mamadie Touré restait injoignable.

2. Un porte-parole de BSGR assura ne rien savoir à ce sujet.

Pentler aurait été fondé par Onyx sur ordre de Steinmetz. D'après les documents judiciaires suisses que nous avons pu consulter, une employée d'Onyx s'occuperait presque exclusivement de l'administration des sociétés et fondations de Steinmetz. Que dire d'autre, à part que ces éléments coïncident exactement avec les éléments trouvés dans nos données[1] ?

1. Lors du bouclage de ce livre, Onyx ne nous avait toujours pas répondu.

# 20. Réunion secrète en Norvège

Nous sommes à Lillehammer, en haut du Lysgårdsbakken, le tremplin olympique de saut à ski. À nos pieds, la vallée de Gudbrandsdalen dans laquelle le lac étroit de Mjøsa miroite. En bordure du lac, le plus grand lac norvégien, Lillehammer, ville des jeux Olympiques d'hiver de 1994, où le skieur allemand Markus Wasmeier fit sensation en remportant deux médailles d'or. D'ici, nous voyons la voie ferrée qui s'étire le long la vallée, puis la gare où nous sommes arrivés la veille et l'hôtel un peu décrépi mais sympathique dans lequel nous sommes logés.

L'hôtel Radisson se dresse un peu plus haut sur la pente. C'est là que 900 journalistes de plus d'une centaine de pays se sont réunis – du 8 au 11 octobre 2015 – pour la «Global Investigative Journalism Conference», une conférence qui se déroule tous les deux ans. Au programme: des rapports de travail avec des collègues de renom, des exposés d'experts en droit de la presse, des spécialistes de données informatiques et des journalistes *undercover*. Cette conférence n'a rien à voir avec notre projet Prometheus, mais quelques-uns de nos partenaires internationaux y sont présents et nous voulons profiter de l'occasion pour les rencontrer et leur parler de vive voix.

Réunir 900 journalistes d'investigation? Quand nous le racontons à nos collègues et nos amis, la réaction est presque toujours la même: n'y a-t-il pas un gros risque d'attentat? Si l'on suppose que, ne serait-ce qu'un journaliste sur dix se serait fait

257

de dangereux ennemis avec ses recherches, cela représenterait déjà pour la police quatre-vingt-dix raisons potentielles pour faire exploser une bombe. Parmi les participants, on compte un grand nombre de journalistes aux conditions de travail confortables, comme nous, qui ont peut-être par moments agacé les services secrets allemands et américains, l'ADAC ou le gouvernement allemand. Mais beaucoup viennent aussi de Chine, de Russie ou d'Ukraine, du Proche-Orient ou de pays africains, et ils sont en danger. Certains montent sur scène avec le visage masqué ou apparaissent sous un faux nom, en tout cas pas avec le nom sous lequel ils publient leur travail. Sur scène, on demande à Roman Anin, le journaliste russe de l'ICIJ avec lequel nous travaillons sur l'affaire Poutine, s'il a peur. Anin répond en haussant les épaules : « S'ils veulent me tuer, ils me tueront. »

La conférence est captivante. Pas seulement pour l'intérêt de ses exposés, mais aussi parce qu'elle fait avancer notre projet. À Lillehammer, sont réunis le directeur de l'ICIJ Gerard Ryle, la responsable du projet Prometheus Marina Walker, la directrice des données Mar Cabra, le programmateur Rigo Carjaval et tous ceux qui travaillent à l'ICIJ, et près de trente journalistes qui enquêtent avec nous sur Prometheus. Désormais, notre forum compte une centaine de groupes et des dizaines de milliers d'entrées. Mais le meilleur moyen de travailler reste toujours l'échange personnel, comme nous le pratiquons ici à Lillehammer. Nous nous retirons sans cesse dans les chambres d'hôtel, voire dans le petit « Komitèrom » où se réunissaient les chefs du Comité international olympique en 1994. C'était pour ainsi dire la salle de contrôle des jeux Olympiques.

Le plus gênant, c'est que certains de nos collègues avec lesquels nous travaillons sur les données Mossfon veulent les évoquer dans des salles bondées. Ils parlent de nos « données de dingues » devant les autres. Nous coupons alors court à la conversation d'une demi-phrase, ou regardons dans le vide, en silence, jusqu'à ce que le collègue comprenne.

À Lillehammer, les spécialistes des données de l'ICIJ présentent une nouvelle liste d'environ 25 000 noms et informations sur les transactions que Mossfon a réalisées pour ses clients. Mar, la chef des données, est partagée. D'un côté, c'est « super, encore plus de matos ! ». De l'autre, « comme si ça n'était pas déjà suffisamment compliqué… ».

Nous leur racontons également que nous avons de nouveau commandé un autre ordinateur, quelques jours avant notre départ pour Lillehammer – le troisième. Le deuxième, notre super-computer à 6 000 euros, encore flambant neuf, ne s'en sort déjà plus avec la quantité de données, qui s'élève désormais à 2,5 téraoctets. Chaque recherche est devenue très laborieuse. Quand on veut ouvrir le document trouvé, il faut patienter plusieurs minutes, puis, une fois dedans, attendre à nouveau – et encore, quand l'ordinateur ne finit pas par planter. Tous les experts avaient beau nous assurer qu'il était assez puissant, force est de constater que ce n'était pas le cas.

En commandant ce deuxième ordinateur, nous savions bien sûr qu'un modèle plus coûteux aurait été préférable : disons un ordinateur à 17 000 euros. C'est le prix de celui que nous avait proposé l'expert en informatique. Mais réclamer un tel achat aurait été tout aussi absurde que de demander la construction d'un étage supplémentaire à la tour de la *SZ* rien que pour nous.

Néanmoins, notre projet avait entretemps pris des proportions absurdes : nous ne pouvions plus travailler comme ça. Nous entreprîmes donc, et ce n'était guère agréable, d'expliquer le plus diplomatiquement possible la situation à notre rédacteur en chef, et notre besoin de disposer d'un ordinateur encore plus performant si nous voulions que les données puissent être traitées dans les murs de la *Süddeutsche Zeitung*. Si, au contraire, nous envisagions de laisser le dépouillement des données à l'ICIJ, nous n'aurions pas besoin de cela… Nous proposâmes donc l'achat d'un méga-ordinateur avec 128 gigaoctets de mémoire vive et cinq disques durs SSD. Au total, 8 256 téraoctets de mémoire. Une ferme de serveurs, emballée dans la coque d'un PC. Coût : 17 484,36 euros.

La décision de la rédaction fut de l'acheter.

Quand nous racontons l'anecdote à Rigoberto Carvajal, programmateur du ICIJ, lors du dîner à Lillehammer, il est incrédule : « 17 000 euros ? ! Pour *un seul* ordinateur ? Vous êtes fous ! » Il est mort de rire et super-enthousiaste en même temps, il veut connaître chaque détail, chaque spécification. Notre nouvel ordinateur nous met presque mal à l'aise. Nous renvoyons Rigoberto vers Vanessa Wormer, la journaliste qui a rejoint notre petite équipe en septembre. Nous l'avions recrutée à New York, où elle suivait un cursus d'étude spécialisé dans le data-journalisme à la prestigieuse université new-yorkaise de Columbia. Elle programme des logiciels qui nous permettent d'améliorer nos recherches de données, et s'occupe également entièrement de la partie technique des projets. Depuis que Vanessa nous a rejoints, nous ne nous préoccupons plus des questions de taille de disques durs, de mémoire de travail et de formatage Excel, sauf quand c'est vraiment nécessaire. C'est-à-dire, presque plus. C'est très reposant. Par ailleurs, Vanessa est une excellente journaliste, et une collègue très douée : elle fait énormément avancer notre projet.

Un autre collègue nous rejoint pour six mois : le journaliste indépendant Mauritius Much. Il se plonge avec enthousiasme dans chaque cas que nous lui soumettons, en particulier dans le domaine du sport. Qualité supplémentaire, il parle très bien espagnol, ce qui n'est pas négligeable vu qu'une bonne partie des documents et des mails sont rédigés dans cette langue.

Nous sommes désormais quatre dans l'équipe Prometheus de la *Süddeutsche Zeitung*.

À mesure que nous approchons de la date de parution, la qualité de la traduction s'avère de plus en plus importante. Nous reconnaissons en effet certaines feintes des gens de Mossfon dans leur propre traduction, par exemple l'un de nos sujets actuels favoris : l'utilisation du terme « *nominee beneficial owner* », c'est-à-dire le propriétaire final fictif. Dans ce monde des sociétés écrans, qui ne manque pourtant pas d'absurdités, c'est la dénomination la plus absconse qu'on ait trouvée.

Dans le secteur de l'offshore, la fonction du « dernier propriétaire » reste en effet l'ultime maillon de la chaîne des dissimulations. On peut mettre des hommes de paille en guise de directeurs, et d'autres sociétés offshore comme actionnaires, mais lorsqu'il est question de *beneficial owner*, voire de *ultimate beneficial owner*, cela devrait être clair : la société lui appartient vraiment.

La banque doit se renseigner sur ce propriétaire final afin de savoir à qui elle a affaire. Quand on veut empêcher le blanchiment d'argent, le financement du terrorisme et autres crimes, la règle qui consiste à connaître l'homme qui se tient à la fin de la chaîne est essentielle. Chez Mossack Fonseca, on pense apparemment que, après tout, il s'agit là d'une règle parmi d'autres. En d'autres termes, une règle souple.

Mossack Fonseca propose de manière répétée à des clients particulièrement problématiques de contourner ce mécanisme de contrôle par les banques : ils suggèrent de placer une vraie personne en tant que *nominee beneficial owner*, à la place du vrai propriétaire qui lui apparaît donc comme le *real ultimate beneficial owner*.

Propriétaire.

Propriétaire final fictif.

Propriétaire final.

Un vrai propriétaire final ?

On dirait du théâtre. Mais ce n'est pas qu'absurde, c'est aussi complètement interdit.

Le manager de Mossack Fonseca de haut rang, Ramses Owens, en arrive également à la même conclusion. Jusqu'à récemment, il était le chef du département trust, lorsqu'un collègue du bureau Mossfon de Hong Kong lui en toucha un mot en mai 2008. Ramses Owens explique que le service d'un *nominee beneficial owner* est « aujourd'hui classé comme illégal » : dans le Code pénal du Panama, il y aurait un article spécial qui interdirait de faire intervenir des « bénéficiaires cachés » et de mentir au sujet de la « propriété réelle »[1].

Un an auparavant, Ramses Owens lui-même avait proposé ce service à un client en le lui présentant comme une prestation « délicate », que Mossack Fonseca gérait bien entendu avec la « plus grande confidentialité ».

Et c'est le même Ramses Owens qui, six mois durant, offrit ce service à une cliente *après* l'avoir lui-même reconnu comme illégal. En janvier 2009, une cliente américaine se manifeste. Mossack Fonseca gère pour elle un compte caché à l'étranger auprès de la banque HSBC. La cliente est en panique, elle a peur que HSBC connaisse son nom, et soupçonne une employée de Mossfon de l'avoir transmis par erreur. Ramses Owens tente de la calmer. Il lui écrit que Mossfon pourrait faire marche arrière et lui proposer le service de *natural person nominee*. Il explique que cela signifie qu'on nomme quelqu'un au titre de *beneficial owner*, « dont le nom est donné à la banque ». Cependant, Ramses Owens précise que ce service est « très risqué », et donc très cher. Pour la première année, ils prennent 30 000 dollars, pour la deuxième, 15 000. C'est qu'ils ont beaucoup de contraintes, explique-t-il encore : « Nous devons embaucher la personne qui sert de prête-nom, la payer, elle doit signer énormément de documents pour nous couvrir, et nous devons pour cela nous assurer qu'elle peut prouver qu'elle est économiquement solide, qu'elle dispose de beaucoup d'argent, nous avons besoin

---

1. Voir le chapitre 31 à ce sujet – en particulier la réaction de Ramses Owens.

de références, d'attestations de résidence, etc. » Ramses Owens explique plus loin que, si la cliente accepte l'offre, il faut que ce soit clairement pour un contrat à long terme[1].

Nous cherchons plus loin, et constatons que la cliente a accepté. Pour ça, elle a payé près de 60 000 dollars en trois ans. L'homme qui joue le rôle de « vrai propriétaire » pour elle est pour ainsi dire la Rolls parmi les prête-noms de Mossfon. C'est l'homme qu'on propose volontiers dans de telles « situations délicates ».

Son nom est Edmund W., il est l'ex-beau-père de Ramón Fonseca.

La plupart du temps, Edmund W. rentre dans le jeu en tant que *natural person nominee* chez Mossack Fonseca, et ses qualités sont sans cesse vantées : il est ingénieur, peut donc en théorie avoir beaucoup d'argent, il est un citoyen britannique, vit depuis longtemps au Panama et voyage rarement. Sur le papier, le grand-père des enfants de Ramón Fonseca est donc le propriétaire de l'entreprise de cette cliente, la HSBC reçoit effectivement sa pièce d'identité et sa facture d'électricité, comme s'il était le propriétaire final[2].

Tout cela est si notoirement interdit que chaque discussion sur le sujet est absolument risible. Nous sommes curieux de voir ce que Mossfon va répondre à nos questions. Mais Mossack Fonseca ne répond pas au sujet du service de *natural person nominee*. Le cabinet nous renvoie une déclaration générale dans laquelle il n'est pas fait mention de cette question.

L'exemple le plus récent des services de *natural person nominee* date de mars 2014 : pour la jolie somme de 10 000 dollars par an, un employé de Mossfon propose cette prestation. Le client, un Français, mord à l'hameçon. Il veut savoir s'il est possible

---

1. Voir le chapitre 31 quant à la réaction de Ramses Owens.
2. Lors du bouclage de ce livre, Edmund W. ne nous avait toujours pas répondu.

d'ouvrir un compte pour lequel il n'«apparaît absolument pas» dans les documents de la banque.

L'employé de Mossfon explique que ce n'est pas un problème, qu'on peut déclarer quelqu'un en tant que *final beneficial owner*, à savoir en tant que «vrai bénéficiaire final». Cette personne sera donc nommée auprès de la banque, c'est sur elle que cette dernière appliquera sa *due diligence* – à savoir la diligence raisonnable sur le «vrai propriétaire»[1].

Nous utilisons aussi les jours passés à Lillehammer pour demander à nos partenaires s'ils sont tombés sur des infractions claires dans les cas qu'ils étudient, comme les manquements aux devoirs de *due diligence*, la falsification de documents, la complicité de blanchiment d'argent, etc. Ce qui est sûr, c'est qu'on n'en manque pas. Dans les recoins du hall de l'hôtel, dans les chambres, lors de promenades, les autres chercheurs du projet Prometheus nous racontent des histoires similaires. Ils sont tous fascinés par la désinvolture de Mossack Fonseca vis-à-vis de la loi et de la morale.

Quelques jours après que nous sommes rentrés à la maison, la source se manifeste avec une question qui nous rend nerveux.

John Doe : Prêts pour plus de données ?

*SZ* : Sérieusement ?

John Doe : Très sérieusement.

*SZ* : OK. Combien ?

John Doe : Moins de 100 gigaoctets, cette fois. Mais quand même beaucoup.

*SZ* : Waouh ! C'est complètement fou !

Encore plus de données de Mossack Fonseca. Nous arrivons déjà à peine à nous en sortir avec ce qu'on a. Lorsque le nouveau

---

1. Lors du bouclage de ce livre, Mossack Fonseca ne nous avait toujours pas répondu sur ce point précis.

paquet arrive, nous le laissons de côté dans un premier temps. Notre nouvel ordinateur n'est pas encore là, et nous devons encore passer plusieurs millions de documents de notre base de données actuelle dans le logiciel de reconnaissance de texte afin de les rendre consultables.

Tout cela paraît bien excessif. Mais nous avons encore quelques mois devant nous avant que les recherches ne débouchent sur des articles de journaux.

## 21. Dans le pouvoir du monstre

Parmi les clients de Mossack Fonseca, nous avons jusqu'à présent trouvé entre autres les catégories de criminels suivantes : des barons de la drogue, des escrocs financiers, des mafiosi, des trafiquants d'armes, des fraudeurs fiscaux, des violeurs de sanctions, des escrocs d'à peu près tous les genres. Il y a également l'histoire d'Andrew M. En 2009, cet homme fut condamné à huit ans de prison aux États-Unis. Son crime : avoir violé au moins trois enfants russes. D'après les enquêteurs, il l'avait non seulement fait par goût mais également par intérêt financier. Il voulait participer à la création d'un cercle illégal pour la prostitution d'enfants et « tester » ainsi trois fillettes. Andrew M. aurait été l'un des investisseurs de cette association de malfaiteurs et aurait aidé au blanchiment des bénéfices de ces crimes – en les faisant passer par une société écran.

Jusqu'à ce jour, Andrew M. est client chez Mossack Fonseca, avec une autre société écran[1]. Mossack Fonseca est au courant des crimes de M., de sa condamnation et de son incarcération – c'est ce qui ressort des documents. Malgré cela, Mossfon le conserve comme client.

Nous avançons dans la recherche et apprenons qu'Andrew M., qui détient les nationalités américaine et russe, a fait créer en

---

1. État actuel : mars 2016.

1995 des sociétés dans les îles Vierges britanniques. Il ne donne pas de détails sur la finalité de ces entreprises.

Vue de l'extérieur, la vie de M. est une fabuleuse ascension : à 18 ans, il émigre avec son père aux États-Unis, où il est admis à l'université Columbia de New York pour ses talents en mathématiques. Il y obtiendra son diplôme avec les meilleures notes de sa promotion. Par la suite, il fait fortune en vendant des extincteurs spéciaux et des voitures allemandes : en 2004, son entreprise est évaluée à 10 millions de dollars. Andrew M. se marie, a trois enfants et vit le rêve américain dans une villa à Philadelphie.

Mais il a une deuxième vie, une vie plus sombre. On la reconstitue à travers des dossiers d'enquête et des documents des tribunaux : en 2012, le site web www.berenika.org est mis en ligne. Il fait la publicité pour ce que ses créateurs nomment un « romantic studio ». Mais en vérité, il s'agit là d'un cercle de prostitution infantile. C'est à peine caché : sur la page d'accueil, on peut déjà voir une fillette nue, une rose à la main. Elle fait jeune, très jeune.

Les fillettes sur berenika.org sont classées comme des marchandises et proposées selon leur taille, leur poids, la taille de leur soutien-gorge... Selon le site, elles sont « jeunes et fraîches » – et on peut déjà les avoir pour 150-300 dollars de l'heure. Une nuit entière coûte 500 dollars. Sur berenika.org, on trouve une déclaration pour la forme, stipulant que toutes les filles ont plus de 18 ans. Mais celui qui cherche des filles mineures sait tout de suite qu'il est sur le bon site. Pour finir, les clients de berenika. org sont dirigés vers un appartement quelconque de Moscou. C'est là que les crimes sont commis sur les enfants.

Selon la conclusion apportée par les enquêteurs américains, Andrew M. aurait participé au financement de ce cercle de prostitution d'enfants. Ils écrivent que M. aurait investi « dans l'attente d'obtenir une part du bénéfice de la prostitution de femmes majeures et mineures». Il aurait même traduit le site en anglais afin d'attirer des clients occidentaux[1].

Fin 2003, M. se rend à Saint-Pétersbourg et récupère trois fillettes dans un orphelinat en périphérie de la ville. Elles sont âgées de 13 et 14 ans. M. leur promet un voyage touristique. Au lieu de cela, il les auraient obligées à avoir des rapports sexuels. «Je lui ai demandé de ne rien me faire, j'étais si petite», raconte plus tard l'une des filles dans l'édition anglaise du quotidien russe *Pravda*. «Il me donna des comprimés contre la douleur et commença à enlever mon pyjama.» Dans son témoignage, une autre fille dit qu'elle ne voulait pas y repenser, qu'elle préférait tout simplement oublier ce qu'il lui avait fait.

À la même époque, Andrew M. crée une fondation pour aider les victimes russes du terrorisme – les enfants en particulier. Il devient président de la «team US» de la fondation. Un soir, lors d'une soirée VIP, il rencontre l'ambassadeur de Russie aux États-Unis et se laisse photographier avec l'actrice hollywoodienne Heather Graham dans son rôle d'homme de bien. Mais tout cela n'est qu'apparence.

Le cercle Berenika est pris dans le viseur d'enquêteurs russes, et ces derniers donnent apparemment à leurs collègues américains la piste menant à Andrew M. Lorsqu'en juillet 2004 il revient de l'un de ses voyages, la police lui confisque son ordinateur portable à l'aéroport de Philadelphie. Dans le cadre d'une enquête internationale, quatre de ses complices seront condamnés à de la prison en Russie en 2005. M. y échappe, dans un premier temps en tout cas. Trois ans plus tard, le FBI parvient à décoder les fichiers cryptés de son ordinateur portable confisqué à l'aéroport – et trouve des e-mails prouvant le lien entre M. et berenika.org.

---

1. Andrew M. expliqua sur demande n'avoir jamais été impliqué dans l'opération Berenika, n'y avoir jamais investi d'argent, et n'avoir jamais reçu aucune part des bénéfices de Berenika.

Plus tard, les enquêteurs tombent sur la société IFEX Global Limited, l'une des deux sociétés écrans fondée par Mossack Fonseca dans les îles Vierges britanniques en 1995. Voulant savoir qui se cache derrière cette société, ils demandent des renseignements aux autorités caraïbéennes. L'autorité de supervision financière locale se tourne alors vers Mossfon, afin d'obtenir les noms et adresses des directeurs et des actionnaires d'IFEX. Mossack Fonseca répond aux enquêteurs qu'IFEX Global appartient à un homme nommé D.G., et qu'Andrew M. en serait seulement le directeur.

Ces informations sont incorrectes. Dans les documents internes de Mossfon dont nous disposons, il est clair qu'Andrew M. est répertorié comme actionnaire unique depuis 1995.

Mossfon explique en outre qu'il n'y a pas d'informations sur d'autres entreprises en lien avec IFEX.

En plus d'IFEX Global Ltd., M. a pourtant fait enregistrer une autre société, nommée Maga Global Limited. Mossack Fonseca a même rangé une carte de visite de Maga Global dans les dossiers : le nom d'Andrew M. y figure en tant que vice-directeur.

Après avoir été arrêté aux États-Unis en décembre 2008, et que de nombreux médias ont fait leurs gros titres sur ce multimillionaire qui aurait agressé et abusé sexuellement des enfants, Mossack Fonseca reçoit de nouveau une lettre des autorités des îles Vierges britanniques. Cette fois-ci, les enquêteurs veulent tous les documents de *due diligence* – c'est-à-dire tous les documents qui montrent que Mossack Fonseca a minutieusement et péniblement vérifié avec qui ils font des affaires.

Mais en fait, Mossfon n'a rien de tel, parce qu'ils n'ont apparemment pas fait de contrôles au sujet de leurs partenaires d'affaires. Pendant treize ans. Et comme Andrew M. a fondé ses deux sociétés aux îles Vierges britanniques en 1995 par le biais de l'intermédiaire américain USA Corporation, il n'aurait apparemment pas dû fournir une seule fois une copie de son passeport à Mossfon.

Pour une entreprise qui se vante sans cesse d'être stricte avec ses directives, voilà qui semble pour le moins problématique. Du coup, les employés de Mossfon deviennent nerveux. Ils essayent de mettre à présent la main sur des preuves tangibles, et écrivent à l'intermédiaire américain qui a commandé la société IFEX pour M., à l'époque. Lequel répond qu'il a essayé d'obtenir les informations de M., en vain. Comment le joindre rapidement ? Il est en prison !

Mais USA Corporation propose de fournir un certificat de la banque Christiania Bank OG, une banque établie en Norvège où la société de M. a un compte, et un permis de conduire expiré depuis trois ans. Mossfon envoie ces deux documents en janvier 2009 à la Financial Investigation Agency des îles Vierges britanniques. Elle confirme à présent que M. est le propriétaire d'IFEX Global[1].

Quelques jours plus tard, devant un tribunal de Pennsylvanie, Andrew M. avoue avoir eu des relations sexuelles avec trois jeunes filles russes mineures. Nous comprenons que c'est un marché : M. avoue les viols, et en contrepartie la poursuite pour trafic d'enfants est abandonnée. Andrew M. est finalement condamné à plusieurs années de prison en septembre 2009. Les juges le créditent du fait qu'il a épargné un passage devant le tribunal aux trois enfants et qu'il y a eu un accord avec eux en dehors du tribunal.

Une société IFEX Global apparaît aussi en tant que partie défenderesse dans les documents d'un procès civil, que les victimes de M. recherchent aux États-Unis en 2009. Selon la requête, les frais engagés pour le cercle de prostitution des enfants auraient été comptabilisés par IFEX Global en tant que dépenses de la société. Le profit réalisé avec les agissements illégaux aurait à son

---

1. Andrew M. a réagi à ce sujet. Cependant, il ne voulait pas s'exprimer publiquement au sujet de la société IFEX Global – toujours est-il qu'il a écrit les e-mails correspondants avec une adresse mail se finissant par @ifex.us.

tour été comptabilisé *via* la société pour donner «l'apparence de la légitimité». En outre, la page d'accueil www.berenika.org serait «contrôlée» par la maison particulière de M., ou plutôt son entreprise, c'est-à-dire IFEX Global. Un soupçon persiste: avec l'argent des comptes des entreprises, des pots-de-vin auraient été versés aux fonctionnaires russes, pour que ces derniers laissent agir les gérants de Berenika[1].

Toujours est-il qu'il est question d'une société nommée IFEX Global Inc. dans les documents judiciaires, et non de la société Mossfon IFEX Global Limited.

Seul un examen complet de tous les documents des tribunaux pourrait permettre de comprendre tous les détails. Mais ceux-ci, mis à part les quelques pages dont nous disposons, sont désormais sous scellés – les victimes de M. sont tombées d'accord sur une indemnisation extra-judiciaire après sa condamnation. Et cela signifie aussi que les documents judiciaires n'ont pas été rendus publics.

Bien que les médias américains et russes aient fait état du jugement du millionnaire en 2009, Mossack Fonseca n'en a apparemment pas entendu parler. C'est seulement au printemps 2014 – cinq ans après la condamnation – que le cabinet se rend compte qu'un de ses clients est un délinquant sexuel condamné. Les employés s'envoient des articles de journaux par mail et placent M. dans la catégorie des «clients à haut risque». Enfin, la question se pose de savoir si Mossfon doit informer les autorités des îles Vierges britanniques.

---

1. Andrew M. déclara sur demande que l'allégation selon laquelle il aurait fait partie du cercle Berenika est «absolument et complètement fausse» et qu'elle repose sur un «conte mensonger» des autorités russes. L'ensemble viserait à détruire sa réputation parce qu'il critique Poutine. M. ajouta qu'il n'a jamais investi dans le cercle de prostitution infantile et n'en a pas non plus profité financièrement. M. ne nia pas explicitement avoir eu des relations sexuelles avec des mineures.

La directrice du département de conformité de Mossfon plaide contre. Elle écrit qu'au bout du compte IFEX Global ne serait «impliqué dans rien d'illégal». Pour finir, la présidente-directrice générale décide de ne pas informer les autorités : elle ne voit pas comment la société de M. aurait profité d'agissements pédophiles.

Mossack Fonseca conserve donc dans sa clientèle un délinquant sexuel condamné ainsi que sa société, qui, selon les enquêteurs, finança une organisation criminelle, et organisa des abus sur des enfants russes. En fait, IFEX Global Limited était toujours une société active lorsque nous avons écrit les dernières pages de ce livre.

Andrew M. est sorti de prison en décembre 2015.

Par le passé, Jürgen Mossack s'exprima régulièrement *via* des porte-parole : Mossfon filtrerait avec sévérité les clients agissant illégalement – lorsqu'ils apprennent qu'ils ont eu de telles activités.

## 22. La noblesse rouge

Le 15 novembre 2011, un corps est retrouvé dans l'hôtel Lucky Holiday, un établissement trois étoiles perché sur les collines de la métropole chinoise de Chongqing. Le mort du bungalow est vite identifié comme étant Neil Heywood, un homme d'affaires britannique, et la cause de la mort est tout aussi rapidement trouvée : défaillance cardiaque due à la consommation d'alcool. Le corps est incinéré sans autopsie.

Cependant, dans sa famille, Neil Heywood était considéré comme un « abstinent », quelqu'un qui ne buvait jamais d'alcool. Pourquoi en aurait-il bu jusqu'à en mourir ? Il faut savoir que Neil Heywood n'était pas n'importe qui. C'était un ami proche de Bo Xilai et Gu Kailai. À l'époque, Bo Xilai, fils de l'un des « huit immortels », tels que les vétérans de la Révolution sont nommés en Chine, était le chef du parti de Chongqing. Gu Kailai, son épouse, fille d'un général, travaillait en tant qu'avocate.

Depuis de nombreuses années, ces deux-là forment le couple de rêve de la politique chinoise : Bo Xilai est l'un des hommes politiques les plus populaires dans le pays, et la suite de son parcours semble déjà toute tracée : elle va le mener tout en haut, au sommet du pays le plus peuplé du monde. Si ce n'est que la mort d'Heywood vient contrecarrer cette irrésistible ascension.

Ses liens avec la politique et les questions restées en suspens sont la source des rumeurs qui se mettent immédiatement à circuler sur les motifs du mystérieux décès. Le chef de la police de la ville de Chongqing, qui depuis le début est chargé de l'affaire, laisse secrètement les enquêteurs prélever des échantillons de sang sur le cadavre avant la crémation. C'est ce geste qui va permettre de transformer cette prétendue mort accidentelle en la plus grande affaire criminelle de l'histoire récente de la Chine. Lorsque l'on finit par savoir qu'Heywood a été assassiné de sang froid, l'histoire devient un véritable drame shakespearien sur l'amour, le pouvoir et l'argent, qui de plus se déroule au sein de l'élite chinoise.

À l'automne 2011, lorsque Heywood meurt, tout pousse à croire que Bo va s'installer au Comité permanent du bureau politique du Parti communiste chinois, au cœur du pouvoir. En 2007, Bo avait troqué son poste de ministre du Commerce pour Chongqing et avait depuis transformé la ville du fleuve Yangzi Jiang de façon à ce que toute la Chine parle de lui : les citoyens devaient chanter les chansons du parti, il laissa pavoiser toute la ville de drapeaux, célébra Mao Zedong et interdit à la télévision régionale de diffuser de la publicité. En bref, Bo Xilai laissa Chongqing revivre la grande époque lors de laquelle le vrai maoïsme était encore un idéal en Chine, et le capitalisme, un ennemi.

À la même époque, il lança la devise « Stop à l'argent sale » et prit de sévères mesures contre la criminalité et la corruption. La presse du parti le célébra comme le chasseur anti-corruption le plus virulent du pays, et comme un talentueux développeur d'affaires. Il fut vite question du « modèle de Chongqing » dans le pays.

Ça, c'est pour la façade. Mais dans les années 1990 déjà, lorsque Bo Xilai était encore maire de Dalian, une ville portuaire du nord-est de la Chine, une règle tacite était connue des hommes d'affaires : celui qui veut avoir sa chance dans la ville doit donner un pourcentage à la famille de Bo. Gu Kailai, sa femme, était pour cela « une sorte de péage », comme l'écrivit le *Spiegel* en 2012. Elle s'occupait de récupérer le droit d'entrée.

À l'époque, Neil Heywood était déjà son confident, faisant en sorte que son fils Bo Guagua entre dans une coûteuse école privée de Londres et aille ensuite étudier à Oxford. À Harvard, où il étudia plus tard, Bo Guagua roulait en Porsche et vivait dans un appartement dont le loyer mensuel équivalait au quart du salaire annuel de son père.

Heywood est un homme du monde. Il porte des vestes en lin et conduit une voiture de luxe avec une plaque d'immatriculation «007». Apparemment, il ne fait pas que s'occuper du fils. Avec ses amis, ils font des affaires et gagnent des millions, dont une partie serait déposée dans des sociétés offshore. Et ce jusqu'à sa mort, dans des circonstances inexpliquées. Lorsque le chef de la police de Chongqing, qui est également un confident et un complice de Bo Xilai et de son épouse, confronta le politicien avec le résultat de son enquête, Bo ne voulu rien savoir, il l'insulta, le frappa et menaça de le licencier.

Le policier paniqua et, craignant pour sa vie, demanda en février 2012 l'asile diplomatique au consulat américain, à trois cents kilomètres de Chengdu. Selon lui, l'épouse de Bo Xilai aurait assassiné l'homme d'affaires britannique, en lui ayant fait ingérer du poison après l'avoir saoulé. Finalement, le chef de la police n'obtint pas l'asile. Au lieu de cela, il dut après quelques jours faire face aux autorités chinoises.

Ses déclarations glacèrent la Chine jusqu'à la moelle. Un politicien impliqué dans un meurtre, de l'argent caché – cela fit scandale. Pendant des semaines, l'affaire tint toute la Chine en haleine, le Parti communiste plongea dans la plus grande crise de confiance qu'il ait connue depuis le massacre de la place Tiananmen. Plus l'affaire durait, et moins l'enfant prodige Bo Xilai s'en trouvait bien. Le Parti communiste finit par censurer les mots «Bo Xilai» et «vérité» sur Internet.

Gu Kailai fut finalement condamnée à ce qu'on appelle la peine de mort avec peine suspensive, qui fut ensuite transformée en une peine de prison à vie. Son mari Bo Xilai fut condamné en

2013 à la perpétuité pour corruption. Il s'avéra que le couple cachait un sombre secret, pour lequel Gu était prête à tuer.

Lorsque nous nous rendons compte qu'une partie de cette histoire trouve un écho dans nos données, et qu'il est donc possible d'en savoir beaucoup plus, nous restons stupéfaits. Nous découvrons en effet qu'en septembre 2009, Gu Kailai a fondé la société Russell Properties S.A. aux îles Vierges britanniques avec un architecte français. Les vrais liens de propriété devaient à l'évidence rester occultes : il y a des prête-noms et des faux actionnaires – ce qui, dans le cas Gu Kailai, ne nous surprend pas.

Si on avait appris qu'elle investissait des millions à l'étranger, cela aurait signifié la mort politique de son mari, surtout qu'il ne s'agissait pas de ses millions à elle. Une partie de l'argent provenait d'un milliardaire chinois, qui s'était enrichi dans le sillage de Bo Xilai. Il fit parvenir 3,2 millions de dollars à l'épouse de Bo et à son partenaire. L'architecte et Gu déposèrent l'argent sur le compte d'une grande banque britannique.

Bo Xilai, l'époux de Gu, connaît cet homme depuis l'époque où il était à Dalian. Là-bas, le Français s'était allié à une éminente famille locale, et avait conçu de prestigieux bâtiments. À l'été 2001, Gu et le Français achetèrent une villa sur la Côte d'Azur *via* Russell Properties : sur les hauteurs de Cannes, 400 mètres carrés, six chambres à coucher, 4 000 mètres carrés de terrain. Un palais – certainement trop cher pour la femme d'un homme politique chinois. En outre, selon la loi, les ressortissants chinois sont seulement autorisés à faire sortir du pays l'équivalent de 50 000 dollars en devise locale, sans dérogation.

Il faut savoir à ce sujet que la société de Gu, Russell Properties, n'a pas acheté directement la villa « Fontaine Saint-Georges ». C'est une autre société offshore qui est entrée en jeu en tant qu'acheteur – la société Fontaine Saint-Georges Residence S.A. –, qui à son tour appartient à Russell Properties. On ne pouvait pas être plus cachottier...

Mais Gu Kalai avait visiblement mis Neil Heywood, l'ami britannique de la famille, au courant du deal. Il devait gérer la villa à Cannes et lui trouver des locataires. Au lieu de quoi, Heywood voulut faire chanter Gu. Ce fut son arrêt de mort.

Deux semaines après avoir instillé le poison à Heywood dans le bungalow de l'hôtel Lucky Holiday, Gu Kailai essaya visiblement d'éliminer ses traces dans le monde de l'offshore. Dans les données de Russell Properties S.A., que Mossfon gère en interne sous le numéro d'identification 6015818, l'architecte français a été nommé unique gérant et unique actionnaire de la société le 29 novembre 2011.

Cela aurait dû suffire à effacer toute trace, si le Français n'avait pas commis une erreur. Comme adresse de correspondance, il donna une barre d'immeubles à proximité du stade olympique de Pékin – ancienne adresse du cabinet d'avocats de Gu Kailai.

Jusqu'à présent, les cadres du Parti communiste chinois ont volontiers décrit leur pays avec le terme *hexie shehui*, ce qui signifie que la République populaire est une «société harmonieuse». Mais la réalité est tout autre. C'est ce que montre, entre autres, l'affaire Bo Xilai. Les tensions sociales deviennent plus fortes d'année en année. Selon les estimations de la Banque mondiale, plus de 300 millions de personnes vivent avec moins de 2 dollars par jour en Chine. Les cent plus riches Chinois, en revanche, ont amassé une fortune de plus de 450 milliards de dollars, selon *Forbes,* soit une moyenne de 4 milliards et demi chacun.

Une part importante de ces fortunes ne se trouve pas dans la «société harmonieuse», mais dans les paradis fiscaux, généralement cachée derrière les façades d'entreprises indéfinissables et les noms quelconques des prête-noms.

Cela fait longtemps que nous avons trouvé Deng Jiagui dans

les documents secrets : c'est le beau-frère du président chinois Xi Jinping – le même Xi Jinping qui se présente comme le grand défenseur de la transparence depuis des années[1].

Nous avons également trouvé Li Xiaolin, la fille de l'ex-Premier ministre Li Peng, surnommé « le boucher de Pékin » à cause de son rôle dans le massacre de la place Tiananmen en 1989. Li Xiaolin est à présent considérée comme l'une des femmes les plus riches de Chine – ce qui ne se serait sans doute jamais produit sans les connexions de son père[2].

Il se trouve qu'en Chine les politiciens et leurs familles ne sont pas tenus de rendre leurs biens publics. Les citoyens ne peuvent donc qu'imaginer combien il y a d'argent dans les sociétés offshore et combien de taxes échappent ainsi à l'État. C'est aussi pour cette raison que les histoires du beau-frère du président Deng Jiagui et de la fille de l'ex-Premier ministre sont à ce point explosives.

En Chine, critiquer publiquement les politiciens et leurs proches les plus cupides, qui prêchent une conduite irréprochable mais s'en mettent plein les poches, demeure tabou. C'est mettre en péril la cohésion déjà fragile de cette société pleine de contrastes. Les experts estiment que 1 à 4 milliards de dollars ont disparu de Chine depuis 2000 *via* des canaux opaques.

Sur ce sujet, les rares articles publiés jusqu'à présent provenaient de journalistes occidentaux. En 2012, l'agence de presse Bloomberg fut le premier média à rechercher des détails sur l'état des finances de la famille de l'actuel président Xi Jinping. Elle a fait un rapport sur la façon dont les proches de Xi auraient amassé des millions avec la participation de nombreuses entreprises et des deals immobiliers. Bloomberg n'a pas prétendu une

---

1. Lors du bouclage de ce livre, ni Deng Jiagui ni Xi Jinping ne nous avaient répondu.

2. Lors du bouclage de ce livre, Li Xiaolin ne nous avait pas répondu.

seule fois que Xi se serait enrichi personnellement. Néanmoins, la censure d'État a immédiatement verrouillé l'accès à cette information sur Internet.

Et même quand la *Süddeutsche Zeitung* a communiqué début 2014 avec l'ICIJ des données des Offshore Leaks sur les Chinois, l'accès au site sueddeutsche.de en Chine fut bloqué en quelques heures, et notre compte sur Weibo, l'équivalent chinois de Twitter, supprimé. Quelque chose de semblable est arrivé au *New York Times*, qui a rapporté que des proches du président avaient fait des affaires avec une entreprise du Chinois le plus riche, et liquidé plus tard les actions avec un bénéfice de plusieurs millions. L'homme qui aurait manigancé ce deal serait Deng Jiagui le beau-frère du président Xi Jinping. Nous pouvons prouver qu'il possédait trois autres sociétés écrans, inconnues du public jusqu'à présent.

Les affaires offshore de sa famille ne vont pas renverser Xi Jinping, mais il pourrait trouver très inconfortable de se retrouver de nouveau au centre d'une révélation, après les articles de Bloomberg, les publications des Offshore Leaks et les rapports du *New York Times*. En définitive, nous lisons dans *Le Quotidien du peuple chinois* – l'organe du Parti communiste – des mots d'ordre comme celui-ci : « Peu importe qui tu es, peu importe que tu sois en haut ou en bas, si tu enfreins la loi, tu seras puni. »

Bien sûr, nous ne sommes pas naïfs au point de croire que cette règle vaut autant pour l'élite que pour le peuple.

Nous ne nous faisons pas d'illusions : les médias chinois auront le plus grand mal à communiquer sur de tels sujets. Le danger est trop grand. La *Süddeutsche Zeitung* et nos partenaires actuels doivent plutôt craindre la vengeance bureaucratique : le visa de base a parfois été refusé à des reporters du *New York Times* et de Bloomberg. C'est aussi pour cette raison que nous recherchons uniquement depuis l'Allemagne et que nous tenons le correspondant de la *SZ* pour la Chine à l'écart de notre travail.

Il vit dans la République populaire avec sa famille, ses enfants, et souhaite encore y rester pendant un certain temps.

C'est justement pendant ces journées où nous parlons de tout cela que des choses étranges se produisent. Le service informatique de la *Süddeutsche Zeitung* fait état d'un nombre impressionnant d'attaques sur la page d'accueil du journal. Est-ce que quelqu'un veut intentionnellement surcharger le serveur du site et le planter avec des requêtes automatisées? Ce qu'on appelle les attaques par déni de service font partie du répertoire standard des activités des services de renseignement chinois et russe.

Peut-être n'est-ce qu'une coïncidence de voir ces attaques se multiplier considérablement, à présent que nous faisons des recherches sur la Chine et la Russie. Mais qui sait? Dans un grand journal hebdomadaire allemand, des hackers auraient déjà pénétré le système, juste avant une publication critique sur la Chine, pour supprimer l'élément en question.

Mais peu importe la force de la censure de l'État, ce qui est évident ne reste jamais caché indéfiniment. L'élite chinoise déplace tellement d'argent vers les paradis fiscaux qu'en 2011 on a pu lire dans un rapport d'une banque d'État chinoise que des citoyens corrompus utilisaient les sociétés écrans comme des «sacs à main».

L'un des principaux fournisseurs de «sacs à main» en Chine est – et ce n'est pas surprenant – Mossack Fonseca. Le cabinet panaméen entretient huit bureaux dans la République populaire – soit plus que dans tout autre pays. Il a également une succursale à Hong Kong. En tout, il y a donc neuf bureaux Mossfon sur le territoire chinois. La demande serait-elle si forte?

En Chine, rechercher de bonnes informations s'avère beaucoup plus difficile que pour les autres régions du monde. Mossack Fonseca mentionne par exemple de nombreux noms chinois, mais seulement dans leur forme romanisée, c'est-à-dire lorsqu'un nom chinois est retranscrit avec l'alphabet latin, ce qui ouvre le champ à de nombreuses polysémies. Car le mandarin standard utilise plus de 400 syllabes, qui emploient différentes combinaisons et hauteurs de ton. L'absence d'ambiguïté à l'écrit est uniquement permise par les caractères chinois. Sans parler du fait que des millions de Chinois ont des noms très similaires. Il existe ainsi plus de gens vivant en République populaire qui portent le nom de famille Wang qu'il y a d'habitants en Allemagne. Tout cela a pour conséquence que, lorsqu'on veut plonger dans chaque dossier et vérifier le nom de chaque personne, les recherches prennent un temps infini. Les numéros de passeport doivent être comparés, les dates de naissance recherchées et les adresses professionnelles dénichées. Tous ne peuvent pas être vérifiés de façon complètement sûre, et lorsque nous n'avons que 90 % de certitude sur nos informations, nous laissons le cas de côté.

Notre collègue du département économie de la *SZ*, Christoph Giesen, travaille notamment dans la petite équipe chinoise du ICIJ, comme lors des Offshore Leaks. Il parle le chinois, voyage fréquemment dans l'Empire du Milieu : bref, il s'y connaît bien. Sans lui, nous nous serions perdus dans le labyrinthe. Car, tous les jours, nous trouvons de plus en plus de Chinois dans les données. Ils seront plusieurs milliers au final. En voici une courte liste établie par le groupe de recherche constitué autour de Christoph Giesen et Alexa Olesen, la spécialiste de la Chine du ICIJ :

– Wallace Yu Yiping, le mari de la nièce du grand Deng Xiaoping, qui a dirigé la Chine pendant presque vingt ans. Wallace Yu Yiping apparaît en tant que directeur et unique associé de la société des îles Vierges britanniques nommée Galaxia Space Management[1].

– Lee Shing Put, le beau-fils de l'actuel vice-Premier ministre chinois et membre du bureau politique Zhang Gaoli. Lee Shing

---

1. Lors du bouclage de ce livre, Wallace Yu Yiping ne nous avait pas répondu.

Put est actionnaire des sociétés offshore Glory Top Investments Limited et Zennon Capital Management Limited[1].

– Zeng Qinghuai, le frère de l'ex-vice-président chinois Zeng Qinghong. Des détracteurs le soupçonnent de corruption depuis longtemps déjà. Il y a quelques années, son fils s'est acheté une propriété à Sydney pour plus de 20 millions de dollars. La provenance de l'argent nécessaire à cet achat n'a, jusqu'à présent, pas pu être éclaircie[2].

Yu, Lee et Zeng font tous trois partie de ce que les Chinois appellent «les princes rouges» (en chinois *Taizidang*), c'est-à-dire qu'ils appartiennent à des familles proches de l'élite au pouvoir. Politiquement, ils sont brouillés, mais ils restent unis par la même cupidité.

Certains princes rouges ont fini par devenir milliardaires dans l'économie privée. D'autres dirigent les banques du pays ou occupent des postes de ministres. Quelques-uns ont vraisemblablement fondé des sociétés occultes afin de dissimuler une partie de leurs richesses, d'autres, dans l'idée de pouvoir discrètement investir en Chine sans que personne ne sache vraiment qui gère les affaires. Au total, nous tombons sur huit de ces princes rouges; leurs proches sont ou étaient des membres du Comité permanent du bureau politique du Parti communiste chinois, l'instance la plus puissante du pays. Tous les huit sont impliqués dans des affaires offshore.

Quand des hommes d'affaires veulent signer des contrats, mieux vaut qu'ils sachent que les princes rouges doivent être les premières personnes à contacter. En Chine, les pots-de-vin n'atterrissent généralement pas directement dans les poches des politiciens. Ce serait trop suspect et dangereux. Il vaut mieux régler les factures du fils, de la belle-sœur ou du frère d'un

---

1. Lors du bouclage de ce livre, Lee Shing Put ne nous avait pas répondu.
2. Lors du bouclage de ce livre, Zeng Qinghuai ne nous avait pas répondu.

homme politique, ou, par exemple, leur payer un appartement haut de gamme. En contrepartie, ils peuvent compter sur leur aide lors de l'attribution de contrats de construction lucratifs ou d'affaires similaires. Il est donc difficile de prouver qui est en symbiose avec qui.

L'entrepreneur Zhang Yuping, basé à Shanghai, est un bon exemple de ce monde parallèle, secret, et pour le moins problématique. Depuis 1997, il dirige la société Hengdeli – selon ses propres mots, le «plus grand vendeur international chinois de marques prestigieuses de montres».

En 2009, Zhang Yuping a demandé à Mossack Fonseca de fonder la société Harvest Sun Trading Limited aux îles Vierges britanniques. Un an plus tard, Harvest Sun Trading Limited fut cédée à une femme nommée Li Zidan. Le registre des actions mentionne la valeur de la seule action, qui est d'un dollar. Li Zidan, la nouvelle propriétaire, n'était pas une entrepreneuse connue. Elle avait 18 ans, était encore une enfant – mais pas comme les autres. Li Zidan fait partie des princes rouges. Elle est la petite-fille de Jia Qinglin, qui était, à ce moment-là, et jusqu'en 2012 encore, membre du Comité permanent du bureau politique du Parti communiste chinois – et donc le numéro quatre dans la hiérarchie du pouvoir chinois. Un des hommes les plus puissants de Chine[1].

---

1. Li Zidan n'a pas répondu à nos demandes. De leur côté, les avocats de Zhang Yuping ont expliqué que la société Harvest Sun n'avait pas de valeur au moment du changement de propriétaire, et que c'est un pur hasard que Zhang l'ait vendue à Li Zidan. Il n'y aurait pas eu de relations d'affaires.

## 23. La princesse du gaz et le roi du chocolat

Sans attendre, l'intermédiaire chypriote entre dans le vif du sujet : il voudrait une nouvelle fois, d'après son mail de début août 2014, créer une société offshore chez Mossack Fonseca. La société écran devra s'appeler Prime Asset Partners Limited et être basée aux îles Vierges britanniques. Jusqu'ici, tout est clair.

Il y a juste une petite particularité : l'intermédiaire écrit que le client et futur actionnaire est « une personne impliquée politiquement ». Mais l'entreprise « n'aura rien à voir avec ses activités politiques ».

Une belle litote.

Le client de l'intermédiaire chypriote s'appelle Petro Porochenko, c'est l'actuel président de l'Ukraine, un pays en guerre. Porochenko, qui occupe la 55e place sur notre liste grandissante de données menant à des hommes d'État, est l'un des hommes les plus riches du pays. En fonction des classements, il serait la 6e, 7e ou 8e fortune d'Ukraine.

Après avoir fait fortune dans le chocolat, il est maintenant leader du marché des pralines d'Europe de l'Est. On le surnomme le « roi du chocolat ». Son empire inclut également des médias, des entreprises d'automobiles et de graines, ainsi qu'un chantier naval. Il a la réputation d'avoir une forte volonté et d'être pragmatique. Il s'est engagé politiquement dès les années 1990, quand Leonid Koutchma était encore président. Il fait partie des fondateurs du Parti des régions, devenu plus tard, sous Viktor Ianoukovytch,

287

une plateforme de rassemblement pour tous ceux qui ont littéralement dévalisé les entreprises d'État pour leur propre compte.

En 2004, Porochenko a pris parti pour la Révolution orange. Lorsque des centaines de milliers d'Ukrainiens descendirent dans la rue après l'élection présidentielle pour protester contre la victoire frauduleuse de Ianoukovytch, la chaîne de télévision de Porochenko était la seule à relayer ces manifestations. Pour finir, les manifestants obtinrent l'organisation d'un nouveau deuxième tour, qui mena Viktor Iouchtchenko à la victoire, et ce bien qu'il ait été victime d'un attentat au poison. Ce dernier devint donc président, Ioulia Tymochenko, Premier ministre, et Porochenko, président du Conseil national de sécurité et de défense puis ministre des Affaires étrangères et de l'Économie.

Une des revendications des manifestants de la place Maidan était l'éviction de la politique des cent premières fortunes du pays. Cette revendication ciblait l'élite de ce pays comptant 48 millions d'habitants, et particulièrement des personnes comme Ioulia Tymochenko et Petro Porochenko. L'élite ukrainienne possède en effet d'énormes richesses, alors que, selon les Nations unies, plus de 80 % de leurs concitoyens vivent sous le seuil de pauvreté. Cette revendication, comme bien d'autres, ne fut pas entendue. Candidat à la présidence en 2014, Petro Porochenko a gagné l'élection, notamment contre Ioulia Tymochenko. Ce qui a probablement contribué à sa victoire, c'était la promesse qu'avait faite l'oligarque, qui prétend d'ailleurs ne pas en être un, de vendre ses entreprises : « En tant que président de l'Ukraine, je veux me consacrer exclusivement au bien du pays, c'est tout ce que je veux faire », déclara-t-il.

Un grand discours. Mais il ne tint pas sa promesse.

Porochenko s'est même davantage enrichi ces dernières années, tandis que d'autres oligarques ont subi d'importantes pertes, suite à la crise. Pourquoi fut-il plus chanceux ? Probablement parce qu'il s'est énormément préoccupé de sa fortune durant l'été 2014, à l'extérieur de l'Ukraine, et de façon dissimulée.

Au lieu de se retirer réellement de l'économie privée, Porochenko a créé – *via* son intermédiaire chypriote et deux mois à peine après sa victoire électorale – l'entreprise Prime Asset Partners Limited, aux îles Vierges britanniques. Plus tard, l'intermédiaire de Porochenko définira ainsi la raison d'être de la société : « Holding d'entreprises chypriotes et ukrainiennes du groupe Roshen, un des plus grands fabricants européens de sucreries ». L'empire du roi du chocolat. Tout cela se fit loin des yeux du public, et devait apparemment rester secret : dans un e-mail, on peut lire que la communication avec Mossack Fonseca devait passer par un « système d'e-mails sécurisé ».

Il est possible que Porochenko envisageait de réorganiser ses entreprises dans cette holding offshore afin de mieux pouvoir les vendre. Mais il est également possible qu'il voulait seulement masquer le fait qu'il n'a pas tenu sa promesse électorale[1].

Ce qui pourrait être bien plus important pour la population ukrainienne que de savoir si Porochenko voulait ou non vendre ses entreprises, c'est la question de la morale publique. Car le président ukrainien a précisément fait créer sa société écran en août 2014, c'est-à-dire au moment même où le conflit ukrainien était à son paroxysme – du 10 août au 2 septembre –, lorsque le « siège d'Ilovaïsk » faisait rage au sud du pays. Pendant des jours et des jours, près de 7 000 soldats, majoritairement des bataillons de volontaires, sont piégés dans cette ville de 15 000 habitants,

---

1. En réalité, son conseiller avait entretemps laissé entendre que les prix proposés étaient trop bas, et que le président ne voulait pas dilapider sa fortune. C'est la raison pour laquelle il n'aurait pas encore vendu. Le bureau de presse du président expliqua sur demande que Prime Assets Partners Limited serait une « partie du processus » pour transférer les biens de Petro Porochenko vers un trust. Porochenko aurait depuis longtemps rendu publiques « toutes les informations concernant ses biens, ses dépenses et ses recettes ».

après que des forces pro-russes soutenues par des militaires russes ont encerclé la ville avec des chars. Les troupes encerclées appellent à l'aide, en vain. L'armée, dont Porochenko est le commandant suprême, n'envoie pas de renforts.

Après des journées d'intenses combats, les deux parties décident d'un cessez-le-feu. Les troupes ukrainiennes doivent pouvoir quitter la ville encerclée sans être inquiétées si elles déposent les armes. Mais lorsque les unités ukrainiennes se retirent, elles se font subitement attaquer par des chars et des mortiers. Près de mille soldats sont tués. Le gouvernement ukrainien parle d'un « massacre ». Et que fait Porochenko pendant ce temps, lui qui avait promis de se consacrer exclusivement au bien du pays ? Il fait enregistrer une société écran.

Pendant que des soldats ukrainiens meurent et que le monde entier s'inquiète de la tournure du conflit, Mossack Fonseca et l'intermédiaire de Porochenko discutent des détails de la holding. Porochenko sort sa facture d'électricité et la fait authentifier, de même que son passeport, et il choisit une directrice. Ce n'est que la veille de la fin du « siège d'Ilovaïsk », le 2 septembre 2014, que toutes les formalités importantes sont réglées.

La prévision selon laquelle les affaires offshore de Porochenko feraient les unes en Ukraine n'est pas très risquée. Le pays occupe une place particulière dans le projet Prometheus. Nous trouvons rarement autant de hauts dirigeants qu'en Ukraine, pays malmené par la corruption et la mauvaise gestion. Mis à part Porochenko, nous avons trouvé des traces menant à deux autres anciens Premiers ministres : Pavlo Lazarenko, propriétaire direct d'une société offshore, et Ioulia Tymochenko, indirectement impliquée *via* une société avec laquelle elle aurait eu affaire.

Lazarenko fut celui qui adressa un fax à Mossfon en avril 2005, dans lequel il prétendait avoir appris quelques semaines auparavant seulement qu'il était propriétaire d'une certaine Gateway Marketing Inc., une société écran créée par Mossack Fonseca. Par ailleurs, nous trouvons également le maire d'Odessa,

Gennady Troukhanov, en tant qu'actionnaire d'une société enregistrée aux îles Vierges, ainsi que le fils de l'ancien Premier ministre Mykola Asarov et la famille d'un ancien député, un collaborateur de l'ex-président Ianoukovytch, qui fut un moment victime des sanctions de la Suisse et de l'UE[1].

Un actuel chef d'État et deux anciens dirigeants d'un même pays ? Nous hésitons une nouvelle fois : est-ce que de telles informations ne devraient pas être immédiatement publiées par les journaux ? Un peu plus tard, nous nous posons face à notre masse de documents lors de notre réunion sur l'Ukraine et nous demandons plutôt : est-ce que nous allons réussir à tout défricher avant le printemps 2016, avant la date de publication prévue lors de la réunion de Munich ?

Pendant des semaines, nous sommes tiraillés entre deux options. Nous avons du mal à attendre que tout soit publié. Et en même temps, nous avons urgemment besoin de temps, de plus de temps, de beaucoup plus de temps. Il y a tant à faire, tant à écrire. Tant de questions sans réponses, tant de thèmes laissés de côté, dans lesquels il faudrait pourtant se plonger complètement.

Mais il n'y a qu'une seule solution : la patience. Nous ne savons pas jusqu'à quand nous arriverons à patienter. Depuis que, avec nos partenaires internationaux, nous avons décidé de publier ensemble au printemps 2016, des dizaines d'autres histoires ont été ajoutées, ce qui fait donc encore plus de travail. De plus, nous prenons du retard avec les aspects techniques, nos données stockées localement à Munich n'ont pas toutes été scannées avec la reconnaissance de texte, bien que des centaines de milliers soient traitées chaque semaine. La mise à jour que nous avons reçue de la source après notre séjour à Lillehammer n'a même pas été indexée.

---

1. Lors du bouclage de ce livre, ni Gennady Troukhanov ni Mykola Asarov ne nous avaient répondu.

En tout cas, nous avons maintenant un nom pour notre projet, ce qui n'était pas encore clair lors de la rencontre de Munich : Panama Papers. Le hashtag sur Twitter : #panamapapers.

Ce fut une suggestion du chef d'ICIJ Gerard Ryle. Une référence aux Pentagon Papers, ces papiers secrets du Département américain de la Défence, publiés par le *New York Times* en 1971. Les Pentagon Papers ont prouvé que les présidents américains Harry S. Truman et Richard Nixon avaient menti au sujet de la guerre au Vietnam. Grâce à la révélation du journal, les Américains ont appris que la guerre du Vietnam était déjà prévue depuis longtemps, contrairement à ce qu'affirmaient Nixon et Truman. Ce qu'ils avaient toujours considéré publiquement comme étant le but de la guerre, c'est-à-dire le sauvetage de la démocratie au Vietnam du Sud, se révéla être un simple prétexte.

L'une des nombreuses absurdités de ce projet c'est que l'un de ceux qui était probablement impliqué dans l'affaire du Watergate apparaît également dans les données. Selon un témoin, Gilbert Straub aurait remis les 50 000 dollars avec lesquels le silence des cambrioleurs du Watergate aurait été acheté. Et c'est justement avec la société panaméenne de ce Straub que Mossfon fit des affaires dans les années 1980, selon les documents.

Pentagon Papers. Panama Papers.

Il faut du temps pour s'y habituer – mais on s'y fait. Aurions-nous depuis longtemps perdu toute objectivité sur notre monstrueux projet ? Quoi qu'il en soit, il est bien en train de nous dévorer. La mise en ligne, le logo, le langage visuel, les premiers graphiques, les huit premières pages de publication spéciale dans la version papier de la *SZ* pour le premier et le deuxième jour de notre publication, le déroulement des séries suivantes...

Nous présentons notre projet aux autres rubriques de la *Süddeutsche Zeitung,* nous avons régulièrement des réunions avec le service juridique, des téléconférences avec l'ICIJ et des tables rondes avec nos collègues de l'étranger. À tout cela s'ajoute aussi notre travail quotidien, c'est-à-dire continuer à rechercher dans chaque affaire, passer en revue les milliers de résultats de notre liste de recherches en fonction de leur pertinence, vérifier des documents, organiser des interviews, poster sur le forum international, et y lire les nouveaux cas dénichés.

Chaque jour qui passe, nous sommes heureux de voir que l'équipe allemande ne repose pas seulement sur nous, la *SZ*, mais qu'elle implique aussi des collègues des deux radios NDR et WDR.

Et puis il y a aussi le présent livre. Notre actuelle répartition du travail ressemble à peu près à cela : le soir, l'un de nous deux commence à écrire, quand les enfants sont couchés. L'autre se lève à 4 heures et continue – jusqu'à ce qu'un des enfants frappe à la porte peu avant 7 heures. Nous ne tiendrons pas ce rythme très longtemps, c'est l'évidence. Mais on peut déjà en voir le bout, nous organisons donc pour le moment nos vies en fonction de cette montagne de données.

En dépit de tout, ce projet n'en est pas moins un énorme cadeau.

Lorsque nous regardons de nouveau les coulisses de l'étrange société de Pavlo Lazarenko – dont il ne savait prétendument rien pendant des années –, nous constatons que ce n'était pas son unique société offshore. Nous voyons qu'il est lié à une société nommée Baineld, dans laquelle il possède des parts. Mais la société la plus intéressante de Lazarenko est Bassington Ltd., et Ioulia Tymochenko serait également impliquée dans cette société – de même que dans un énorme cas présumé de corruption et de détournement de fonds.

L'ascension de Ioulia Tymochenko commence dans le sud-est de l'Ukraine, à Dnipropetrovsk, une sorte de biotope pour les dirigeants politiques. L'ancien dirigeant soviétique Leonid Brejnev, l'ancien Premier ministre ukrainien et président Leonid Koutchma et Pavlo Lazarenko en sont originaires. Là-bas, les gens parlent de la «mafia dnipropetrovskienne», et pas seulement à cause de la concentration des hommes et femmes politiques.

Dans cette ville au nom imprononçable, Tymochenko jette les bases de sa future richesse dès que la fin du socialisme se dessine à l'horizon. Dans un vidéoclub, elle distribue des films américains piratés : *Rambo*, *Pretty Woman*, et apparemment des films pornographiques. Rapidement, Tymochenko dit gagner ainsi ses premiers millions. Lorsque l'Union soviétique s'effondre enfin, elle entre dans le secteur pétrolier – « obsédée par l'argent et le pouvoir », d'après le *Spiegel* –, et, en 1995, devient la patronne de la « Compagnie du pétrole ukrainien ». La jeune femme, qui a grandi dans une barre d'immeubles en préfabriqué, fait fortune. Fin 1996, elle contrôle déjà une grande partie de l'économie ukrainienne. Lors de cette même année, son consortium gazier ne paie que 11 000 dollars d'impôts, d'après ce qu'écrit le *Wall Street Journal*. Un porte-parole de Ioulia Tymochenko déclara que cela serait « faux et sans preuve à l'appui ».

À l'époque, Ioulia Tymochenko s'égare à plusieurs reprises dans la pénombre. Au milieu des années 1990, elle est retenue à l'aéroport de Zaporijia avec une grande quantité d'argent liquide ; elle doit passer plusieurs jours en prison avant d'être libérée. En 2001, elle est emprisonnée pendant quarante-deux jours pour contrebande de gaz et fraude fiscale. Elle est soupçonnée d'avoir fraudé avec les importations de gaz en provenance de Russie alors qu'elle était chef de la « Compagnie du pétrole ukrainien » – mais il n'y aura jamais de procès.

Dans ce contexte, le porte-parole de Tymochenko déclara que les gouvernements de Leonid Koutchma et Viktor Ianoukovytch auraient essayé « de détruire Ioulia Tymochenko politiquement et physiquement ». À cette fin, les autorités ukrainiennes chargées de l'enquête auraient « fabriqué de fausses affaires criminelles visant à discréditer politiquement Ioulia Tymochenko et à l'isoler physiquement par le biais d'arrestations et de détentions illégales ».

À cette époque, la société de Mossack Fonseca Bassington Limited, dans laquelle Tymochenko aurait selon les enquêteurs été impliquée avec son mentor Pavlo Lazarenko, est déjà active depuis longtemps. Les meilleurs années politiques de Lazarenko sont derrière lui, il était Premier ministre de l'Ukraine de 1996 à 1997, avant d'être finalement relégué au second plan par des rumeurs de corruption. Il est arrêté à son entrée en Suisse en 1998. Chef d'accusation : blanchiment d'argent. Il aurait en outre détourné plusieurs millions de dollars des caisses de l'État en tant que Premier ministre. Il est ensuite libéré sous caution et fuit le pays – avant d'être arrêté un an plus tard lors de son entrée aux États-Unis. Il fut traduit devant les assises à San Francisco.

L'acte d'accusation stipule que Lazarenko a généré des centaines de millions de dollars avec plusieurs complices « par la fraude, l'extorsion, la corruption et le détournement de fonds ». Ioulia Tymochenko est nommée par les enquêteurs américains en tant que « complice non accusée ».

Cela n'interrompt pas son ascension politique : les cheveux blondis et tressés en un anneau strict, elle devient d'abord l'héroïne de la Révolution orange en 2004, la Jeanne d'Arc de l'Ukraine, puis Premier ministre, une première fois de janvier à septembre 2005, puis une seconde fois de décembre 2007 à mars de 2010.

Alors que Pavlo Lazarenko est en prison aux États-Unis, Ioulia Tymochenko est au pouvoir. En 2004, il est reconnu coupable de blanchiment d'argent et de fraude. Il aurait fait passer 114 millions de dollars provenant de la corruption aux États-Unis. Tymochenko n'est pas mentionnée dans le jugement. Pour son éventuelle implication dans les affaires troubles, un nouvel élément apparaît dans un procès mené depuis 2011 aux États-Unis et qui concerne également le rôle de Bassington Limited, la société fondée par Mossack Fonseca en 1996 : une société du Massachusetts a poursuivi Bassington devant les tribunaux en 2011, parce que la société écran lui devrait toujours 18 millions de dollars provenant d'anciennes affaires conclues avec une société de Ioulia Tymochenko.

Dans la plainte, il est écrit que Bassington est la société mère de la Compagnie du pétrole ukrainien de Tymochenko. Par le biais de Bassington, Tymochenko aurait soudoyé Lazarenko. Elle lui aurait versé la moitié des rentrées d'argent illégales en tant que « rétrocommission ». Bassington serait devenu « un élément central » pour dissimuler des actifs de la société de Tymochenko, et pour « cacher les pots-de-vin à Lazarenko ». Finalement, le tribunal jugea que Bassington devait 18,3 millions de dollars au plaignant. Cependant, dans son verdict, il n'alla pas plus loin dans les allégations de corruption. Un avocat pénaliste défendant Ioulia Tymochenko déclara sur sa demande que Ioulia Tymochenko et la Compagnie du pétrole ukrainien n'auraient « jamais eu de relations » avec la société Bassington Limited. En outre, « ni Mme Tymochenko ni la société liée à elle […] n'aurait transféré d'argent illégal à Pavlo Lazarenko, ni aux sociétés qui lui sont liées ».

Nous voilà en plein milieu de la bataille de communication au sujet de Ioulia Tymochenko. Rarement un politique a plus divisé qu'elle : pour les uns, elle est l'ange ukrainien, pour les autres, une oligarque criminelle.

Après avoir perdu l'élection présidentielle contre Ianoukovytch en 2010, elle est accusée d'abus de pouvoir. Il s'agit à nouveau d'affaires concernant le gaz. Un tribunal de Kiev découvre qu'en 2009, alors qu'elle était Premier ministre, elle aurait négocié un accord gazier avec Poutine, ce qui aurait causé de graves préjudices économiques au pays. Il la condamne à sept ans de prison. Ses adversaires célèbrent le jugement comme une victoire, ses partisans le considèrent comme la vengeance d'un régime injuste.

De l'extérieur, la proportion de propagande dans les histoires de chaque côté est difficile à évaluer. Ce qui est sûr, c'est que l'Ukraine a un énorme problème avec ses politiciens – un problème qui s'est depuis longtemps répercuté dans les fichier clients de Mossack Fonseca, entre autres.

Chez Mossack Fonseca, du reste, on sait bien que l'actuel président de l'Ukraine est un client. L'intermédiaire de Chypre a bien écrit que oui, celui pour lequel il travaille est «une personne impliquée politiquement», et lors des contrôles de routine, les gens de Mossfon ont découvert que le président de l'Ukraine figure dans leur clientèle. Fidèles à leur habitude, ils se laissent expliquer pourquoi il a besoin de cette société. En outre, les consultants Mossfon réclament plus de preuves sur l'origine des fonds ainsi qu'un certain nombre de documents à l'intermédiaire de Porochenko. Finalement, ils obtiennent entre autres une sorte de certificat de sécurité pour Porochenko, délivré par l'International Invest Bank ukrainienne. Il y est stipulé que Porochenko aurait toujours géré son compte «conformément aux règles et à notre entière satisfaction».

Un examen plus approfondi de ce document et de sa trame de fond révèle ceci : Petro Porochenko est co-propriétaire de l'International Invest Bank. C'est donc sa propre banque qui lui a fourni son certificat.

## 24. Les banques allemandes

Parlons des banques allemandes. Ou, plus précisément, de la vingtaine de banques allemandes qui apparaissent dans nos données, de façon problématique, pour la plupart. Au total, plus de cinq cents banques ont utilisé les services de Mossfon. Si nous regardons les sept plus grandes banques allemandes, nous voyons que six d'entre elles servent ou ont servi d'intermédiaires ou de gérants de sociétés offshore – le plus souvent *via* des filiales en Suisse ou au Luxembourg :

La Deutsche Bank[1]
La Commerzbank[2]
La DZ Bank[3]
La HypoVereinsbank[4]

---

1. La Deutsche Bank fait savoir sur notre demande qu'elle ne donne « en principe aucune information sur les relations commerciales, qu'elles soient réelles ou probables ».

2. La Commerzbank a expliqué sur notre demande ne pas pouvoir « s'exprimer au sujet de relations clients soupçonnées ou réelles ». Mais la Commerzbank International S.A. « aurait déployé une stratégie conséquente contre le blanchiment d'argent à partir de 2008 ».

3. La DZ Bank a expliqué sur notre demande n'avoir « jamais proposé activement de sociétés écrans à ses clients ». La banque se serait de plus « toujours fermement séparée de clients n'ayant pas fait suffisamment preuve de transparence budgétaire ».

4. L'HypoVereinsbank a expliqué qu'elle ne peut pas donner « de plus amples informations au sujet des informations accessibles au public – en particulier sur les rapports annuels d'UniCredit Luxembourg S.A. ».

La Landesbank Baden-Württemberg[1]

La BayernLB[2]

Si la Dresdner Bank n'avait pas été rachetée par la Commerzbank en 2009, on aurait pu l'ajouter à la liste.

Bref, presque toutes les grandes banques allemandes ont, pendant des années, *systématiquement* assisté leurs clients dans leurs jeux de cache-cache. C'est exactement ce que la plupart des banques allemandes ont nié avec véhémence jusqu'au début 2015. Et si cela avait été révélé, elles auraient essayé de tout minimiser, comme le fit la Commerzbank fin février 2015 après une perquisition dans ses bureaux : ce sont toutes d'anciennes affaires, qui remontent à dix ans ou plus, rien de bien grave. Nous avons contredit ces mensonges, d'abord dans le journal, puis dans ce livre. Et comme nous l'avons mentionné plus haut, la Commerzbank et le parquet se sont mis d'accord sur l'abandon des poursuites : en retour, la banque a dû payer 17 millions d'euros.

La Commerzbank est maintenant la troisième banque qui doit payer des millions en raison de ses activités offshore également – la HypoVereinsbank (HVB) et la HSH Nordbank avaient déjà passé un accord avec le parquet auparavant et donc payé des millions.

Les dessous de cette sanction sont l'achat par les enquêteurs allemands de documents secrets de Mossack Fonseca à

---

1. La banque LBBW a annoncé avoir saisi l'opportunité offerte par « des rapports de la presse sur les affaires d'autres instituts avec des soi-disant sociétés offshore » pour « étudier plus en détail » les anciennes activités de l'ancienne banque Landesbank Rheinland-Pfalz International S.A. (LRI), qui fut une filiale de la LBBW de 2008 à 2010. Au regard des enquêtes en cours, la banque ne pourrait cependant pas « s'exprimer davantage sur ses activités ».

2. La BayernLB a annoncé sur demande que, « bien sûr », elle ne propose pas de sociétés écrans. À la question de savoir si la filiale LBLux, liquidée depuis, avait créé des sociétés offshore, que nous désignons expressément, elle répond : « en raison du secret bancaire luxembourgeois, nous ne sommes pas aujourd'hui en mesure de donner plus d'informations ». Cependant, il a été décidé de procéder à un « nouvel examen des faits ».

un lanceur d'alerte, documents qui prouvent que les banques ou leurs employés ont été complices d'évasion fiscale. Bien que ces données Mossfon achetées ne représentent qu'une fraction des données en notre possession, et sont bien plus anciennes, il existe certains chevauchements. Nous savons donc que cette combinaison « banques allemandes plus Mossack Fonseca » a conduit à la criminalité. Les banques allemandes n'auraient pas accepté de payer des millions si elles avaient senti qu'elles avaient une chance de s'en sortir. À nos yeux, ces paiements sont juridiquement bien commodes.

Par conséquent, nous pouvons écrire ici que les banques allemandes ont apparemment – par le biais de leurs filiales étrangères – activement et systématiquement contribué à la fraude fiscale. Pendant des années. Et beaucoup des sociétés écrans arrangées par elles sont encore actives.

Mais ce n'est là que l'un des trois piliers sur lesquels repose l'activité bancaire. En plus de la négociation et de la gestion de sociétés offshore, plus de dix banques allemandes gagnent également de l'argent en gérant des comptes de sociétés offshore anonymes, et également dans certains cas des instituts individuels, sans observer les obligations de diligence imposées. Le troisième pilier est ce qu'on appelle le *correspondent banking*. Les grosses banques permettent aux plus petites institutions, qui n'ont pas ou peu de filiales à l'étranger, de transférer de l'argent d'un pays à un autre. En principe, on ne peut rien objecter à cela, si toutes les règles sont respectées.

Selon les documents dont nous disposons, l'une ou l'autre banque allemande fait du *correspondent banking* pour des instituts bancaires douteux, soupçonnés de blanchiment d'argent. Et cela nous amène rapidement à un niveau complètement différent : à savoir que nous soupçonnons que les banques acceptent visiblement dans de tels cas de transférer de l'argent des cartels de la drogue, des trafiquants d'armes et des terroristes.

Jamais encore on n'avait pu prouver, avec une telle ampleur et de façon aussi détaillée, à quel point des banques allemandes ont perdu leur boussole morale, au plus tard à la fin du siècle dernier. À l'aide des conversations par mails supposées confidentielles entre les collaborateurs de Mossack Fonseca et les conseillers des banques, il est évident qu'ils agissaient à grande échelle, sans aucune gêne ni mauvaise conscience. S'il y a bien une préoccupation qui transparaît, c'est uniquement celle de ne pas se faire prendre.

L'exemple emblématique de cette alliance entre Mossack Fonseca et les grandes banques allemandes concerne la plus grande d'entre elles, la Deutsche Bank. Il fut un temps où elle figurait parmi les entreprises allemandes les plus prestigieuses, même à l'échelle mondiale. Aujourd'hui, c'est une banque contre laquelle des douzaines de procès sont en cours, ou ont déjà eu lieu, pour blanchiment d'argent, fraude fiscale et manipulation des taux d'intérêt. Dans les livres de Mossack Fonseca, cet empire bancaire est enregistré avec onze profils d'intermédiaires, par exemple en tant que Deutsche Bank Suisse, Deutsche Bank Luxembourg et Deutsche Bank S.A., mais des filiales à Jersey, Guernesey, à l'île Maurice, Pékin et Shanghai y sont également répertoriées. En tout, le groupe Deutsche Bank a joué le rôle d'intermédiaire ou a géré plus de quatre cents sociétés offshore pour ses clients. À titre d'exemple, la filiale suisse a payé une redevance annuelle de plus de 160 000 dollars en 2006 pour la bonne centaine de sociétés offshore que Mossfon lui impute[1].

En mai 2015, dans l'hebdomadaire *Die Zeit*, l'auteur Stefan Willeke a formulé cette question : ne faut-il pas considérer la Deutsche Bank comme une association de malfaiteurs ? La réponse par la négative ne se fait pas si facilement entendre…

---

1. La Deutsche Bank fait savoir sur notre demande qu'elle ne donne «en principe aucune information sur les relations commerciales, qu'elles soient réelles ou probables».

Chez Mossack Fonseca, la Deutsche Bank est un client réputé difficile mais extrêmement important. Lorsque, en 2005, la filiale luxembourgeoise entre en pourparlers avec Mossfon, les partenaires du cabinet qui entourent Jürgen Mossack font tout leur possible pour faciliter ce rapprochement. Quand la Deutsche Bank Luxembourg exige la copie des cartes d'identité des trois partenaires avant le début des opérations, Jürgen Mossack non seulement acquiesce – mais consent même à envoyer une copie de sa propre carte d'identité allemande «pour cette fois seulement».

La Deutsche Bank a obtenu d'autres privilèges : puisqu'elle estime, «comme beaucoup d'autres banques allemandes, problématique de nommer les vrais propriétaires des sociétés offshore», écrit un employé de Mossfon, on a trouvé une solution spéciale : pour les sociétés de la Deutsche Bank, des actions au porteur anonymes ont été délivrées de manière standardisée[1]. Mais la plupart des clients voulaient tout de même avoir accès à leur coffre en Suisse. Ils avaient donc besoin d'une procuration. Cette procuration devait normalement être signée par les directeurs panaméens de leur société offshore – qui connaîtraient donc l'identité du client final. Et, visiblement, cela posait un problème à la Deutsche Bank. La solution : Mossack Fonseca a envoyé à la Deutsche Bank des procurations en blanc, signées par les directeurs fictifs[2]. Ainsi, les banquiers pouvaient y ajouter les noms des vrais propriétaires et Mossack Fonseca ignorait qui utilisait la procuration. Par ailleurs, la Deutsche Bank a obtenu, en Suisse notamment, des documents relatifs à la création de compte signés en blanc.

---

1. La Deutsche Bank fait savoir sur notre demande qu'elle ne donne «en principe aucune information sur les relations commerciales, qu'elles soient réelles ou probables».

2. La Deutsche Bank fait savoir sur notre demande qu'elle ne donne «en principe aucune information sur les relations commerciales, qu'elles soient réelles ou probables».

Ces deux pratiques ne correspondent pas à ce que Mossfon nous a dit en février 2015 : le cabinet aurait signé des documents en blanc de manière exceptionnelle et par manque de temps, et Mossfon aurait archivé « des copies de chaque document ». Ce qui est l'inverse de la pratique décrite plus haut.

Pour promouvoir ses prestations, la Deutsche Bank a lancé un site Web dédié : http//www.dboffshore.com. Ce site a été certes fermé quelques semaines après avoir été montré du doigt lors de la couverture médiatique des Offshore Leaks par la *Süddeutsche Zeitung,* mais nous avons conservé les captures écrans[1]. Nous pouvons y voir que les bureaux de Jersey et de Guernesey ont été ouverts dès 1972, le bureau de la Deutsche Bank des îles Caïmans, en 1983, et celui de l'île Maurice, en 1999.

Sur le site, on avait même un temps fièrement affiché, avec une typo spéciale : « Engagé dans les services financiers offshore depuis plus de trente ans »…

Les desiderata des clients pour lesquels la Deutsche Bank s'est engagée n'étaient pas toujours illégaux, mais ils pouvaient l'être. Par exemple, durant notre enquête – en novembre 2015 –, la Deutsche Bank Suisse a dû verser une pénalité de 31 millions de dollars aux autorités américaines pour avoir aidé des citoyens des États-Unis, depuis 2008 au plus tard et jusqu'en 2013, à contourner leurs obligations fiscales. Comme l'indique une publication du Département américain de la justice : « La Deutsche Bank Suisse a proposé une multitude de prestations de services et a permis des pratiques pour lesquelles elle savait pertinemment qu'elles pouvaient aider – et qui ont de fait aidé – des contribuables américains à dissimuler leur patrimoine et leurs revenus au fisc fédéral américain[2]. » Selon nos sources, une enquête est

---

1. La Deutsche Bank a expliqué à ce sujet que le site internet a été refait en 2013 et qu'il est désormais consultable à l'adresse suivante : www.db-ci.com.

2. La Deutsche Bank a expliqué à ce sujet que le Département américain de la justice et la Deutsche Bank (Suisse) S.A. sont convenus d'un accord de non-poursuite. Le Département américain de la justice a accepté « de ne

également en cours en Allemagne contre la Deutsche Bank de Suisse[1].

Un exemple datant de mai 2014 montre à quel point la Deutsche Bank s'est sentie investie pour satisfaire ses clients, et ce jusqu'à il y a peu, lorsqu'elle était censée avoir cessé cette activité depuis longtemps : Mossack Fonseca interroge la Deutsche Bank de Guernesey lors d'une vérification de routine sur les vrais propriétaires d'une société offshore encore en activité. La collaboratrice de la Deutsche Bank refuse de coopérer et déclare qu'elle doit auparavant demander l'accord de son client. Finalement, la Deutsche Bank affirme que le nom du propriétaire reste tabou. Cela concernerait d'ailleurs la fondation liée à la société, en plus de la société en question. Au lieu de donner le nom, la collaboratrice de la Deutsche Bank déclare à l'automne 2014 que le client quittera Mossack Fonseca[2].

Nous pourrions encore citer des affaires offshore de la Deutsche Bank sur des pages entières. Le mot clef « Deutsche Bank » donne lieu à plus de 15 000 références dans nos fichiers. Mais même si la Deutsche Bank est la plus grande et la plus scandaleuse, elle n'est pas la seule.

Dans ce livre, nous avons déjà amplement évoqué la Commerzbank puisqu'elle a été visée par une perquisition en février 2015 et qu'elle a manifestement contribué à escroquer l'État, lequel avait déboursé 18 milliards d'euros d'argent public en 2008

---

pas poursuivre pénalement la Deutsche Bank (Suisse) S.A. dans le cadre des possibles violations fiscales *via* des comptes américains non déclarés et gérés par la Deutsche Bank (Suisse) S.A. ». Cependant, « une pénalité d'un montant d'environ 31 millions de dollars américains » en résulte.

1. La Deutsche Bank a déclaré à ce sujet qu'elle ne donne « en principe aucune information » sur des enquêtes judiciaires possibles ou en cours.

2. La Deutsche Bank fait savoir sur demande qu'elle ne donne « en principe aucune information sur les relations commerciales, qu'elles soient réelles ou probables ».

pour lui permettre de survivre[1]. Cela pourrait être une mauvaise blague : la Commerzbank a repris la Dresdener Bank, l'une des banques allemandes qui entretenait le plus grand nombre de sociétés offshore au Luxembourg.

La Dresdener Bank possède un département qui mérite qu'on le mette en lumière : la Dresdener Bank d'Amérique latine (DBLA), nommée auparavant Banque germano-sud-américaine. La DBLA était en effet l'une des premières banques avec lesquelles Jürgen Mossack commença ses affaires à la fin des années soixante-dix, bien avant de s'associer avec Ramon Fonseca. À l'époque, la raison sociale de son cabinet était « Jürgen Mossack Lawfirm ». En interne, la Dresdener Bank d'Amérique latine était fichée comme client numéro 17. En unissant leurs efforts, Mossfon et la DBLA ont aidé des centaines de clients à accéder à des sociétés offshore. Parmi eux, on trouve notamment des proches de l'homme politique nicaraguayen Arnoldo « Fat Man » Alemán, le sulfureux agent secret allemand Werner Mauss, ainsi que des managers de Siemens, qui ont restructuré leurs caisses noires à l'aide d'un conseiller de la banque. Fin 2004, la banque UBS a racheté le marché des clients particuliers à la Dresdener Bank d'Amérique latine et l'a transféré en grande partie à Hambourg, où les conseillers ont poursuivi leurs activités, au comptoir Amérique latine de la banque suisse.

Absurde ? Pas tant que ça : les banquiers allemands peuvent même aider sans scrupule leurs clients d'Amérique latine à la fraude fiscale dans leurs pays d'origine. Ce n'est pas interdit en Allemagne, comme l'explique Markus Meinzer du réseau Équité fiscale : « C'est dément. Le gouvernement allemand fait semblant de combattre la fraude fiscale et, en vérité, les banques

---

1. La Deutsche Bank a expliqué que « la Commerzbank International S.A. a toujours adapté ses affaires de façon conséquente, proactive et sans pression externe ». Cela aurait été « évalué positivement » par le parquet.

allemandes agissent en toute légalité en tant que complices de fraude fiscale, dans le monde entier.»

Les banquiers allemands encourent une peine s'ils proposent les mêmes prestations à des clients allemands.

Aujourd'hui, chez UBS, on n'est guère satisfait de cette acquisition à cause des risques que cela comporte – apparemment, on s'est entretemps rendu compte qu'un certain nombre de leurs clients ont accumulé de l'argent gagné au noir durant des années.

Selon nos informations, UBS essaie maintenant depuis quelque temps, dans le cadre de sa stratégie contre le blanchiment d'argent, de se débarrasser de ces clients ou de les persuader de se mettre en règle avec les impôts. Mais d'après ce que nous entendons, ce n'est pas toujours si simple[1].

D'ailleurs, la banque UBS de Hambourg avait récemment elle aussi une part non négligeable de sociétés chez Mossack Fonseca encore actives : fin 2015, plus de 70 sociétés offshore étaient toujours en fonctionnement régulier[2].

Parmi les gros clients allemands de Mossfon, on comptait également de nombreuses banques prises en charge par l'État – et pour certaines, c'est toujours le cas. Par exemple, la Landesbank Baden-Württemberg, la Landesbank Rheinland-Pfalz, la HSH Nordbank et – on pourrait presque dire «bien sûr» – la BayernLB, en plein scandale. On se demande à quoi un banquier d'une banque d'État peut bien penser quand il contribue à empêcher ce même État de toucher sa part.

---

1. La prise de position officielle d'UBS est la suivante : «Ce marché est intégré dans le marché allemand local d'UBS, et est complètement soumis aux régulations et au droit allemand.»

2. Une porte-parole d'UBS a déclaré sur demande que, «pour des raisons juridiques et réglementaires [...]», ils ne peuvent pas s'exprimer «sur des particuliers, des entreprises ou des relations clients présumées». UBS informe cependant ses clients depuis longtemps «qu'ils doivent mettre leur situation fiscale au clair».

Il se dit peut-être qu'«ils font tous ça», ou que «personne ne le remarquera».

Quoi qu'il en soit, des centaines de sociétés offshore ont été développées et utilisées par le biais de la filiale de la BayernLB et d'autres filiales de la Landesbank. Là non plus, il ne semble pas y avoir de prise de conscience de ce problème, du moins pas jusqu'à la fin de la décennie passée, lorsque le bruit a circulé dans les moindres recoins des banques que ce business pouvait les concerner directement. Les banques réagirent ensuite de façon plutôt frileuse. Après une réunion avec des représentants de la filiale luxembourgeoise de BayernLB, en août 2010, les dirigeants Mossfon ont maintenu fermement que le chef de la branche en charge de la gestion de patrimoine avait expliqué qu'il y aurait désormais «des ordres stricts» : interdiction de proposer «activement» aux clients des sociétés écrans au Panama ou dans d'autres paradis fiscaux.

Mais si la demande vient du client lui-même, on peut toujours lui être utile. Et on continuera à prendre soin des sociétés offshore déjà existantes – à ce moment-là il y en avait plus de 90, rien qu'au Panama[1].

Un peu plus tard, le grand ménage commence. En 2011, la banque HSH vend son département réservé aux clients privés du Luxembourg à la Banque de Luxembourg. La banque BayernLB suit cet exemple en 2013, également au profit de la Banque de Luxembourg, comme l'avait fait la LBBW pour la Deka-Bank Luxembourg en 2011. Une autre filiale d'une banque allemande…

Pour faire bref, nous découvrons bientôt que HSBC Allemagne est également en lien avec un certain nombre de sociétés, de

---

1. La BayernLB a annoncé sur demande que «bien sûr», elle ne propose pas de sociétés écrans. À la question de savoir si la filiale LBLux, liquidée depuis, avait créé des sociétés offshore, que nous nommons expressément, elle répond : «en raison du secret bancaire luxembourgeois, nous ne sommes pas en mesure de donner plus d'informations actuellement». Cependant, il a été décidé de procéder à un «nouvel examen des faits».

même que la DZ Bank et la banque privée BHF. Même des banques marginales comme la Deutsche Schiffsbank, entre-temps absorbée par la Commerzbank, apparaissent en tant que gérants dans les données, même si, dans ce cas, c'est juste pour une seule société offshore[1].

Dans cette recherche, notre banque préférée s'avère être la vieille et respectable Hamburger Berenberg Bank. Lorsque les employés de Mossack Fonseca conseillent cette banque à leurs clients, ils ne manquent presque jamais de souligner que c'est la plus vieille banque d'Allemagne, ou, plus exactement, la plus vieille banque privée : elle a été fondée en 1590 et fête son 425e anniversaire sur sa page d'accueil avec une sorte de quiz spécial. La banque, qui gâte périodiquement ses clients privés avec un chef cuisinier particulier à son siège de Hambourg, entretient sa bonne réputation, selon la délicate tradition hambourgeoise.

Nous avons appris de certains inspecteurs des impôts que la banque s'est récemment fait remarquer car son nom apparaît dans l'autodénonciation de nombreux Allemands[2]. Selon nos documents, l'établissement a acheté des sociétés offshore pour ses clients auprès de Mossack Fonseca, au moins depuis ses sites au Luxembourg et en Suisse. Pas énormément, certes, une poignée seulement, mais certaines d'entre elles étaient encore actives à

---

1. La banque BHF expliqua sur demande que les informations dont nous disposons sont « en majorité fausses » – et qu'ils ne peuvent pas donner plus de détails « sous couvert du secret bancaire ». La DZ Bank a déclaré que les sociétés d'investissement que l'établissement financier possède sont « en règle avec l'impôt et que cela peut être prouvé ». La Commerzbank ne s'attarda pas sur la demande concernant la banque Schiffsbank liée à elle : « Le but commercial de la Deutsche Schiffsbank AG était le financement de la navigation maritime commerciale. » Lors du bouclage de ce livre, la banque HSBC ne nous avait toujours pas répondu.

2. La Berenberg Bank a expliqué avoir contribué « à hauteur de ses moyens » à ce que « les clients se conforment à leurs obligations fiscales ». « Ce sujet » aurait connu un « changement significatif » auprès des citoyens, de la législation et des banques au cours des dernières années.

l'automne 2015[1]. Mais ce qui est beaucoup plus intéressant, c'est que, de toute façon, lorsqu'il s'agit de fournir des comptes pour des sociétés offshore, la Berenberg Bank est l'une des principales banques de confiance pour Mossack Fonseca.

Le deuxième pilier des affaires bancaires, donc.

Quand on clique dans les dossiers dans lesquels Mossfon a déposé les documents des clients particulièrement problématiques, on se rend compte qu'un grand nombre d'entre eux ont leur compte auprès de la filiale suisse de la banque Berenberg. Dans les e-mails internes de Mossfon, nous pouvons voir que la banque fut l'une des favorites de Mossack Fonseca. C'est avec Berenberg qu'ils auraient eu leurs « meilleures expériences ».

De nombreux comptes, qui sont officiellement gérés par des sociétés aux noms fantaisistes, ont été et sont toujours directement administrés par Mossfon. Cela signifie qu'un employé de Mossfon peut effectuer des virements en tant que tierce personne autorisée – après consultation du véritable propriétaire. Cependant, il est difficile de savoir si la banque Berenberg a toujours su qui était ce véritable propriétaire.

C'est là un vrai danger, parce que, d'après ce que dit Lanny Breuer, qui dirigea pendant de nombreuses années la division criminelle du Département américain de la justice, « les sociétés écrans sont le moyen le plus populaire pour blanchir de l'argent gagné au noir et l'argent sale gagné de façon criminelle ». Il y a en effet un grand nombre d'exemples bien documentés : depuis longtemps, le Hezbollah libanais a également financé ses attentats par le biais de la contrebande de cigarettes, développée grâce à plusieurs sociétés écrans. Le trafiquant d'armes notoire Victor Bouts camoufla son business grâce à une douzaine de sociétés

---

1. La Berenberg Bank déclara sur demande que la « création et la commercialisation de sociétés écrans » n'auraient jamais été « une partie constituante » de son modèle d'affaires. Berenberg et ses filiales n'ont « jamais offert activement ni commercialisé de sociétés écrans ».

écrans, les autorités russes ont manifestement été corrompues *via* des sociétés écrans, et les sanctions de l'Iran contournées, et ainsi de suite.

Ces exemples ne concernent pas la Berenberg Bank. Mais quand on regarde ses données de plus près, on y trouve des pistes menant à de l'argent sale – les comptes qui couvraient les caisses noires de Siemens[1].

Au fond, les affaires avec des comptes pour les sociétés écrans seraient bien moins problématiques si les règles de la directive «Connaître son client» étaient suivies. Mais nous constatons que la Deutsche Bank n'est pas la seule chez qui le client réel n'est nullement connu des conseillers. C'est ainsi que, de février 2007 à octobre 2011, plus de 60 millions de dollars ont été virés sur un compte géré par la Deutsche Bank à Hambourg, au nom de la société écran nommée «Val de Loire». Edmund W., l'ex-beau-père de Ramón Fonseca que nous avons déjà mentionné, apparaît en tant qu'actionnaire de la société. En vérité, la société Val de Loire appartenait à quelqu'un d'autre – c'est ce que dit un contrat de fiducie que nous découvrons. Mais la banque n'en savait apparemment rien[2]. Depuis 1993, les banques allemandes sont tenues de connaître le vrai propriétaire – c'est-à-dire le vrai bénéficiaire – de tous les comptes. Si une banque allemande a l'impression qu'une société comme Val de Loire fait de fausses déclarations, elle doit en faire part aux autorités. Edmund W. a officiellement travaillé chez Mossfon en tant que *controller* et, selon nos documents, il obtint pour cela un salaire annuel

---

1. La Berenberg Bank a expliqué qu'elle ne peut pas fournir plus d'informations à ce sujet, «en raison du secret bancaire et de la protection des données». Cependant, la Berenberg Bank (Suisse) AG connaîtrait et documenterait «les ayants droit économiques à la base de tous les comptes gérés par la Berenberg Bank».

2. La Deutsche Bank fait savoir sur demande qu'elle ne donne «en principe aucune information sur les relations commerciales, qu'elles soient réelles ou probables».

bien confortable. Beaucoup de questions nous viennent alors à l'esprit, que nous posons à la Deutsche Bank : la banque a-t-elle contrôlé Edmund W. ? Si oui, quels résultats cela a-t-il donné ? Jamais personne n'a eu l'idée de demander à cet Edmund W. comment il a pu être le bénéficiaire de plus de 60 millions de dollars en seulement quatre ans ?

La Deutsche Bank a répondu qu'elle ne donne « en principe aucune information sur les relations commerciales, qu'elles soient réelles ou probables ».

Lors de nos recherches, nous constatons chaque fois – et cela signifie explicitement que cela ne concerne pas seulement la Deutsche Bank – que des banques allemandes n'ont pas mené les vérifications imposées pour leurs clients de façon très précise quand cela pouvait être bénéfique aux affaires. Derrière chaque société anonyme peut en théorie se cacher un politicien corrompu, qui fait sortir de l'argent du pays, un dictateur sans scrupule, qui paye des armes pour son armée d'enfants soldats, ou un groupe terroriste, qui remet l'argent nécessaire pour un attentat.

Une banque qui ne connaît pas ses clients accepte ces risques.

## 25. La razzia des Vikings de la finance

« Le grand jour est arrivé. » C'est ce que la chef des données de l'ICIJ Mar Cabra poste le 29 octobre 2015 sur notre forum de recherche commun : toutes les données que l'ICIJ a chargées sur ses serveurs, tout ce que nous avons reçu jusqu'à présent, tout est désormais consultable. 8,2 millions de documents. Bien plus que 2 téraoctets.

Mar nous souhaite à tous un *happy digging* : bonne fouille !

Enfin… Enfin, tous les journalistes peuvent chercher dans toutes les données – et pas seulement dans une partie de celles-ci. Tous les journalistes, cela signifie dorénavant plus de 320 personnes de plus de 70 pays et de 90 médias. C'est la plus grande coopération journalistique de l'histoire.

Dans le forum, c'est tout de suite l'enfer. Chaque minute, de nouveaux résultats sont postés : un réalisateur de renommée mondiale, un grand champion d'échecs et plusieurs anciens pilotes de Formule 1. Quelques heures plus tard, notre collègue suisse Titus Plattner poste un message enthousiaste sur le forum : « Ça fait une sacrée différence ! Nous avions d'abord trouvé 300 Suisses dans les données, et maintenant nous en sommes à plus de 1 000 – et beaucoup sont très intéressants ! L'équipe suisse est ravie. »

Nous aussi.

Les conséquences les plus sérieuses des données fraîchement accessibles sont à observer dans un pays où le Premier ministre est déjà une célébrité en Allemagne : l'Islande. Notre collègue Jóhannes Kr. Kristjánsson fait partie de l'équipe de recherche, et il écrit le lendemain : « J'ai bu du café toute la nuit pour fouiller. » Puis : « En 20 minutes seulement, j'ai fait le plein de trouvailles extraordinaires : Bjarni Benediktsson, ministre des Finances et président du Parti de l'indépendance, Ólöf Nordal, vice-présidente du Parti de l'indépendance, tout récemment élue[1]. »

Il faut savoir que le Parti de l'indépendance est actuellement au pouvoir en Islande, et que la vice-présidente du parti est également la ministre de l'Intérieur en exercice. Son parti forme une coalition avec le Parti du progrès – dont le numéro un se trouve également dans les données, tout comme le chef du parti, puisque c'est le Premier ministre.

Quel pays ! Et quelle situation déplorable et absurde...

À Reykjavík, nous retrouvons Jóhannes Kristjánsson, probablement le journaliste d'investigation le plus connu et primé. Auparavant, il travaillait pour la radio publique islandaise, où il a produit un documentaire remarquable sur les causes de la crise bancaire dans son pays, mais il a également fait des recherches *undercover* sur le milieu de la drogue, et démasqué des délinquants sexuels. En ce moment, il travaille comme journaliste freelance, et s'occupe à plein temps du projet Prometheus. Dans ce pays où le paysage politique a été extrêmement secoué par la crise financière de 2008, il est certain que son enquête va faire du bruit.

Le Premier ministre, Sigmundur Gunnlaugsson, nous l'avons déjà trouvé au début de nos recherches. Pour rappel, il avait fait créer avec sa femme une société aux îles Vierges britanniques, la Wintris Inc., par Mossfon, *via* une filiale luxembourgeoise de la Landsbanki. Sous ce nom, ils avaient ouvert un compte au Crédit Suisse à Londres. Le problème, c'est qu'il existe depuis

---

1. Voir la dernière partie du présent chapitre pour les réactions de Bjarni Benediktsson et d'Ólöf Nordal.

2009 une loi obligeant les parlementaires à rendre leur fortune publique, ainsi que leurs parts ou actions dans des sociétés. Gunnlaugsson, membre du Parlement depuis avril 2009, aurait donc dû le signaler, mais il ne l'a pas fait. À la place, il a «vendu» ses parts de Wintris Inc. à sa femme : pour un dollar[1].

Répétons-le une nouvelle fois, avec tout le calme nécessaire : le Premier ministre et deux de ses ministres se trouvent dans nos données. Cela représente un tiers du cabinet islandais. S'y ajoutent de hauts fonctionnaires des deux partis du gouvernement, des douzaines d'hommes d'affaires, et, comme le dit Jóhannes, incrédule, la moitié du pays.

Dans la voiture, pendant le long trajet qui mène de l'aéroport à la capitale, Jóhannes nous explique pourquoi les révélations frappent le pays dans une situation très particulière. Jusqu'à ce jour, dans les coulisses de l'île volcanique au milieu de l'Atlantique, les ficelles sont tirées par les mêmes familles qui contrôlaient déjà le pays il y a des siècles, à l'époque où tous vivaient de la pêche. Les Islandais appellent les membres de cette clique «Octopus», à l'image d'un poulpe qui étend ses tentacules dans toutes les directions. Pendant les années 1990, le pays a été, *de facto*, privatisé par cette élite puissante. D'abord les flottes de pêche, puis les banques. L'Islande devint l'un des pays les plus riches du monde. À Reykjavik, les boutiques de designers prospéraient, les restaurants de haut standing étaient plus chers qu'à Londres, et des 4×4 de luxe étaient garés à chaque coin de rue. Selon une étude de 2006, les 320 000 Islandais étaient les gens les plus heureux du monde. «Jusqu'au dur retour à la réalité», dit Jóhannes.

En effet, le boom et la privatisation ont eu leur revers : les

---

1. Peu avant la fin de l'écriture de ce livre, l'épouse du Premier ministre explique que la banque avait fait une erreur, lorsqu'elle renseigna le nom de son mari actuel comme actionnaire, en 2007. Cette société aurait toujours été la sienne.

trois plus grandes banques du pays – les banques Kaupthing, Glitnir et Landsbanki – ont été acquises par les Octopus et leurs amis. Des adhérents du Parti du progrès ont repris la Kaupthing, tandis que la Landsbanki alla aux chefs du Parti de l'indépendance, et la banque Glitnir, à la grande chaîne de distribution Mogul. Devenus plus cupides les uns que les autres, les nouveaux propriétaires se sont départis de toute prudence et ont perdu la notion de la mesure. Le gouvernement et le Parlement firent en sorte que les règles pour les prêts hypothécaires soient assouplies, et, tout à coup, on pouvait emprunter jusqu'à 90 % de la valeur du bien hypothéqué. Une énorme bulle fut créée.

Lorsque, en 2008, les premiers signes d'une proche faillite s'annoncèrent, et que le cours des grandes banques menaça de basculer, les Octopus sortirent une nouvelle carte de leur jeu : ils manipulèrent le cours des actions des établissements financiers.

Le principe était aussi simple que désastreux : les banques ont attribué des crédits à des actionnaires, qui à leur tour achetèrent des actions aux mêmes banques, laissant ainsi le cours des actions en question monter en flèche de façon purement artificielle. La valeur figurant au bilan des trois plus grandes banques a augmenté jusqu'à ce que les actifs consolidés des banques équivaillent à huit fois le PIB de l'Islande. Huit fois !

Ce fut le début de la fin. Lorsque, en septembre 2008, les marchés financiers chutèrent après la faillite de Lehman Brothers, les banques ne pouvaient plus servir leurs créanciers et se sont effondrées. L'État dut apporter tellement d'argent que l'Islande fut promise à la faillite. La population exprima sa colère. Un ancien secrétaire d'État aux finances fut ensuite condamné à plusieurs années de prison, ainsi que les trois précédents propriétaires de Kaupthing, Ólafur Ólafsson, Hreidar Már Sigurdsson et Sigurdur Einarsson.

Jóhannes rit. « J'ai trouvé tous les hommes de Kaupthing dans vos documents, mais ils sont déjà en prison. »

Une élite sans scrupule a donc ruiné l'un des pays les plus riches du monde, en quelques années seulement – c'est ainsi que le voient la plupart des gens ici. Et alors que les Islandais ordinaires souffraient, confrontés à la subite augmentation du coût de la vie, à la baisse des salaires et à l'explosion de la dette hypothécaire, un bon nombre des responsables de la crise avait fait sortir ses liquidités du pays, et ce, depuis longtemps.

Les Islandais les appellent désormais les Vikings de la finance. À l'époque comme aujourd'hui, les Vikings ont toujours été soutenus par le gouvernement formé par le Parti de l'indépendance et le Parti du progrès – le Parti du progrès de Gunnlaugsson.

Et en effet, Wintris, l'ancienne société offshore du Premier ministre Sigmundur Gunnlaugsson, a ouvert son compte auprès de la filiale londonienne du Crédit Suisse avant la crise, en mars 2008. À une époque, donc, où ce qui menaçait l'Islande – c'est-à-dire l'insolvabilité – aurait déjà dû être prévisible en interne pour les Vikings de la finance.

Lorsque nous avons remarqué cela, nous avons décidé de passer de nouveau en revue tous les documents. Nous avons discuté avec Jóhannes, parlé avec des experts. La grande question était – et est toujours : pourquoi le Premier ministre islandais a-t-il eu besoin d'une société sur les îles Vierges britanniques et d'un compte auprès d'une banque suisse ? Et, surtout : pourquoi ne les a-t-il pas déclarés conformément aux règles ?

Jóhannes trouva la réponse : Wintris figure sur la liste des créanciers de Kaupthing et de Landsbanki. Il apprit plus tard d'une source que Wintris aurait également contracté des emprunts de Glitnir. Rien que pour ses emprunts à Landsbanki et Kaupthing, Wintris a réclamé plusieurs millions d'euros (après conversion) après le crash des banques[1].

---

1. Lors du bouclage de ce livre, Gunnlaugsson ne nous avait toujours pas répondu à ce sujet.

Soit Gunnlaugsson et sa femme ont acheté les emprunts des trois banques avant la crise. Dans ce cas, il aurait dû l'annoncer publiquement après son entrée au Parlement en 2009[1]. Soit Gunnlaugsson – économiste diplômé d'Oxford – et sa femme ont acheté les emprunts *après* l'effondrement des trois banques, quand ils ne valaient que 3 à 5 % de leur valeur d'origine. Cela signifierait qu'ils auraient spéculé sur le fait que le cours des banques allait bientôt augmenter de nouveau.

Aucune des deux options ne laisse Gunnlaugsson complètement innocent. D'autant que la possession de ces emprunts jette un tout autre éclairage sur son engagement politique passé.

Il faut en effet savoir que, lorsque les grands chefs de la Landsbanki ont compris que les liquidités allaient s'évaporer, ils se sont servis d'une astuce pour se procurer des devises. Ils ont fondé une ramification en ligne de la banque Landsbanki et l'ont appelée Icesave. La filiale de la banque a alors attiré des épargnants envieux, avec ses taux d'intérêt beaucoup plus élevés que les taux moyens de l'époque en Europe, en Grande-Bretagne et aux Pays-Bas en particulier, mais aussi en Allemagne. Lorsque la Landsbanki fit faillite, les centaines de milliers d'épargnants réclamèrent leur argent. Mais comme la Landsbanki n'avait plus d'argent depuis longtemps, des revendications se firent entendre en Europe : la Banque centrale devrait se porter caution, et donc, chaque citoyen islandais. La Grande-Bretagne a même fait intervenir des législations antiterroristes pour geler des fonds de la Landsbanki, de la Banque centrale islandaise et du gouvernement. L'Islande, qui était encore le pays chéri de tous, était d'un coup mise sur un pied d'égalité avec Al-Qaïda.

Lorsqu'il arriva au pouvoir après la crise, en 2009, et qu'il dut mettre de l'ordre dans le chaos laissé par ses prédécesseurs

---

1. Ce qui plaide pour cette hypothèse, c'est que l'épouse du Premier ministre a déclaré qu'ils ont laissé investir leur argent hors d'Islande une fois son mari devenu Premier ministre. Soit début 2009.

du Parti de l'indépendance et du Parti du progrès, le nouveau gouvernement de centre gauche s'affola de ces conséquences. Il négocia avec les Hollandais et les Britanniques, et put finalement se mettre d'accord avec eux sur une proposition : l'Islande obtenait de nouveaux prêts, et en échange, les clients hollandais et britanniques d'Icesave retrouvaient leur argent – une négociation garantie par le gouvernement islandais. On espérait donc ainsi que l'Islande pourrait sauver sa réputation, et ne pas entraver ses chances de pouvoir un jour adhérer à l'UE.

Mais ces plans rencontrèrent un obstacle. Les Islandais s'étaient – avec leurs impôts – portés garants pour les aventures de l'élite de la finance et devaient rembourser les nouveaux prêts pendant des années. Cela donna lieu à une violente polémique. Dans cette bataille, un groupe totalement inconnu jusque-là fit irruption dans l'arène politique : il se fit appeler « InDefence » (ce qui signifie « InDefence of Iceland »), collecta sur Internet des signatures contre l'accord proposé et envoya des experts au Parlement, qui se prononcèrent contre le compromis. InDefence réunit des citoyens ordinaires – l'un de ses chefs est professeur de piano, aujourd'hui encore – et des politiciens de haut rang.

Un de leurs porte-parole les plus importants n'était pas là par hasard : Sigmundur Gunnlaugsson, le président du Parti du progrès nouvellement élu, l'homme qui à l'époque était co-propriétaire de la société offshore Wintris, et donc l'un des créanciers qui voulait récupérer les millions des banques.

Cependant, ce fait, et nous l'entendons également d'Islande, il l'a gardé pour lui-même, à l'intérieur d'InDefence[1].

Au final, il y eut trois référendums et, chaque fois, c'est le camp d'InDefence qui l'emporta. Le compromis proposé par le gouvernement avait été balayé de la table. Cette victoire

---

1. Lors du bouclage de ce livre, Gunnlaugsson ne nous avait toujours pas répondu à ce sujet.

publique marqua le début d'un développement qui mena Gunnlaugsson jusqu'au poste de Premier ministre.

InDefence a également exigé que tous les créanciers soient redevables d'une taxe de stabilité de 39 % s'ils voulaient retirer leur argent – qui était gelé par l'État depuis 2008. En 2015, le gouvernement de Gunnlaugsson s'engagea cependant dans un autre deal avec les créanciers : le paiement d'une « contribution de stabilité », qui selon l'avis des experts devrait rapporter plus de 2 milliards d'euros à l'État. Même les attaques virulentes de ses anciens collègues d'InDefence ne firent pas revenir Gunnlaugsson sur sa décision.

Cela ne fera guère plaisir à entendre… mais le deal était très avantageux pour la famille du Premier ministre : les sommes récoltées par l'État bénéficient aux créanciers. Et la société offshore Wintris fait partie de ceux-là. Gunnlaugsson s'était donc placé des deux côtés de la table des négociations. Un conflit d'intérêts classique, qu'il n'aurait pas été une bonne idée de divulguer.

À l'été 2015, Gunnlaugsson vit les autorités fiscales islandaises confrontées à une décision intéressante : un lanceur d'alerte anonyme proposa un CD plein d'informations fiscales aux autorités islandaises. Le CD contenait des données secrètes sur des sociétés écrans d'un bon nombre d'Islandais. Des données qui, selon nos informations, proviennent toutes de Mossack Fonseca – sans doute plus anciennes et bien moins détaillées que celles que nous avons entre les mains.

Cette offre a été discutée publiquement et dans toute l'Islande : devrait-on l'acheter, ou non ? Mais ce que les Islandais ne savaient pas, c'est que, d'après nos informations, la société achetée par le Premier ministre et sa femme figurait aussi sur ce CD. La chef de l'administration fiscale était pour l'achat des données. Elle espérait fortement pouvoir y trouver par la suite des documents concernant 300 à 500 sociétés écrans d'Islandais. Le ministre des

Finances islandais Bjarni Benediktsson – qui vient d'une célèbre famille Octopus – s'est montré sceptique au début. Selon lui, il était « complètement impensable » de donner « une valise pleine d'argent à une personne anonyme » en échange de données.

Mais c'est pourtant ce que fit la chef de l'administration fiscale. Les données ont été achetées pour l'équivalent d'environ 200 000 euros. Et lorsqu'on lui demanda s'il avait eu de l'argent dans des paradis fiscaux à un moment ou à un autre, ou s'il avait réglé des transactions dans des paradis fiscaux, le ministre des Finances déclara dans une interview télévisée : « Non, je n'ai jamais eu d'argent dans des paradis fiscaux et n'ai jamais rien fait de semblable. »

Lorsque nous parcourons ce cas avec Jóhannes à Reykjavik, il nous montre sur son ordinateur portable : « Cette phrase, je l'ai, ici, et lorsqu'on publiera cette histoire, je vais la laisser passer en boucle. » Lors de cette nuit d'octobre, que Jóhannes passa avec beaucoup de café devant la montagne de données enfin consultable en entier, Bjarni Benediktsson fut l'un des premiers noms qu'il rechercha. Et qu'il trouva.

En 2006, le ministre des Finances obtint, en même temps que deux autres hommes d'affaires, une procuration pour la société Falson & Co aux Seychelles – et dans un e-mail de son conseiller de banque à Mossack Fonseca il est écrit que les vrais propriétaires seraient « les mêmes que les trois mentionnés plus haut[1] ».

Selon nos informations, cette société était également sur le CD acheté par les autorités islandaises.

Est-ce pour cela que Bjarni Benediktsson se montrait aussi sceptique sur cette transaction[2] ?

---

1. Benediktsson confirma sur demande avoir été l'un des propriétaires de la société. Cette dernière aurait détenu une propriété à Dubaï, et il les aurait déclaré toutes les deux. À la question de savoir pourquoi il avait affirmé qu'il n'avait jamais eu de biens dans des sociétés offshore, il répondit qu'il « ne savait pas » que la société avait été enregistrée aux Seychelles.

2. Benediktsson expliqua qu'il n'était pas contre l'achat. Il expliqua à notre

Il va devoir s'expliquer, au plus tard lorsque Jóhannes Kristjánsson publiera son travail en Islande. Et, selon les règles de la vie politique, il lui sera difficile de se maintenir à son poste, précisément en tant que ministre des Finances. Cela vaut également pour le Premier ministre. Peut-être même pour Ólöf Nordal, la ministre de l'Intérieur en exercice, qui avait selon Jóhannes une procuration pour une société nommée Dooley Securities S.A. [1].

Les Panama Papers vont certainement inciter le gouvernement à s'expliquer. « Les Islandais ont vécu tellement de choses depuis la crise financière – il n'y aura donc aucune compréhension de leur part vis-à-vis d'un Premier ministre extrêmement riche et de son épouse tout aussi riche qui ont utilisé une société offshore pour acheter secrètement des obligations bancaires », nous explique Jóhannes.

Il est dans une situation absurde : il peut potentiellement retirer son poste au Premier ministre de son pays, il tient l'Affaire de l'année avec un grand A entre ses mains, et ce, depuis le printemps 2015 déjà – mais il doit quand même attendre, attendre et attendre… Jusqu'à ce que nous publiions tout au printemps 2016.

Mais il sait qu'une petite partie des données est déjà dans le pays, dans les mains des autorités fiscales. Dans un tout petit pays, où tout le monde se connaît. « Je me demande quasiment tous les jours si cette histoire va tenir debout ? » dit-il.

Jóhannes a un tout autre problème : il ne sait pas où, ni comment publier cette histoire. Il est journaliste à la télévision,

---

collègue Jóhannes Kristjánsson qu'il ne savait pas que sa société était dans les données.

1. Le mari d'Ólöf Nordal se manifesta sur demande et expliqua que la banque Lansbanki aurait créé la société pour lui, mais qu'elle serait restée inutilisée. Ólöf Nordal déclara elle-même que la société avait été créée avant son entrée au Parlement, c'est pourquoi elle ne l'avait pas déclarée.

et l'Islande dispose de trois grandes chaînes. Mais il trouve des responsables et/ou des actionnaires et/ou des proches d'un des groupes dans les données.

Jóhannes pense pouvoir proposer son histoire à l'une des trois chaînes. Quelle absurdité : le scoop devient de plus en plus gros avec chacune de ses trouvailles – de même que les soucis liés à la publication.

Bien sûr, il y a aussi les journaux. Mais le *Tabloïd DV*, connu pour ses enquêtes courageuses, vient d'être repris par un ancien politicien du Parti du progrès – qui doit donc à présent servir ses amis. Et du côté du quotidien de premier plan *Morgunbladid*, l'ancien chef de la Banque centrale David Oddsonn en est le rédacteur en chef. Il fut l'un des acteurs responsables de la crise économique.

Jóhannes envisage maintenant de publier simplement ses recherches sur un site internet créé pour l'occasion. Il a déjà réservé le nom Reykjavik Media, de même que le nom de domaine Rme.is.

Il rit. « Au fond, peu importe le nom. Une fois que nous aurons publié nos enquêtes, là-bas, tous les Islandais vont se rendre sur cette page. Tout le monde voudra lire ça. »

Pas seulement en Islande.

# 26. Des traces vers le néant

C'est déjà la fin de l'automne, et nous ne sommes pas les seuls à faire preuve d'une nervosité grandissante. C'est aussi le cas de notre source, visiblement.

John Doe : Est-ce que vous comptez toujours publier au printemps ? C'est dans si longtemps, c'est terrifiant.

SZ : C'est vrai. Mais la quantité de données est terrifiante, elle aussi. Et si nous nous précipitons, nous augmentons le risque de faire des erreurs.

John Doe : C'est clair. C'est juste que je déteste l'idée de devoir attendre si longtemps. Pourquoi pas un peu plus tôt ? Février ?

SZ : Nous avons seulement droit à un seul coup. Et tout doit faire mouche. Chaque histoire en soi est incroyablement compliquée, la Russie, l'Islande, Siemens, les banques... Et même si nous pouvions plus tôt – nous perdrions des partenaires, et donc de l'impact.

John Doe : Hum. J'aurais souhaité que le projet soit plus flexible.

SZ : Nous aussi. Mais il ne l'est pas. Et nous y sommes quand même arrivés jusqu'ici.

Très régulièrement, nous réunissons notre petite équipe *SZ* pour parler de nos nouvelles découvertes dans notre *war room* avec, au mur, la soixantaine de pistes – nous sommes à l'automne 2015 – menant à des chefs d'État ou des chefs de gouvernement.

Tout en haut de la liste, on trouve la trace des deux anciens chefs d'État argentins, les époux Néstor et Cristina Kirchner.

325

Les documents de ce dossier étaient les premiers que nous avions pu regarder de près. Nous disposons depuis des documents de presque toutes les sociétés concernées. Et pour faire court : nous n'avons pas trouvé la preuve évidente, la *smoking gun* pour ainsi dire, d'un lien avec les Kirchner.

Nos collègues argentins de *La Naciòn* étaient emballés à l'idée de mettre au jour des affaires secrètes de l'ancienne présidente. Mais même eux, avec toutes leurs enquêtes, n'ont pas trouvé de preuves d'affaires illégales ou de liens avec le couple présidentiel. Entretemps, nous sommes certains que la plupart des 123 sociétés sont liées au cas argentin, car elles ont les mêmes directeurs fictifs en interne chez Mossfon que les quelques sociétés ayant un possible lien avec des proches des Kirchner. Pour une grande partie de ces sociétés, il apparaît que la déclaration de Mossack Fonseca de février 2015 selon laquelle « elles n'ont pas de rapport avec l'affaire NLM contre l'Argentine » se révèle exacte.

Mais peu importe qui a établi la structure qui relie toutes ces sociétés écrans, cela a été bien fait. Nous tombons sur trois ou quatre couches opaques qui permettent au vrai propriétaire de ne pas être démasqué. Les traces se perdent dans des sociétés anonymes en Suisse, ou ailleurs.

Ce sont les limites de nos données : ce que les clients ont caché à Mossack Fonseca, ils nous l'ont caché aussi. La trace ne nous mène pas aux Kirchner mais droit dans un mur[1].

Une autre piste prometteuse que nous avons suivie très tôt est celle de l'ancien dirigeant libyen Mouammar Kadhafi. Nous sommes tombés sur une douzaine de sociétés qui intéressent également des enquêteurs libyens. Nous avons pu lire dans une commission rogatoire que des millions de fonds publics seraient passés par elles pour quitter le pays – entre autres dans les caisses

---

1. Peu avant la fin de l'écriture de ce livre, l'Argentine s'est apparemment mise d'accord avec le fonds NML. La plainte est donc bien obsolète.

cachées d'un confident de Kadhafi, un homme nommé Ali Dabaiba[1].

Peu après que Mouammar Kadhafi eut détrôné le roi libyen, Ali Dabaiba, simple professeur de géographie, devint maire de la grande ville portuaire Misrata. Peu après, Dabaiba faisait partie du cercle intime de l'autocrate : il était « compagnon du Guide », comme on nommait cette clique en Libye. La gigantesque administration des commandes publiques qu'il a présidée a effectué des commandes à hauteur de plusieurs milliards. Nombre d'entre elles seraient allées, selon les enquêteurs libyens, vers des sociétés ayant des liens avec la famille Dabaiba. Lorsque des experts-comptables se sont penchés sur les détails des commandes, ils ont découvert une double comptabilité. Un conseiller de Mouammar Kadhafi a expliqué plus tard aux enquêteurs libyens que des irrégularités avaient été découvertes très tôt chez ODAC. Celles-ci n'ont pas été regardées de près car Kadhafi lui-même et ses fils étaient « mêlés à la direction de l'ODAC »[2].

Jusqu'ici le dossier paraît clair. Mais à l'approche de la fin du règne de Kadhafi, Dabaiba a soudain changé de camp, finançant les rebelles à hauteur de plusieurs millions pour défendre sa ville natale Misrata. Du jour au lendemain, le fidèle soutien de Kadhafi est devenu l'ami des rebelles. Alors le dossier se complique.

Aujourd'hui, il est difficile de dire qui détient le pouvoir en Libye. L'État islamique ? Le gouvernement élu qui siège à Tobruk ? Ou le contre-gouvernement islamiste qui s'est ancré à Tripoli ? Et où se positionne Dabaiba dans cet imbroglio ? Qui veut le traîner devant un tribunal et qui veut au contraire empêcher que cela arrive ?

---

1. Lors du bouclage de ce livre, Ali Dabaiba ne nous avait toujours pas répondu.

2. Lors du bouclage de ce livre, Ali Dabaiba ne nous avait toujours pas répondu.

Après la chute de Kadhafi, le gouvernement a gelé les avoirs de 240 anciens complices de l'autocrate, parmi lesquels ceux d'Ali Dabaiba. Un avis de recherche Interpol avait temporairement été lancé par le gouvernement libyen. Mais cet avis de recherche a disparu aussi subitement de la page Interpol qu'il y était apparu[1]. Le gouvernement par intérim a également mis des enquêteurs sur les traces de sa fortune : s'ils la trouvent, ils en auront une part.

Alors que nous sommes face à une bonne douzaine de classeurs numériques contenant des centaines de documents de sociétés écrans susceptibles d'être liées à cette affaire, nous nous demandons : est-il possible que nous y trouvions un renseignement décisif ?

Dans une ville occidentale – que nous n'avons pas le droit de préciser – nous rencontrons quelqu'un qui pourrait peut-être nous aider. L'informateur doit rester secret, sa famille vit encore en Libye et lui-même a un travail discret à l'étranger. Peu de gens savent qu'il traquait clandestinement la fortune des Kadhafi et de ses alliés – ceux qui ont pillé le pays avec l'accord du Guide pour placer leur butin à l'étranger.

L'informateur nous montre un diagramme sur une feuille A3 : un enchevêtrement de cases et de flèches dans des douzaines de couleurs. Chaque case représente une société (il y en a plus d'une centaine), chaque flèche un lien, un flux d'argent ou une participation. Chaque couleur représente un pays dans lequel la société est basée. On peut dire que le diagramme est bien bariolé.

« Quelque part, ici, dit l'informateur, se trouvent des millions qui appartiennent au peuple libyen. »

« Mais où ? »

Nous avons quelques-unes des sociétés figurant au centre du diagramme dans nos données.

---

1. Lors du bouclage de ce livre, Ali Dabaiba ne nous avait toujours pas répondu.

Après la discussion avec notre informateur, nous passons chaque document en revue. Nous recherchons Kadhafi, ses enfants, ses proches, et Ali Dabaiba. Sans succès. Au lieu de cela, nous tombons sur des sociétés que les enquêteurs libyens attribuent à Dabaiba et sur le nom de Riad G., un citoyen britannique qui effectua sa scolarité en Libye, puis étudia à Londres. Sa page Facebook montre qu'il est ami avec le frère d'Ali Dabaiba[1].

Nous appelons notre informateur et lui parlons de Riad G. – sa réponse est claire : « Nous pensons qu'Ali Dabaiba a mis G. en première ligne ! » Riad G. serait donc une sorte d'homme de paille pour Dabaiba.

Mais c'est seulement un soupçon. Nous parlons avec Interpol. Nous voulons savoir pourquoi Dabaiba a été recherché, et pourquoi sa demande d'arrestation, qu'on appelle une notice rouge, a de nouveau disparu du Net. La réponse est vague : tous les appels des enquêteurs auraient été bloqués, au vu de la situation actuelle – c'est-à-dire la guerre civile. « L'information reste verrouillée dans l'attente d'une enquête plus approfondie. »

Puis un e-mail d'un informateur arrive. Allez à Genève, écrit-il. Riad G. y serait. Quelqu'un l'a vu là-bas, dans une chocolaterie de la rue de Rive, tout près du lac Léman.

Le dernier vol de Munich pour Genève vient tout juste de partir. Nous parlons de l'affaire avec un collègue du journal suisse *SonntagsZeitung*, qui travaille avec nous sur le projet – et il décide de s'en charger. Le lendemain matin, il est déjà devant l'hôtel Four Seasons. À la réception, personne ne sait rien. Jamais un Riad G. ne s'est présenté. Et chez le chocolatier Auer ? Non plus. Où peut-il bien être ?

Notre collègue tente le coup à l'hôtel Kempinski, sur le boulevard au bord du lac Léman. Derrière les façades miroitantes se trouve entre autres la plus grande suite d'Europe avec

---

1. Lors du bouclage de ce livre, Riad G. ne nous avait toujours pas répondu.

plus de 1 000 mètres carrés de surface, protégée derrière des fenêtres pare-balles. C'est là que l'aristocratie financière du Golfe et du Maghreb se retrouve en cette saison.

La réceptionniste a quelques difficultés à trouver la chambre de Monsieur G. « De quelle chambre voulez-vous parler ? Il a cinq chambres à son nom. »

L'homme a voyagé avec toute sa famille, et, si ça se trouve, pas seulement pour se divertir. Notre collègue joue à quitte ou double et appelle G. – nous avons eu le numéro par un informateur. Une voix hésitante répond. Un accent arabe, un anglais hésitant. La voix veut savoir qui appelle et, surtout : « Comment avez-vous eu ce numéro ? » Il ne peut pas parler maintenant.

Après quelques heures, G. se manifeste une seconde fois par téléphone, il repousse une éventuelle rencontre. Le lendemain, il aurait encore des affaires urgentes, et ensuite, il veut avoir une journée en famille.

Au final, il ne se manifestera plus, ne répondra plus aux appels. Il quitte la Suisse sans que notre collègue ait pu parler plus longtemps avec lui.

Dans nos données, nous voyons que la moitié d'un hôtel dans les Highlands écossais aurait temporairement appartenu à l'une de ses sociétés. Il y a quelque temps, des enquêteurs libyens ont précisé dans une commission rogatoire destinée aux autorités britanniques et écossaises que des fonds de l'État libyen seraient peut-être même cachés dans cette société. D'après le registre du commerce, la société serait gérée par deux hommes, lesquels auraient tous deux obtenu en 2008 des contrats de plusieurs millions de l'ODAC – cette même ODAC qu'Ali Dabaiba dirige[1].

C'est là que nos pistes s'arrêtent. Certes, nous découvrons qu'une instruction est en cours contre les deux hommes d'affaires.

---

1. Lors du bouclage de ce livre, les deux hommes d'affaires ne s'étaient toujours pas exprimés au sujet de cette affaire. Le gérant de l'hôtel dans les Highlands écossais ne répondait pas non plus.

Mais ils sont toujours en liberté. Et si Riad G. était l'intermédiaire de Dabaiba? Nous ne pouvons tout simplement pas l'affirmer, les données ne le révèlent pas[1].

Les cas Kadhafi et Kirchner ne sont pas uniques. Nous mettons sans cesse des dossiers de côté, pour lesquels nous avons tel ou tel soupçon et accumulons même toutes sortes d'indices, mais au final, ce n'est pas suffisant. Il est très probable qu'une grande quantité de pistes se cache dans ces dossiers, juste sous notre nez, qui pourraient finir par conduire à des noms spectaculaires. Mais nous ne les trouverons pas, parce que leurs conseillers ont été suffisamment précautionneux pour ne pas donner de noms à Mossack Fonseca.

C'est frustrant. Heureusement, la frustration n'est pas le sentiment dominant dans cette recherche.

Puisque nous ne disposons pas de preuve sur les liens entre Cristina Kirchner ou Néstor Kirchner avec l'une des 123 sociétés du Nevada, nous allons enquêter sur leurs successeurs. Début décembre 2015, Marina Walker de l'ICIJ nous écrit que nos collègues du journal argentin *La Nación* viennent de trouver le président tout juste élu au second tour de l'élection présidentielle, Mauricio Macri, dans nos données. L'homme d'affaires conservateur n'a même pas encore pris ses fonctions que déjà nous inscrivons son nom sur notre liste dans la *war room*. Dans nos données, nous apprenons que Macri a fait créer en 1998 une société aux Bahamas avec deux proches. Son nom : Fleg Trading. Macri était alors président du club de football brésilien Boca Juniors. C'était un homme riche. En 2007, il fut élu maire de Buenos Aires. D'après les données Mossfon, Fleg Trading a été désactivée en 2008. Dans les documents d'entreprise, on ne trouve que des documents qui prouvent que Macri fut l'un

---

1. Lors du bouclage de ce livre, ni Riad G. ni Ali Dabaiba n'avaient réagi à notre requête.

des directeurs de la société. Dans les documents dont nous disposons, le champ «actionnaire» est vide. Avant que l'entreprise ait été fermée par les autorités des Bahamas en 2008, Mossfon avait demandé à plusieurs reprises des documents sur l'identité des actionnaires – sans toutefois les obtenir.

Lorsque Macri devint maire de Buenos Aires, il dut faire état de ses comptes bancaires et de ses éventuelles parts dans des sociétés, mais d'après ce qu'a pu voir un collègue argentin, il n'écrivit rien au sujet d'une société aux Bahamas dans sa déclaration. Selon le Code pénal argentin, la peine encourue pour une fausse déclaration peut aller jusqu'à six ans de prison.

Lorsque nous le mirent face aux résultats de nos recherches, un porte-parole du président expliqua que Macri était «occasionnellement» directeur de la société Fleg Trading. La société ferait partie de l'entreprise familiale des Macri. En fait, il n'aurait pas déclaré Fleg Trading car il n'en aurait jamais été associé.

## 27. Le bouquet de la mariée, l'union de l'argent

Les photos de Vladimir Poutine en famille sont rares. La vie privée du président est taboue. Ses deux filles sont strictement tenues à l'écart de la scène publique. On est donc surpris de tomber sur une photo en noir et blanc de mauvaise qualité sur Internet. On y voit le jeune Vladimir Poutine, l'air sérieux. La photo date de 1985 et a été prise à Leningrad – nom de Saint-Pétersbourg à l'époque soviétique. Mikhaïl Gorbatchev venait d'être nommé secrétaire général et Vladimir Poutine était encore un petit officier insignifiant du KGB. Il porte sa fille Maria dans les bras, et à ses côtés, on voit son épouse de l'époque, Ludmilla. Elle lui tient le bras et semble heureuse.

Un jeune homme à la chevelure abondante et au regard ferme se tient près de Ludmilla. C'est Sergueï Roldouguine, le parrain de Maria, la fille de Poutine. Le mystérieux violoncelliste. Durant nos recherches, nous l'avons identifié comme l'homme clef de tout un univers de sociétés offshore anonymes – mais seulement après avoir pu retirer les différentes couches de camouflage installées par Mossack Fonseca et le cabinet suisse déjà évoqué plus haut. Des centaines de millions ont été déplacées au fil des ans à travers ce réseau, et à l'aide de banques – de banques occidentales, notamment – et de nombreuses sociétés écrans du Panama et des îles Vierges britanniques.

Roldouguine avait pourtant déclaré au *New York Times* qu'il ne possédait pas de millions, qu'il était seulement musicien.

Quelques mois après cette déclaration dans un article sur la croissance rapide des fortunes de l'entourage de Poutine, plusieurs millions ont été virés sur un compte d'une société de Roldouguine auprès de la filiale suisse d'une banque russe frappée de sanctions. Curieusement, Roldouguine est quasiment inconnu, en Russie. On le connaît surtout à travers des films ou des biographies sur Poutine, où il apparaît dans des petits apartés comme le « meilleur ami de Poutine », et dans lesquels il exprime son admiration pour le chef de l'État.

Poutine et Roldouguine se sont rencontrés dans les années 1970, quand ils étaient jeunes. Roldouguine dira plus tard dans une interview que Poutine a été comme un frère pour lui. La nuit, ils traînaient dans les rues de Saint-Pétersbourg, chantaient et se battaient. C'est Roldouguine qui l'aurait présenté à sa future épouse, Ludmilla.

Le lien entre les deux hommes existe encore aujourd'hui, même si leurs trajectoires furent bien différentes. Peu après le baptême de sa fille Maria, Poutine est envoyé en RDA, où naîtra sa deuxième fille, Ekaterina. Il ne retournera à Saint-Pétersbourg qu'après la chute de l'URSS. L'homme du KGB devint assistant du maire puis premier adjoint au maire avant de devenir le chef du service de renseignement intérieur FSB puis, en 2000, président.

Roldouguine est devenu premier violoncelliste au théâtre Mariinsky et chef du conservatoire de Saint-Pétersbourg. Il a reçu de nombreuses décorations en tant que musicien et il paraît qu'il joue régulièrement lors de soirées privées chez Poutine. Et il est l'une des très rares personnes que Poutine autorise à dévoiler des éléments de sa vie privée aux journalistes. Roldouguine a ainsi pu raconter, sans être sanctionné, ce que le grand public ignorait jusque-là : le président russe, qui aime tant se mettre en scène comme étant éternellement jeune, costaud et vigoureux, est grand-père depuis longtemps, et a des problèmes de dos.

Parrain, ami d'adolescence, entremetteur et souffleur pour la biographie de Poutine, confident de la vie privée, etc. – tout cela laisse penser que Sergueï Roldouguine, s'il n'est pas le « meilleur ami » du président russe, est bien une personne de confiance.

À présent, on peut penser que si Poutine a effectivement amassé une telle fortune, comme les experts le suggèrent, il ne va pas y coller une pancarte avec son nom. Officiellement, les fonds appartiendraient à des gens qui ne sont pas sous les feux des projecteurs, des intermédiaires discrets, en qui il a quand même entièrement confiance.

Des gens comme Sergueï Roldouguine ?

Lors du bouclage de ce livre, le violoncelliste n'avait toujours pas répondu à nos requêtes. Dans nos données, nous sommes tombés sur cinq sociétés offshore en lien avec lui : Roldouguine fut au moins temporairement propriétaire de trois sociétés écrans, International Media Overseas, Raytar et Sonnette – qui à leur tour sont étroitement liées aux deux sociétés Sunbarn et, surtout, Sandalwood Continental Ltd, qui joue un rôle particulièrement mystérieux dans le réseau.

Pour Mossack Fonseca, l'interlocuteur officiel pour ces sociétés était le cabinet d'avocats suisse que nous avons déjà mentionné. Eux non plus ne réagirent pas à notre requête. Le cabinet est visiblement une sorte de bouclier pour le réseau Roldouguine. Officiellement, il est un interlocuteur, mais dans le fond, et c'est ce que nous voyons dans les documents de chaque société offshore, ce sont les employés de la banque Rossiya qui tirent les ficelles. L'employé de la banque S. avait par exemple le droit de signer des documents pour la société de Roldouguine International Media Overseas, d'autres avaient des pouvoirs semblables pour d'autres sociétés du réseau. La banque Rossiya a son siège social à Saint-Pétersbourg et a été fondée avec l'argent du Parti communiste, à peu près à la même époque où Poutine revint de RDA. Des experts la considèrent comme la « banque de

Poutine », plusieurs amis proches de Poutine en détiennent des parts – parmi eux, Sergueï Roldouguine. Pendant la crise en Ukraine, le gouvernement américain l'a mise sur sa liste de sanctions, il a voulu punir le cercle proche de Poutine. Ce dernier réagit promptement. Il ordonna que la banque Rossiya soit soutenue par la Banque de Russie. Plusieurs grosses entreprises d'État du secteur énergétique y avaient placé leur argent.

Cette banque Rossiya se trouve donc dans le réseau des sociétés de Roldouguine à présent.

Un échange de mails de 2009 montre quel rôle elle y a joué. Inquiète, une avocate de Mossack Fonseca se tourne vers Jürgen Mossack et le partenaire suisse Christoph Zollinger. Un employé de la banque Rossiya s'était manifesté auprès d'elle, il voulait que Mossfon donne son feu vert pour une ligne de crédit à hauteur de 103 millions de dollars pour la société offshore Sandalwood. L'argent devait provenir d'une banque à Chypre. Nous trouvons le contrat de 47 pages qui correspond, et la page sur laquelle les dépôts de garanties devaient être spécifiés est vide. Cela nous semble très inhabituel pour un contrat de cette ampleur.

Apparemment, cela parut tout aussi louche à Jürgen Mossack, puisqu'il écrit dans un e-mail interne qu'il s'agit d'argent d'origine douteuse et à vocation tout aussi douteuse. Le tout serait déjà assez « délicat ».

Une phrase digne d'attention.

Malgré les doutes de Mossack, le deal n'a pas été refusé[1]. Au lieu de cela, Mossfon se laissa établir une *Letter of indemnity*, une exonération de responsabilité, une sorte de promesse d'indemnisation. S'il devait y avoir des problèmes avec le contrat, le client serait déclaré responsable, et non le cabinet offshore. La ligne de crédit à 103 millions est l'une des nombreuses transactions

---

1. Lors du bouclage de ce livre, Jürgen Mossack ne nous avait toujours pas répondu.

douteuses que nous détectons dans le réseau Roldouguine. Visiblement, de l'argent des oligarques russes a également filé dans le réseau de sociétés écrans. Rien qu'en 2013, plusieurs sociétés écrans liées aux frères Boris et Arkadi Rotenberg ont accordé un crédit de près de 200 millions de dollars à une société offshore du réseau Roldouguine – et ce n'est pas précisé dans les documents s'ils ont jamais été remboursés. Peu de temps avant, une société d'Arkadi Rotenberg avait reçu un supplément de plusieurs milliards pour le projet de pipeline South Stream, projet resté au point mort à cause de la crise en Ukraine. Les Rotenberg n'ont pas réagi à notre requête. D'après nos documents, près d'1 milliard de dollars a atterri dans le réseau Roldouguine entre 2009 et 2011.

Une grande partie de cette somme proviendrait de la Russian Commercial Bank (RCB) à Chypre, filiale à l'époque de la VTB Bank, qui appartient à l'État russe pour une grosse part. Nos données ne montrent pas d'où la RCB tirait de telles sommes. La banque répondit à notre demande en disant qu'elle ne pouvait pas faire de commentaires sur les clients ni sur les transactions. En cela, elle se conforme à la loi.

Un spécialiste de cette branche expliqua à nos collègues du *Guardian* que Poutine et son entourage proche auraient utilisé la RCB comme une sorte de carte de crédit personnelle, dans les années 2000 au moins, ce que nie la banque. Il affirme ceci : « Si l'un des élus de Poutine ou sa femme avait besoin d'argent, que ce soit pour une virée shopping, un yacht ou n'importe quel autre investissement, la RCB mettait les moyens nécessaires à leur disposition, sans poser de questions. » « La RCB était un libre-service pour l'élite au pouvoir. »

Cela pourrait expliquer pourquoi le gouvernement russe aurait réagi avec véhémence à l'ambiance « Haircut » pendant la crise de l'euro en 2013. Tous les dépôts bancaires chypriotes, y compris ceux de la RCB, devaient être raccourcis. Le chef du parti centriste chypriote déclara plus tard lors d'une interview radio : « La haute direction russe nous a fait comprendre ceci sans ambiguïté : si nous touchions à la RCB, nous aurions à faire face à une réaction que nous n'aurions encore jamais vue auparavant.» La RCB a été en grande partie exemptée de régulations.

Des experts qui ont examiné les crédits douteux que nous avons trouvés dans les données voient dans les conditions inhabituelles de ceux-ci des indices sûrs qu'il s'agissait plus de cadeaux que de crédits : comme des intérêts très faibles, parfois aucun remboursement discernable, ou bien une absence de garantie. David Weber, expert en finance à l'université du Maryland, explique : «Apparemment, ces transactions étaient la base pour l'évasion fiscale, la fraude et/ou d'autres agissements opaques – dans le but de blanchir de l'argent.»

Les énormes crédits sont uniquement le biais par lequel les sociétés offshore du réseau Roldouguine ont obtenu de l'argent. Par exemple, entre mai et juin 2010, la société Sunbarn reçoit des millions pour «services de consultation». Sunbarn aurait conseillé une autre société offshore en Russie pour «investissement et affaires» et aurait été payée 30 millions de dollars pour cela. Il y a beaucoup d'indices qui laissent penser qu'il s'agit ici seulement de dissimulation de flux d'argent qui ont une tout autre raison d'être. D'après nos recherches, la société offshore qui a donné ces «conseils» n'a jamais été explicitement connue pour ses services «investissement et affaires» en Russie. Les experts en blanchiment d'argent savent que les termes «services de conseil» sont un prétexte facile pour déplacer de grosses sommes d'argent.

Lors de nos premières recherches déjà, nous avions remarqué un autre modèle de ce genre, que nous avions appelé «choper les frais en cas de défaillance». C'est tellement simple et en même temps tellement approprié pour enlever de l'argent ici et l'amener là : une des sociétés offshore du réseau s'occupe de racheter des parts à une autre société offshore de Belize. La société du Belize «échoue» dans la préparation de ces parts – et

doit pour cela payer presque 800 000 dollars d'«indemnités».
Il y a donc un «business» clair, et un marquage sans équivoque
pour le transfert.

La société de Roldouguine International Media Overseas
conclut un deal particulièrement lucratif en février 2011 : elle
obtient tous les droits pour un prêt de 200 millions de dollars – au
prix d'un dollar. D'après le contrat des documents Mossfon, le
prêt génère des paiements d'intérêts de 21 917 dollars par jour,
ce qui fait 8 millions par an.

De plus, nous tombons sur des transactions boursières suspectes
et antidatées à ce sujet : selon ces documents, des sociétés du
réseau Roldouguine achètent des actions de sociétés russes
pour des millions de dollars, qui ont été de nouveau revendues
en peu de temps avec un bénéfice considérable. Avec les bénéfices
de ces ventes, il pourrait s'agir de spéculateurs géniaux. Il y a des
anomalies qui nous laissent cependant en douter. Un exemple :
le 5 juin 2011, un employé de la banque Rossiya demande à
Mossfon de laisser signer plusieurs affaires d'actions aux directeurs de Sandalwood. C'est une procédure normale en soi : des
endosseurs subséquents laissent les directeurs signer des contrats.
Sauf que dans ce cas, selon les documents remplis, les affaires
auraient eu lieu cinq mois auparavant, en janvier 2011.

Des prêts douteux de plusieurs millions, des transactions
boursières antidatées, des honoraires de conseil et des contre-
parties… Tout cela semble faire partie d'un gigantesque système
opaque.

Un système dans lequel d'énormes quantités d'argent ont été
déplacées au sein de sociétés offshore dans un court laps de temps.

Le perdant, dans cette histoire, est bien souvent l'État russe.

Pourtant, ce n'est vraiment pas une bonne idée de pomper
l'État russe par les temps qui courent. Sauf quand on appartient à ceux qui peuvent se le permettre grâce à leurs contacts.

Les experts occidentaux ne sont pas les seuls à parler depuis longtemps d'une kleptocratie en ce qui concerne le règne de Poutine. En fait, l'ascension politique de Vladimir Poutine a été accompagnée depuis le début par des allégations massives de corruption. La plupart d'entre elles ont même été oubliées entretemps.

Mais à présent, nous voyons comment un puits d'argent a été approvisionné en millions offshore, à l'aide de moyens complexes, et grâce à l'aide d'un vieil ami et confident de Poutine.

Afin de mieux évaluer les deals que nous avons découverts, nous parlons avec un enquêteur européen, l'un des chasseurs de blanchisseurs d'argent et de fraudeurs les plus renommés au monde. Il nous dit : « Il y a des centaines de façons de faire sortir de l'argent d'un pays comme la Russie », et ceux que nous avons découverts en font partie. Il exclut l'hypothèse selon laquelle les autorités russes n'auraient rien remarqué. En Russie, une autorité du nom de Rosfin-Monitoring serait en fait en charge de la chasse au blanchiment d'argent – depuis sa création, elle est dirigée par un confident de Poutine et serait, contrairement à la plupart des autres autorités européennes, plus un service secret qu'une police. Rosfin-Monitoring pourrait lire les e-mails, écouter les conversations téléphoniques et récupérer toutes les informations bancaires d'une personne. « Rien ne leur échappe », dit l'enquêteur, avec un mélange de respect et d'envie.

La petite équipe russe des chercheurs de Prometheus, créée lors de notre réunion à Washington, discute presque tous les jours, *via* des chemins cryptés, des résultats des enquêtes, des prêts douteux, des contrats suspects et de nos toutes nouvelles estimations au sujet de l'argent détourné.

Notre collègue Luke Harding du *Guardian* l'exprime ainsi : nous sommes à la recherche du « Saint Graal du journalisme d'investigation ». L'argent de Poutine. Cela peut vite devenir dangereux, surtout pour nos collègues Roman Anin et Roman

Schleynow. Être journaliste en Russie, on appelle souvent cela du suicide.

Et comment ça s'appelle, quand on piste l'argent de Poutine ?

Avec la chef de projet de l'ICIJ Marina Walker, nous nous décidons en conséquence pour des réunions de travail en terrain neutre, loin des services secrets russes. Nous voulons parler avec nos collègues russes de nos dernières trouvailles et de la voie à suivre sans avoir peur d'être sur écoute.

Peu avant Noël 2015, nous partons donc pour Londres. Notre point de rencontre : Kings Place, 90 York Way, le siège du *Guardian*. Nous devons nous rendre dans l'un des étages supérieurs, au fond d'un long couloir, dans une salle devenue légende parmi les journalistes d'investigation : « le bunker ».

C'est dans cette salle sans fioritures, qui ne peut être ouverte qu'avec une clef et une carte spéciale, que le *Guardian* a dépouillé les documents secrets du lanceur d'alerte de la NSA Edward Snowden. À présent, une dizaine de rédacteurs y travaillent sur les données Mossfon, arrivées chez nous il y a de nombreux mois déjà.

Les tables sont rapprochées les unes des autres, la fenêtre qui donne sur le couloir est scotchée et les trouvailles récentes sont collées au mur sur des Post-it. Elles sont bien classées selon les différents thèmes : célébrités, chefs d'État, sport, politiciens. Quand les documents de Snowden ont été traités ici, il y avait même deux gardiens devant la porte. À l'époque, cela se savait déjà que les données étaient au *Guardian*. Nous espérons que ce n'est pas le cas pour nous.

Un petit groupe s'est rassemblé dans le bunker : à côté de nous, se trouvent Roman Anin, puis Luke Harding, qui a déjà été expulsé de Russie après avoir spéculé sur la fortune de Poutine dans un article. Marina Walker, Gerard Ryle et le lauréat du prix Pulitzer Jake Bernstein de l'ICIJ ont fait le voyage, il y a aussi deux journalistes de la BBC et nos collègues Julia Stein de la NDR et Petra Blum de la WDR, qui travaille maintenant depuis des mois sur les données Roldouguine.

Ensemble, nous faisons le point sur ce que nous avons trouvé dans les données : les frères Arkadi et Boris Rotenberg, par exemple[1]. Ou encore l'oligarque russe et ami de Poutine Gennady Timchenko, qui apparaît comme mandataire *ad litem* de plusieurs sociétés écrans[2].

Lorsqu'on évoque Dmitri Peskov, on ne peut s'empêcher d'avoir un petit sourire. C'est le porte-parole de Vladimir Poutine. Il fut récemment sous le feu des critiques parce que lors de son mariage avec une célèbre skieuse, il portait une montre qui coûte bien plus que ce qu'il déclare gagner chaque année. Des blogueurs ont ensuite également découvert que Peskov et sa nouvelle épouse ont passé des vacances sur l'un des yachts les plus chers du monde. Et que voyons-nous à présent dans les données ? Que sa femme fut propriétaire d'une société écran nommée Carina Global Assets, jusqu'en 2014 au moins. Au total, nous tombons sur des connexions avec quatre ministres, de hauts fonctionnaires, quatre députés et deux gouverneurs – tous de Russie. Le fils du ministre de l'Économie Alexey Ulyukayev était directeur de la société offshore Ronnieville Limited. Le neveu de Nikolaï Patrouchev, l'ancien chef des services secrets FSB et l'actuel président du puissant Conseil de sécurité, apparaît comme actionnaire temporaire d'une société basée aux îles Vierges britanniques. Le vice-ministre de l'Intérieur Alexander Machonov contrôla à son tour tout un réseau de sociétés écrans *via* la société écran Nortwest Management.

---

1. Lors du bouclage de ce livre, ni Arkadi ni Boris Rotenberg ne nous avaient répondu.

2. Un cabinet d'avocats mandaté par Gennady Timchenko expliqua – sans parler concrètement de sociétés au moment où nous terminions l'écriture de ce livre – que Timchenko n'aurait en aucun cas été au courant de circonstances justifiant une violation des sanctions par une personne américaine.

Ce sont toutes de bonnes histoires, mais c'est celle de Roldou-guine qui nous intéresse le plus. Comme nous l'avons découvert, il possédait des actions de Video International *via* des sociétés offshore. D'autres sociétés, gérées par les mêmes personnes de la banque Rossiya – dans laquelle Roldouguine a des parts – et du cabinet suisse, comme les sociétés de Roldouguine, possèdent et négocient des stock-options du constructeur automobile Lada ou du constructeur de camions et de chars Kamaz. Des stock-options à l'arrière-goût amer : ce sont les camions de ce constructeur qui ont le plus été utilisés pendant la guerre en Ukraine. Les trucks russes blancs, qui allèrent en Ukraine de l'Est soi-disant en renfort, étaient des trucks Kamaz. En Syrie aussi, où les troupes au sol russes ont longtemps soutenu l'armée du dictateur Bachar el-Assad, des camions Kamaz ont été repérés. Lada est également un fournisseur de l'armée russe.

En cette journée grise de décembre, nous sommes donc rassemblés dans le bunker du *Guardian,* à discuter des situations de propriété des banques russes, à se demander qui est désormais proche de Poutine et qui a rompu avec lui depuis longtemps, quand tout à coup Roman Anin nous choque en nous annonçant ce qu'il a trouvé.

Un choc positif.

Tout le monde se lève et applaudit. Nous hochons la tête en signe d'incrédulité.

Que se passe-t-il ?

Juste avant, l'agence de presse Reuters a révélé que la fille cadette de Poutine, Katerina, a épousé en février 2013, dans la plus grande discrétion, un trentenaire nommé Kirill Schamalov. C'est le fils de Nikolai Schamalov, membre de la légendaire coopérative Ozero. Vladimir Poutine avait fondé cette coopérative dans les années 1990 avec plusieurs amis, qui peu de temps auparavant avaient acheté des terrains avec des datchas au lac de Komsomolskoy, près de Saint-Pétersbourg. Ce qui jadis commença comme une simple association de propriétaires de datchas devint rapidement l'incarnation du népotisme. Par exemple, Iouri Kovaltchouk, membre d'Ozero, est aujourd'hui le chef et le plus grand actionnaire de la banque Rossiya, dont Nikolai Schamalov – le beau-père de la fille de Poutine – détient également des actions.

Après le mariage, en quelques mois seulement, le beau-fils de Poutine devint encore plus riche : il a augmenté ses parts dans le géant de pétrochimie Sibur jusqu'à atteindre les 21 %.

Ce qui est encore plus intéressant pour nous, c'est le lieu du mariage : la station de ski Igora, à une heure de route au nord de Saint-Pétersbourg, non loin de la coopérative Ozero. Les habitants du coin qualifient la « villa du président » de propriété généreuse, et racontent qu'il s'y rendrait souvent – dans le livre foncier, un autre propriétaire est donné. À côté du terrain : la station de ski Igora.

En février 2013, les jeunes mariés sont arrivés ici dans un traîneau tiré par trois chevaux blancs. Leurs invités reçurent des foulards avec les initiales K & K brodées : Katerina et Kirill.

Il était interdit de photographier, tous les visiteurs ont dû laisser leurs téléphones portables à l'entrée. Les mesures de sécurité étaient énormes. Un employé de la station de ski Igora raconte la scène à un journaliste de Reuters : « À tous les coins, il y avait des gardes, ils ne laissaient personne rentrer à la fête. » Les invités du mariage eurent droit à de nombreux spectacles : du patinage, un show laser et une réplique de village russe avec des acteurs et toutes sortes de danses folkloriques.

Roman Anin a cherché à qui la station de ski appartient. Le propriétaire du terrain est une société russe nommée Ozon LLC, qui appartenait d'abord à une société offshore chypriote opaque et – par le biais d'une autre société intermédiaire – à 25 % au confident de Poutine Iouri Kovaltchouk et son fils. La société a acquis le terrain en 2012. Kovaltchouk est l'un des membres de la coopérative Ozero – et dans la station, qui lui appartient également, les enfants de deux autres membres d'Ozero se sont mariés : la fille de Vladimir Poutine et le fils de Nikolaï Schamalov. Cela montre à quel point cette bande est encore liée, dix-neuf ans après la fondation d'Ozero.

Mais la raison pour laquelle nous nous réjouissons autant dans le « bunker » du *Guardian* est tout autre : nous avons trouvé le nom de la société Ozon LLC depuis longtemps dans nos données. Fin 2009, Ozon LLC a reçu un crédit de près de 5 millions de dollars de l'une des sociétés offshore du réseau Roldouguine, la société Sandalwood. Deux ans plus tard environ, la même somme d'argent arriva encore, de nouveau en tant que crédit. Selon nos documents, il n'y eut jamais de remboursement, et Sandalwood a été liquidée en 2013.

Dans la station, où la fille de Poutine s'est mariée et qui appartient à un ami de Poutine, membre de la coopérative, des millions ont filé *via* la société offshore du propriétaire, et auraient été évacués et cachés par une société écran du réseau. Le tout a été orchestré par la banque Rossiya, qui appartient à plusieurs confidents de Poutine. Et l'homme de paille pour ce réseau semblait être le meilleur ami de Poutine : Sergueï Roldouguine, co-propriétaire de la banque Rossiya et parrain de l'autre fille de Poutine.

C'est là que nous mènent nos recherches de ces derniers mois : elles commencent au Panama, et finissent à Igora, dans la famille proche de Poutine.

C'est inquiétant.

## 28. Star, star, superstar

Après la réunion à Londres, les choses se calment un peu pour nous et sur notre forum. Entre les fêtes de Noël et le Réveillon, il ne se passe pas grand-chose, même si dans nos têtes, bien sûr, nous avons du mal à nous concentrer sur autre chose. Pas surprenant, après de telles découvertes… Mais ce moment de calme inhabituel nous donne l'occasion de nous replonger dans quelques vieux dossiers. À ce moment-là, nous comptons déjà plus de 7 000 entrées dans le forum. Impossible de ne pas s'y perdre.

Même si ce livre porte à croire que les clients de Mossack Fonseca sont plutôt des personnages obscurs, ce n'est pas toujours le cas. On y trouve également de célèbres réalisateurs et actrices de cinéma, des chanteurs sud-américains adulés dans leurs pays, des génies des échecs, et toute une brochette d'hommes qui possèdent ou dirigent des clubs de foot.

Pendant ces journées calmes de fin d'année, nous faisons défiler les pages sur nos écrans et trouvons des dossiers sur des douzaines de ministres, sur de grands danseurs, sur la petite-fille d'un célèbre artiste de l'art moderne, sur des espions qui ont fait du trafic d'armes avec la RDA, et sur la maîtresse supposée d'un roi.

Il y aurait encore tant d'histoires à raconter…

Mais pour des raisons juridiques, nous ne pouvons nommer que ceux sur lesquels nous avons effectué suffisamment de recherches. Et le nombre de ces cas est limité par notre temps et nos forces – parfois, il faut bien dormir…

Les vacances de Noël sont à peine terminées, nous sommes déjà début janvier 2016, et le dernier gros cas vient de nous tomber dessus.

Lionel Messi. Le meilleur joueur de football du monde. Peut-être même de l'histoire.

Le nom de sa société écran panaméenne semble un peu prétentieux, mais n'est pas tout à fait inapproprié : Mega Star Enterprises. La société est dirigée par cinq prête-noms inconnus, mais celui qui a vraiment le dernier mot, c'est bien la méga-star du monde du foot. C'est ce qui ressort d'un papier de juin 2013, découvert par un collègue espagnol de Prometheus.

Dans ce papier, un employé d'un cabinet d'avocats d'Uruguay explique au fournisseur de sociétés offshore Mossack Fonseca que les bénéficiaires finaux de Mega Star Enterprises seraient Lionel Andrés Messi et son père, Jorge Horacio Messi.

Il ne manquait plus que ça. Lionel Messi a déjà de gros problèmes à cause de sa façon de gérer ses finances. En octobre 2015, un juge d'instruction espagnol décida que Messi et son père, qui le conseille, devaient être mis en examen pour évasion fiscale. Le barreau espagnol requiert une amende de 4,1 millions d'euros, ce qui ne devrait pas être un trop gros problème pour le multi-millionnaire Lionel Messi. Mais il réclame surtout près de deux ans de prison pour le joueur de Barcelone. La date du procès est déjà prévue : le 31 mai 2016.

Il sera intéressant de voir comment les autorités espagnoles réagiront à cette information. Un porte-parole a confirmé que la société Mega Star Enterprises n'apparaît pas dans les dossiers du procureur jusqu'à présent.

Mais cela pourrait bien coller dans le contexte, car, d'après l'acte d'accusation, Messi et son père auraient aussi utilisé des sociétés écrans pour le détournement.

À partir de 2005, les Messi auraient vendu des droits à l'image pour très peu d'argent à des sociétés offshore ayant leur siège dans des paradis fiscaux latino-américains tels que le Belize ou l'Uruguay. Ce faisant, des rentrées d'argent de la pub à hauteur de 10,1 millions d'euros auraient atterri dans ces paradis fiscaux, et n'auraient pas été imposées. En outre, les Messi auraient dissimulé d'importantes données aux autorités fiscales, pour qu'ils n'apprennent rien des flux d'argent vers l'étranger. Entre 2007 et 2009, Messi aurait donc fraudé le fisc pour un montant de 4,1 millions d'euros environ.

La société Mega Star Enterprises est fondée par un fournisseur de sociétés offshore au Panama le 8 février 2012. Les actions sont émises sous forme d'actions au porteur anonymes. Des intermédiaires du cabinet d'avocats uruguayen déjà mentionné opèrent pour le compte de Messi. Voici la première connexion dans l'acte d'accusation : selon ce dernier, le même cabinet présente neuf jours plus tard une confirmation selon laquelle Lionel Messi serait l'unique actionnaire de la société écran Jenbril S.A. – qui se trouve au centre des accusations de détournement connues. En coulisse, la méga-star et la société Jenbril mentionnée dans l'acte d'accusation sont donc prises en charge par le même cabinet uruguayen, déjà mentionné.

Le deuxième point de contact a lieu à l'été 2013, lorsque les enquêtes sur Messi sont rendues publiques. Le 12 juin 2013, l'agence de presse espagnole EFE fait tout d'abord un rapport sur le procès, et les médias internationaux suivent.

Dès le lendemain, les avocats uruguayens de Lionel Messi se manifestent auprès de Mossack Fonseca par e-mail, parce qu'ils veulent changer de fournisseur offshore pour la société Mega Star Enterprises. D'après ce qui est écrit dans le mail, ils en ont parlé auparavant par téléphone. À l'avenir, Mossack Fonseca devra gérer la société écran.

Mossack Fonseca insiste pour obtenir une exemption de responsabilité : le cabinet Mossack Fonseca et ses prête-noms ne sont pas responsables des «plaintes, réclamations, actions en justice, conflits, procès, coûts et dépenses» liés à Mega Star Enterprises. Le document datant du 23 juillet 2013 que nous avons sous les yeux est signé par Lionel Andrés Messi et Jorge Horacio Messi.

Apparemment, la société panaméenne faisait partie d'une construction offshore que Lionel Messi aurait laissé orchestrer par le cabinet uruguayen. Il est toutefois difficile de déterminer le rôle qu'occupait Mega Star dans l'entrelacs de sociétés des Messi à partir des documents. Dans l'un d'eux, seul le terme «investissements» est donné en tant qu'objectif d'affaires général. À ce jour, aucun accord ni transaction concrète n'ont été trouvés dans les données du *leak*. Cela pourrait cependant signifier que les Messi eux-mêmes ou d'autres personnes impliquées semblent avoir délivré des procurations pour la société – une constellation grâce à laquelle aucun document ne nécessite d'être envoyé à Mossack Fonseca pour signature. Quoi qu'il en soit, selon une lettre datée du 23 juin 2013, «Horacio Jorge et Lionel Andrés Messi» certifient à Mossack Fonseca que dans le cas de la cessation de la relation d'affaires avec le cabinet uruguayen, ils vont «annuler […] chacune des procurations que la société a confiées à un tiers».

Une fois dotés de telles procurations, des contrats de tout type peuvent être conclus, par exemple pour ouvrir des comptes, ou acheter des biens immobiliers. Et de l'extérieur, il est impossible de déterminer à qui la société appartient réellement – comme nous l'avons déjà dit, les actions restent anonymes.

Le parquet espagnol est susceptible de s'intéresser de très près à la question de savoir qui a été investi d'une telle procuration – et dans quel but.

Mais peu importe ce qui est écrit dans les contrats de Mega Star Entreprises, Lionel Messi n'aura guère à modifier sa ligne de défense actuelle lors du procès. La stratégie de l'attaquant du FC Barcelone est claire – et pratiquement identique à celle de Franz Beckenbauer dans l'affaire de la DFB: «Je ne regarde pas ce que je signe. » C'est ce que Messi a dit à une juge d'instruction selon les journaux. « Quand mon père me le dit, je signe les yeux fermés », dit-il encore. « Je signe ce que mon père me dit de signer, je ne regarde pas, je ne me concentre pas dessus et ne pose pas non plus de questions. »

Toutefois, la stratégie n'a pas l'air de bien fonctionner. Certes, le procureur général espagnol croit que l'initiative vient du père de Messi – et ce dernier assume volontiers –, mais le ministère de l'Économie et des Finances a cependant décidé que Lionel Messi devait être inculpé. La représentante du ministère argumente que le professionnel du football aurait dû trouver ces activités louches, lorsqu'il obtint un crédit d'impôt pour les années 2007 à 2009. Selon l'agence de presse AFP, il est question « de preuves raisonnables d'actes criminels des deux accusés » dans la justification de la décision.

Dans nos données, nous voyons que Mega Star a changé de propriétaire le 1ᵉʳ décembre 2015. Les actions au porteur anonymes émises auparavant vont être remplacées par des actions ordinaires, détenues par le père de Lionel Messi. Cependant, le cabinet uruguayen a encore une demande : le lendemain, un représentant demande à Mossfon de confirmer que les actionnaires de la société dont ils s'occupent n'apparaissent pas publiquement dans le registre panaméen des entreprises. Au cas où ce serait prévu de façon standard, les avocats demandent les documents nécessaires pour empêcher cela.

Lorsque nous finissions d'écrire ce livre, Lionel Messi et Horacio Messi n'avaient toujours pas réagi aux demandes conjointes répétées de l'ICIJ et de la *Süddeutsche Zeitung*.

Au tribunal, ces nouvelles révélations ne vont pas rendre service à Lionel Messi – qui a, en janvier 2016, une nouvelle fois reçu le Ballon d'or.

## 29. Le quatrième homme et la FIFA

La fin de la crise de la FIFA est difficile à percevoir de l'extérieur. Mais la FIFA l'a elle-même proclamée de son côté. C'est plus exactement son nouveau président qui le dit, le Suisse Gianni Infantino. Juste après son élection au Hallenstadion de Zurich, c'est en termes habituels pour un président de la FIFA qu'il explique : « Nous allons restaurer l'image et le respect de la FIFA. Tout le monde nous applaudira pour ce que nous ferons pour l'avenir de la FIFA. Nous devons être fiers de la FIFA. Tout le monde doit être fier de la FIFA. »

Au fait, le premier mot d'Infantino sur scène fut : « Ouf. » Nous aussi, nous pensons « ouf ». C'est que nous avons le nom de Gianni Infantino dans notre liste depuis mi-2015, depuis que nous avons trouvé le business douteux de l'UEFA avec les droits de diffusion équatoriens pour la télévision, acquis auprès de l'UEFA *via* les diffuseurs Jinkis Père et Fils puis revendus trois fois plus chers à la chaîne Teleamazonas.

Nous demandons à un insider du milieu des enquêteurs sur la FIFA son ressenti : pour lui, ce contrat avec une marge de 1:3 est « très louche ». Surtout si, comme c'est le cas ici, les droits avaient déjà été revendus auparavant.

Un spécialiste des droits sportifs trouve également que ce modèle est douteux.

Selon les enquêteurs de New York, le modèle d'affaires des Jinkis ressemble à ceci : ils ont soudoyé les officiels de la FIFA pour obtenir des droits de diffusion moins chers, puis ils les ont revendus beaucoup plus cher[1]. Si ces allégations étaient vraies, ce serait un modèle similaire. À la différence majeure cependant que nous n'avons trouvé aucune preuve de corruption à l'UEFA.

Lorsque nous avons trouvé les contrats entre l'UEFA et Cross Trading, nous avons prêté peu d'attention aux personnes impliquées du côté de l'UEFA. Sur les deux contrats entre l'UEFA et Cross Trading, quatre noms d'officiels apparaissent en tant que signataires sur les pages à signer. Trois d'entre eux n'occupaient déjà plus de position de premier plan à l'UEFA en 2015, ou avaient quitté l'association.

En revanche, le quatrième était Gianni Infantino. L'actuel président de la FIFA.

C'est une info explosive.

Examinons les contrats dans l'ordre. Le contrat dans lequel Infantino apparaît se réfère aux droits de la Ligue des Champions 2006-2009 pour l'Équateur. La deuxième page du contrat est la page avec les signatures, c'est là que trois personnes sont nommées, les signataires du contrat : pour Cross Trading, Hugo Jinkis, pour l'UEFA, l'ancien vice-secrétaire général de l'UEFA, puis Gianni Infantino, dont le titre est « Director Legal Services ». Nous vérifions cette information, et trouvons qu'Infantino était bien le directeur du département juridique de l'UEFA, à l'époque.

Nous apprenons d'un spécialiste des droits sportifs que les associations peuvent normalement faire évaluer ce type de contrat par leur département juridique. La tentative de demander à l'UEFA si c'était bien ainsi chez eux à l'époque se bute à l'absurde politique des relations publiques de l'association : on nous dit que c'est une affaire interne à l'UEFA. Cette dernière explique plus tard que le département juridique vérifie chaque contrat de ce genre.

---

1. Lors du bouclage de ce livre, Hugo et Mariano Jinkis étaient toujours injoignables. Nous avions tenté de les contacter avec l'ICIJ.

Mais pourquoi est-ce que le chef du département juridique a dû signer un contrat pour lequel il ne devait ensuite assumer aucune responsabilité ? L'UEFA a expliqué qu'Infantino aurait signé parce que tous les contrats devaient être signés par deux directeurs habilités. Un porte-parole de l'UEFA explique que les sommes en jeu dans le contrat sont faibles, et que Cross Trading serait apparu comme acheteur légitime des droits pour Tele-amazonas. Les contrats conclus entre Cross Trading et Teleamazonas, cela ne serait pas l'affaire de l'UEFA. Cette dernière serait juste au courant de l'offre de plus de 111 000 dollars. Le fait est que c'est le département d'Infantino qui a laissé les affaires se conclure avec les Jinkis et qui a donc aidé les deux actuels accusés du procès de la FIFA, Hugo et Mariano Jinkis, à hauteur de plusieurs centaines de milliers de dollars. L'UEFA, ainsi que son secrétaire général Infantino le déclara, annonça qu'il n'y aurait eu « aucune relation commerciale » avec le dénommé Hugo Jinkis. Son nom est pourtant bien lisible, trois centimètres sous celui d'Infantino.

Il est important de savoir que les deux Argentins n'ont pas agi anonymement. Cross Trading est une société des Jinkis connue dans la branche, une filiale de leur société Full Play, encore plus connue (qui est également nommée dans la plainte contre la FIFA).

Notre collègue Catherine Boss du journal suisse *Sonntags Zeitung* voulait de toute façon demander à Infantino s'il avait eu affaire par le passé, en tant que fonctionnaire de l'UEFA, aux diffuseurs de droits accusés, que ce soit pour une raison commerciale ou pour une autre. En tant que chef du département juridique de l'UEFA, Infantino aurait dû savoir avec qui il traitait, mais ce ne serait pas le cas : l'UEFA explique qu'ils n'auraient pas su qui se trouvait derrière Cross Trading.

Notre collègue pose donc la question, et nomme entre autres Hugo Jinkis, Mariano Jinkis et Cross Trading.

Gianni Infantino fit savoir qu'il n'aurait « jamais eu personnellement ni de façon intentionnelle affaire aux personnes ou organisations citées ci-dessous, et ce, dans aucune de ses fonctions occupées à l'UEFA». Plus tard, la FIFA a à son tour fait savoir qu'elle aurait seulement eu ces renseignements sur la base d'informations fournies par l'UEFA.

Ce qui est intéressant, c'est que la déclaration sur la participation d'Infantino contient des mots comme «personnellement» et «intentionnelle», alors que la FIFA prétend après coup que seules les recherches de l'UEFA auraient conduit à cette déclaration.

Le développement de cette affaire fut un peu absurde pour nous. Infantino, quand il était secrétaire général de l'UEFA, était déjà une personne importante, son implication dans l'affaire est intéressante. Après tout, il fut le deuxième homme le plus important de l'UEFA après Michel Platini, à l'époque. Puis Platini fut bloqué à cause de paiements douteux de plusieurs millions et dut abandonner ses plans pour la présidence de la FIFA. Puis, soudain, nous lûmes que l'UEFA aurait été d'accord pour faire d'Infantino le nouveau candidat. Toutefois, il semblait avoir peu de chances au début.

Début 2016, de plus en plus d'associations nationales ont dit vouloir voter pour lui en février. Dans une interview au journal *Die Welt,* il déclara, avant l'élection, pouvoir compter sur 105 voix sur 209. Au final, il en obtint 115.

D'un seul coup, l'étrange épisode de l'UEFA en Équateur devint particulièrement excitant.

Pour la FIFA, cet épisode est particulièrement désagréable, car cette élection devait justement la faire sortir de la plus grande crise qu'elle ait connue depuis sa création, il y a maintenant cent onze ans.

Pour décrire la FIFA, le journaliste d'investigation Andrew Jennings et notre collègue de la *SZ* Thomas Kistner utilisent le mot «mafia», depuis un certain temps déjà. En effet, les scandales se sont succédé ces dix dernières années. Il y eut les pots-de-vin versés au partenaire marketing de la FIFA ISL, l'élection louche du président de la FIFA, ou encore le soupçon de corruption en lien avec l'attribution des championnats du monde de foot. Après chaque scandale, Sepp Blatter et ses collègues du comité exécutif de la FIFA donnaient l'impression, de l'extérieur, que, dorénavant, tout allait changer pour le meilleur. Aujourd'hui, ces paroles semblent totalement absurdes.

La commission éthique de la FIFA, dernière institution de bonne foi de la fédération selon les apparences, avait beaucoup de travail ces derniers mois : non seulement ils devaient suspendre le boss, Sepp Blatter, mais également le chef de l'UEFA, Michel Platini, le secrétaire général de la FIFA, Jérôme Valcke, et tout un éventail de fonctionnaires de haut rang, comme Jack Warner, Chuck Blazer, le candidat à la présidence, Chung Mong-Joon, ou l'ex-vice-président de la FIFA, Eugenio Figueredo.

La tâche de la commission éthique de la FIFA est quasiment impossible à accomplir : elle doit nettoyer le foot mondial. La crédibilité dépend, bien sûr, avant tout de l'intégrité des membres – comme l'Allemand Hans-Joachim Eckert par exemple, président de la chambre judiciaire, juge pénal depuis longtemps au tribunal de grande instance de Munich. On serait tentés de croire que les autres membres des deux chambres – c'est-à-dire l'instance morale d'une fédération déjà fortement ébranlée – seraient minutieusement sélectionnés. Une croyance erronée, visiblement.

C'est précisément dans la chambre dont Eckert est président que nous découvrons une personne empêtrée jusqu'au cou dans la mare aux scandales. Cette même mare que les enquêteurs new-yorkais essaient actuellement d'assécher. Il s'agit de Juan Pedro Damiani, un influent avocat uruguayen et président de l'équipe de foot Peñarol.

L'une des spécialités de Juan Pedro Damiani est la gestion de sociétés écrans. Hasard ? Son cabinet est un client très important du prestataire offshore Mossack Fonseca. Plus de 400 sociétés sont ou étaient prises en charge par le cabinet J.P. Damiani.

Rien que ça, ce n'est pas vraiment idéal pour quelqu'un qui est censé vérifier la bonne éthique des autres.

Mais il y a plus époustouflant encore : trois clients de longue date de Damiani sont, selon nos documents, accusés dans le procès de la FIFA.

L'un d'eux est l'ex-vice président de la FIFA, Eugenio Figueredo, arrêté en Suisse l'an passé. Les deux autres sont les Argentins Hugo Jinkis et Mariano Jinkis, revendeurs de droits de diffusion pour la télévision. Ces derniers ont, selon nos recherches, également travaillé avec la FIFA, *via* leur société Mossfon Cross Trading et, selon l'acte d'accusation contre la FIFA, ont utilisé des sociétés écrans pour payer des pots-de-vin[1].

Chez Mossack Fonseca, les deux ont fait fonder trois sociétés écrans portant le même nom, Cross Trading, mais dans trois paradis fiscaux différents : sur l'île caribéenne Niue, dans l'État américain du Nevada et aux Seychelles. Le cabinet de Juan Pedro Damiani gérait les deux sociétés sur Niue et au Nevada.

Quand on fait l'effort de lire l'acte d'accusation du procès contre la FIFA, on tombe sans cesse sur le nom de Cross Trading. Les pots-de-vin auraient été réglés *via* les comptes des sociétés Cross Trading, comme le virement de 5 millions de dollars vers un compte de Cross Trading vers la banque suisse Hapoalim à Zurich, le 17 juin 2013. Malheureusement, l'accusation ne précise pas laquelle des trois sociétés Cross Trading tenait le compte – et le ministère de la Justice américain refusait de faire des commentaires à ce sujet lorsque nous l'avons interrogé. Le virement de 5 millions de dollars faisait partie d'une stratégie plus large, qui visait à verser des pots-de-vin à hauteur de plusieurs millions aux présidents de certaines fédérations sud-américaines. En contrepartie, les Jinkis père et fils et leurs partenaires se seraient assuré les droits de la Coupe América.

---

1. Lors du bouclage de ce livre, Hugo et Mariano Jinkis étaient toujours injoignables. Nous avions tenté de les contacter avec l'ICIJ.

Les conseillers clientèle chez Mossack Fonseca savaient qu'ils faisaient du business avec des gens particuliers – l'un des leaders de Mossfon écrivait qu'il s'agissait de clients finaux argentins au « caractère confidentiel spécial ».

Et l'homme qui a organisé et préservé cette confidentialité, dont les Jinkis avaient besoin pour leurs affaires avec les fonctionnaires de la FIFA, c'est Juan Pedro Damiani. Les documents des Panama Papers montrent que Damiani était impliqué, depuis la création de la première société Cross Trading en 1998 à Nuie jusqu'au développement de Cross Trading au Nevada en 2015.

Il fait donc des affaires depuis plus de quinze ans avec des personnes qui, d'après les accusateurs de la FIFA, ont soudoyé des fonctionnaires de cette dernière. Et il devrait veiller que la FIFA soit plus propre[1] ?

Est-ce que c'est complètement fou, ou est-ce normal pour la FIFA ?

Si l'on présume, en faveur de Damiani, qu'il ne savait rien des accusations de pots-de-vin contre les Jinkis jusqu'à la poursuite des enquêteurs de New York, il aurait donc dû mettre son implication au grand jour au moment de cette accusation et se retirer de la commission éthique. D'autant plus que les Jinkis ne sont pas son unique problème.

Juan Pedro Damiani travaillait depuis 2002 pour Eugenio Figueredo, l'ex-vice-président de la FIFA arrêté, et cela peut être prouvé. À l'époque, Figueredo était président de l'Association uruguayenne de football. Il est lié à un certain nombre de sociétés offshore fondées chez Mossack Fonseca. La plupart de ces sociétés ont été gérées par le cabinet de Damiani.

Selon nos documents, Damiani organisa, en février 2015 encore, une procuration pour la femme de Figueredo, afin qu'elle puisse agir au nom de l'une des sociétés.

---

1. Lors du bouclage de ce livre, Juan Pedro Damiani ne nous avait toujours pas répondu.

Puis l'arrestation d'Eugenio Figueredo le 27 mai 2015 à Zurich effraie Damiani et Mossfon. Le lendemain, des e-mails énervés sont échangés dans tous les sens. Mossfon fait retirer ses prête-noms et annuler la procuration pour la femme de Figueredo.

Dans un e-mail interne de juin 2015, la chef du département de *compliance* chez Mossfon se demande, un peu désemparée, s'il serait possible de prouver que l'argent des investissements immobiliers de Figueredo ne provienne pas «du dossier FIFA», et pose la question : «Avons-nous des preuves dans les documents de la société pour cela ?» En fait, l'ex-fonctionnaire livré entre-temps à l'Uruguay explique, lors de son interrogatoire, qu'il a encaissé des pots-de-vin – il en estime le montant à 50 000 dollars par mois environ –, mais il explique en outre comment il les a réinvestis. Il aurait mélangé ses revenus licites et illicites et surtout investi dans l'immobilier en Uruguay. L'hebdomadaire uruguayen *Busqueda*, qui a pu consulter les documents de son interrogatoire, explique qu'il aurait pour ce faire acheté des sociétés panaméennes au cabinet de Juan Pedro Damiani[1]. Suite à la question de Mossfon quant à savoir si les fonds de Figueredo pourraient provenir du «sujet FIFA», le cabinet Damiani envoie une liste des biens que Figueredo détient dans des sociétés Mossfon encore actives. Dans le lot, un grand nombre de propriétés en Uruguay[2]. Cent quatre-vingt-quatre en janvier 2016, d'après ce que dit Damiani au tribunal en Uruguay. Il mentionna trois sociétés offshore seulement (nous en comptons sept), qu'il aurait organisées pour Figueredo. Son cabinet non plus n'aurait jamais reçu d'honoraires de Figueredo et aurait donné toutes les informations aux autorités sans jamais dissimuler de biens.

L'Uruguayen Damiani n'a pas l'autorisation de participer

---

1. Juan Pedro Damiani ne nous a pas répondu à ce sujet.

2. Juan Pedro Damiani, Figueredo et Mossack Fonseca ne nous ont jamais répondu à ce sujet.

au vote concernant son compatriote Figueredo au sein de la chambre judiciaire de la commission éthique de la FIFA, parce que les juges doivent s'abstenir de voter quand ils viennent du même pays.

Cependant, trois de ses clients ont été accusés. Ses collègues de la commission éthique doivent voter la suspension de l'un d'entre eux. Et Juan Pedro Damiani ? Il reste là sans rien dire ?

À nos questions et celles de l'ICIJ, un porte-parole de Damiani a répondu qu'en raison des enquêtes en cours, il ne pourrait faire que des commentaires restreints. Damiani aurait en revanche informé les autorités, ainsi que la commission éthique de la FIFA.

Un porte-parole de la commission éthique de la FIFA a confirmé sur demande que Damiani aurait bien informé la commission de ses relations d'affaires avec Eugenio Figueredo le soir du 18 mars 2016, soit un jour *après* notre demande. Par la suite, le jour d'après, la commission éthique aurait initié un examen préliminaire afin d'éclaircir la situation. D'après nos informations, la relation d'affaires avec Hugo et Mariano Jinkis n'a pas été mentionnée.

Le cabinet Mossack Fonseca explique qu'il n'avait pas le moindre signe montrant que les sociétés gérées par J.P. Damiani auraient eu à gérer des irrégularités.

Le gardien de l'éthique Juan Pedro Damiani est lui-même devenu un cas pour ses collègues.

La moindre ombre jetée sur les membres de la commission éthique est un problème – c'est ce qu'un insider nous explique en toute discrétion.

L'existence d'une commission éthique de la FIFA ne fait sens que si elle est considérée comme inattaquable éthiquement. Et c'est à cette condition seulement que la commission peut aussi procéder à des décisions drastiques en interne, comme la sanction imposée en décembre 2015 contre son propre président Sepp Blatter et le président de l'UEFA Michel Platini.

C'est ici que la boucle est bouclée : un certain Michel Platini qui, d'après les papiers dont nous disposons, réside dans la petite commune de Genolier en Suisse romande obtient de Mossack Fonseca une procuration générale et à long terme pour la société panaméenne Balney Enterprises Corp. le 27 décembre 2007.

La procuration est commandée par la banque privée genevoise Baring Brothers Sturdza au même moment que la société offshore, elle existe donc depuis le début. Beaucoup de banques ont utilisé ce modèle afin de ne pas avoir à nommer le vrai propriétaire d'une société. Il n'est donc pas impossible que ce même Michel Platini détienne non seulement tous les pouvoirs mais qu'il soit également le propriétaire de la société.

Les données que nous trouvons ne disent pas à qui Balney Entreprises Corp. appartient : toutes les parts sont des actions au porteur anonymes.

Nous découvrons rapidement que le Michel Platini que nous tenons dans nos dossiers est le vrai Michel Platini : la commune de Genolier est très proche de Nyon, et c'est à Nyon que se trouve le siège de l'UEFA. Lorsque Michel Platini devint président de l'Union européenne de football en 2007, l'une de ses promesses électorales était de déménager dans les environs pour pouvoir s'occuper des affaires du quotidien. Les environs de Genolier, magnifiquement situé au bord du lac Léman, sont appréciés des gens riches et célèbres. Sean Connery et Phil Collins y habitent, entre autres, et le grand Sir Peter Ustinov y vécut et y mourut. Le journal à sensation suisse *Blick* signalait il y a longtemps déjà que Platini avait l'intention de s'établir dans la résidence «Les terrasses sur Léman». C'est précisément cette adresse que nous trouvons dans les données de la procuration générale.

Cependant, dans les documents concernant Michel Platini, nous n'arrivons pas à savoir de quel type d'affaires la société s'occupe. C'est également dû au fait qu'elle n'a pas besoin de prête-noms pour signer des contrats. Platini a la procuration générale, et cela signifie qu'il peut agir pratiquement sans restriction au nom de la société. Platini pourrait donc ouvrir un compte, signer des contrats, acquérir des biens immobiliers – tout ce qu'il veut. En fait, nous pourrions utiliser l'indicatif et le temps présent, car la société est encore active – elle l'était en tout cas fin 2015.

Mais pourquoi Michel Platini a-t-il un tel accès à une société offshore ?

Le seul renseignement précis nous est donné par une lettre qui atterrit le 12 août 2015 chez Mossack Fonseca : une lettre de l'intermédiaire, la banque privée Baring Brothers Sturdza. La lettre a pour objet «Re : account n° [*numéro de compte effacé, NdA*] – BALNEY ENTERPRISES CORP.».

C'est donc clair : la société dispose d'un compte. Nous en connaissons même le numéro.

Nous posons la question au conseiller de Michel Platini et la réponse ne se fait pas attendre : les autorités suisses sont informées de tous les comptes et du patrimoine de Michel Platini. Le conseiller explique à notre demande que les autorités connaî-traient ce compte chez Baring Brothers Sturdza – et que c'est pour des raisons personnelles que Platini serait titulaire du compte d'une société offshore. Et il n'aurait jamais utilisé ce compte en relation avec intérêts de la FIFA ou de l'UEFA.

Nous demandons de nouveau des précisions et demandons depuis quand les autorités suisses connaissent ce compte, si Platini peut nous faire parvenir un justificatif pour cela, et s'il y a déjà eu une enquête à propos de ce compte.

Le conseiller explique que ces questions, nous devons les poser aux autorités suisses, et pas à Michel Platini. Les autorités suisses ne donnent bien sûr pas de renseignements aux demandes de ce genre – et le conseiller en relations publiques de Platini aurait dû le savoir.

# 30. Les 99 % et l'avenir du paradis fiscal

Les 2,6 téraoctets de données des serveurs du cabinet d'avocats panaméen Mossack Fonseca montrent le monde de l'offshore dans ses moindres détails et de façon quasi instantanée, ce qui était impensable auparavant. Pendant des mois, nous avons pu observer comment Mossack Fonseca trouvait des solutions sur mesure pour ceux qui ont des choses à cacher. Il y a toujours un paradis fiscal quelque part qui propose l'échappatoire dont ils ont besoin : si ce n'est pas la société aux Seychelles, ça sera l'agent fiduciaire au Panama ou la fondation aux Bermudes ; ou bien une combinaison de deux, trois ou quatre de ces astuces. Dans ce monde globalisé, il semblerait qu'il n'y ait pas une seule loi qui ne puisse se contourner ou s'adoucir grâce à une poignée de sociétés écrans.

L'auteur britannique Nicholas Shaxson résume cela pertinemment :

« L'offshore n'est pas seulement un endroit, une idée, une façon de régler des choses, ou une arme de l'industrie de la finance. C'est aussi un processus : une course vers le bas, là où les règles, les lois, tout ce qui caractérise la démocratie est érodé[1]. »

Utilisé correctement, l'offshore offre un espace d'impunité quasi totale. Nous entendons très souvent à quel point les autorités ont

---

1. Nicholas Shaxson, *Les Paradis fiscaux. Enquête sur les ravages de la finance néolibérale*, André Versaille éditeur, 2012.

le plus grand mal à créer une chaîne de preuves valable devant un tribunal quand les enquêteurs tombent sur un réseau de sociétés écrans s'étendant sur cinq, dix, voire trente paradis fiscaux.

Ce jeu de cache-cache a des conséquences graves, et pas seulement dans des cas où des actes criminels doivent être dissimulés. Car même les constructions légales du monde de l'offshore posent d'énormes problèmes. Lors de son audition devant la commission des finances de la Chambre basse britannique en 2008, un expert du Tax Justice Network déclara même : « L'apparition de la crise du secteur bancaire dans son ampleur actuelle n'aurait pas été possible sans les centres offshore. »

Le fait que ce soit précisément les responsables de la crise financière qui ont le moins été touchés par ses conséquences est peu étonnant. Tandis que les banques furent sauvées avec des milliards, et que presque tous les responsables s'en sont tirés sans enquête ni procès, les victimes, c'est-à-dire les gens à qui on avait refilé des crédits gigantesques, ont été abandonnés, souvent sans job ni maison, ni même la possibilité de retrouver une vie sans dettes à l'avenir. En revanche, ceux qui avaient planqué leur argent dans un trust offshore n'avaient évidemment rien à craindre.

Une autre facette est à peine mentionnée dans ce livre : les astuces pour les impôts des multinationales comme Amazon, Starbucks ou Apple. Quand elles sont prises par l'envie irrépressible de minimiser leurs impôts, les sociétés écrans leur apparaissent comme des éléments clefs. Les États où ces entreprises sont basées et gagnent de l'argent perdent des milliards en recettes – ce qui fut récemment démontré par les résultats des LuxLeaks. Le président de l'UE, Jean-Claude Juncker, qui fut Premier ministre du Luxembourg pendant longtemps, a beau clamer que les actions de son pays sont légales, une enquête de l'UE lui a prouvé le contraire : d'après la commission d'enquête de l'UE, le Luxembourg a accordé des privilèges illégaux au site de commerce en ligne Amazon. Par contre, Mossack Fonseca ne joue qu'un rôle mineur pour les multinationales, c'est pourquoi nous traitons peu ce sujet.

Une partie effrayante des acteurs du monde de la finance échappe donc de façon claire et nette à l'influence régulatrice des organes de leurs pays, et ce, grâce à des sociétés écrans. Ils minent ainsi l'idée démocratique ; car les règles d'une société, votées et soutenues par tous, perdent leur sens si elles ne s'appliquent pas à ceux qui, grâce à leur fortune et leur pouvoir, sont en mesure de les contourner.

Pourquoi les autres devraient-ils donc continuer à accepter ces règles ?

Pourquoi les 99 % devraient-ils accepter que leurs gouvernements n'aient plus qu'une influence théorique sur le 1 % ultra-riche restant ? L'employé ordinaire, impuissant, voit sur sa fiche de paie ce que l'État a déjà pris. En revanche, quelqu'un qui empoche ses dividendes *via* une société écran aux îles Vierges britanniques peut décider lui-même s'il va déclarer ces revenus dans un pays où il profite de commodités et de protection.

Dans le monde de la finance, l'impression que « ceux d'en haut » peuvent faire ce qu'ils veulent est une réalité.

La sociologue danoise Brooke Harrington, qui a suivi une formation de deux ans pour devenir administratrice de biens et se plonger ensuite dans une sorte d'enquête de terrain, parle à juste titre d'une « concentration néo-féodale de la fortune ». D'après elle, un petit groupe de gens riches cache non seulement son argent et s'évade fiscalement, mais contourne également des lois.

Les membres de l'élite internationale de la finance se bricolent leur propre système judiciaire. Ce qui n'est pas permis dans un pays, ils le font tout simplement sous une autre juridiction. Harrington identifie les fournisseurs d'offshore tels que Mossack Fonseca comme les complices nécessaires à ce développement.

Toutefois, le monde de la finance internationale est juste l'un des nombreux profiteurs de l'industrie offshore. Et dans le monde de la finance, au moins, on essaie, et on y arrive parfois, de garder les activités dans le cadre de la loi. Avec nos quatre cents collègues du monde entier, nous avons découvert d'innombrables criminels qui batifolent en offshore. La mafia japonaise, la mafia italienne, la mafia russe… Les cartels de la drogue, les trafiquants d'armes, ceux qui financent le terrorisme… Les complices présumés des bouchers Assad et Kadhafi… Les cercles du blanchiment d'argent… Plus des dizaines de cas de corruption.

En bref, le crime organisé sous toutes ses formes fonctionne en offshore exactement comme les fraudeurs et les criminels qui agissent seuls – et fait en sorte de brouiller les pistes et de dissimuler les crimes.

C'est ça aussi, la réalité.

Mais il y a quand même une bonne nouvelle : ce n'est pas irréversible. L'irresponsabilité dont on jouit dans les centres offshore est fondée sur des lois qu'on peut changer. Les experts que nous avons rencontrés sont unanimes au sujet de leur évaluation des mesures appropriées ; il s'agit principalement de deux choses : la première étape consisterait en un échange d'informations systématique et international sur les comptes bancaires. Les autorités allemandes pourraient donc savoir automatiquement quels Allemands ont, par exemple, un compte aux Bahamas. Un tel échange d'informations reste toutefois inutile quand un compte est tenu par une société écran anonyme. Car si un Allemand se cache derrière une société écran, et que le compte est rattaché à cette dernière, les autorités allemandes ne le sauront jamais.

On a donc besoin pour cela, et pour un certain nombre d'autres raisons, d'un registre transparent et mondial des entreprises. Dans ce registre, les vrais propriétaires des sociétés et des fondations doivent être renseignés – à condition que les fausses déclarations soient traquées et sévèrement punies. Ce serait la deuxième étape.

C'est ainsi que le glas des paradis fiscaux pourrait être sonné, tout simplement.

Avec cela, de nombreuses prestations proposées par Mossack Fonseca consistant à camoufler les vrais propriétaires des sociétés qu'ils proposent seraient interdites : les actionnaires fictifs, les actions au porteur anonymes, et bien sûr les « vrais proprié-taires » loués, qui ne sont en réalité que des prête-noms. Les prête-noms deviendraient superflus puisque les propriétaires des sociétés seraient connus.

Les cabinets comme Mossack Fonseca soutiennent volontiers que seule une petite partie de leurs clients aurait des ambitions illégales. Il serait très intéressant de voir combien de sociétés offshore resteraient actives une fois leurs propriétaires dévoilés.

Il suffit donc de faire respecter ces deux étapes jusqu'au bout.

À plusieurs reprises, nous lisons ce que disent des défenseurs des paradis fiscaux (ils en font souvent l'éloge pour ce qu'ils nomment « la concurrence fiscale »), à savoir que ces réformes ne pourraient pas être mises en pratique. La question se pose vraiment : pourquoi les paradis fiscaux devraient-ils plier ?

Dans son livre *La Richesse cachée des nations. Enquête sur les paradis fiscaux*, l'auteur français Gabriel Zucman a imaginé la façon dont l'échange automatique des informations et le registre des vrais propriétaires pourraient être mis en place, par la force et les sanctions si besoin.

Zucman argumente que même des pays comme le Luxem-bourg et la Suisse retourneraient leur veste une fois confrontés à des mesures drastiques telles qu'un boycott commercial. Pour les pays plus petits, la menace des sanctions devrait déjà suffire et, si ce n'est pas le cas, de nombreuses petites étapes intermédiaires pourraient être ajoutées sur la voie qui mène au boycott.

« Aucun pays ne peut s'opposer à la volonté commune des

États-Unis et des principaux pays de l'Union européenne », écrit Gabriel Zucman.

Ici et là, les lobbyistes de l'évitement et de la fraude fiscale camouflent leurs intentions avec un souci simulé : certains des lieux spécialisés connus – les îles Vierges britanniques, les îles Samoa, les îles Cook – n'auraient aucun avenir en dehors de leur existence en tant que paradis fiscal. John Christensen, du Tax Justice Network, qui vient lui-même de l'île de Jersey, un paradis fiscal, n'en peut plus de cette question. « Nous avons une vision romantique des îles, dit-il. Ici, près de Londres, une gigantesque mine d'acier a été fermée il y a quelques années. Une ville entière se retrouva sans travail. On peut répondre à ce problème d'une façon froide et néolibérale en disant : "Ça arrive, c'est la loi du marché." Mais imaginons deux secondes que cette ville soit l'unique ville d'une île – est-ce que l'activité économique s'en trouverait encore pire ? » Il rit. « Ou, en d'autres termes, si les habitants d'une de ces îles vivaient du vol de navires de croisière, est-ce qu'on aurait pitié d'eux ? Probablement pas. Aujourd'hui, ces îles contribuent à piller des sociétés entières ! Peut-être qu'on devrait tout simplement dire : quitter une île, c'est jouable. Et certaines îles ont si peu à offrir qui puisse rendre la vie supportable qu'elles restent plutôt inhabitées. »

D'autres objections à l'échange automatique de données et au registre transparent des vrais propriétaires de sociétés affirment que l'intrusion dans la vie privée serait trop grande. Vraiment ? Dans ces registres, il y aurait juste les noms des propriétaires, leurs dates de naissance, une adresse pour la société et le nombre de parts. Pas besoin de plus. Et si c'est déjà trop, eh bien il faut se dire qu'après tout une société offshore, ce n'est pas un *must have*.

Pour rappel, le secret fiscal en soi n'est pas un droit humain universel. Dans certaines parties de la Scandinavie, en Norvège par exemple, les données fiscales sont publiques depuis des années. En Suède, non seulement il y a un registre des valeurs mobilières, qui montre à qui les actions ou emprunts appartiennent, mais il existe aussi une liste alphabétique des citoyens riches avec leur salaire, leurs revenus du capital et leurs biens, à partir d'un certain niveau de revenus. Les Suédois et les Norvégiens ne sont néanmoins pas réputés envieux.

Celui qui argumente contre le registre à cause des coûts, de l'investissement et de la bureaucratie devrait garder à l'esprit tous les milliards qui échappent aux États chaque année pour atterrir dans les paradis fiscaux. La situation actuelle coûte bien plus à la société.

Et celui qui dit qu'avec ça les propriétaires pourraient s'exposer à des accusations publiques, il n'a pas compris qu'il s'agit précisément de l'abolition de l'irresponsabilité organisée. La peur qu'une mauvaise gestion, qu'un comportement illégal ou peu conforme à l'éthique soient ensuite attribués à des personnes concrètes n'est pas une excuse légitime pour garder les noms des vrais propriétaires de sociétés secrets.

La dernière objection, c'est que des régimes de non-droit pourraient utiliser les informations de ces registres pour poursuivre leurs adversaires. En théorie, c'est vrai. Mais, d'une part, cela procède d'une vision un peu naïve des régimes comme la Syrie, car les responsables là-bas savent très bien qui sont leurs adversaires politiques et où est leur argent. Et, d'autre part, dans les données de notre *leak*, dans celles des Offshore Leaks comme dans celles des Swiss Leaks, nous ne voyons que très rarement les cachettes de l'opposition. À l'inverse, nous avons des centaines d'exemples où des officiels corrompus et leurs alliés cachent leurs millions.

Si l'on peut enrayer les agissements des paradis fiscaux, la question formulée plus tôt – « Pourquoi la société devrait-elle accepter ça ? » – ne se pose plus. Il faudrait plutôt se demander : « Pourquoi elle l'accepte ? »

Ou, plus précisément : « Pourquoi la politique accepte-t-elle cela ? » Pourquoi les grandes nations ne s'y opposent-elles pas de façon plus radicale? Après tout, il ne s'agit pas seulement de la justice, mais également de crimes scandaleux.

Parce que c'est justement les grandes nations qui y ont énormément à perdre – et devraient à terme s'infliger des sanctions à elles-mêmes.

Les États-Unis ont leurs paradis fiscaux, comme le Nevada, le Wyoming ou le Delaware. Mossack Fonseca a même implanté des filiales dans les deux premiers. Le projet de loi contre les abus de l'offshore, mis en place en 2007 par le Sénat et Barack Obama, qui était alors sénateur, n'est toujours pas passé, aujourd'hui. La Grande-Bretagne compte certains des paradis fiscaux les plus importants dans sa zone d'influence, comme les territoires d'outre-mer et les îles anglo-normandes. Rien que sur les îles Vierges britanniques, Mossfon a fondé plus de 100 000 sociétés.

Et l'Allemagne?

En Europe, elle fait partie de ceux qui freinent des quatre fers – alors qu'elle se dit pourtant ouverte aux réformes. Chaque fois qu'il y a des tentatives de réformes pour plus de transparence, que ce soit par l'UE ou d'autres instances, les représentants allemands font exactement le contraire en coulisses – c'est ce que nous entendons, encore et encore. Le pouvoir du lobby de la finance est resté solide, huit ans après la crise financière mondiale. Des milliards de fonds étrangers se trouvent également dans les banques allemandes – une grande partie d'entre eux reste probablement non imposée. En effet, le détournement d'impôt tombe sous le coup de la loi si les banques allemandes le font en Allemagne. Mais au Brésil ou en Nouvelle-Zélande, cela ne relève pas du droit allemand.

De plus, il y a aussi les sociétés anonymes en Allemagne, et les fameuses actions au porteur sont autorisées. Grâce à elles, celui qui possède physiquement les actions est le propriétaire d'une société.

Pour l'Allemagne, un registre public des véritables propriétaires et actionnaires serait nouveau pour toutes les sociétés. C'est une mesure réclamée, dont on parle depuis longtemps. Des organisations telles qu'Attac, Tax Justice Network et Transparency Allemagne en sont les partisans. Peu après nos publications sur les Offshore Leaks au printemps 2013, Detlev von Larcher, du mouvement Attac, s'exprima à ce sujet : « Nous devons mettre un terme aux sociétés anonymes. Les sociétés écrans n'ont aucune fonction économique et rendent seulement service à la kleptocratie, à la fraude fiscale et au blanchiment d'argent. Si l'Allemagne freine à cet endroit, alors toutes les paroles fortes prononcées contre les paradis fiscaux ne sont qu'hypocrisie. »

Le plus absurde, c'est qu'au fond le registre des entreprises incluant le vrai propriétaire est décidé depuis longtemps. Lors du sommet du G8 de 2013 en Irlande du Nord, les États participants l'ont accepté. C'est juste qu'il n'a pas été mis en place. La Grande-Bretagne veut commencer sur le continent – les territoires d'outre-mer britanniques restent en dehors. D'autres États ont déclaré qu'ils établiraient un tel registre, mais qu'il serait uniquement visible par les autorités de l'État. Ce qui serait important, ce serait qu'un tel répertoire soit également accessible aux scientifiques, aux organisations non gouvernementales – aux experts qui ont du temps et la tête à ça. Parce que ce n'est pas le cas de l'État jusqu'à présent.

Pour Mossack Fonseca, une offensive internationale contre les paradis fiscaux serait une menace pour le business. Mais une fois les Panama Papers publiés, cette offensive contre leur business sera probablement le cadet de leurs soucis. Dans beaucoup de pays dans lesquels les journalistes de l'ICIJ publient, les organismes chargés de l'application de la loi vont s'intéresser de près à Mossfon. Les enquêteurs le font déjà. Les services secrets aussi vont tendre l'oreille, les histoires de flux d'argent et de business camouflé devraient les intéresser – au final, nous avons identifié un certain nombre de clients qui viennent de pays qui financent des actes terroristes.

Les enquêteurs de l'État vont être fous de joie : d'après ce que nous avons observé, des employés du groupe Mossack Fonseca ont souvent agi de façon illégale, voire criminelle.

Mossack Fonseca ne cesse de souligner que le cabinet met toujours la *due diligence* au premier plan – l'obligation de diligence qui sert à vérifier avec qui ils font des affaires. Nous disposons d'un bon nombre d'exemples sur la façon dont les « exceptions » sont approuvées dès qu'un bon client tient à ne pas nommer le vrai propriétaire.

Mais la politique commerciale laxiste de Mossack Fonseca n'est visiblement pas un cas isolé : en 2012, une équipe de chercheurs américains et australiens a écrit à près de 3 700 intermédiaires offshore de 182 pays en prétendant qu'ils voulaient créer une société. La moitié ne procédait pas à l'identification obligatoire, presque un quart ne réclamait même pas de documents d'identité, alors que les chercheurs avaient bien fait sentir dans leurs lettres qu'ils comptaient dissimuler de la corruption, voire financer du terrorisme. Les réponses furent choquantes : beaucoup d'entre eux ignoraient sciemment tous les signaux d'alerte. Un intermédiaire répondit ainsi à un « client » dont la mission de financement du terrorisme se laissait facilement sentir : « Si je comprends bien, vous voulez fonder une société anonyme pour l'État, est-ce bien cela ? Nous pouvons vous fournir ce service contre un supplément de 25 dollars. Si vous voulez fonder une société uniquement pour vous, rien de plus, nous n'avons pas besoin de documents[1]. »

Notre regard sur les choses a changé, non seulement à cause des données et des crimes qu'on y a débusqués, mais aussi à travers les histoires que nous raconte Daniel Balint-Kurti de Global Witness. Il était à la recherche d'opérations secrètes au Burundi dans lesquelles il était question, comme souvent, de la sortie du

---

1. Michael Findley, Daniel Nielson, Jason Sharman, *Global Shell Games*, Cambridge, Cambridge University Press, 2014.

pays de nombreux millions. Un pays, comme dit Daniel, où les gens sont si pauvres que les familles sont obligées de prendre leurs repas en alternance : un jour, les parents mangent, et le lendemain, c'est au tour des enfants.

Ces gens sont les victimes de l'industrie offshore. C'est aussi parce que des avocats d'affaires, depuis leurs cabinets européens, réfléchissent précisément à la façon dont ils vont pouvoir faire payer le moins d'impôts possible à leurs filiales africaines *via* des sociétés offshore que l'État n'a pas assez de moyens pour financer les écoles, la nourriture et les vêtements. D'après une étude de Tax Justice Network, l'Afrique perd deux fois plus d'argent à cause de l'évasion fiscale qu'elle n'en reçoit de l'aide au développement.

Mais ce ne sont pas seulement les pauvres qui en souffrent. Le terrorisme, le trafic de drogue et le trafic d'armes sont des crimes qui nous concernent tous, et qui sont difficilement gérables à cause, entre autres, des systèmes de dissimulation de l'industrie offshore. L'Union européenne perd 1 000 millards d'euros à cause de la fraude fiscale et de l'évitement de l'impôt.

Tous les pays subissent les énormes manques à gagner engendrés par les paradis fiscaux qui aplatissent les impôts par des sociétés écrans qui évacuent les fonds publics hors du pays et les cachent aux Caraïbes ; de même pour la population de tous les pays dont les dirigeants détournent des fonds et les cachent sur des comptes privés.

Une petite note d'optimisme, pour finir : la communauté internationale va agir. Est-ce que les réformes proposées par l'UE, l'OCDE ou l'ONU iront assez loin ? Probablement pas, dans un premier temps. Mais la pression publique va faire en sorte que d'autres mesures suivront, une pression qui devrait augmenter encore plus avec les Panama Papers – un phénomène que nous avons déjà observé avec les Offshore Leaks et les Luxembourg Leaks.

Encore une chose.

Aujourd'hui, quelqu'un qui fait du business en laissant des traces numériques ne peut plus se croire en sécurité. Peu importe ce qu'il fait, et où il le fait. Celui qui achète une société écran anonyme doit savoir qu'à l'ère numérique, la discrétion est une illusion.

Tôt ou tard, il y aura toujours des employés qui en auront marre de regarder passivement ce qui se passe. Il y aura toujours des activistes qui trouveront des fuites dans les banques de données. Il y aura toujours des techniciens pour choper vite fait quelques gigaoctets par-ci, par-là.

Ce *leak* n'est pas le premier. Mais c'est quand même un début.

Le début de la fin des paradis fiscaux.

# 31. Le cœur froid du monde de l'offshore

La ville de Panama. De loin déjà, elle est impressionnante : des douzaines de gratte-ciel alignés au bord du Pacifique, tous plus hauts les uns que les autres. Témoins d'une richesse qui vient aussi du grand business de l'argent secret. *Bienvenidos a Panama*. Bienvenue à Panama.

Notre avion s'apprête à atterrir. Au large des côtes, des porte-conteneurs, à l'horizon, la forêt tropicale, et, au milieu, le quartier financier, où Mossack Fonseca a son siège : ce cabinet dont les agissements nous occupent depuis plus d'un an maintenant. Nous avons lu plusieurs milliers de documents internes du cabinet, nous connaissons un bon nombre de clients et de collaborateurs, nous savons qui n'est pas trop regardant en ce qui concerne la loi et qui émet des réserves. Nous prenons conscience que c'est ici que le projet des Panama Papers, qui a débuté chez nous, aura le plus de résonance. À quelques semaines du début des publications, nous nous sommes mis tout seuls – disons-le franchement – dans la gueule du loup. Tant qu'il est possible de rester discrets, nous voulons nous faire notre propre idée de Mossfon, de ses collaborateurs et du paradis fiscal qu'est le Panama.

Le vol est une bonne occasion pour souffler et prendre un peu mieux la mesure de ce qui nous est arrivé. Une source anonyme nous a choisis, nous, et nous a demandé : « Intéressés par des données ? » Et puis c'est devenu le plus grand projet d'investigation du monde. Depuis, plus de 400 journalistes de plus de 80 pays travaillent dessus, nous avons trouvé les traces de douzaines de chefs d'État dans les données, et des traces de scandales dans presque chaque pays du monde, menant à la FIFA et son président, à l'UEFA et son président, à des organisations de la mafia, au Hezbollah, à Al-Qaïda, au président ukrainien, au Premier ministre islandais (qui venait d'être élu «homme d'affaires de l'année», avec le ministre des Finances que nous avons également trouvé dans les données) et... à Vladimir Poutine.

Mais là, nous sommes contents, tout va bientôt pouvoir commencer. Le projet nous demande de grands efforts. Nous aidons l'ICIJ pour l'organisation, et des journalistes du monde entier pour leurs investigations. À la *Süddeutsche Zeitung*, notre équipe d'investigation compte actuellement sept personnes, qui travaillent exclusivement sur les Panama Papers : en plus de nous deux, il y a la spécialiste des données Vanessa Wormer, le journaliste indépendant Mauritius Much et les journalistes de la *SZ* Katrin Langhans, Hannes Mutziger et Gianna Niewel, plus une équipe grandissante qui va faire rayonner les histoires en numérique, en ligne ou en version papier. Il y aura un site dédié de la *SZ* (www.panamapapers.de). Un illustrateur travaille exclusivement pour notre projet depuis des semaines, il y aura un film de *making of*... Lors de ces dernières semaines, nous avons passé d'innombrables journées à planifier la mise en page, les illustrations et les infographies.

À cela s'ajoutent des heures de discussions avec le rédacteur en chef et nos avocats. Il faut se mettre d'accord sur les noms à dévoiler, sur les propos à atténuer et sur ceux pour lesquels nous pouvons au contraire être plus offensifs encore. Nous dormons de moins en moins et passons de moins en moins de temps avec nos familles le week-end. Nous avons arrêté de compter tous les cafés et les Red Bull que nous ingurgitons. Il y a encore trop à faire.

Avoir tout ça en ligne de mire, ça maintient notre motivation – de même que la tension qui monte jour après jour, à mesure qu'on approche du dénouement. Quant à l'éventuelle fuite avant la publication – à vrai dire, nous ne l'envisageons pas. Trop de monde est impliqué maintenant.

Il y a quelques semaines de cela, une nouvelle a mis l'équipe de Prometheus en émoi : la police brésilienne à arrêté plusieurs collaborateurs de Mossfon. Ils sont soupçonnés d'être impliqués dans le scandale Lava-Jato : une affaire de corruption en Amérique latine, peut-être la plus grande. Le cœur de cette affaire : le parti au pouvoir et ses alliés se seraient financés avec des contrats à prix exagérés entre l'entreprise de pétrole semi-publique Petrobras et des groupes du BTP. Plusieurs milliards de dollars auraient ainsi disparu *via* des canaux obscurs. Les soupçons se portent aussi sur l'ancien président Lula da Silva.

L'enquête est en cours depuis 2014, des scandales continuent d'être révélés. Pour ne pas s'y perdre, les enquêteurs brésiliens leur donnent des numéros et des surnoms faciles.

En « phase 22 » – nom de code « Triplo X » – les enquêteurs ont pris pour cible Mossfon. On reprocha à une employée d'avoir caché des documents à la police et de les avoir détruits. Il s'agirait des papiers de *due diligence* : ces documents qui montrent à quel point – dans le cas de Mossfon il faut bien le dire – les vérifications des clients sont négligées. À quel point Mossfon a soi-disant veillé à n'avoir que des clients propres. Lors d'une conférence de presse, le procureur brésilien Carlos Fernandes dos Santos Lima a récemment dit, alors même que l'enquête était encore en cours, qu'il était déjà évident que Mossfon est une « gigantesque usine de blanchiment d'argent ».

À ce sujet, Mossack Fonseca a publié un communiqué de presse pour insister sur le fait que tous les bureaux Mossfon s'astreignent aux « plus hauts standards de *due diligence* » et travaillent en accord avec toutes les lois internationales. Par ailleurs, Mossack

Fonseca Brésil serait indépendante de Mossack Fonseca & Co. Panama. Le cabinet n'avait en tout cas aucun lien avec le scandale Lava-Jato. C'est la vieille litanie : tout va bien, le cabinet obéit aux lois, et si elles sont enfreintes, c'est à cause des bureaux qui ne sont pas directement liés à Mossfon. Nous sommes curieux de savoir ce qui restera de cet argumentaire lorsque plus de quatre-vingts pays auront publié les résultats des investigations des Panama Papers.

Nos partenaires brésiliens sont particulièrement nerveux ces jours-ci. Ils ont peur que l'arrestation et les perquisitions des bureaux brésiliens de Mossfon anéantissent tout le travail des précédents mois, que des détails des longues enquêtes puissent sortir au grand jour avant notre publication. La directrice de projet ICIJ Marina Walker doit nous réconforter et nous mettre en même temps en garde. Elle nous assure que la confidentialité tiendra, car, apparemment, même la police brésilienne n'a pas autant d'informations que nous. Et elle nous rappelle également que tout le monde doit respecter les échéances et ne rien publier en avance dans un accès de panique.

Nous aussi nous avons à plusieurs reprises été sollicités par des collègues de médias allemands qui voulaient savoir sur quoi nous travaillions. Cela nous tracasse, bien sûr. Mais d'un autre côté, c'est clair qu'il est impossible de garder une confidentialité totale pour tout, car des centaines de journalistes travaillent sur le projet. Si chacun d'entre eux en parlait à une seule personne, cela ferait déjà un millier de personnes au courant. Par ailleurs, il suffit de jeter un œil au journal pour voir que les frères Obermay/ier n'ont rien publié depuis des mois.

Nous avons tenté de rester impassibles. Quelques collègues savent que nous travaillons sur quelque chose d'énorme, mais ils ignorent quoi. Lorsqu'un journaliste d'un magazine nous a dit avec un clin d'œil que ça devait être stressant pour nous, ces jours-ci, nous lui avons répondu très franchement : effectivement, c'est un peu fatigant avec nos enfants, ces temps-ci, l'un vient d'entrer à l'école maternelle, l'autre append à faire du vélo sans les petites roues.

Quand nous sommes montés dans l'avion, il faisait 5 degrés. Là, à l'Aeropuerto Internacional de Tocumen, il fait 35 degrés et le taux d'humidité est de 60 %. Quel contraste. C'est étrange, nous ne nous étions encore jamais rendus au Panama, et après quelques mètres à peine nous tombons sur de vieilles connaissances : le Tocumen Royal Saloon, par exemple. C'est dans ce lounge VIP, que nous connaissons grâce aux données, que les employés de Mossfon aiment retrouver leurs clients importants lorsqu'ils sont entre deux avions. Nous allons souvent vivre cette expérience ces jours-ci : nous voyons des choses ou rencontrons des gens que nous n'avions jamais encore vus mais que nous connaissons parfaitement *via* leurs données.

Nos partenaires du journal *La Presna* ont mis un chauffeur à notre disposition pour notre séjour panaméen. Un homme silencieux, un vrai ours. Un chauffeur attitré, c'est nouveau pour nous. Il traverse la ville à l'heure de pointe avec une patience d'ange. Notre destination, ce sont les gratte-ciel au loin, le Distrito Financiero. Nous passons devant des bidonvilles, preuve qu'il y toujours un nombre important de gens qui ne peuvent pas se payer trois repas par jour au Panama. Et à quelques centaines de mètres de ces taudis, des façades étincelantes se dressent vers le ciel. Des gratte-ciel de toutes les formes et hauteurs imaginables. La Trump Tower a l'air d'une voile géante. D'autres ressemblent à des fusées, à des flambeaux ou à des briques de lait qu'un géant aurait cabossées d'une prise de karaté. Chaque mois, de nouveaux bâtiments voient le jour, plus hauts et plus bizarres encore. C'est ça aussi, le Panama. Le plus tape-à-l'œil est actuellement le *tornillo* [la vis] haut de 243 mètres, connu sous le nom de Revolution Tower : un bâtiment qui tourne sur lui-même.

Face à cette immense tour vissée qui se reflète dans ses fenêtres, l'immeuble Mossack Fonseca paraît presque d'une autre époque : trois étages seulement, dans une petite rue perpendiculaire, et on y trouve un cabinet médical au rez-de-chaussée. Les deux vigiles à l'entrée observent les passants d'un air méfiant, ils nous lancent un regard suspicieux lorsque nous passons devant le bâtiment en roulant au pas et que nous prenons discrètement des photos avec nos portables. Est-ce que la femme aux cheveux foncés qui vient de garer sa voiture sur le parking de l'entreprise pourrait être Leticia Montoya, la «reine de l'offshore», cette femme qui préside des milliers de sociétés sur le papier ? Et à bord du 4 × 4 noir qui entre dans le garage souterrain, n'y aurait-il pas Jürgen Mossack en personne ? Nous sommes tentés d'entrer nonchalamment dans l'immeuble et de confronter les employés de Mossfon à nos découvertes.

Nous devons patienter encore quelques jours, jusqu'à ce que tout éclate au grand jour. Mais nous serons rentrés, entretemps. Pour des raisons de sécurité.

Nous nous rendons à *La Prensa*. La rédaction se trouve au nord-ouest de la ville de Panama, à côté d'un grand magasin de bricolage et d'un concessionnaire automobile. C'est un journal à l'ancienne : les bureaux sont au premier étage, de là on voit l'imprimerie en bas, où l'édition du lendemain est imprimée. Ça sent l'encre dans tout l'immeuble.

C'est le royaume de Rita Vásquez. La rédactrice en chef adjointe de *La Prensa* nous reçoit dans son bureau, une pièce aride sans fenêtre. Nous la connaissons déjà depuis notre grande réunion de Munich. Elle a une expérience particulière : aux îles Vierges britanniques, elle a travaillé elle-même dans le secteur de l'offshore, elle connaît personnellement de nombreux employés de Mossfon. Avant de commencer, elle convoque son équipe : son mari Scott Bronstein, Ereida Prieto-Barreiro, très doué pour la recherche, et Rolando Rodríguez, le grand journaliste d'investigation panaméen qui a déjà fait éclater de nombreux scandales. Ils nous racontent ce qu'ils ont trouvé jusque-là : des traces menant à d'influentes entreprises panaméennes, à de gros scandales du passé et à un ancien président. « Cette histoire va faire l'effet d'une bombe atomique », dit Scott. Quant à l'intérêt du public et la couverture médiatique, il s'attend à un niveau égal avec ceux suscités par l'invasion américaine en 1989.

À l'époque, le monde entier était tourné vers le Panama.

À vrai dire, le projet des Panama Papers est d'un gabarit un peu trop grand pour *La Prensa.* Le journal tourne seulement avec un tirage d'environ 40 000 exemplaires, et ses lecteurs viennent principalement de la classe aisée, la même classe d'où sont issus les *Panameños* qu'ils dénichent presque tous les jours dans les données.

Pas étonnant, donc, que le projet reste top secret. Au sein de la rédaction de *La Prensa,* moins de dix personnes sont au courant. Le risque d'une fuite est trop grand. Au Panama, tout le monde connaît tout le monde. Une employée de Mossfon aurait travaillé pour *La Prensa*, si ce n'est pas plus. Rita et ses collègues la voient régulièrement lors de barbecues ou au golf.

Mais le Panama est avant tout un pays violent. Celui qui pose trop de questions se met en danger. C'est dans cette ambiance que les collègues effectuent des recherches sur une entreprise panaméenne impliquée dans un énorme scandale – les données de Mossfon offrent des perspectives complètement nouvelles. Les autorités s'occupent également de ce dossier. Par contre, un des enquêteurs a déjà disparu sans laisser de traces. On pense qu'il est mort. Un autre fonctionnaire de l'enquête a été poignardé alors qu'il se rendait à une réunion.

À *La Prensa* aussi, on s'attend au pire. Depuis un moment déjà, la rédaction a acquis plusieurs gilets pare-balles. Dès que les publications vont paraître, les journalistes impliqués vont devoir en porter. Quand ils sortiront de l'immeuble, un garde du corps va les accompagner. Celui que nous avons pris pour notre chauffeur. C'est que Rita se soucie aussi de notre sécurité.

Notre garde du corps, qui effectivement ne va pas nous quitter d'une semelle ces jours-ci, nous conduit à Altos del Golf. C'est le quartier de villas où vécut l'ex-leader autocratique du Panama, Manuel Noriega. Des limousines et des 4 × 4 de luxe sont garés devant les maisons, à chaque coin, des caméras de surveillance gardent un œil sur les visiteurs, des barbelés et des clôtures électriques sont censés protéger des intrusions. Gardés par de nombreux vigiles, deux anciens présidents du Panama vivent ici. Jürgen Mossack, co-propriétaire de Mossfon, habiterait également ce quartier.

Mais nous ne sommes pas venus pour ça.

Nous sommes là pour l'agent secret allemand Werner Mauss *alias* Claus Möllner. Parce que d'après un document que nous avons trouvé dans les données de ses sociétés écrans, une maison au moins lui appartiendrait dans les parages. Noriega, Mossack, Mauss – une belle brochette. Notre visite doit nous permettre de savoir si Mauss habite bien ici. Nous sonnons à la porte d'une des adresses que nous connaissons. En effet, quelqu'un nous ouvre. Une domestique.

Non, elle ne connaît pas de señor Mauss. Peut-être señor Möllner alors ? Non plus ? Et Herbert Rick ? Otto John ? Après tout, c'est facile de se perdre dans tous les noms sous lesquels Mauss a travaillé ces dernières décennies… *No, señor*. La femme rentre dans la maison, nous entendons des voix. Puis un jeune homme torse nu, en short, apparaît dans l'encadrement de la porte. Il a l'air européen. Non, il n'y a pas de monsieur Mauss ici, ni de monsieur Möllner non plus, nous explique-t-il en espagnol. Il dit qu'il n'est pas en mesure de nous aider. Comment s'appelerait-il, alors ? Et qui habiterait ici ? Il ne nous le dit pas[1].

---

1. Voir le chapitre 7 à ce sujet. Werner Mauss a confirmé qu'il possédait une propriété dans la ville de Panama. Il a fait des déclarations contradictoires à propos de son utilisation.

Pour nous, ces journées sont comme un cours intensif de géographie offshore. Nous zigzaguons à travers Panama-Ville, version tropicale de Manhattan. Nous nous rendons de la vieille ville de Casco Viejo au quartier de la finance, à la ville satellite Costa des Este, nous rencontrons des conseillers du gouvernement, des fonctionnaires, des experts en blanchiment d'argent, d'anciens enquêteurs et représentants du barreau panaméen. Nous entendons leurs arguments, comme les uns disent que tout ce blabla sur le Panama, paradis fiscal, ce n'est que du baratin alimenté par la jalousie d'autres nations ou par les États-Unis qui cherchent à faire diversion pour qu'on oublie qu'ils entretiennent eux-mêmes des paradis fiscaux dans le Delaware et au Nevada. Nous écoutons les remarques enthousiastes concernant le fait que le Panama vient d'être rayé de la liste grise de l'OCDE – et demandons comment ça se fait que le pays figure toujours sur la liste noire de l'Union européenne. Nous parlons aux critiques qui nous expliquent que, c'est sûr et certain, la richesse du Panama est alimentée par de nombreux conseillers qui font sciemment du business avec toutes sortes de clients douteux, des trafiquants de drogue, des escrocs, des criminels qui violent les sanctions.

Avec chaque conversation, nous nous rendons compte de plus en plus à quel point Panama est déchiré entre ceux qui font l'apologie des paradis fiscaux et les défenseurs de la transparence, et à quel point les fronts se sont durcis. Mais nous prenons surtout conscience des ennuis judiciaires que Mossfon et ses propriétaires vont avoir : par exemple, à cause du business avec des personnes sanctionnées depuis longtemps, parce que le cabinet n'est visiblement pas en mesure d'identifier les bénéficiaires réels des sociétés gérées par eux, ou bien à cause de l'utilisation du *nominee beneficial owner*.

Ce qui nous ne laisse pas tranquilles, c'est l'histoire des prête-noms : Carlos Barsallo, le président de la commission éthique du barreau panaméen, nous raconte que ces prête-noms pourraient

– au moins sur le papier – être rendus coupables de possibles violations pour les sociétés qu'ils sont censés diriger. Ils pourraient se voir confrontés avec des demandes de dédommagement à hauteur de plusieurs millions.

Est-ce que les prête-noms que nous avons trouvés dans les données de Mossfon s'en rendent compte ? Des personnes comme Leticia Montoya, par exemple, la reine de l'offshore, directrice de plus de 25 000 sociétés, dont certaines qui administraient des caisses noires, ou bien d'autres qui apparaissent également dans les enquêtes du scandale de la FIFA. Si Montoya devait comparaître devant le juge ne serait-ce que pour les intrigues d'une seule société, cela pourrait bel et bien la ruiner. Car, comme nous l'avons vu, elle ne gagne que des miettes. Pourquoi fait-elle donc cela ? Pourquoi prend-elle ce risque ? Nous avons envie de lui poser ces questions. Nous avons trouvé son adresse dans les données.

Avec notre chauffeur, nous quittons le monde à paillettes de la ville de Panama. De l'autre côté du canal de Panama, à quarante minutes par l'intérieur des terres, se trouve la ville de Vacamonte. Le vent soulève des sacs en plastique dans les rues, une poubelle brûle à côté d'un kiosque, ça pue. Les maisons individuelles à un étage se succèdent au bord des routes, certaines semblent des ruines. Les jeunes hommes à qui nous demandons notre chemin nous regardent avec méfiance. Peu à peu, nous comprenons pourquoi Rita nous a laissé y aller à quatre.

Vacamonte est une zone interdite, même nos collègues de *La Prensa* n'y sont encore jamais venus. C'est ici que vit la reine de l'offshore. Après une demi-heure d'errance en voiture, nous trouvons la maison de Leticia Montoya : un bungalow relativement correct pour les environs.

Une voiture japonaise est garée sous un carport, à côté de jouets pour enfants, un vieil homme maussade et au regard suspicieux ouvre la porte. Non, sa femme n'est pas là. Qu'est-ce qu'on lui veut ?

Euh… Comment dire qu'on aimerait parler de ses sociétés offshore… Comment lui demander comment elle fait pour gérer des milliers d'entreprises, et si c'est clair pour elle que ces sociétés sont impliquées dans des scandales?

C'est une conversation étrange. Apparemment, le mari de Montoya n'a pas trop l'air de savoir ce que sa femme fait, professionnellement. À un moment donné, il finit par sortir son portable et nous dicte son numéro. Nous devrions l'appeler.

Elle ne répond pas. Mais elle a le numéro de notre collègue de *La Prensa* maintenant, il vient de s'afficher sur son écran.

Sur le chemin du retour, nous parlons pendant un moment de cette étrange construction de prête-noms. Pour ceux qui ont quelque chose à cacher, elle est pratique, et pour les entreprises comme Mossack Fonseca, c'est un gros business. Mais que se passe-t-il avec les prête-noms? Ils sont la classe exploitée du monde de l'offshore, on ne peut pas le dire autrement.

Peu de temps après, le portable de la collègue de *La Prensa* sonne. C'est Leticia Montoya qui rappelle. Elle est furieuse, elle hurle dans le téléphone: pourquoi est-ce que son mari, cette andouille, nous a filé son numéro?

Bien sûr qu'elle est directrice de milliers d'entreprises.

Mais comment arrive-t-elle à exercer ses fonctions dans un labyrinthe de milliers de sociétés offshore?

Elle est étonnamment franche: «À quoi ces sociétés servent, à qui elles sont vendues, de quoi il s'agit vraiment – je n'en sais rien.»

Elle dit que pour tout le reste, nous devons nous adresser au *registered agent* – et nous savons que, dans ce cas, il s'agit de Mossack Fonseca.

Puis elle raccroche[1].

---

1. Lors du bouclage de ce livre, Leticia Montoya n'avait toujours pas réagi à notre requête par écrit. Au lieu de cela, un porte-parole de Mossfon nous

Puis nous nous mettons en route pour aller voir Ramses Owens. Jusqu'en 2010, il était avocat pour Mossfon, pour MF Trust, plus exactement, l'une des branches qui traite directement avec le client final. Nous le connaissons grâce à des centaines d'e-mails, décorés pour la plupart de smileys. D'où notre surnom pour lui : *smiley man*. C'est Ramses Owens qui a proposé à des clients de Mossfon le service de *nominee beneficial owner* ou de *natural person nominee*, dont nous avons déjà parlé dans ce livre, et qui leur a envoyé les documents correspondants : une vraie personne qui se fait passer pour le vrai propriétaire de la société auprès des banques ou ailleurs, à la place du véritable propriétaire. Ce faisant, toutes les mesures de protection pour le blanchiment d'argent sont conduites *ad absurdum*. En effet, comment une banque peut vérifier si ses clients ne sont pas des criminels si elle croit l'avoir vérifié alors qu'en fait elle a juste contrôlé les informations d'un homme de paille – sans jamais savoir que quelqu'un d'autre se cache derrière ?

Aujourd'hui, Owens travaille à quelques centaines de mètres seulement de Mossfon, dans son propre cabinet, fondé avec un ami. Après nous avoir salués, Owens nous explique qu'ils étaient les deux meilleurs de leur promo en droit. La modestie, ce n'est pas son truc. Il nous fait visiter son cabinet, vante les mérites de son chef privé, qui cuisine tous les jours pour eux, parle des standards élevés sur lesquels son cabinet doit s'aligner. Dans son bureau, étalés sur une table, il nous présente tous les magazines et journaux qui ont déjà parlé de lui.

Owens, c'est le genre à aimer les feux de la rampe. Il accepte immédiatement notre demande d'interview, et le fait que nous filmions n'est pas un problème pour lui. « Je n'ai rien à cacher »,

---

a envoyé une déclaration générale selon laquelle une personne peut tout à fait être directrice de plusieurs sociétés. Nos questions détaillées sont restées sans réponse.

nous dit-il. Selon lui, c'est important que la branche se montre ouverte aux journalistes. Il en va de sa bonne réputation. Et cette dernière a beaucoup souffert depuis que le magazine américain *Vice* a publié un article sur Mossfon et lui en décembre 2014. Tout ça serait un coup monté des républicains juifs, Owens en est sûr.

On essaie de ne pas rire. Au final, *Vice* aurait juste colporté toutes sortes de rumeurs, et nous aurons bientôt la preuve que c'est faux. Et qu'est-ce qu'il va dire au juste ? Que c'est une conspiration de la CIA et des francs-maçons ?

En tout cas, on n'arrête plus Owens. Il s'extasie sur la *compliance* et la *due diligence*, sur les règles de la transparence, sur toutes les mesures qui empêchent des forces obscures de s'emparer de leurs offres. Les clients potentiels pour qui il est clair qu'ils ont besoin d'une société écran pour échapper à l'impôt ne seraient pas acceptés. Les cabinets d'avocats qui fondent des sociétés écrans devraient se conformer aux règles, etc.

Il y a des mots qui deviennent absurdes quand ils sortent de la bouche de quelqu'un comme Ramses Owens, lui qui apparaît dans toutes sortes de contextes problématiques dans les données. Et là, il nous raconte quelque chose d'encore plus énorme. Il dit que Mossfon aurait le plus haut niveau d'intégrité et de prestige.

Nous changeons de sujet : nous expliquons que nous aimerions parler des *nominee beneficial owner*, ce service qu'Owens a proposé à l'époque où il était chez Mossfon.

Nous nous serions attendus à ce qu'il tourne autour du pot ou qu'il se cache derrière des mots vides de sens, comme le font volontiers les avocats quand la situation devient délicate.

Mais Owens dit quelque chose d'étonnant : à ses yeux, ce serait du blanchiment d'argent.

Il dit que le *beneficial owner* devrait au final être mis à nu, et que celui qui ne le fait pas et envoie quelqu'un d'autre à sa place comme s'il était le véritable propriétaire, eh bien, serait dans l'illégalité.

Owens attrape un livre posé sur son bureau : le *Código Penal*, le Code pénal panaméen. Owens dit avec aplomb qu'on peut y lire que l'utilisation de *nominee beneficial owners* est passible d'une peine de prison de plusieurs années.

Nous en restons bouche bée.

Même après avoir passé plus d'un an dans les profondeurs de Mossack Fonseca, nous pouvons encore être totalement bluffés par certaines choses. Et la meilleure, c'est qu'on a filmé Owens pendant ses déclarations, nous les avons enregistrées[1].

C'est notre dernier trajet dans la ville de Panama. Nous passons de nouveau devant la maison de Mossack, traversons le quartier de la finance, puis longeons le siège de Mossack Fonseca. Nous nous dirigeons ensuite vers l'aéroport de Tocumen, où les employés de Mossfon aiment tant conseiller leurs clients dans un lounge exquis, avant que ces derniers n'attrapent leur vol.

Depuis le ciel, nous regardons une dernière fois le Panama. Nous ne reviendrons plus.

---

1. Suite à notre demande par écrit quelques jours après l'interview, Ramses Owens nous déclara qu'il n'a « jamais » mis le service d'un *nominee beneficial owner* à disposition de qui que ce soit. Une fois confronté au contenu d'une lettre envoyée par lui, dans laquelle il est question que Mossfon mette un *nominee beneficial owner* dans une société, Owens a répondu que cela aurait dû s'appeler *nominee shareholder* ou *shareholder trusteeship*, et qu'il s'agirait donc d'une faute de frappe. Lorsque nous lui avons demandé s'il était sûr de cela en lui disant qu'il y aurait d'autres documents similaires, il ne répondit plus. Lors du bouclage de ce livre, il n'avait toujours pas répondu.

# Épilogue

Nous sommes le soir du 3 avril 2016, peu après 19 h 30. Il ne reste plus qu'une demi-heure avant que les Panama Papers soient dévoilés, à 20 heures – les résultats de nos recherches seront ensuite publiés sur la page d'accueil de la *Süddeutsche Zeitung*. En fait, les pages qui contiennent nos textes sont déjà «live», en ligne, mais officieusement. Nos collègues du numérique ont programmé une page complexe qui doit être testée dans des conditions réelles. Bien sûr, ça ne nous plaît pas particulièrement, mais les collègues écartent nos objections assez facilement : nos textes ne peuvent pas être trouvés pendant la demi-heure qui nous sépare de l'heure de lancement officielle. Il faudrait déjà que l'on sache que nous travaillons sur ce projet, puis rentrer l'url exacte. Autrement dit, il faudrait chercher de façon très ciblée. Nous testons donc les pages, nous relisons la traduction en anglais, nous préparons les premiers tweets pour pouvoir donner le coup d'envoi à 20 heures précises.

Nous avons nos histoires pour le premier jour depuis longtemps déjà. Toutes les vérifications juridiques, les corrections et infographies sont terminées. Les premiers journaux sont imprimés et sont chargés dans des camions pour être livrés aux lecteurs.

Tout est prêt. Plus que quinze minutes.

Inutile de dire que nous sommes tous nerveux. Nous avons travaillé plus d'un an sur ce projet, et personne ne sait ce qui va se passer maintenant. Comment les autres médias vont relayer l'info ? Qu'est-ce que les gens vont penser ? Ou peut-être que ça passera relativement inaperçu, qu'on se dira « encore un *leak* » ?

Tout à coup, un collègue s'exclame : « Edward Snowden vient de nous twitter ! »

Nous nous regardons, ahuris. Il est 19 h 48. Edward Snowden ?

Nous allons sur Twitter et, effectivement, Edward Snowden a envoyé ce message à ses deux millions de followers : « Le plus grand *leak* de l'histoire du data journalisme est en ligne, et il traite de corruption. »

Snowden y attache un lien menant à la page d'accueil de la *Süddeutsche Zeitung*, vers notre texte en anglais sur l'Islande et les sociétés écrans du Premier ministre Sigmundur Gunnlaugsson et de deux autres membres du cabinet.

Si Snowden diffuse notre recherche, c'est bon signe. Peu après, nous sommes retweetés par WikiLeaks. Puis il est 20 heures.

La folie se déchaîne.

Un peu plus tard, #panamapapers est le hashtag numéro un sur Twitter, avec des centaines de milliers de tweets. Dans le monde entier. Demain, les Panama Papers seront connus sur tous les continents.

En Thaïlande et en Corée, le sujet fait la une, comme au Canada, en Amérique du Sud, en Afrique, en Australie et en Europe.

Aux États-Unis, l'histoire domine les unes du *Washington Post*, du *Wall Street Journal*, du *Financial Times* et du *New York Times* pendant plusieurs jours – bien que tous ces médias n'aient pas fait partie du consortium. La radio et les chaînes de télévision d'information en continu couvrent la thématique. Partout, les Panama Papers sont le grand sujet ces jours-ci.

Bob Woodward, qui a révélé le scandale du Watergate – l'homme qui a renversé le président américain Richard Nixon –, l'un des journalistes d'investigation les plus importants du monde, dit de notre projet qu'il est « un triomphe pour le journalisme ». Le *New York Times* écrit que cela a peut-être même changé le journalisme tout court.

Quelques semaines après la révélation déjà, nous constatons que non seulement la réception est bien plus large que ce que nous attendions, mais que les réactions politiques sont également énormes.

Barack Obama se prononce sur les Panama Papers et déclare que l'évasion fiscale est un problème urgent, les pays du G20 réagissent avec un nouveau catalogue de mesures, le Parlement européen constitue même une nouvelle commission d'enquête.

Mais il y a aussi une longue série de mesures concrètes. Dans de nombreux pays, il y a des descentes et des perquisitions. En Suisse, les locaux de l'UEFA et son agence de marketing sont perquisitionnés, dans l'entrepôt de Genève, le tableau d'Amadeo Modigliani *Homme assis (appuyé sur une canne)* est saisi. Les succursales de Mossack Fonseca au Salvador et au Pérou sont perquisitionnées.

Et enfin, la centrale de Mossack Fonseca au Panama est la cible d'une descente de police. Là-bas, les enquêteurs restent même la nuit.

Pendant vingt-sept heures, ils vont d'étage en étage et auraient saisi une grande quantité de données. Dans un autre bâtiment de Mossfon dans la ville de Panama, les enquêteurs trouvent plus tard une palanquée de documents déchiquetés.

À cause des Panama Papers, dans de nombreux pays, on instruit contre des centaines de gens, contre des fraudeurs, des barons de la drogue et des particuliers, mais aussi contre les propriétaires de Mossfon, Jürgen Mossack et Ramón Fonseca.

L'autorité de contrôle bancaire de New York donne l'ordre à treize banques – dont la Deutsche Bank, l'ABN Amro et la Société Générale – de fournir toutes les informations concernant les relations d'affaires avec Mossack Fonseca. Parallèlement, de nombreux chefs de gouvernement au pouvoir sont de plus en plus sous pression. En Islande, au Royaume-Uni, en Argentine, à Malte et au Pakistan.

Mais reprenons dans l'ordre.

En Islande, l'implication du Premier ministre Sigmundur Gunnlaugsson était déjà connue trois semaines avant la publication des Panama Papers. Cette dernière a en effet été précédée par une interview de Gunnlaugsson mémorable, menée conjointement par des journalistes suédois et notre collègue islandais Jóhannes Kristjánsson. Après quelques questions anodines – ce qu'il pense des sociétés écrans, de la crise bancaire islandaise, de la morale et l'éthique du monde de l'offshore –, la grande surprise arrive pour le Premier ministre :

« Et vous, Monsieur le Premier ministre, avez-vous ou avez-vous eu des connexions avec une société offshore ? »

« Moi ? Non… »

Gunnlaugsson ne sait pas comment poursuivre, il hésite, balbutie.

Oui, il aurait travaillé avec des sociétés qui auraient des liens avec des sociétés offshore… Mais il aurait toujours tout déclaré aux impôts. Mais pourquoi cette question bizarre ?

« Oui, je suis en mesure de vous assurer que je n'ai jamais caché une partie de mon patrimoine. »

Le journaliste repose la question : « Vous n'avez donc jamais eu de relations avec une société offshore ? »

« Comme je l'ai déjà dit : mon patrimoine a toujours été public. »

Puis vient la question cruciale : « Que pouvez-vous me dire sur la société Wintris ? »

Silence. Le Premier ministre Gunnlaugsson déglutit.

« Eh bien, c'est, si je me souviens bien, une société qui est liée avec une autre société, et j'étais dans le conseil de surveillance de cette dernière. »

Silence.

« Et là, il y avait un compte qui, comme je l'ai déjà dit, a toujours été déclaré aux impôts. Depuis sa création. »

Gunnlaugsson devient suspicieux. À ce moment, notre collègue islandais, qui jusque-là se tenait à l'écart, arrive au premier plan.

«Pourquoi n'avez-vous jamais parlé de vos liens avec Wintris?» Peu à peu, Gunnlaugsson perd son sang-froid.

«Comme je l'ai déjà dit: c'est dans ma déclaration d'impôts, depuis le début.»

Pourquoi n'aurait-il pas rendu cette société publique devant le Parlement?

Parce que cela concernerait des «affaires spéciales».

«Est-ce que cette société vous appartient?»

«Ma femme a vendu une partie de son entreprise familiale. Cela a ensuite été placé sous la garde d'une banque, qui a donc conclu un certain nombre d'accords, et le résultat, ce fut cette société.»

«Quelle part a la société?»

Gunnlaugsson se lève. Il arrête l'interview et part.

Avant que l'interview ne soit diffusée, l'épouse du Premier ministre écrit sur Facebook que la société Wintris lui appartient à elle seule, et que son mari est en train de donner des interviews à un journal et une émission de radio. Cela ne l'aidera pas.

Le 3 avril, notre collègue Jóhannes Kristjánsson diffuse l'interview à la télévision, l'émission obtient une part de marché de plus de 50%, et récolte en quelques heures des milliers de clics sur Internet. Un commentateur parle de «la plus grande trahison dans l'histoire du Parlement islandais». Le soir de la diffusion, le bruit court que Gunnlaugsson va démissionner, le lendemain, il y a des manifestations de masse en Islande, des milliers de gens remplissent la place de l'Althing, le Parlement islandais.

Ils poussent les grilles, frappent dessus avec leurs casques de vélo et des couvercles de casseroles. Des bananes, des canettes et des rouleaux de papier toilette viennent s'écraser sur la façade du Parlement.

Plus de 20 000 personnes sont descendues dans les rues pour

réclamer la démission du Premier ministre. Pour l'Islande et ses 330 000 habitants, c'est un chiffre conséquent. Il faut s'imaginer 7 millions d'Allemands qui manifesteraient contre Angela Merkel…

Ensuite, c'est un spectacle indigne qui commence. Un jour, Gunnlaugsson dit qu'il ne démissionnera pas, le lendemain, il dit le contraire, et ainsi de suite… Il expliqua au final qu'il va se retirer de ses fonctions pendant un moment.

Sigmundur Gunnlaugsson fut dont le premier chef de gouvernement à devoir renoncer à ses fonctions à cause des données que notre source – entretemps connue dans le monde entier sous le nom de « John Doe » – nous a transmises, il y a plus d'un an.

Dès le début de leurs recherches, les journalistes britanniques étaient tombés sur Blairmore Holding : un fonds d'investissement fondé en 1982 au Panama par Ian Cameron, le père de l'actuel Premier ministre britannique. Pour nous, c'était un cas parmi beaucoup d'autres. Certes délicat : le père de celui qui se veut précurseur dans la bataille contre les paradis fiscaux a fondé un réseau obscur de sociétés dans l'un de ces paradis fiscaux. Mais est-ce qu'on peut reprocher au fils les actes de son père ? Nous pensions que non.

En revanche, nous ne nous attendions pas que David Cameron ait justement pu profiter de ce fonds – encore moins qu'il ait choisi une stratégie de communication si malhabile. Le jour 1 de la révélation des Panama Papers, il laissait sèchement déclarer une porte-parole : « C'est une affaire privée. » Le jour 2, il s'exprima lui-même – et avec une phrase qui n'aurait pas pu être plus claire : « Je ne possède aucune part, aucune société écran, aucune fondation offshore, aucun revenu extraterritorial, rien du tout. Et c'est, je crois, une description très claire. » Le même jour, le cabinet du Premier ministre diffusait un communiqué écrit : « En clair : ni le Premier ministre, ni sa femme, ni leurs enfants ne bénéficiaient de revenus extraterritoriaux. Le Premier ministre ne possède pas d'actions. » Le jour 3, son département de com ajoute finalement : « Il n'y a aucune fondation ou société offshore dont *le Premier ministre, Mme Cameron ou leurs enfants tireront à l'avenir des bénéfices.* »

Le Premier ministre avait donc nié obtenir, à présent ou à l'avenir, des bénéfices personnels d'une quelconque affaire offshore. Mais qu'en était-il du passé ?

Cameron répondit lors de l'entretien télévisé avec la chaîne privée ITV News : « Nous avons détenu 5 000 parts dans Blairmore Investment Trust, que nous avons vendues en janvier 2010. » *Le Premier ministre a finalement été forcé d'admettre qu'il avait directement touché des profits du fonds d'investissement de son père. Depuis, des milliers de manifestants ont réclamé sa démission.*

Presque simultanément, plusieurs milliers de personnes manifestaient à Malte, devant les bureaux du chef du gouvernement, réclamant la démission du Premier ministre social-démocrate Joseph Muscat. « Barra ! » était écrit sur la banderole, c'est-à-dire « Dehors ! », « Dégage ! » en maltais. On parla bientôt d'une « deuxième Islande » – un deuxième État insulaire dont le gouvernement se trouve enfoncé dans la crise à cause des Panama Papers.

Deux proches du Premier ministre Muscat – le ministre de l'Énergie et de la Santé, Konrad Mizzi, ainsi que le chef d'état-major, Keith Schembri – seraient aussi compromis *via* un réseau de sociétés au Panama, et *via* des trusts en Nouvelle-Zélande. Tous deux ont confirmé qu'ils possédaient des sociétés et des fondations. Ils affirmèrent cependant qu'ils ne savaient pas qu'il fallait le signaler aux autorités maltaises.

En Argentine, le président Mauricio Macri, fraîchement élu en novembre 2015, est bien embarrassé par les Panama Papers. Selon nos documents, il fut temporairement directeur de la société écran Fleg Trading Ltd. Cela s'est su également qu'il avait, quelques semaines auparavant, cédé les parts qu'il détenait dans une entreprise hydroélectrique à une société offshore appartenant à son père. Trois mois après sa prise de fonctions.

Et ce n'est pas tout : de nombreux confidents de Macri apparaissent également dans les Panama Papers. On y trouve notamment Néstor Grindetti, l'ex-ministre de la Trésorerie municipale de Macri ; les deux voyageaient ensemble au Panama en 2013, officiellement pour un crédit lié à l'urbanisation. Ainsi que Daniel Angelici, devenu président du club de foot Boca Juniors grâce au soutien de Macri. Puis Claudio Avruj, le chargé des droits de l'homme de Macri, ainsi que son agent des services secrets, Gustavo Arribas, et plusieurs des frères de Macri, ainsi que son cousin, Jorge, maire de la commune de Vicente López en banlieue de la capitale, Buenos Aires. Tous possèdent des sociétés offshore.

Le quotidien de gauche *Pagina 12* a fait sa une avec une photo de Macri, la tête basse – le titre : « Panamacri ». Entretemps, le parquet argentin a ouvert une enquête, quelqu'un de l'opposition a porté plainte. Les autorités anti-corruption du pays veulent également se saisir de ce dossier.

Entretemps, le Premier ministre du Pakistan en exercice, Nawaz Sharif, fut sous pression lorsque le public apprit que ses enfants détenaient des sociétés écrans – et qu'ils possédaient également de l'immobilier à Londres d'une valeur de plusieurs millions. Quand Sharif voyageait à Londres mi-avril pour un traitement médical – c'est la raison officielle –, le bruit courut qu'il aurait quitté le Pakistan et ne reviendrait pas jusqu'à ce que l'enquête sur cette affaire soit terminée. L'opposition appelait à des manifestations de masse.

En Espagne, le ministre de l'Industrie, José Manuel Soria, a démissionné après avoir tenté des jours durant d'expliquer son implication dans des opérations offshore. L'une de ses excuses était que les personnes nommées dans les Panama Papers étaient des homonymes.

Au Danemark, les responsables des trois grandes banques – Nordea, Danske Bank et Jyske Bank – ont été soumis à un interrogatoire au Parlement ; en Finlande, des partis et les syndicats les plus puissants ont clôturé leurs comptes chez Nordea ; en Autriche et aux Pays-Bas, des banquiers de haut rang ont été contraints de démissionner ; et au Chili, le chef de la branche nationale de Transparency International est apparu dans les Panama Papers en lien avec au moins cinq sociétés écrans.

À la FIFA, Juan Pedro Damiani, membre fondateur de la commission d'éthique, présenta sa démission, après que son implication dans des affaires avec trois fonctionnaires de la FIFA inculpés a été révélée dans les Panama Papers.


Mais les Panama Papers ont également eu des conséquences affligeantes.

En Chine, le terme « Panama Papers » a été censuré, quelques heures seulement après les premières publications. Un avocat a été arrêté parce qu'il avait diffusé une caricature. Le photo-montage montrait des chefs du Parti communiste, deux anciens et l'actuel, Deng Xiaoping, Jiang Zemin et Xi Jinping, en train de traverser le canal du Panama à gué.

À Hong Kong, Keung Kwok-yuen, le rédacteur en chef adjoint du journal *Ming Pao*, fut remercié quelques heures après les révélations des Panama Papers. La raison officielle : le journal doit faire des économies.

Nos collègues journalistes au Panama ont dû faire produire les premiers exemplaires sur les Panama Papers dans un endroit secret. La crainte qu'on les empêche par la violence de faire leur travail était trop grande.

Au Venezuela, une de nos collègues fut licenciée de son journal pro-régime *Últimas Noticias*. Elle avait caché à son employeur qu'elle avait travaillé sur les Panama Papers – de peur que le journal prévienne les gens concernés.

La page d'accueil de notre partenaire tunisien – le magazine en ligne *Inkyfada* – fut la cible d'une attaque de hackers après avoir publié un article sur les connexions offshore d'un ancien conseiller du président.

En Équateur, le président Rafael Correa a twitté les noms des journalistes impliqués dans la recherche des Panama Papers. Le message était clair : il voulait les mettre sous pression. Quelques jours plus tard, il était annoncé que Correa apparaissait également dans les Panama Papers, en liaison avec une société dont les activités n'étaient toujours pas claires lorsque nous avons terminé ce livre.

L'histoire qui nous causait le plus de soucis était liée aux révélations concernant le meilleur ami de Poutine, Sergueï Roldou-guine. Pour des raisons de sécurité, nous avons attendu le plus longtemps pour confronter les principaux intéressés à notre histoire. Parce que l'un d'entre eux est Vladimir Poutine en personne. Et ses réactions ne sont pas prévisibles.

Ce fut en effet un sentiment étrange lorsque, quelques jours avant la publication, nous envoyâmes des dizaines de questions au porte-parole personnel de Poutine, Dmitri Peskov – le même Peskov dont l'épouse apparaît comme propriétaire temporaire d'une société écran dans nos données. Nous ne nous attendions pas à recevoir de réponse.

Le lundi de Pâques, Peskov s'adressa à la presse russe. Il expliqua qu'il aurait reçu «des demandes écrites sous forme d'interro-gatoire». Elles feraient partie d'une «attaque médiatique». On essaierait même d'atteindre la famille du président avec une «attaque d'informations». Il s'agirait d'une certaine quantité de sociétés offshore, de sociétés que Poutine n'aurait jamais vues.

Peskov supposa qu'il n'y aurait pas seulement des journalistes derrière cette «attaque», mais aussi des «représentants d'autres organisations et services spéciaux».

Ce n'est pas tous les jours que le porte-parole du président de la Russie réagit publiquement avec un tel accès de colère à une demande de journalistes. En fait, ça ne s'était encore jamais produit.

Pour deux de nos collègues russes, les conséquences furent énormes : leurs portraits ont été diffusés à la télévision russe, ils ont été insultés comme s'ils étaient des agents en charge de la propagande américaine. Le rédacteur en chef de *Novaïa Gazeta* a même été victime de chantage, pour qu'il ne publie pas les histoires. Il les publia tout de même, et doit à présent faire face à un contrôle fiscal – des représailles typiques, en Russie. Notre collègue russe Roman Anin nous écrivit quelques jours plus tard : «Nous ne regrettons rien et nous sommes prêts à en assumer les conséquences.»

Deux semaines après les révélations seulement, Poutine était l'invité de *Ligne directe*. Une fois par an, le président russe répond aux questions du public dans cette émission de télévision. Il utilisa son entrée en scène pour nous attaquer : «De qui viennent ces provocations ? Nous savons que là-bas, il y a des collaborateurs d'institutions américaines officielles. Où est-ce que cet article a paru la première fois ? Hier, j'ai posé la question à mon secrétaire de presse, Peskov : dans la *Süddeutsche Zeitung*. La *Süddeutsche Zeitung* appartient à une holding de médias, et cette holding de médias appartient à un groupe financier américain : Goldman Sachs.»

Mais cette affirmation est fausse. La *Süddeutsche Zeitung* n'appartient ni directement ni indirectement à Goldman Sachs. C'est une filiale à 100 % de la Süddeutsche Verlag. Et cette dernière appartient à 18,5 % à une famille d'éditeurs munichoise, à 81,25 % à la holding de médias Südwestdeutsche Medien Holding (SWMH), qui n'appartient pas non plus à la banque d'investissement américaine. Le Kremlin présenta plus tard ses excuses pour la fausse déclaration.

Dans toute cette agitation, une importante déclaration est presque passée à la trappe : dans l'émission *Ligne directe*, Poutine a concédé que les informations des Panama Papers correspondaient à la vérité. « L'information est exacte », a-t-il dit. Il a refusé une demande d'entrevue de la *Süddeutsche Zeitung* quelques jours plus tard.

Pour être francs, nous ne nous étions pas attendus à tant de répercussions, avant nos publications : nous avions espéré susciter l'intérêt de nos lecteurs, et spéculé sur quelques revendications de politiciens à travers le monde. Mais des changements réels, des progrès concrets dans la lutte contre le monde de l'offshore ? Ça non.

« Le Panama est le dernier grand bastion qui permet encore que des fonds offshore restent cachés aux autorités fiscales et aux organismes chargés de l'application des lois », dit le chef de l'OCDE, l'Organisation de coopération et de développement économiques, Angel Gurría, quelques heures après le début de nos publications.

Quelques jours plus tard, le président du Panama Juan Carlos Varela annonça la fin des *bearer shares* et des actions au porteur. En outre, le Panama va prendre part à l'échange mondial de données fiscales et financières. 97 pays l'ont accepté, jusqu'à présent, dont les îles Vierges britanniques, le Luxembourg, la Suisse et les îles Anglo-Normandes. Le Panama est le pays numéro 98.

À nos yeux, l'étape la plus efficace dans la lutte contre les paradis fiscaux serait un registre mondial dévoilant les vrais propriétaires des sociétés écrans. Ce serait, comme le dit le chancelier de l'Échiquier britannique George Osborne : « Un coup de marteau sur la tête de tous ceux qui cachent leurs impôts dans des coins sombres. » Jusqu'à présent, en matière de lutte contre les paradis fiscaux, on a plutôt pris des gants, à la place du marteau.

Le débat déclenché par les Panama Papers – et qui est loin d'être terminé – montre qu'un autre monde est possible.

Il faut juste le vouloir.

# La révolution sera numérique,
## *par John Doe, le lanceur d'alerte des Panama Papers*

Le lanceur d'alerte anonyme des « Panama papers », qui utilise le pseudonyme « John Doe », a transmis au journal allemand *Süddeutsche Zeitung* un manifeste écrit en anglais pour expliquer pourquoi il a remis à la presse les 11,5 millions de fichiers des archives de Mossack Fonseca.

*Le Monde* a publié le texte en français, le voici dans son intégralité.

L'inégalité des revenus est un des marqueurs de notre époque. Elle nous affecte tous, partout dans le monde. Le débat sur son accélération soudaine fait rage depuis des années, les politiques, les universitaires et les activistes étant incapables d'interrompre sa progression malgré d'innombrables discours et analyses statistiques, quelques faibles contestations et d'occasionnels reportages. Pourtant, des questions restent en suspens : pourquoi ? Et pourquoi maintenant ?

Les « Panama papers » fournissent une réponse convaincante à ces questions : une corruption massive et généralisée. Et ce n'est pas une coïncidence si cette réponse nous vient d'un cabinet d'avocats. Plus qu'un simple rouage dans la machine de la « gestion de fortune », Mossack Fonseca a usé de son influence pour écrire et tordre les lois partout dans le monde en faveur d'intérêts criminels pendant plusieurs décennies. En témoigne l'exemple de l'île de Nuie, un paradis fiscal que le cabinet a tout bonnement régi du début à la fin  Ramon Fonseca et Jürgen

Mossack voudraient nous faire croire que leurs sociétés écrans, aussi appelées « véhicules *ad hoc* de titrisations » [*Special purpose vehicles*] sont semblables à des voitures. Mais les vendeurs de voitures d'occasion ne font pas les lois. Et le seul but *ad hoc* des véhicules qu'ils ont montés était trop souvent frauduleux, et à grande échelle.

Les sociétés écrans sont souvent utilisées pour de l'évasion fiscale, mais les « Panama papers » montrent sans l'ombre d'un doute que, bien qu'elles ne soient pas par définition illégales, ces structures sont associées à une large palette de crimes qui vont au-delà de l'évasion fiscale. J'ai décidé de dénoncer Mossack Fonseca parce que j'ai pensé que ses fondateurs, employés et clients avaient à répondre de leur rôle dans ces crimes, dont seuls quelques-uns ont été révélés jusqu'à maintenant. Il faudra des années, peut-être des décennies, pour que l'ampleur réelle des actes ignobles de ce cabinet soit dévoilée.

Entretemps, un débat international a démarré, ce qui est encourageant. À l'inverse de la rhétorique polie de jadis qui évitait soigneusement de suggérer de quelconques irrégularités commises par nos élites, ce débat se concentre sur ce qui importe vraiment.

À cet égard, j'ai quelques réflexions à partager.

Que ce soit clair : je ne travaille ni n'ai jamais travaillé pour un gouvernement ou un service de renseignement, ni directement ni en tant que consultant. Mon point de vue est personnel, tout autant que ma décision de partager les documents avec la *Süddeutsche Zeitung* et le Consortium international des journalistes d'investigation (ICIJ), non pas dans un dessein politique, mais simplement parce que j'ai suffisamment compris leur teneur pour me rendre compte de l'ampleur des injustices qu'ils dépeignaient.

Le discours médiatique dominant s'est, jusqu'à présent, focalisé sur ce qui est légal et autorisé dans ce système. Ce qui est autorisé est effectivement scandaleux et doit être changé. Mais il ne faut pas perdre de vue un autre aspect important : le cabinet d'avocats, ses fondateurs et ses employés ont violé une infinité de lois, en toute connaissance de cause et de manière répétée. Publiquement, ils plaident l'ignorance, mais les documents signalent une connaissance approfondie et une transgression délibérée. À tout le moins, nous savons déjà que Mossack s'est personnellement rendu coupable de parjure devant une cour fédérale du Nevada, et nous savons aussi que son équipe informatique a essayé de camoufler ses mensonges sous-jacents. Ils devraient tous être poursuivis en conséquence, sans traitement spécial.

En fin de compte, des milliers de poursuites pourraient découler des « Panama papers », si seulement les autorités judiciaires pouvaient accéder aux documents et les évaluer. L'ICIJ et ses partenaires ont à juste titre déclaré qu'ils ne pouvaient les fournir aux administrations compétentes. Cependant, je serais prêt à coopérer avec les autorités dans la mesure de mes moyens.

Cela étant dit, j'ai observé les uns après les autres les lanceurs d'alerte et les activistes voir leur vie détruite après avoir contribué à mettre en lumière d'évidentes malversations, aux États-Unis comme en Europe. Edward Snowden est bloqué à Moscou, exilé par la décision du gouvernement d'Obama de le poursuivre en justice à la faveur de la loi sur l'espionnage (Espionage Act). Pour ses révélations sur la NSA, il mérite d'être accueilli en héros et de recevoir un prix important, pas d'être banni.

Bradley Birkenfeld a obtenu des millions pour ses informations sur la banque suisse UBS – mais le Département de la justice américain lui a dans le même temps infligé une peine de prison.

Antoine Deltour est actuellement en procès pour avoir fourni des informations à des journalistes sur la façon dont le Luxembourg signait en secret des accords fiscaux de complaisance avec des multinationales, volant tout bonnement aux États voisins des milliards en revenus fiscaux. Et il y a bien d'autres exemples encore.

Les lanceurs d'alerte légitimes qui mettent au jour d'incontestables malversations, qu'ils agissent de l'intérieur ou de l'extérieur du système, méritent l'immunité contre les représailles gouvernementales, un point c'est tout. Tant que les gouvernements n'auront pas mis en place des protections juridiques pour les lanceurs d'alerte, les autorités dépendront de leurs propres ressources ou du travail des médias pour accéder aux documents. En attendant, j'appelle la Commission européenne, le Parlement britannique, le Congrès américain et toutes les nations à adopter les mesures qui s'imposent non seulement pour protéger les lanceurs d'alerte, mais aussi pour mettre un terme aux abus mondialisés des registres du commerce. Au sein de l'Union européenne, le registre du commerce de chaque État-membre devrait être librement accessible et comporter des données détaillées sur les bénéficiaires économiques finaux des sociétés. Le Royaume-Uni peut être fier de ses initiatives, mais a encore un rôle crucial à jouer en mettant fin au secret financier sur ses territoires insulaires [comme les îles Vierges britanniques, Jersey ou Guernesey], qui sont incontestablement la pierre angulaire de la corruption institutionnelle à travers le monde. Les États-Unis ne peuvent plus faire confiance à leurs cinquante États pour prendre des décisions éclairées sur les données de leurs entreprises. Il est plus que temps pour le Congrès d'entrer en jeu et d'imposer la transparence en fixant des standards pour la divulgation et l'accès public à ces informations.

C'est une chose de louer les vertus de la transparence gouvernementale lors de sommets et dans les médias, mais c'en est une autre de la mettre en œuvre effectivement. C'est un secret de polichinelle qu'aux États-Unis, les élus passent la majorité de leur temps à lever des fonds. Le problème de l'évasion fiscale ne pourra être réglé tant que les officiels élus dépendront de l'argent des élites qui ont le plus de raisons de vouloir échapper à l'impôt. Ces pratiques politiques iniques sont arrivées à la fin d'un cycle et elles sont irréconciliables. La réforme du système déficient des financements de campagnes électorales américaines ne peut plus attendre. Bien entendu, ce ne sont clairement pas les seuls problèmes qu'il faut régler. Le premier ministre néo-zélandais, John Key, a été étonnamment silencieux sur le rôle actif joué par son pays pour faire des îles Cook La Mecque de la fraude fiscale. En Grande-Bretagne, les conservateurs n'ont eu aucune honte à cacher leurs liens avec des sociétés offshore.

Dans le même temps, la directrice du Réseau de répression des crimes financiers du département du Trésor des États-Unis vient d'annoncer son départ pour HSBC, l'une des banques les plus connues de la planète (dont le siège, au passage, se trouve à Londres).

Ainsi, le bruissement familier des portes tambours [*revolving doors*, c'est-à-dire les allers et retours de personnel entre les organismes de régulation et l'industrie] résonne-t-il dans le silence mondial assourdissant de milliers de bénéficiaires finaux encore inconnus, qui prient certainement pour que son remplaçant soit tout aussi lâche. Face à la couardise des politiques, il est tentant de céder au défaitisme, de dire que le *statu quo* reste fondamentalement inchangé, alors que les « Panama papers » sont le symptôme évident de la décadence morale de notre société.

Mais le problème est enfin sur la table, et il n'est pas étonnant que le changement prenne du temps. Pendant cinquante ans, les branches exécutive, législative et judiciaire du pouvoir à travers le monde ont totalement échoué à soigner les métastases des paradis fiscaux surgissant à la surface de la terre. Même aujourd'hui, alors que le Panama veut être connu pour autre chose que des « papiers », son gouvernement n'a convenablement inspecté qu'un seul des chevaux de son manège offshore [le cabinet Mossack Fonseca] .

Les banques, les régulateurs financiers et les autorités fiscales ont échoué. Les décisions qui ont été prises ont ciblé les citoyens aux revenus bas et moyens, en épargnant les plus riches.

Des tribunaux désespérément obsolètes et inefficaces ont échoué. Les juges ont trop souvent cédé aux arguments des riches, dont les avocats – et pas seulement chez Mossack Fonseca – sont parfaitement rodés à respecter la lettre de la loi, mais en mettant tout en œuvre pour en pervertir l'esprit.

Les médias ont échoué. De nombreux groupes d'information sont devenus des caricatures de ce qu'ils étaient, des particuliers milliardaires semblent voir dans la propriété d'un journal un simple hobby, limitant la couverture des sujets graves concernant les plus riches, et le journalisme d'investigation sérieux manque de financements.

La conséquence est réelle : en plus de la *Süddeutsche Zeitung* et de l'ICIJ, les rédacteurs en chef de plusieurs titres de presse majeurs ont pu consulter des documents issus des « Panama papers » – même s'ils ont assuré le contraire. Ils ont choisi de ne pas les exploiter. La triste vérité est qu'aucun des médias les plus importants et compétents du monde n'a montré de l'intérêt pour cette histoire. Même WikiLeaks n'a pas donné suite à de multiples sollicitations par le biais de son formulaire de signalement. Mais c'est avant tout la profession juridique qui a échoué. La gouvernance démocratique repose sur des individus responsables partout dans le système qui comprennent et respectent la loi, plutôt que de la comprendre pour l'exploiter. Les avocats ont globalement atteint un tel niveau de corruption qu'il est impératif que des changements majeurs interviennent dans la profession, bien au-delà des timides propositions qui sont actuellement proposées.

Pour commencer, l'expression « déontologie juridique », sur laquelle sont basés les codes de conduite et les permis d'exercer, est devenue un oxymore. Mossack Fonseca ne travaillait pas seul : malgré des amendes répétées et des violations de régulations étayées, il a trouvé dans presque chaque pays du monde des alliés et des clients auprès de cabinets d'avocats de premier plan.

Si les preuves du bouleversement de l'économie de cette industrie n'étaient pas suffisante, il est désormais impossible de nier le fait que les avocats ne devraient plus avoir le droit de se réguler entre eux. Cela ne marche simplement pas. Ceux qui ont les moyens financiers peuvent toujours trouver un avocat pour servir leurs desseins, que cela soit Mossack Fonseca ou un autre cabinet inconnu. Qu'en est-il du reste de la société ?

La conséquence collective de ces échecs est l'érosion totale des standards déontologiques, menant en fin de compte à un nouveau système que nous appelons toujours capitalisme, mais qui se rapproche davantage d'un esclavage économique. Dans ce système – notre système – les esclaves n'ont aucune idée de leur propre statut ni de celui de leurs maîtres, qui évoluent dans un monde à part où les chaînes invisibles sont soigneusement dissimulées au milieu de pages et de pages de jargon juridique inaccessible.

L'ampleur terrifiante du tort que cela cause au monde devrait tous nous faire ouvrir les yeux. Mais qu'il faille attendre qu'un lanceur d'alerte tire la sonnette d'alarme est encore plus inquiétant. Cela montre que les contrôles démocratiques ont échoué, que l'effondrement est systémique, et qu'une violente instabilité nous guette au coin de la rue. L'heure est donc venue d'une action véritable, et cela commence par des questions. Les historiens peuvent aisément raconter comment des problèmes d'imposition et de déséquilibre des pouvoirs ont, par le passé, mené à des révolutions. La force militaire était alors nécessaire pour soumettre le peuple, alors qu'aujourd'hui, restreindre l'accès à l'information est tout aussi efficace – voire plus –, car cet acte est souvent invisible. Pourtant, nous vivons dans une époque de stockage numérique peu coûteux et illimité et de connexion Internet rapide qui transcende les frontières nationales. Il faut peu de chose pour en tirer les conclusions : du début à la fin, de sa genèse à sa diffusion médiatique globale, la prochaine révolution sera numérique.

Ou peut-être a-t-elle déjà commencé.

«John Doe», lanceur d'alerte des «Panama papers»
(traduit de l'anglais par Jérémie Baruch et Maxime Vaudano).

# Glossaire

**Actionnaire fictif.** Un *nominee shareholder*, ou actionnaire fictif, agit comme s'il était l'actionnaire. Il peut s'agir d'une personne, mais aussi d'une société – en tout cas, elle détient les parts d'une société quasi fiduciairement. L'objectif : le camouflage et la fraude.

**Bearer share.** Un *bearer share* (action au porteur en français) est l'action d'une société qui n'est pas émise au nom d'une personne, mais seulement à un « porteur ». Le véritable propriétaire reste caché. Celui qui tient le morceau de papier dans ses mains est le propriétaire officiel de la part de la société. Des affaires peuvent être rapidement et facilement conclues *via* des *bearer shares*, mais cela ouvre également la voie à toutes sortes de criminels. Le blanchiment d'argent, par exemple, devient un jeu d'enfant.

**Beneficial owner.** Le bénéficiaire économique, souvent appelé *ultimate beneficial owner*, est le véritable propriétaire d'une société. Sur le papier, une autre personne a beau figurer en tant qu'actionnaire, elle ne l'est qu'en apparence, c'est pour cela qu'on la nomme « actionnaire fictif ».

**Client final.** Mossack Fonseca affirme volontiers qu'il ne fait pas d'affaires avec des « clients finaux ». Il ne signerait des contrats qu'avec des banques, des administrateurs de biens, des avocats,

413

c'est-à-dire des intermédiaires. En réalité, ce n'est pas la stricte vérité. En effet, dans de nombreux cas Mossfon travaille directement avec des clients finaux, et règle même les opérations bancaires pour eux.

**Holding.** Une holding est une société qui n'a pas d'autre but que celui de prendre part à d'autres sociétés. Quand une holding a son siège dans un paradis fiscal, les bénéfices des filiales peuvent y être transférés facilement, afin d'économiser des impôts. Les situations de propriété peuvent aussi être camouflées par le biais de structures de holdings habiles, montées comme des poupées russes.

**Intermédiaire.** Dans la plupart des cas, les particuliers ne se tournent pas directement vers un *registered agent* comme Mossack Fonseca. C'est plutôt un administrateur de biens ou une banque qui s'en charge pour le compte de ses clients.

**Letter of indemnity.** Une *letter of indemnity* est une exonération de responsabilité. Mossack Fonseca fait établir ce genre de garantie d'indemnisation, en particulier quand il pense que le client fait des affaires illégales avec sa société écran. S'il devait y avoir des problèmes, le client serait responsable pour les actions en indemnisation.

**Nominee beneficial owner.** Un *nominee beneficial owner* prétend être l'*ultimate beneficial owner* (UBO), c'est-à-dire le bénéficiaire économique. Lorsqu'une banque, par exemple, réclame le nom d'un UBO, afin de se conformer à ses obligations de contrôle, le propriétaire d'une société peut envoyer ce genre de propriétaire fictif au front. Cela signifie que la société lui appartient ; et donc que seule sa personne est vérifiée. Le *real ultimate beneficial owner* reste caché. Il y a néanmoins un hic dans ce procédé : c'est une infraction dans de nombreux endroits.

**Offshore provider.** Dans le monde entier, des dizaines d'entreprises se sont spécialisées dans la vente de sociétés écrans. Dans leur catalogue, elles ont de nouvelles sociétés, mais aussi des anciennes, la plupart du temps de différents paradis fiscaux, ainsi que toutes sortes de fondations. Beaucoup de *providers* (fournisseurs en français) d'offshore sont en fait des cabinets d'avocats. Mossack Fonseca est l'un des plus gros.

**Prête-nom.** Celui qu'on appelle *nominee director* est un homme de paille. Il/elle est payé(e) pour faire comme s'il/si elle dirigeait réellement une société. En réalité, les prête-noms ne le font que sur le papier. Toutes les décisions reviennent au véritable propriétaire. Par exemple, lorsque des contrats doivent être signés, ce dernier les fait signer par le prête-nom.

**Real ultimate beneficial owner.** Dans le monde de l'offshore, on nomme «vrais bénéficiaires économiques ultimes» les propriétaires d'une société qui se cache derrière un homme de paille, qui prétend à son tour être le bénéficiaire ultime (UBO). Pour distinguer le vrai UBO du faux, on a introduit le terme *real ultimate beneficial owner*.

**Registered agent.** Dans la plupart des paradis fiscaux, on ne peut pas fonder une société écran au pied levé – pour ce faire, on a besoin d'un prestataire de services compétent, un *registered agent*, comme Mossack Fonseca. Ce dernier vérifie que le nom souhaité pour la société est encore disponible, s'occupe des formalités administratives avec les autorités locales et prend également en charge le paiement des taxes annuelles. Au final, l'adresse du *registered agent* est généralement l'adresse officielle de la société écran. C'est la raison pour laquelle de nombreuses sociétés enregistrées au Panama ont la «calle 54» pour adresse – c'est l'adresse de Mossack Fonseca.

**Société écran/Shell Company.** Une société écran est une société qui n'a pas d'employés à son siège officiel – et a généralement la même adresse que le *registered agent* –, mais seulement une boîte aux lettres. Cela donne lieu à des situations absurdes : des milliers de sociétés ont souvent leur siège dans un seul et même bâtiment, quelque part dans un paradis fiscal. Par exemple, dans le paradis fiscal qu'est l'État américain du Delaware, plus de 200 000 sociétés écrans ont leur siège au 1209 Orange Street.

**Société offshore vintage/Shelf Company.** Une société offshore vintage – *shelf company*, en anglais – est une société écran « d'occasion ». Les entreprises comme Mossack Fonseca font des stocks de sociétés pour pouvoir les vendre à des clients ayant besoin d'une société écran dont on ne doit pas voir qu'elle vient tout juste d'être créée.

# Remerciements

Nous tenons tout d'abord à remercier notre source. Elle nous a fourni les 2,6 téraoctets de données internes sur lesquelles cette recherche s'est appuyée. Avec la diffusion du matériel, elle a pris un très grand risque et a permis, grâce à son courage, la plus grande coopération journalistique transfrontalière du monde. Sans la source, nous n'aurions jamais pu savoir comment l'élite islandaise a trompé tout un pays, comment le cercle d'amis de Vladimir Poutine a déplacé des millions, et comment des trafiquants d'armes, des trafiquants de drogue, des mafieux et des services de renseignement ont dissimulé leurs flux d'argent – tout cela, à l'évidence, avec l'aide de Mossack Fonseca.

Nous remercions l'éditeur Kiepenheuer & Witsch pour avoir publié ce livre juridiquement risqué. Merci pour votre confiance ! Et merci pour le grand avocat Sven Krüger, que Kiepenheuer & Witsch a mis à nos côtés pour ce projet. Nous sommes conscients de la chance que nous avons. Bien entendu, nous exprimons toute notre gratitude à Martin Breitfeld, pour les nombreux appels téléphoniques, les commentaires utiles et les mots encourageants – mais surtout pour la relecture en urgence. Ce livre fut littéralement terminé à la dernière minute. Sans son calme et sa patience, surtout lors des derniers moments, cela n'aurait jamais marché.

Nous remercions la *Süddeutsche Zeitung*. Sans cette rédaction formidable, il aurait été impossible d'écrire ce livre. Nous tenons

417

en particulier à remercier : Wolfgang Krach et Kurt Kister, qui ont dès le début soutenu les recherches et ce pendant des mois ; Hans Leyendecker, qui nous a sans cesse encouragés ; Vanessa Wormer, qui a dompté les données ; Mauritius Much, qui s'est battu contre des centaines de pages de contrats ; et aussi Klaus Ott, Bastian Brinkmann, Christoph Giesen, Gianna Niewel, Katrin Langhans, Elena Adam, Hannes Munzinger – et tout particulièrement les collègues des archives, qui ont fait preuve de patience pendant des mois avec nos requêtes parfois très complexes.

Nous tenons également à remercier tout particulièrement nos collègues de l'ICIJ, les spécialistes des données Mar Cabra, Matthew Caruana Galizia et Rigoberto Carvajal ; Gerard Ryle et Marina Walker pour leur coordination prudente, qu'un changement de date de publication dans un délai assez court n'a pas déstabilisés.

Nous remercions les 400 journalistes de plus de 80 pays qui ont permis de faire de cette recherche ce qu'elle est aujourd'hui. Nous souhaitons mettre en avant le travail d'Oliver Zihlmann, Titus Plattner et Catherine Boss pour leurs recherches en Suisse, et de Roman Anin et Roman Schleynow, qui ont risqué leurs vies pour les recherches en Russie – puissent-ils toujours avoir une main protectrice au-dessus de leurs têtes. Nous remercions Jóhannes K. Kristjánsson pour les nombreuses discussions qui nous ont permis de porter un tout nouveau regard sur l'Islande. Nous remercions le lauréat du prix Pulitzer Jake Bernstein pour son soutien lors de la recherche sur le Modigliani. Nous souhaitons également remercier Vlad Lavrov pour son aide sur l'Ukraine – nous sommes conscients que les recherches furent particulièrement délicates pour lui. À la fin, le propriétaire du journal *Kyiv Post* est apparu dans les Panama Papers ; le propriétaire du journal pour lequel Vlad travaille. Un immense merci aussi à Monica Almeida, qui a travaillé sur l'histoire de l'UEFA en Équateur et a réussi à en percer les mystères. Ce livre est aussi le résultat d'une grosse coproduction entre la Norddeutscher et la Westdeutscher Rundfunk, qui ont analysé les Panama Papers avec la *Süddeutsche Zeitung*. Sans la formidable coopération de la rédaction, cela aurait été difficile de donner sa forme actuelle à ce projet.

De nombreuses recherches de nos collègues ont été incorporées dans ce livre. Nous tenons plus précisément à remercier Julia Stone – sans son talent pour l'organisation, ce projet n'aurait jamais vu le jour sous cette forme –, mais aussi Jan Strozyk, dont l'instinct a permis de faire avancer beaucoup d'histoires, surtout pour le cas Siemens, ainsi que Petra Blum, qui a passé des mois entiers à fouiller dans les détails et les deals du réseau Roldouguine. Merci aussi à John Goetz, Toni Kempmann et Reiko Pinkert, qui ont analysé des documents des semaines durant.

Nos remercions nos familles pour leur patience et leur compréhension infinie. Nous leur avons demandé beaucoup, au cours des mois passés – nous en sommes conscients.

*Table*

RÉALISATION : PAO ÉDITIONS DU SEUIL
IMPRESSION : CPI FRANCE
DÉPÔT LÉGAL : JUIN 2016. N° 133799 (136101)
*Imprimé en France*